启真馆 出品

中日家族研究

[日]首藤明和　王向华　宋金文　编

浙江大学出版社
ZHEJIANG UNIVERSITY PRESS

图书在版编目（CIP）数据

中日家族研究／（日）首藤明和，王向华主编；宋金文编.—杭州：浙江大学出版社，2013.10

ISBN 978-7-308-12105-7

Ⅰ.①中… Ⅱ.①首… ②王… ③宋… Ⅲ.①家族－对比研究－中国、日本－文集 Ⅳ.①C913.11-53

中国版本图书馆CIP数据核字（2013）第240821号

中日家族研究

[日]首藤明和 王向华 主编 宋金文 编

责任编辑 周红聪
营销编辑 李嘉慧
装帧设计 王小阳
出版发行 浙江大学出版社
（杭州天目山路148号 邮政编码310007）
（网址：http:// www.zjupress.com）
制　　作 北京百川东汇文化传播有限公司
印　　刷 北京天宇万达印刷有限公司
开　　本 635mm×965mm 1/16
印　　张 29
字　　数 350千
版 印 次 2013年11月第1版 2013年11月第1次印刷
书　　号 ISBN 978-7-308-12105-7
定　　价 59.00元

版权所有 翻印必究 印装差错 负责调换

浙江大学出版社发行部联系方式：（0571）88925591；http://zjdxcbs.tmall.com

前言

王向华　首藤明和

这是一本有关中日家族比较研究的学术论文集。很多学术界的同人可能会问，为什么我们还会出版有关家族研究的论文集呢？因为家族研究在今时今日的学术界已经失去其吸引力，由20世纪80年代开始，一方面受当时得令的文化研究、后殖民研究学科迅速崛起的影响；另一方面，亦受所谓后现代思潮的冲击，学者们纷纷投向诸如“文本”、“权力”等研究领域去，一时之间，家族研究变成了“冷门”的研究题目，而乏人问津。

我们在这个时候，却毅然回归“家族”这个不再流行的题目，还出版研究论文集，的确是会令很多“前卫”学者们大惑不解！我们这次回归家族研究的行动因而常被理解为老辈学者们的一次怀旧之旅。我们的回应是：学术研究的选题，不在于一个题目能否赶上潮流，毕竟学术研究不是赶时髦。我们回归家族研究是想提醒同行们，人类学与社会学最终的研究对象是人及人与人之间的社会关系。对文本的理解绝对不能脱离人而独立存在的。相反，我们应把文本放回人际关系去理解，而人际网络的基本关系便是家族关系，起码在中国和日本社会如是。我们认为中国与日本社会跟欧美社会最大的不同就是在于，家族关系在中日社会扮演着决定性的角色。在这两个社会中，家族关系不单只是一个自主的系统，而且更是其他社会关系的根本。亦即是说，家族在中日社会中不但不能还原为其他的社会关系，而且家族关系背后的文化逻辑，很大程度上制约着其他社会关系的运作。这就是中日社会与欧美很多不同社会在构成上之本质的不同。家族关系在欧美社会中已分离成为一个“次系统”（subsystem），这个家族子系统受着其他诸如经济、政治、宗教等社会子系统的支配。相反，中日社会中家族关系却制约着其他范畴中的社会关系。这样，研究家族关系便成为理解中日社会运作的一个重要切入点。

基于这一理解，我们一群学者于 2008 年 9 月在香港大学召开一个名为“中日家族比较研究”的“工作坊”（workshop），各人在这个工作坊上发表了大家对中日家族比较研究的学术论文。工作坊完结后，我们便决定把在会上发表的论文结集成书，交由浙江大学出版社出版。

在这工作坊结束后，与会学者们纷纷意识到中日社会比较研究的重要性，因为中日两个社会同样有着悠久的历史传统；同样是一个使用汉字的社会，而日本社会与中国社会在历史的长河中交往频繁，相互的文化影响深远。

日本社会深受中国儒家文化的熏陶，然而，中国儒家文化并没有同化日本社会；相反，日本社会的本土文化，在中国儒家传入日本的过程中起着重要的作用。它不但选择性地接受中国的儒家文化，更在接受中国儒家文化的同时，注入了日本社会本土文化的元素，把中国儒家文化日本化，成为日本文化传统的一部分。远的不说，就拿“家”这一概念来说，日本虽然用“家”这一汉字来指涉家族这一社会制度，但是，读者很快便会发觉日本的家与中国的家之文化内涵有很大的差异。我们当然不是主张中国的儒家文化传统并没有对日本社会有任何的影响，但是，我们也不想抛掉日本传统文化在接受中国儒家文化的过程中所发挥的创造力与同化力。总之，我们必须重视日本文化的历史创造力。中国儒家文化在日本的传播绝对不是一个同化的过程，相反，日本文化在接受中国儒家文化时，是有创造性、选择性地吸收，并用选择性地吸收的中国儒家元素去发展日本的本土文化。

没有一个人类社会的文化是独立发展而成的，实证的田野研究都指出一个社会文化的发展，往往是吸收外来文化而加以本土化的结果。日本文化如是，中国文化也是如此。中日社会比较研究极有助于我们理解两者文化发展的相互影响、相互吸收、相互挪用过程，从而理解人类社会文化发展的过程。

中日社会比较研究另外一个方法学上的贡献就是，通过中日社会比较研究，我们可以更全面地理解中日文化各自的特质。换句话说，我们以中国社会作为参照体去理解日本，会比只是研究日本更能理解日本社会，反之亦然。

因此，我们在 2008 年 9 月召开的工作坊结束后，又先后分别于 2009 年 5 月及 2010 年 8 月在香港大学举办了中日社区比较研究与中日“公”及“私”概念的比较研究的工作坊。我们亦计划把这两个工作坊上发表的论文结集成书，交由浙江大学出版社出版，并以这三本书组成中日社会比较的丛书，借以引起学界同人的讨论。

最后，本书以至本丛书得以出版有赖香港大学现代语言及文化学院在财政上的支持。该学院除了资助出版外，更出资支持上述三个工作坊，使我们有机会聚首一堂，共同探讨中日社会的本质。我们在此深表感激，并诚意致谢。我们也在此感谢浙江大学出版社在出版上的支持和鼓励，使本书以至中日社会比较丛书能顺利出版。

目　录

日本的家与同族

超越西方的影响
——日本的“家”并非亲属关系组织

别府春海（美国斯坦福大学人类学系退休教授）

翻译：王娟

我们能深深地感受到西方文化对东亚知识分子思想的影响。人类学在东亚诸国被当作一门知识学科进行研究，但是其起源可追溯到欧洲和北美，对中国和日本家庭以及亲属关系系统的学术研究也往往被置于西方社会学和人类学框架之下。其理论构建包括诸如“家庭”和“继嗣”之类的概念。

“家庭”概念来源于19世纪西方社会学中的相关定义。同样，“继嗣”概念作为宗族理论的一部分，也很大程度上源于英国社会人类学和美 国文化人类学中的相关定义。人们一般认为“家庭”和“继嗣”的概念都是以亲属关系或血缘关系为基础构建的。“家庭”是由一位或数位丈夫、一位或数位妻子以及他们的孩子组成的一个小团体。继嗣的概念大体上来说是在非洲人类学背景下构建起来的，被定义为代际关系，因此它是基于亲属关系之上的。

以本书中各章节对该问题的讨论为依托，本篇小论文想分析一下日本的ie（译者注：ie是日语中“家”的罗马字注音）概念，而它通常被译为“家庭”或“家族”。通过分析ie的概念，质疑以西方人类学方法来理解日本的“家”概念这一做法，从而最终将亚洲知识分子从西方学者的魔咒中解放出来。

首先说一下本文的结论。家庭和继嗣的传统定义均不足以真正认识日本的 ie 概念，因为二者均以亲属关系即血缘关系作为前提条件和基本要素。让我们先回顾一下这些概念的不足之处。

继嗣，其特征总体来说是单系的，大部分是以父系氏族社会为基础，有时也以母系氏族社会为基础。后来也加入了诸如双边继嗣、两可继嗣等其他类型。无论采用何种继嗣方式，在父系继嗣中“血缘”跨代连续性一般认为是从父亲到儿子，母系继嗣则是从母亲到女儿。若是两可继嗣、双边继嗣或是其他同类继嗣形式，则可以是从父母中任一方到子女。[1]

ie 显然不符合上述重要的评判标准，因为它可以通过多种形式吸纳家庭新成员，而不是直接由亲生儿子来接替父亲，这公然影响到直接跨代的遗传连续性。传统的解释是，父系继嗣是理解社会人类学的一般原则，而那些吸纳家庭新成员的情况只是父系继嗣的“例外”或“暂时的偏离”。它们确实是统计上的一些例外情况（即数量上占少数），但就规范上而言，它们并不算非正常情况。这也不应被认为是“暂时的偏离”，因为从理论上讲它们可以无限地在一代又一代人中延续下去。就是说，假如某 ie 的家长没有亲生子女，抑或即使有亲生子女但能力不足，太年轻，无法胜任管理一个家族的重担或拒绝担负起这一重任，他就可以收养一个没有血缘关系的外人来继承他的位置。在决定下一任继承者的问题上，这个被收养的外来人同样可以这样做。这种收养的继承方式从理论上来讲可以无限地延续下去。相比之下，中国人认为

[1] 注意本书中细谷昂的考察，应当指出的是本文所分析的 ie 大体上可以说是德川幕府时期以及之后的一种社会现象；事实上依据细谷的说法，ie 组织在 18 世纪中期差不多已经统一建立了。本文并未研究德川幕府时期之前日本实行的是何种继嗣和居住结构形式。

任何形式的收养都是不符合惯例的，人们也很少这样做。即便是要收养，领养的小孩也必须是从父系血缘关系旁支过继而来，与该家庭家长的血缘关系越近越好。他们甚至从来不会考虑过继一个毫无血缘关系的人或是母系血统的旁支亲属。

“同族”（dôzoku）是扩大了的ie。若ie是由单一从居单位构成的，那么，同族则是由多个单位组成的。当一个或多个家庭成员从原来的ie中搬离出来独立生活，就形成了同族。他们通常从原来的ie处获得财政以及其他物质支持，原来的ie被称作“本家”（honke），这样同族就成为以本家为主要组成部分的一个 经济单位。从本家分离出去的支系一般称作“分家”（bunke）或“别家”（bekke）。每一个分家或别家都能独立充当一个本家，然后再分离形成自己的支系。需要注意的是，从家庭中分离出去的人既可以是本家中的男性亲属，也可以是女性亲属。

同族最初出现在以农耕为主要生产方式的日本农村地区，后来在城市也形成了ie/同族。多田哲久在本书中探讨了日本三井物产株式会社的同族，一个非常成功的城市同族，它超越了单一地区范围，在日本各地都设有分支机构。随着三井的同族不断扩大，也雇用了大量非亲属人员。有些分公司是由本家中的非亲属成员创建的。同族中成员的等级划分以他们与本家在功能上的关联度以及本家的支系层级多少为依据。核心阶层为主要的ie以及与主要的ie关系非常密切的人员。核心阶层的下一级成员称为“家督”（继承人），再下一层就是中层同族人员（别家）。最底层为“暖帘差免者”或“非相续讲”成员。有贺喜左卫门认为，上述等级划分正是日本ie/同族结构的根本性问题。关于有贺的理论，高桥明善在本书中将会进行分析。另据多田称，在同族组织的底层和结构外围，社员身份界定很模糊。有些无疑是同族成员，从事包括本家核心成员共同参与的经济活动。但是有一些社员从事的业务与本家的业务毫不相干，他们既不效忠于本家，也不承担任何义务。

这种边界的模糊性是 ie/ 同族组织的一个特性。

如王向华在其所著章节中论证的那样，现代日本仍保有这种 ie 和同族特色，而且将这种特色引入了现代公司制企业王国。将公司视为一个准家庭的分析方法非常有道理，因为 ie 从根本上讲是一个经济企业，而不是一个亲属关系组织。

森本一彦在本书中就佛教寺院的继承方式展开讨论，揭示了继承方式的错综复杂性。在有些情况下，新娘在结婚后仍保留着婚前娘家所属的佛教寺院。结果就是，在一个 ie 中丈夫和妻子分属于不同的寺院。在某些情况下，妻子转入丈夫所属寺院。同样，父母和子女常常也可分属于不同的佛教寺院。子女有时继承父亲的佛教寺院，有时也可继承母亲的。还存在其他情况，例如有些子女继承父亲的佛教寺院，而他们的兄弟姐妹则继承母亲的佛教寺院。在森本进行研究的村落中，不同的 ie 在继承佛教寺院方面也保持着不同的习俗，这就好比某特定地区中的不同家庭遵循不同的继承规则一样。

而这违反了社会人类学下亲属理论所探讨的继承规则，因为社会人类学主张在某特定社会中，人们遵循完全一样的继承规则。这导致在亲属关系习俗的框架下很难分析这种现象。若我们认为 ie 为了存续而权宜地奉行不同习俗，而不是遵循某一贯规则，这样似乎更行得通。它相当于是 ie 所遵循的“非一贯沿用”的继承规则，而只有将 ie 看作是一种经济组织，这种继承规则才讲得通。

概言之，若作为一个基本要素的血亲关系的连续性都无法保持下去，就丧失了作为一个亲属关系单位的意义。而 ie 更本质和更重要的意义在于它是一个经济组织。它是以同居为基础组成的经济单位，在大多数情况下均由直系亲属组成，但在 ie 形成过程中，并不要求亲属关系必须从一代传至下一代。作为一个经济组织，不论继任者是否为前任家长的亲生儿女，ie都必须跨代延续下去。若仅仅只是因为没有亲生儿女继承，使得ie连续性中断，则会被日本人视为一种违反社会规范的悲剧性行为。

人们所探讨的经济活动经历了巨大变化。在大多数有关ie的讨论中，人们都将农耕作为一种典型的经济活动予以引证说明。由于农耕劳动强度大，因此，人们认为一个男性继承人必须拥有强有力的体魄，于是儿子最有可能成为继任者。若某家庭没有亲生儿子，可以招女婿入赘女方家庭。这样的女性的社会地位可能比儿媳妇或入赘女婿更高一些，但从家庭结构上而言，入赘的女婿与亲生儿子享有同等地位，充当ie的家长角色。若某ie没有自己的亲生儿女，可同时“收养”一对夫妇，或者收养一个儿子，成年后再让他娶妻生子，接管ie。在极少数情况下，ie也会收养一个女儿，以后再为她“收养”一个女婿。这种情况也适用于靠渔业为生的ie。当然，不论是农耕还是渔业家庭，所考虑的不纯粹只是体力强健或身体良好，还需要继承人具备从事农耕或渔业生产所需要的各种技能，例如，判断播种或收割的最佳时机，或者依据时节选择最佳的捕鱼地点等，依据这些技能挑选合格的继承人。

如细谷昂在本书中所述，ie是否会偏离常规，不指定长子继承，原因有时在于他继任时是否处于适当的年龄段，如现任家长英年早逝或长寿壮硕，都有可能出现在需要继任时长子年龄不适宜的情况。即便ie有亲生儿子，但他还尚未成熟到足以承担起相应的责任和义务时，这时ie很可能会通过收养来挑选合适的继承人。

在从事农业或渔业以外的经济活动——如商业活动和手工艺活——的ie里，挑选继承人的标准是他是否能胜任农业或渔业的活动。在由女性经营主导的一些职业中，如日本传统的舞蹈房、日式旅馆和被称为“料亭”的日式餐馆等，合格的继承人即有能力为 ie 从事这些活动的人。[1]

通常而言，继任的主要候选人是现任家长的亲生子女。ie 的家长若有亲生子女，则会对他的儿子或女儿加以训练以便日后接任家长一职。但是绕过长子或长女，挑选其他子女继承，或者甚至指定一个外来人继承，而不管他具有父系还是母系血统，或者是毫无血缘关系的其他人，这些做法也都完全合法，而且现实生活中人们也常这样做。此外，需要指出的是，这些惯例都是标准可接受的做法。该继承人是否为接管 ie 单位的最佳人选甚为重要，这就是所谓的“适合”。[2]

不管怎样，ie 作为一个经济组织的连续性远比血亲关系的连续性更为重要。为了保持 ie 生产方式的延续性，人们更倾向于挑选一个非亲属成员的继承人，而不是让自己能力不足或无法胜任的亲生儿子当继承人，从而导致这个历史悠久的 ie 企业衰落和中断。当然这种做法会造成血亲遗传链的中断。

中村则弘在本书中说明了各种不同的因素结合在一起最终决定了继任 / 继承次序，包括受家庭主要人物的喜爱程度、在社会上的政治影响力乃至姻亲家族的影响，等等。父系继嗣规则只是诸多规则中的一种而已。

为了能够顺利地经营下去，当无法从家族内部获取必要的帮助时，它可能会依赖于某些劳动力，而不管他是领薪水还是无偿劳动，或者与 ie 的家长是否存在任何亲属关系。这些劳动力有时

---

[1] 当然，这些职业中也有一些机构是由男性经营管理的。

[2] 这并不意味着被收养者不会产生因与出身家庭和亲生父母分离而导致的心理问题。被收养者往往至少最初在 ie 中的社会地位比亲生的继承人要低，需要经过多年的努力，他或她才能赢得 ie 中其他成员的尊重。

被称为“名子”，他们被视为是半个 ie 成员。[1] 正如高桥在本书中提到的那样，有贺喜左卫门认为这种 ie 组织就是同族。因为名子可能与 ie 的家长之间存在亲属关系，也可能不存在亲属关系，因此，将 ie 称为一个家庭或亲属关系单位则存在一定的问题。事实上，不管它是否是一个亲属关系单位，都不如它作为一个经济企业那样重要。一些与 ie 家长没有任何亲属关系的成员也可获得一定报酬，于是产生了一个问题，即：是否能将他们视为这个“家庭”的一分子？但是，当我们将 ie 看作是一个经济组织时，这种亲属关系的考虑就变得无关紧要了。为了使作为经济企业的 ie 达到最优化运作，可向 ie 的某些成员支付合理报酬。

如有贺所言，将 ie 的概念扩大到国家，这意味着某人对国家（即扩大化的 ie）的忠诚比孝心（对亲身父亲的义务）更为重要。12 世纪见证了平清盛和他儿子平重盛之间的权力交替。清盛仰仗他儿子的拳拳孝心，催促重盛加入他反抗天皇的起义。面对这一要求，重盛斥责他父亲说“吾焉能反抗吾皇乎”，清楚地表明了他所效忠的优先次序，拒绝效忠于他的父亲，而这种孝心恰是他父亲所要求的。这与中国的情况形成鲜明对比。在中国，血统凌驾于一切之上。陈其南在本书中对比了“oikos”（家庭）和“polis”（城邦）的概念，显示出前者的地位超过后者，这使得中国很难走向现代化，因为现代化要求克服将“oikos”摆在第一位的价值体系。

---

[1] 首藤在本书中讨论受歧视群体时，不断地强调它是由核心或合法组织成员以及作为补充的半合法、地位较低的成员组成的。他说道，非受歧视群体（惣村）和受歧视群体互为补充。它也与当今日本公司所采取的惯例相类似。日本公司一般有两类职员，分别是作为永久雇佣劳动者的正式职员和非正式职员。后者分为临时员工、合同工、劳务公司派遣的劳务工等，他们都只是临时性受雇佣而已。因此，可以说特权阶层和没有特权的阶层并存是日本社会的一个突出特征。

结论

社会人类学家分析日本 ie 概念的传统方法是将 ie 看作一种父系继嗣组织。彼此间存在亲属关系的个体构成一个家庭或宗族。继嗣规则用来决定谁属于这个组织。经济活动、宗教仪式和政治因素都支撑着这个亲属关系组织。在这种观点下，亲属关系对组织的影响比文化的其他方面要强。

过去，学术界研究 ie 时犯了一个致命的错误，那就是在分析中应用了西方人类学中的基本假设，将亲属关系作为社会的基石，将诸如经济、宗教、政治等其他机构视作支持亲属关系系统的机构。这种观点是在早期英国社会人类学研究中形成的，当时以农业生产或掠夺方式为主的非洲社会占据了人类学调查的主要领域。若是按这种业已建立的人类学框架来理解 ie 的话，会造成误解。

本文试图脱离传统社会人类学中诸如继嗣、婚姻和家庭等相关定义来分析的概念，以避免掉入已确立的人类学框架的陷阱中。换言之，若为了理解而不得不再次使用西方人类学中相关概念和术语，西方既有体系便会再一次取得胜利。恰恰与此相反，本文想要论证的是只有避免使用这些概念和术语，才能最好地分析 ie。

本文的立场是，在日本的 ie 案例中，亲属关系并不占据优先地位。亲属关系只是众多因素中的一个而已，并非最重要的因素。对日本的 ie 而言，经济活动至关重要，因为经济活动才能保证该组织的连续性。包括亲属关系在内的其他因素只是为了支持和支撑这个经济组织的发展。从父系继嗣角度而言，“不合常规的做法”是组织为了顺利开展经济活动，努力创造和维持一种最优成员结构而产生的。因此，或许可以说日本没有一贯沿用的继嗣规则作为一个经济企业，代表不同利益集团和不同机构的家庭主要人物的支持对维持 ie 非常重要。中村在本书中提议用“器皿”的概念来理解 ie，认为各种纷繁复杂的关系都发生在 ie 这个同居单位中。中村没有把血缘关系放在最优先的地位，而是将其作为决定 ie 结构的众多因素中的一种。因此，将 ie 视为一个亲属关系的团体并不恰当。

ie 和同族组织的模糊边界性特征同样对亲属关系组织这一概念而言不太公正，亲属关系组织有以亲属关系的存在或缺失来定义的明确边界。这也是为何不应将 ie 视为亲属关系组织的一大理由。

可能有人会提出质疑说，本文是在人类学、特定术语下，而非科学术语下进行分析的。为了进行反驳，我们应当考虑一下诸如“家庭”或“继嗣”等“科学”的或“客观”的术语是怎么来的。这类术语是在英语语言和说英语的国家中的社会学和人类学的环境下产生的。在说英语的环境下还具有一定的可行性，但至少存在两大问题。第一个问题是，将这些术语翻译成其他语言后，翻译过来的术语是否与英语中的意义（定义）完全一致。第二个问题与第一个问题有关，即，这些术语是否像以英语为母语的人类学家所宣称的具有“普遍”适用性。就这两点而言，这些术语达不到应起的作用。这些术语在不同的语言中可能存在不同的内涵。由于它们在不同的语言中意义不同，则不能期待它们具有普遍适用性或科学解释性。

本文所主张的是在其自身的框架体系下分析日本 ie 组织，而不是使用西方人类学中定义的诸如“继嗣”等业已形成的概念进行分析。ie 的习俗多大程度上符合西方学术概念则是无关紧要的。问题在于，在当今的社会分析中，西方人类学理论无处不在，享有霸权地位，因此，很难与其势不可当的影响力相抗衡。它迫使人们认为西方人类学提出了一个“通用”理论，可以用它来衡量其他文化。亚洲的人类学家以一种殖民心态不加批判地盲目接受殖民者的思维方式。但是，若我们假设情况正好相反，即西方世界处在亚洲文明的笼罩之下，那么这种景象该是多么怪异。若美国人类学家用儒家哲学来分析美国家庭的情况，人们会觉得很奇怪，也不会认为这是一种“科学”学术成就。但是，透过西方的棱镜观察亚洲的情况，则被亚洲诸国当作理所当然的事。不幸的是，亚洲人民几乎全部都遭受了西方的文化殖民，却很少有人意识到这种殖民的程度。亚洲人类学家在他们对人类学进行思考的过程中遭受了殖民：他们接受并采纳西方人类学理论，却从未意识到他们的头脑已遭到西方殖民者的入侵。本文试图通过解放亚洲人民的头脑，来达到恢复亚洲学术独立的目的。

对日本的家的再探讨
——从东亚稻作社会的视点出发

藤井胜（神户大学大学院人文学研究科教授）

翻译：张亦驰

一、序言

家不仅是日本家庭研究的一部分，对于理解日本社会的原理或日本社会的基础也十分必要。日本社会被称为“家”社会，家以及包含家原理的集团不仅存在于近代以前的社会中，而且也一直存在于近代以后，许多学者认为它是日本近代化和经济发展的原动力。正因如此，日本的许多研究者，甚至社会学以外各领域的研究者都对家进行了论述或者调查研究。

笔者也是其中之一。大约十年前笔者将自己的研究成果整理为《家和同族的历史社会学》(1997)出版。它是在已故长谷川善计教授指导下进行家和同族研究时每次所撰写的论文加以整理而成的。其主要课题是：第一，沿着自20世纪30年代开始的日本家、同族研究，特别是其理论性研究的发展历史脉络，对其特点及存在的问题进行分析和说明。这一点很大程度上受到了长谷川理论的影响。第二，为了进行理论探讨，对近世村落中的家、同族开展了实证分析。笔者依次调查的三个村落——上瓦林村（兵库县西宫市）、行信村（冈山县栅原町）、今井村（长野县佐久市）——的研究事例成为该书写作的基础。

然而，在那之后，笔者与日本的家、同族研究渐行渐远了。因为自 20 世纪末开始，本人开始转向泰国社会的研究。在执笔上述《家和同族的历史社会学》时，虽已经有参与泰国农村调查（以北原淳和赤木攻为主的小组）的经验，但真正的契机却是 2000 年至 2001 年在泰国的孔敬大学长期逗留的那段经历。

此后的 2005 年笔者也有幸得以在泰国的朱拉隆功大学作长期研究，这加深了笔者对泰国研究乃至东南亚大陆研究的兴趣。

因此，本论文旨在以之前在泰国和东南亚的研究中所获得的知识成果为基础对家进行思考。这样做既意味着从新的角度诠释拙著《家和同族的历史社会学》中的论点，也包含着对部分内容的修改。虽然现在仍感觉有论点挖掘尚不够充分之嫌，但谨在这里提供一种尝试性的说明。

在进入正题之前，首先从理论和方法论上对日本的家研究（包含同族）的沿革作一下简单介绍。[1] 其主要内容在拙著中也有论述。

二、日本的家的研究

（一）古典的家论

家论的起点是户田贞三和铃木荣太郎。他们以欧美社会学研究为依据的家庭论和地区社会论对其后社会学中的家论产生了很大影响。也就是说他们是通过欧美社会学理论来研究日本的社会，

---

[1] 以下依次列出了从事家理论和家研究的主要研究者的姓名，原则上省略掉了研究者的著作以及论文。

尤其是传统社会结构。其代表者是喜多野清一。喜多野在第二次世界大战前就开展了实证性和历史性研究，并取得了一些成果；战后则趋向于理论化研究，以韦伯（Weber）的家长制论和家共同体论为依据，将日本的家研究理论化，同时还强调了与户田的家庭论的连续性。

另一方面也存在着不依据欧美社会学等理论来探讨家的情况。其开创者就是柳田国男。柳田的“民俗学”手法，特别是他的大家庭论（主张日本的家庭从原型来看是劳动组织）对此后的研究产生了重大影响。而在柳田民俗学影响下正式将家理论确立起来的则是有贺喜左卫门。有贺以柳田民俗学作为出发点，同时在社会学领域开展了自己的研究，因此“柳田民俗学”得以在社会学的盛装下得到继承和发展。例如，有贺将柳田的“常民”论转换和发展为“生活（关联）”论，将柳田的“亲子”论转换和发展为“主从关系”论。

这两种理论有一个很大特征，就是通过有贺与喜多野之间相互批判的形式而得到论述，也就是所谓的“有贺·喜多野争论”。

（二）家理论的继承与展开

有贺与喜多野的理论被他们的弟子和后继者继承了下来。由于二人都培养了众多弟子，家论在他们退居一线之后也被继承了下来。在喜多野的谱系中有正冈宽司、光吉利之等社会学家，喜多野对江守五夫、住谷一彦等具有代表性的日本民族学家也产生了影响。特别是社会学领域的后继者们，他们以欧美的家庭、亲属理论研究为基础重新审视日本的家、同族，这是喜多野派的特征。相对喜多野的家论主要以韦伯为依据而言，继承者们则以 20 世纪后半期欧美的家庭、亲属论的成果为基础，并将其加以应用。在此过程中，日本的家日渐呈现出被融合到“普遍性”框架中的趋势。

另一方面，在有贺的谱系当中，社会学领域有中野卓、鸟越皓之等人。另外中根千枝的家论也基本上处在有贺的谱系当中。有贺的学问以家论为中心，但却超越了家论，甚至拥有一种超凡的影响力。因此，有贺的很多继承者似乎都热衷于通过发展有贺的家论、同族论而继承其学术精神和方法。其中也有像中野那样的例子。他在商家这一不同社会领域中验证了有贺的家、同族论的有效性，将有贺未能充分论证的题目（例如与家长制的关系）进一步明确化。比起有贺的家理论本身，这个谱系最终更加强化了对其方法论、即“生活”论方面的关注。其中的一部分也加强了与欧美的新社会学方法论（现象学方法以及民俗方法学等）的联系。

（三）家论的展开

在家论分成上述有贺和喜多野两派的情况下，长谷川善计从不同的方向参加到这场争论之中。长谷川与其他家论者相比较为特殊，他作为研究者是中途参加到家的研究中来的。最初时与喜多野理论有较强的亲近感，具有将欧美的家庭和亲属论加以运用的倾向性。其中最大的理由也许是之前他一直在从事欧美社会学理论研究的缘故。然而他渐渐认识到喜多野的理论无法解释日本的家的本质，继而转向探求有贺方法论的可能性。最终，虽然他对有贺的学识表示出了极高的敬意，但还是无法认同有贺研究背景中的“民俗学”性质的“生活”论。因此，他没有采取从家的内部原理出发对家进行说明的手法，而是转向了结构论的研究方法，研究将家放在社会系统中定位时家拥有怎样的意义。同时他回到有贺和喜多野的原点，重新对家进行历史性研究。结果产生出的就是家＝股论。多田哲久以及我本人就受到了长谷川的影响。

（四）近年来的家研究

20 世纪末开始的全球化进程极大地改变了日本社会的状态，在此过程中日本人对于学问的关注点也随之改变了。20 世纪 80 年代以前有关日本的家的讨论是为了解释前近代日本社会的结构，同时也是为了解释在亚洲最早迈向现代化和经济发展道路的日本社会的原动力等相关课题。但是，21 世纪到来之际，对这些问题的关注急剧下降。在此形势下，可以说现在的家研究更加倾向于历史性的研究，在实证性方面取得了一些研究结果。

第一就是以国际日本文化研究中心为主开展的历史人口学研究。这其中发挥了指导性作用的是经济史学家速水融和社会学家落合惠美子。他们引入了英国剑桥学派的历史人口学，从欧美与亚洲的比较这一视点出发开展了各种实证性研究。在社会学领域，森本一彦以及平井晶子等人都是其中新一代家研究的代表。

第二是东北大学研究小组的研究力量。该研究小组从家的社会经济史的研究（中村吉治）和社会民俗学的研究（竹内利美）等出发，长期以来对日本的家研究作出了重大贡献。在理论方面大致与有贺较近，但整体上来说在实证性研究方面取得了很大的成果。他们可以称得上是一个研究层次十分深厚的研究小组。其特征是不仅将家研究停留在历史性的研究上，还从正面开展了现代农村的家或者农家问题的研究。现在该研究小组经济史领域由长谷部弘、高桥基泰等人领衔负责，社会学领域的负责人则为细谷昂、永野由纪子等。此外历史学领域中还有大藤修等人。细谷是日本社会学会的权威人物，在广泛的领域中甚是活跃。他自 20 世纪年代开始，在以往的农村社会研究的延长线上加入到了家研究中来，领军“东北大学派”活跃至今。

三、东亚与日本

（一）家论与东亚

如上所述，日本的家研究经过了约 80 年的发展历程。本报告在运用泰国和东南亚的研究成果对家论重新审视时，发现日本家研究的最大问题在于家论把东亚（由东北亚和东南亚组成）挡在了大门之外。当然，至今为止也有很多关于中日韩家庭和家的比较研究；从这个意义上来说，家研究对东亚是敞开的。这里想要说的是家理论的构建方式。也就是说日本的家论并没有将家置于东亚中进行定位，在理论的构建方向上没有与东亚建立起联系或接点。例如，冈正雄（1979）的日本文化论通过阐述日本的古文化是在东亚多种文化的综合影响下形成的，将日本文化放到与东亚民族文化的关系性当中进行把握，然而以社会学为中心的家论并不具有这样的方向性。

这个问题也包含在“有贺・喜多野争论”之中。如刚才所提及的那样，“有贺・喜多野争论”当中包含了方法论上的对立。喜多野等人运用欧美的社会学理论和方法论，以日本为研究目标，通过家庭、亲属、权力等概念对家的特质进行了解释和说明。有贺对此采取了批判的态度。他从日本社会的现实出发，把家作为研究的目标，并继承和发展了柳田民俗学的方法论。其结果是，通过日本式的“生活关联”和“亲子”关系 = 主从关系构筑起了家的理论；同时，他还强调了日本的家的独特性。在此争论的层面上，内在地研究日本的家的有贺也许会获得较高的评价，但关于日本的家与东亚诸社会的家庭的关系应当如何思考，他并不具备明确的立场和观点。他拒绝简单地照搬欧美社会科学所形成的概念和方法，并用独自的方法鲜明地提出了日本的家的特质。然而对于已明确的日本的家的特质在东亚这一地平线上具有怎样的意义，这一点他没有涉及，或者说没有机会认真地讨论。的确，我们应当慎重地使用欧美文化背景中创造出来的社会学概念，然而由此甚至封锁了与日本共有历史和文化的东亚之间关系的探讨，这难道不是一个问题么？

另外，喜多野清一战前曾经翻译过卡尔普的中国农村研究（カルプ［1925］），东亚的家庭这个题目至少在战前就已进入了其家研究的视野。然而仅从战后喜多野的家、同族论来看，完全看不出他发挥和利用战前这段经验的痕迹。

他似乎完全缺少将东亚纳入研究范围来讨论日本的家的视角。即使考虑到战后学术环境的影响，也不得不说这是一件非常遗憾的事情。

（二）东亚稻作社会与家

为了将日本的家放在东亚的地平线上进行讨论，这里想提出稻作社会这个概念。说日本的社会与文化是以稻作为中心形成和发展的大概并不为过（玉城）。因此日本的家研究，特别是农民层面的家研究的前提是，家立足于稻作社会，具体来说就是家依存于进行水稻耕作的村落社会。

例如，有贺的主要著作《日本家族制度与租佃制度》（1966［1943］）也是以此作为前提的。根据有贺的说法，近代的佃农制度是以在定额地租基础上形成的一般佃农惯例为中心，除此之外还有地主和佃农之间事先约定好比例来分配收成等特殊佃农惯例，在这些佃农惯例中，名子（隶属于领主或名主的下层农民——译者注）等成为佃农，土地所有者根据每年的收成情况对其租佃土地的地租进行减免。有贺认为，这二者原本并非截然不同的佃农惯例。从历史上看，是从后者过渡到前者的；进一步追溯后者的话，就可以发现它起源于包含非亲属成员在内的大家庭式的农业经营。也就是说日本的佃农制度并非单纯的经济关系，而是与大家庭关系相关联而生成的，有贺认为这种大家庭正是日本的家的原型。然而，这样的论点只有在以稻作为中心的社会中才能成立。地主和佃农事先约定比例来分配收成、靠官员察看收成而进行减免，或者地主根据收成情况减免地租等。这些租佃惯例原本不是在旱田耕作而是在稻作中形成的，有贺本人也是结合稻作对这些惯例进行说明的。因此可以说有贺是把自己的大家庭论（之后发展为家、同族的概念）作为稻作社会论的一环来展开的。正因如此，除有贺之外，在铃木荣太郎等人的影响下对日本村落社会进行实证性考察的余田博通（1961）也就自然而然地将视角放在了池塘水利所形成的村落社会上，把稻作村落作为模型对家和村落进行研究。[1]

回过头来就会发现，日本的家论是在拥有稻作这一生产形态的日本农村社会中来探讨家庭是什么这个问题的。虽然在讨论家、同族的过程中，稻作社会这一场景的设定逐渐从社会学领域中淡化了出去，或变得模糊起来，但从与东亚的关联上看，可以说有如下重要的意义。

第一，稻作是亚洲固有的农耕文化。渡边忠世（1987 第 2 卷：9-10）认为，在世界三大农作物——大米、小麦、玉米之中，小麦和玉米由于其栽培扩大到世界范围而失去了“地区固有性”。但大米并没有跨越亚洲并扩大，是具有“地区稳定性”的作物，

[1] 笔者在《家和同族的历史社会学》中作为事例的村落基本上全部都属于稻作社会。近世中期上瓦林村的水田比例接近 90%，行延村为 65%，今井村为 50% 左右。上瓦林村因位于武库川大河的下流，利用大规模灌溉发展成为稻作地带，所以水田占了绝对大的比重。今井村由于近世中期开垦原野，“平地旱田”越来越多，提高了旱田耕作的比率，但是佐久平的新田开垦对村落的形成产生了重大的意义。另一方面，即使位于山区地带的行延村也有六成以上是水田。

他认为这种“地区稳定性”是与水稻密切地依存于亚洲的环境条件、一直被耕种过来相关。并且稻作在亚洲也是以东亚为主发展起来的，日本的稻作社会构成了东亚稻作社会的一部分。毋庸置疑，稻作不仅是一种主业形态，也是文化。以稻作为基础，构建出了各种不同的社会和文化特质，因而稻作社会中有产生共通的社会和文化特质的土壤。

第二，稻作同时又不是东亚唯一的农耕文化，这一点也十分重要。虽然现在经过品种改良等，稻作的普及范围有了很大扩展，然而从历史的角度看，特别是在近代以前，大面积种植稻子的地区范围更加有限。现在，认为长江文明在稻作历史的形成中发挥了重要作用的学说比较流行（梅原、安田，2004；池桥，2005），然而依据高谷好一的说法，可以称作稻作“中心地区”的地方仅限于长江地区、长江以南地区（华南、东南亚大陆地区）、西南部（云南、印度东北部）和东部（日本、朝鲜半岛南部）（渡辺编，1987 第 1 卷：39-40）。也就是说，黄河文明及其周边地区（即中国长江以北和朝鲜半岛中北部等）及东南亚岛屿部分严格说来不能算作稻作社会。历来在比较东亚的家庭和地区社会时，通常首先提到的是东北亚和东南亚的差异，然而从稻作社会论的观点来看，从稻作“中心地区”和“非中心地区”（其内部还包含着几个不同的区域）的差异上来分析和研究也是可能的。这样一来，日本的家在东亚中的位置也会变得和从前不同。

重视与东亚的关联性，就意味着当我们谈论家的时候，必须将这样的稻作社会论明确化。否则，把以旱田耕作为中心的社会的家庭，抑或是以薯类栽培为基础的社会的家庭拿来与日本的家单纯地进行比较和讨论，也是无意义的。反过来讲，可以从稻作社会这一外延当中，找到日本的家与其他东亚社会的家庭的接合点。的确，历史学家纲野善彦（1990）等人对把日本看作稻作社会持批判的态度，他们从这个角度出发对日本社会进行重新审视，并取得了很大成果。然而不能否定日本自古以来就是以稻作为中心的社会这一事实，不能一味强调非稻作的部分而忽视了处于中心地位的稻作社会的历史真相。在日本社会当中，稻作或大米自古以来都处在国家管理之下，并且大米具有比粮食更高的含义，曾经一度被当作与货币等值的东西（平川，2008：97-98）。从这个意义上讲，无论好坏，稻作的确构成了日本国家与社会的基础，这一点是毫无疑问的。

四、稻作社会与村落

（一）稻作社会与近世

当我们像上面那样将日本的家与稻作社会结合起来思考时，接下来的问题就是，产生出家的稻作社会究竟是什么样的社会呢？这里想将它看作是在日本近世确立起来的、趋于成熟的稻作社会。因为如果将日本传统的家庭整体都称为家的话，那么家本身等于自古以来一直就存在着，而日本的家论所探讨的题目是与近代以后的日本社会有关联的家的问题。在这个意义上，家并不是从古代以来未经变化一直存在至今的，而是在稻作社会的成熟过程中形成的，而那个时期正是近世时期。

日本稻作社会本身是随着从中国以及朝鲜半岛移植过来的稻作文化在弥生时代形成的。稻作产生于公元前数千年前的长江流域，此后渐渐发展起来。很显然，古代传播到日本的稻作已经经历了一定的技术发展。然而从当时的人口规模可知，其发展程度并不能过分地夸大。从整体上看，大概只能算作是初期的稻作文化。此后，古代律令制国家以稻作社会为基础来改编国家，然而正如作为其基础的口分田和班田授受法在短期内就解体所显示的那样，日本的稻作社会仍然不十分稳定。目前各地之所以存在着很多当时稻作村落的残垣，正说明稻作社会是不安定的，所以才被放弃了。除了技术方面尚未成熟，还有很多环境条件的限制。

此外，在中世时期，日本的农业规模和农村的确扩大了，然而这种扩大与其说是水稻种植规模扩大的结果，倒不如说是以旱田耕作为中心得到扩大的，这期间并没有出现稻作社会特别的成长变化。在日本整体性统治被削弱、地方割据增强的中世，由于对土地整体的掌握也不十分充分，连当时的耕地面积也无法得知。虽然平安时期的水田面积已超过了 90 万町步[1]，但据推定最多大概也只有 100 万町步多（原田，2008：21−25）。

与此相对，近世时期灌溉技术、治山治水技术得到发展，以此为契机，稻作技术得到提高，水田的开发得到广泛推广。在近世中期的 1720 年左右，水田面积达到了 164 万多町步；而明治初期则达到了 260 万町步左右（原田，2008：21）。

在这个过程中，成熟的稻作社会形成了。也就是说“中世逐渐渗透、固定下来的土木水利技术和稻作技术在这个时代（从战国时期到德川时期 = 引用者）一齐繁荣发展了起来，日本的水田农业得到了真正的确立”，“我们通常意义上所认为的‘日本’式的农耕文化大部分都可以在这个时代找到直接的原型”。（玉城，1976）

（二）村落的特质

近世的“村落”就是由稻作社会的成熟而形成的地区社会。而村落正是基于稻作的成熟，才具有了以下特质：

---

[1] 町步是日本特有的面积计量单位，1町步约为 9917平方米。——编者注

第一，地区社会的范围明确，其管理领域被严格地确定了下来（当然有到外村去耕作或外村人进村耕种的情况）。村落并不单单指集落，而且还指包含了耕地和山林等社会性空间。

第二，固定性和连续性最终得以完全确立。中世以前，农村或村落是具有相当的流动性的。在开拓土地的过程中，人员不断移动，也有抛弃此前村落的情况。

而且村落的范围也会发生变化，也比较模糊。因此，尽管村落以各种形式对其形成有所传承，但很少被认为是从中世开始就是连续的，基本上都是以近世作为出发点的（不过，在惣村发达的畿内地区，也有从中世末期开始就具有继承性的村落）。而村落一旦确立，虽然从明治时期开始在政治上和行政上的地位有所变化，但作为社会的单位或者社会集团，它们大多一直延续至今。在现代的过疏化或濒危村落化当中，第一次出现了村落消亡的危机。这是村落历史发展到第400年时的状态。

第三，村落的主体是农民，这一点也至关重要。中世地域社会中，由于拥有武力的当地武士阶层是地区社会的领导者，农民在其指挥下也实行半武力化；而近世的村落当中，地区社会原则上变成了由农民（或者一般民众）构成的社会。

换句话来讲，这意味着由农民自身维持稻作社会已经到达了成熟的程度。虽然作为村落代表的庄屋（村长）、名主（村官员）不少都有中世武士的系谱，而且被赋予了不少特权，但他们也是因为拥有农民身份才被允许生活在村落社会中的。

第四，集团性和共同性被维持在一个较高的水平。就像迄今为止社会学或历史学已经证明的那样，村落中存在着各种各样的集团，并产生了村落的共同性。

而处在村落共同性中心位置的就是与稻作直接相关的围绕水利产生的共同性（水源、水路、配水的维持和管理等）。到了今天，水利由于实现了现代化，村落本身共同性活动的意义下降，而从前村落或者村联合体曾是水利的主体承担者。水利是稻作的根本，关系到稻作社会的存立，因此成了村落集团性和共同性的基础。

在社会学领域中，余田博通（1961）在其“水渠管理者”论等中对稻作村落内水利的重要性进行了论述。另外在村落的宗教活动中，祈求稻作的丰收也占有重要的地位，每年的宗教仪式都是参照稻作的生产过程进行设定的。由此可见，在村落的宗教性共同行动之中稻作的影响十分深远。在形成与维持稻作社会村落集团性的过程中，还逐渐形成了村落特有的协议和协商方式。

在通过稻作社会来确立统治秩序的国家即德川幕藩体制的政策下，村落的上述特质得到了进一步的强化。例如，在村落领域性的形成方面，德川幕府实施“村落区域划分”，这种政治性、统治性要因发挥了重要的作用。对以农民为主体的村落的形成来说，兵农分离的统治政策是不可或缺的。再者，村落的集团性和共同性也与村落承包制这一统治制度相关，并得到了很大程度的增强。[1]反过来讲，只有随着日本稻作社会的成熟，地区社会也相应地成熟之后，这样一些统治政策的实施才会变得可能。

若是从社会学的村落构造论来看上述的村落社会的话，它们倒是与福武直（1949）的村落类型论中的“讲组构造”相吻合。福武的村落类型论是根据“西南型”和“东北型”这种地方性差异而进行的村落类型划分。然而，东北日本是稻作社会发展较晚的地区，从这方面来考虑的话，福武所谓的“东北型”=“同族型构

[1] 作为近世统治者的幕府和大名以村为单位进行统治，即根据所谓的村承包制将村落机构变成了统治的载体。幕府将依据检地账掌握的村耕地换算成大米的生产量=斗数，按米的生产量课税（年贡等），让村担负起整体的纳税责任。此外除了税金以外，也赋予村子包括人的管理在内的广泛权限（制作宗门人口调查本等）。

造”其实不能说是以稻作社会为基础的村落社会的结构。[1] 从历史上看，稻作是以气候温暖的西日本为中心发展起来的，因而不能试图从“东北型”当中去探求成熟的稻作社会的理论。对于福武村落结构的类型论，一直以来持批判观点的人较多，然而若从稻作社会的视角来看，其村落类型论的意义倒是有可能被重新评价。

五、稻作社会与家

（一）有贺“大家庭”论的问题

那么，成熟的稻作社会 = 村落所产生出来的家又具有怎样的属性呢？关于这一点，可以从有贺的理论出发来考虑。喜多野的家论的确同有贺有根本性的差异，然而就像韦伯的家长制家庭论把奉公人也都看作是家共同体那样，他们的论点并不能从根本上否定有贺所描绘的家构图本身，因为这里存在着从不同的方向来把握家的差异的问题。反过来说，这也说明有贺的家、同族研究，即《日本家族制度与租佃制度》和《南部二户郡石神村的大家族制度与名子制度》的影响是如此之深远。

前面已论述过，有贺在《日本家族制度与租佃制度》中，为了从社会学角度解释近代日本稻作社会中地主佃户关系的性质，以大家庭和佃农制度的关系为主轴进行了分析。而且大家庭还成为了他

[1] “西南型” = “讲组型结构”与成熟的稻作社会机构相对应，并不意味着成熟的稻作社会中“同族性构造”较弱。福武把“讲组”和“同族”对立起来把握可以说是继承了有贺的家联合论（“同族的家联合”与“村组的家联合”两种形态的设定）中的手法，但拥有“讲组型结构”的村中也存在着一些相应的“同族”（藤井，2005［1997］：190-191）。也就是说，并不能因为成熟的稻作社会具有“西南型”特质就否定同族的存在。同族也是成熟的日本稻作社会的重要因素。

在战后正式开展家论研究的模型。然而有贺并没有通过历史研究实证性地去阐明作为出发点的大家庭，而是基于民俗学的原型溯及方法，从近代以后现存的大家庭中去寻求模型。具体来说，他在 20 世纪 30 年代作过现场调查的石神村的齐藤本家及其同族团成了其研究的模型。当然，尽管石神村的齐藤本家自身也处于大家庭制度解体的过渡期，但其仍维持着有贺在理论上设想的大家庭的形态。在这个大家庭之中有非亲属的仆人（奉公人），他们作为地主齐藤家的成员，与齐藤家共寝食，参加齐藤家手工耕作劳动。

另外齐藤本家的仆人（奉公人）中后来成为“分家”的人们，从齐藤本家分到了租佃的土地和承包地，但也要为齐藤本家的手工经营提供帮手（赋役）。

然而，作为日本的家、同族模型的齐藤本家与其同族实际上并不是在稻作社会的条件下出现的。石神所在的岩手县山区也是森嘉兵卫《日本偏僻地的历史研究》（1969）的舞台之一，也就是所谓的落后地区。1935 年石神村中的旧荒泽村的耕地面积包括水田 260 町步、旱田 457 町步、宅地 41 町步、山林 3850 町步、原野 800 町步等，总面积中水田只占了 36%（有贺，1967［1939］：45）。而且齐藤本家当时拥有的耕地是水田 5.5 町步、旱田 11.7 町步（同上引：385），水田面积只占 32%。

其中自耕地中水田 1.3 町步、旱田 2 町步（同上引：54），从所拥有的水旱田整体情况来看，水田面积比率相对较大，但也没有达到四成。因此齐藤本家，或者说这一带村落的农业形态主要还是旱田耕作而不是稻作。而且漆器业和木材加工等与林野相关的产业的比重也很高（同上引）。因此家中仆人和非亲属分家（名子）被动员参加的农作业当中，非稻作部分相对较高。再者，借给非亲属分家的承包地大部分是旱田，只有租佃地中水田的比率才相对较高（同上引：82−84）。

这样看来，把齐藤本家及其同族作为稻作社会的家的模型看来并非十分合适，说它是偏重于旱田耕作的村落社会的家倒更恰当些。有贺的矛盾在于，他一方面将日本的地主佃户关系看作稻作社会中的关系，另一方面又从非稻作的大家庭中去寻求作为地主佃农关系原点和源流的大家庭（即家）。有贺的大家庭论也许可以用于解释非稻作条件下的家，但对于稻作社会中家的解释却谈不上是有效的。

因此，这不禁会让人产生一个疑问，那就是从主从关系、生活关联的视点来理解家的话，对稻作社会的家而言是否有效。

（二）村落与家

根据以上对有贺大家庭论（家论）的讨论，这里试从以下方面来把握日本稻作社会中的家。

第一，有必要从日本成熟的稻作社会，也就是近世的村落结构中来讨论家的特质。从这个角度来看，长谷川和笔者等人所重视的作为“股”的家这一概念仍有着重要的意义。因为为了使稻作社会的村落更稳定，满足领主对村落的要求和指令，村落创造并构筑出来的概念正是股。这里的股自然是村落的公共单位，具体说来是权利、义务的单位（或组合）。通过确定作为股的家，并以此为轴心来运营村落，稻作社会的生产力或秩序才得以维持下来。也就是说，通过股的体制不仅可以稳定地维持和继承村落的共同性秩序；同时，也能稳定地应对村承包制这一统治制度下村落应当发挥的作用。为此，当出现无人继承股（家）的情况时，村落本身就会变得不稳定，所以才出现将股保存下来提供给后补的村落新成员（家），或者用绝户复兴的方法使家得以继承下来。在村落拥有的资源没有额外扩大的情况下（实际上这种情况也是很多的），增加家 = 股会增加村落的不稳定性，因此村落的家 = 股数被固定了下来。结果，家在原则上变成了一子继承（多数是长子），家的形态出现了向直系家庭变化的倾向。

家之所以变成股并对村落或领主发挥了重要的作用，或者被期待着发挥作用，其理由也许应当到稻作的实质承担主体即家中去寻找。为了维持成熟稻作社会的近世社会，稻作的主要生产者问题占据着重要的位置，这里就产生出村落与家存在的意义。对于幕府和领主来说，最根本的就是村落是稻作的生产主体，因此才确立了村落承包制。而从村落的层面来说，稻作最主要的主体是家（当然村落的各种共同性和集团性也起到了支撑家的作用），因此家对村落也承担着各种各样的义务与责任。同时，也被认可保持与之对应的权利和权益。这样相互影响的结果，才产生了家＝股的结构框架，并以其固有的方式发挥着作用。因而家进行稻作生产不仅仅是农业生产这一经济行为或者是各家私人的生活行为，也是对村落或领主承担社会责任，从这个意义上看，是属于农民的“本分”和“职责义务”的行为。农民们为了建立起自己的家＝股，完成他们的“本分”、“职责义务”，才特别开展稻作生产，并生产出“大米”这一具有特别价值的产物。然后以家和村落生产出的“大米”作为基础，构建并不断地再生产出作为稻作社会的日本社会。从这个意义上讲，近世稻作社会中大米并不单单是食物，而是具有社会性、政治性的实体。[1]就像人们经常指出的那样，在这样的社会中，农民甚至不是必须把大米作为日常粮食来食用的。即使农民们日常吃的是杂谷，只要社会是以稻作为基准而建

[1] 在日本，村是用“石数”即“村石数”来表示的，武士的地位用“石数”＝“石高”（家禄）来表示，代表的也是“米”社会的逻辑。这并不是日本独有的，众所周知，传统的泰国社会也有类似现象。近代之前的泰国曾经存在田园权制度，在该制度中从统治者（贵族、官僚）到农民，其地位是用水田的面积大小来表示的。在稻作社会中，米和田甚至成为身份地位的象征。

立的，该社会就可以看作是稻作社会。

第二，家是以亲属为中心构成的。我认为不能把有贺考察过的那种大家庭设定为成熟的稻作社会的基础。仅从对东南亚大陆稻作社会中的家庭的考察来看，在稻作社会中将众多非亲属成员作为劳动力吸收进来的大家庭式经营是否成立，这一点本身就值得怀疑。在与日本相比相对落后的东南亚大陆的稻作社会中，没有证据证明近代以前就已经存在着包含众多非亲属成员的大家庭式经营。在东南亚大陆的稻作社会中，尚不曾有人提出过包含众多非亲属成员的大家庭式经营的事例。有贺的大家庭论在马克思主义生产方式论中可以与安良城盛昭（1959）的家长制式的奴隶制论相类比，但该家长制式的奴隶制论是以希腊、罗马类型的奴隶社会作为模型的，并不是建立在东亚稻作社会基础上。实际上，东亚的奴隶制论除一部分家内奴隶之外，一直被看作是与亚洲生产模式相对应的总体性奴隶制论。从这一点中也可以看到，在东亚的稻作社会之中，很难设想有包含众多非亲属从属的大家庭式经营。

之所以这样讲，是因为水田稻作经营并不需要采取超出家庭、亲属劳动力编制的大规模经营形态，或者说不适应那样的农业形态。相比而言，旱田耕作更容易形成大规模劳动组织的编制形态。近年来积极参与稻作论研究的池桥宏（2008：254-5）曾强调过这一点。另外根据池桥的说法，欧洲、印度等地传统旱田耕作都是采取大规模的劳动组织编制，并使用大型家畜进行农业经营。[1]罗马的奴隶制也是从这种农业形态中诞生的。而在水田稻作方面，

[1] 例如，根据对16-18世纪德国农村的研究，村落中除了承担农业经营的农民层外，还存在着年季佣人、日工、家内劳动者等许多阶层，他们以不同的形态构成了农民旱田耕作、畜牧经营的劳动力。（デュルメン，1995[1920]：37）。

则是在家庭人手够用的范围内进行作业，并与渔业（淡水）等结合，过着自给自足的生活。池桥认为这种差异在于稻作和旱田耕作的生产力的差异，也就是稻作的生产力较高所造成的。本人则认为不仅如此，或许还应当从稻作所具有的农耕文化的固有性上进行思考。不论怎样，在稻作中深度依靠奴隶性劳动或者依靠农奴赋役的水稻作业应该不具有普遍性。例如在泰国，近代以前农民曾被征去从事赋役劳动，但那并不是去为统治者从事稻作经营，而是去从事公共事业劳动或以家内劳动为主的劳动。

当然家也出现过大家庭式的形态。尤其是在近世初期，这种形态广泛存在。

但这种大家庭的内涵是具有亲属关系的兄弟或父母子女，而不是非亲属者占大多数。特别在稻作比重较高的地区，这种倾向更加明显。例如在近世史料中，本百姓[1]的家中有身份被标注为“抱”、“下人”、“被官”等的人，人们通常容易将他们看作是非亲属的从属身份阶层。然而仔细分析就会发现，这些从属身份名称的人多是有亲属关系的亲属，得到均分继承的情况很多，可以推断其农业经营也是半独立的。鹫见等曜（1983：253）将这样的大家庭看作是“惣领制式的共同所有”。

正如鹫见所指出的，这与水野浩一（1981）在泰国东北农村研究中关注的“住宅地共住集团”是类似的。[2]也就是以兄弟间均分继承原则为背景，长子家庭、次子三子的家庭等都在同一个开阔的住宅地上分栋居住，各自半独立，但在必要的时候互相帮助。

[1] 本百姓指近代日本对领主承担年贡，并被认定为村共同体之一员的人。本百姓同时拥有田地和宅基地，并承担年贡、徭役等，可以一定形式参与村政。——编者注

[2] 笔者曾通过对近代世史料的解读对近世初期本百姓的家的内涵进行过考察，近年来也在泰国农村研究过程中体验了“宅基地共住集团”。在此过程中，逐渐认识到近达初期存在的大家庭形态不是家长性或奴隶制性质的。

其形式有可能是数个像内藤莞尔（1985，1995）定义的“传统核心家庭”那样的小家庭结合起来，构成一个“宅基地共住集团”。如果将这个“宅基地共住集团”整体作为一个家庭来看的话，那是可以被定义为大家庭的，但如果将其内部每一个“传统核心家庭”看作家庭的话，那么“宅基地共住集团”就变成了亲属集团。当然，这个集团内部确实也包含着一些没有亲属关系的人，但不应将他们看作主流，而应该是周边性的存在。

第三，有必要对日本的家理论中自古以来就存在的题目，即“家是否就是家庭？”进行简单的说明。如上所述，如果认为有贺所言大家庭性质的家不能成为稻作社会的家的模型的话，那么单从人的构成方面来看，家或许更接近家庭和亲属的概念。然而，家本身一方面拥有家庭和亲属的背景，同时又是一个超越家庭、亲属理论而存在的、带有自律性的社会性制度体。自律性才是家之所以成为股的原因。家庭本身并不能称为家，而且即使是进行稻作生产经营，也不等于就能称为家。只有同股结合起来才能成为家。就像前面提到的那样，家是为了使日本成熟的稻作社会稳固而构建起来的制度体，其成因与结构不能单单用家庭这一概念进行说明。例如，从家庭、亲属原理来看，绝户复兴或女婿养子之类的惯例也许有些奇异，但在日本的家＝股的存续这一逻辑当中，这却成为了理所当然的事情。

从这个意义上来讲，家虽然主要存在于家庭和亲属的关系性当中，但本质上却是超越了家庭和亲属的原理而发挥着作用。

日本的家超越了亲属原理，作为股而存在并确立下来，这一点可以认为是东亚稻作社会中日本独特性的表现。如前所述，稻作特别是水稻耕作一方面有地区社会和亲属关系共同性的支撑，同时，由于主要部分是家庭经营，因而在东亚很多稻作社会中，地区社会中家庭的重要性或家庭的制度化自然地得到推进和发展。

然而，日本村落社会中所能见到的家的“股”化在其他的稻作社会中多大程度上能够看到呢？以本人之管见，尚未发现类似的事例，这方面恐怕是受到了日本历史和文化条件的影响。也就是说，日本的家是日本成熟的稻作社会的村落为了维持稳定的稻作社会，富有智慧地独自构建出来的。当然这里无意去描绘被构建起来的家或者作为其母体的村落的优越性。因为其所具有的集团主义性质的侧面有时会给生活在其中的人们带来很大的负担和制约，有时会产生出社会的闭锁性（玉城，1977：69–73）。但同时，现在需要的不是把它当作单纯的历史结构去看待，而是从现代应当如何去继承和发展的角度进行考察（渡边，2008：235–236）。

六、结论

以上从东亚稻作社会的角度对日本的家进行再探讨，最终从日本成熟的稻作社会的维持、运营的视角重新审视了长谷川教授和本人曾经论述过的家＝股论，并得出了这种理论仍然有效的结论。此外，家＝股论为我们思考日本的家在东亚及稻作社会中的位置和独特性提供了线索。

然而，尽管本报告是从稻作社会进行讨论的，但日本的村落社会并不都是稻作社会。也有像有贺考察的石神村那样更多依靠旱田耕作和林野的村落社会。另外，玉城肇（1977：52）指出，日本稻作社会的特征本来就在于同旱田耕作的完美结合上。因此不能对日本村落社会中的稻作作出高的评价。除了三角洲地带进行单一农作物种植之外，东亚的稻作社会本来就包含着旱田耕作，所以在日本稻作社会中旱田耕作占到一定比例也并不奇特。不过，如果像有贺研究的石神村那样旱田耕作的比重超过稻作并占据重要位置，那么就不能称之为原本意义上的稻作社会了，家的性质也就变得相对不同。于是，就有必要对这种非稻作社会会产生出什么样的家进行针对性的分析，有贺家论的恰当性也需要在其中进行重新验证。

类似的问题在被称作“泰国文化圈”（新谷编，1998）的中国南部和东南亚大陆的稻作社会中也能够看到。这个稻作社会形成于盆地地带，盆地中心部分与其周围山区部分的主业形态是有差异的。中心部分的主业是水稻耕作，而周边山区则是旱地耕作和陆稻。而且中心部分和周边部分的家庭和地区社会的文化和习俗也是不同的。这个差异历来都被看作是来源于泰系诸族和山区居民的民族文化的差异，但若能从主业形态的差异出发，将中心部分和周边部分的家庭、村落作个比较，也许会有新的发现。

以上的事实进一步促使人们去反思以下问题：以国家或者民族为单位对家庭进行笼统的比较是否妥当？例如，将中国或韩国的家与日本的家进行整体性比较是否妥当呢？如果在明确了韩国稻作社会产生的家庭是什么，中国稻作社会产生的家庭是什么之后，再与日本的稻作社会的家作比较或许是有效的，若这一点尚未明确的话，比较的意义就会减半。之所以这样说，是因为是否能将中国和韩国整体作为稻作社会来看还是一个问题。像最初所叙述的那样，稻作的“中心地区”并不能将中国和韩国的整体都包括进去。比如中国文化的中心、农耕文化的基础是旱田耕作和畜牧文化。因此中国农业史将旱田耕作（杂谷和小麦）放在第一的位置来论述（天野，1962）。也就是说，应该在讨论中国或韩国各自是怎样的社会的基础上，再来和日本的家进行比较。

然而，明确各自的主业文化是什么也只不过是进行比较的出发点而已。以稻作社会为例，即使是稻作社会，家庭和地区的构造也不一定就是共通的。同一个稻作社会里也存在着水稻和陆稻两种类型，其中水稻型又分为灌溉型和自然型，而灌溉型又可细分为大河、贮水池、梯田等许多类型。根据稻作社会内部的下位类型的不同，社会的状态当然也有可能不同，家庭和地区的特质也会受到影响。

另一方面，不同的稻作社会所处的历史、文化条件的影响也是很大的。日本稻作社会中家采取“股”的形式独自发展起来的原因，不能只用稻作这一农耕文化来解释。家 = 股的成立和发展也受到了日本社会的文化特质以及幕藩体制这些历史条件的影响。

参考书目

一、中文

藤井胜，王仲涛译 . 家和同族的历史社会学 . 北京：商务印书馆，2005.

二、日文（按照五十音图排序）

天野元之助 1962 『中国農業氏史研究』東京：御茶の水書房

網野善彦 1990 『日本論の視座』東京：小学館

安良城盛昭 1959 『幕藩体制社会の成立と構造』東京：御茶の水書房

有賀喜左衛門 1966［1943］「日本家族制度と小作制度」『有賀喜左衛門著作集』Ⅰ・Ⅱ 東京：未来社

有賀喜左衛門 1967［1939］「南部二戸郡石神村における大家族制度と名子制度」『有賀喜左衛門著作集』Ⅲ 1–526 東京：未来社

池橋宏 2005 『稲作の起源：イネ学からの考古学への挑戦』東京：講談社

池橋宏 2008『稲作渡来民:「日本人」成立の謎に迫る』東京:講談社

石井米雄編 1975『タイ国一ひとつの稲作社会一』東京:創文社

梅原和夫・安田喜憲 2004『長江文明の探求』東京:新思索社

岡正雄 1979『異人その他』東京:言叢社

カルプ D.H.1941［1925］『南支那の村落生活一家族主義の社会学』喜多野清一・及川宏訳。東京:生活社

喜多野清一 1976『家と同族の基礎理論』東京:未来社

新谷忠彦編 1998『黄金の四角地帯』東京:慶友社

鷲見等曜 1983『前近代日本家族の構造』東京:弘文堂

玉城哲 1977『稲作文化と日本人』東京:現代評論社

デュルメン R.V.1995［1992］『近世の文化と日常生活』2 佐藤正樹訳。諏訪:鳥影社

内藤莞爾 1985「日本の伝統的核家族」『立正大学人文科学研究所年報』23:42—49

内藤莞爾 1995「日本家族の類型化と地域差」『村研ジャーナル』3:1—8

長谷川善計ほか 1991『日本社会の基層構造』京都:法律文化社

福武直 1949『日本農村の社会的性格』東京:東京大学出版会

藤井勝 2005「東北タイ農村の伝統と現代」『東アジアの家族・地域・エスニシティ』北原淳編 231–248 東京:東信堂

原田信男 2008『中世の村のかたちと暮らし』東京:角川書店

平川南 2008「日本の原像一新視点古代史一」『日本の歴史』2 東京:小学館

森嘉兵衛 1969『日本僻地の史的研究』東京:法政大学出版会

水野浩一 1981『タイ農村の社会組織』東京:創文社

宮本常一 2005『日本文化の形成』東京:講談社学術文庫

余田博通 1961『農業村落社会の論理構造』東京：弘文堂

渡辺忠世責任編集 1987『稲のアジア史』第 1 巻～第 4 巻。東京：小学館

渡辺尚志 2008『百姓の力：江戸時代から見える日本』東京：柏書房

日本农村中的“家”
——明治民法实施前的东北地方农村

细谷昂（社会调查协会理事）

翻译：张晨

一、前言

众所周知，日本在 1868 年实行了“明治维新”变革，走上了“近代化”即社会经济的资本主义化道路。此前的时期，在日本历史学中经常称之为“近世”，其中心就是由德川幕府统治的 “江户时代”。在江户时代，日本社会经济的基本结构是以“家”为单位的等级身份制性质的分工社会。也就是说，当时的社会经济活动中所有生产、流通、消费都是以“家”为单位进行的。农业是以农民的“家”、各种手工业是以手工业者的“家”、商业是以商人的“家”来经营的。

不仅经济上如此，在政治、行政等方面，统治阶级武士也是以“家”为单位活动的。就连宗教都是作为僧侣、神职人员的“家”的工作来进行的。在“家”中，消费是指人口的再生产，从经济角度来说就是劳动力的再生产。这些“家”根据各自不同的身份确定下来，并且形成了社会的整体分工。

因此“家”是家庭与经营活动的统一体。可以说“家”是家庭的经营活动，或者说家庭是经营活动的单位。但如果只是这种说法，那表达的只是世界上各种社会形态、各种时代中都可以看到的家庭经营的一般性概念，完全表现不出日本的“家”的特征来。日本的“家”的特征可以说是追求一种单子继承的永久性世代存续。通过“家”进行的经营活动一般称为“家业”，为了经营“家业”使用的财产称为“家产”，所有这些都让一个继承人来继承。如果分割继承，家产和家业的规模都会缩小，就会危及到家的存续。因此，即使有许多孩子，继承人也只能为其中之一。这样，家与家庭成员的生死、出入等命运无关，被看作是一种永久存续的制度体系。于是，日本人除了个人姓名之外，还有家的名字。农民或商人的“家”的名字一般称为“屋号”。比如生于“惣左卫门”屋号家中的孩子，虽然都有自己的乳名，但是作为家的代表的继承人，要以“家”的名字即“惣左卫门”作为自己的名字。也就是说家的代表者不能叫其乳名，即使是对其个人，也以屋号来称呼。

“家”既然是永久存续的，就必然要进行祖先祭祀。然而，这里的祖先不仅仅局限于有血缘关系的祖先。正如下面我们将要分析的那样，常常会出现养子继承的情况。养子一旦从别人家里迎娶了媳妇，血缘就断绝了。但是，不论血缘如何，“家”作为一个集团却可以被继承下来并一直存续下去。因此，各世代中“家”的代表者即“家长”，要担负起维护各个时期的“家”的责任，并作为发展了家的“祖先”被子孙所敬仰，成为祭祀的对象。

然而，这样的“家”也不尽相同。最基本的区别就是我曾提议的“保有之家”和“协作之家”的区别（细谷，2005：7）。也就是说，刚才说过家既是家庭又是经营主体，而区别就是经济经营的内容不同。“保有之家”是指经济经营主要通过家产的运用来实现。“协作之家”指的是主要依靠家庭成员的家庭生产劳动的情况。譬如通过出租土地获得地租收入而生活的家就属于前者，而通过家庭成员的合作来经营家业的农民或商人的家则属于后者。

以上是日本近世“家”的基本特征。然而，进入明治时期日本开始向近代化迈进以后，问题就变得复杂起来。这是由于在建立近代国家法律制度的过程中，“家”的家庭和经济经营两个侧面分别受到不同法律的规范，即家庭方面在民法中作为“家”、经济经营方面在商法中作为“公司”分别受到规范（米村，1999：151-159）。这是资本主义近代化政策的必然产物。因为“家”所具有的家庭协作经营的一面与资本主义式的经营性质不同，并且是走向资本主义的绊脚石。但是“家”这个词汇却在民法中被保留了下来，并被当作家庭来理解。由此，至今在一般人的观念中“家”就是家庭。然而，作为经济经营与家庭的统一体的“家”在明治以后，随着政府的近代化政策逐渐走向解体，时至今日，只有在农民阶层中才顽强地活了下来，继续担负着日本农业生产的重任。

至今仍有不少人主张，嫡系长子继承才是日本的“家”的传统。在明治民法中的确有这样的规定，但这是日本的家的传统吗？本文将对明治民法实施（明治三十一年，即1898年）前，即从近世到明治初期的农民的家庭情况进行考察。有人认为明治民法所规定的家族制度是“把旧武士阶层的家庭秩序作为政府公认的理想家庭模式固定下来的”，是“与人民的生活相分离的”（川岛，2000：151、173），但是，“人民的生活”随身份、阶层、时代而各不相同。本文通过日本屈指可数的大米耕作地带山形县庄内地区的事例，具体分析一下明治民法实施前农民阶层的家庭状况。考察地点是近世时期的羽州庄内平田乡牧曾根村，该地区在明治町村制实行以后改为山形县饱海郡北田村大字牧曾根。

二、家的形成*

元和十年		宽文九年		宝历十年	享和一年	文化十三年	安政六年	庆应三年	明治三年	昭和十五年	平成十八年	备注
(1624)		(1669)		(1760)	(1801)	(1816)	(1859)	(1867)	(1870)	(1940)	(2006)	
62人		37人		56人	64人	50人	53人	62人	52人	55户	57户	
右卫门三郎		右卫门三郎										
勘十郎		?	×	勘十郎								
喜助		喜助		喜助	喜助	喜助	喜助	喜助	喜助	喜助	喜助	
喜右卫门		?	×	喜右卫门	喜右卫门	喜右卫门	喜右卫门	喜右卫门	喜右卫门	喜右卫门	喜右卫门	
作兵卫		?	×	作兵卫	作兵卫	作兵卫	作兵卫	作兵卫	作兵卫	作兵卫	作兵卫	
治郎左卫门		?		?	?	治郎左卫门	治郎左卫门	治郎左卫门	治郎左卫门			
新右卫门	×	新右卫门										
甚右卫门	×	甚右卫门										
甚左卫门	×	甚左卫门		甚左卫门	甚左卫门	甚左卫门	甚左卫门	甚左卫门	甚左卫门	甚左卫门	甚左卫门	
惣左卫门	×	惣左卫门		惣左卫门	惣左卫门	惣左卫门	惣左卫门	惣左卫门	惣左卫门	惣兵卫	惣兵卫	(惣左卫门改名)
孙三	×	孙三										
弥右卫门	×	弥右卫门		弥右卫门	弥右卫门	弥右卫门	弥右卫门	弥右卫门	弥右卫门	弥右卫门	弥右卫门	
弥左卫门		弥左卫门		弥左卫门	弥左卫门	弥左卫门	弥惣左卫门	弥左卫门	弥左卫门	弥左卫门	弥左卫门	
(省略不连续的49人)		嘉右卫门		嘉右卫门	嘉右卫门	嘉右卫门	嘉右卫门	嘉右卫门	嘉右卫门	嘉右卫门	嘉右卫门	
		与右卫门	×	与右卫门	与右卫门	与五郎	与五郎	与五郎	与五郎	与五郎	与五郎	(与右卫门改名)
		忠右卫门		忠右卫门	忠右卫门	忠右卫门	忠右卫门	忠右卫门	忠右卫门	忠右卫门		(昭和六十二年左右离村)
		彦左卫门		彦左卫门	?	?	彦左卫门	彦左卫门	彦左卫门	彦左卫门	彦左卫门	
		兵右卫门		兵右卫门	兵右卫门	兵右卫门	兵右卫门	兵右卫门	兵右卫门	长八	长八	(兵右卫门改名)
		弥助		弥助	弥助	弥助	弥助	弥助	弥助	弥助	弥助	
		(省略其中不连续的22人)		嘉左卫门	嘉左卫门	嘉左卫门	嘉左卫门	嘉左卫门	嘉左卫门	嘉左卫门	嘉左卫门	
				佐五兵卫	佐五兵卫	佐五兵卫	佐五兵卫	佐五兵卫	佐五兵卫	佐五兵卫	佐五兵卫	
				三右卫门	三右卫门	三右卫门	三右卫门	三右卫门	三右卫门			(离村，时间不详)
				七左卫门	七左卫门	七左卫门	七左卫门	七左卫门	七左卫门	七左卫门	七左卫门	
				庄兵卫	庄兵卫	庄兵卫	庄兵卫	庄兵卫	庄兵卫	庄兵卫	庄兵卫	
				甚五右卫门	甚五右卫门	甚五右卫门	甚五右卫门	甚五右卫门	甚五右卫门	甚五右卫门	甚五右卫门	
				甚五兵卫	甚五兵卫	甚五兵卫	甚五兵卫	甚五兵卫	甚五兵卫	甚五兵卫		(离村，时间不详)

待续

* 本章部分表格较大，需跨页阅读，请注意相应续表。

续表

元和十年	宽文九年	宝历十年	享和一年	文化十三年	安政六年	庆应三年	明治三年	昭和十五年	平成十八年	备注
(1624)	(1669)	(1760)	(1801)	(1816)	(1859)	(1867)	(1870)	(1940)	(2006)	
62人	37人	56人	64人	50人	53人	62人	52人	55户	57户	
		甚七	甚七	甚七	甚七	甚七	甚七	甚七		(平成十八年离村)
		多郎兵卫	多郎兵卫	多郎兵卫	多郎兵卫	多郎兵卫	多郎兵卫	多郎兵卫	多郎兵卫	
		长右卫门	长右卫门	长右卫门	长右卫门	长右卫门	长右卫门			(昭和十年左右离村)
		长四郎	长四郎	长四郎	长四郎	长四郎	长四郎	长四郎	长四郎	
		长治郎	长治郎	长治郎	长治郎	长治郎	长治郎			(离村，时间不详)
		传三郎	传三郎	传三郎	传三郎	传三郎	传三郎	传三郎	传三郎	
		八郎兵卫	八郎兵卫	八郎兵卫	八郎兵卫	八郎兵卫	八郎兵卫	八郎兵卫	八郎兵卫	
		彦兵卫	彦兵卫	彦兵卫	彦兵卫	彦兵卫	彦兵卫	彦兵卫	彦兵卫	
		兵左卫门	兵左卫门	兵左卫门	兵左卫门	兵左卫门	兵左卫门	兵左卫门	兵左卫门	
		孙十郎	孙十郎	孙十郎	孙十郎	孙十郎	孙十郎			(离村，时间不详)
		弥治右卫门	弥治右卫门	弥治右卫门	弥治右卫门	弥治右卫门	弥治右卫门	弥治右卫门		(平成十七年离村)
		弥八郎	弥八郎	弥八郎	弥八郎	弥八郎	弥八郎	弥八郎	弥八郎	
		与治右卫门	与治右卫门	与治右卫门	与治右卫门	与治右卫门				
		(省略外村来耕作的15人以及不连续的22人)	嘉兵卫	嘉兵卫	嘉兵卫	嘉兵卫	嘉兵卫			
			勘助	勘助	?	勘助	勘助	勘助	勘助	
			喜作	喜作	喜作	喜作	喜作	喜作		(昭和五十七年离村)
			久三郎	久三郎	久三郎	久三郎	久三郎	久三郎		(昭和四十九年离村)
			治三郎	治三郎	治三郎	治三郎	治三郎	治三郎		(昭和三十五年离村)
			治郎吉	治郎吉	治郎吉	治郎吉	治郎吉			(昭和六年离村)
			助右卫门	助右卫门	?	助右卫门	助右卫门	勘十郎	勘十郎	(助右卫门改名)
			惣右卫门	惣右卫门	惣右卫门	惣右卫门	惣右卫门	惣右卫门	惣右卫门	
			传治郎	传治郎	传治郎	传治郎	传治郎	传治郎	传治郎	
			传助	传助	传助	传助	传助	传助	传助	
			彦三郎	彦三郎	彦三郎	彦三郎	彦三郎	彦三郎	彦三郎	
			弥五兵卫	弥五兵卫	弥五兵卫	弥五兵卫	弥五兵卫	弥五兵卫	弥五兵卫	

续表

元和十年		宽文九年		宝历十年	享和一年	文化十三年	安政六年	庆应三年	明治三年	昭和十五年	平成十八年	备注
(1624)		(1669)		(1760)	(1801)	(1816)	(1859)	(1867)	(1870)	(1940)	(2006)	
62人		37人		56人	64人	50人	53人	62人	52人	55户	57户	
					弥治兵卫	?	弥治兵卫	弥治兵卫	弥治兵卫	弥治兵卫	弥治兵卫	
					弥惣兵卫	弥惣兵卫	弥惣兵卫	弥惣兵卫	弥惣兵卫	弥惣兵卫	弥惣兵卫	
					弥兵卫	弥兵卫	弥兵卫	弥兵卫	弥兵卫	弥兵卫	弥兵卫	
					与助	与助	与助	与助	与助	与助	与助	
					与平治	与平治	与平治	与平治	与平治			(大正六年离村)
					(省略外村来耕作的15人)	(省略不连续的1人)	三四郎	三四郎	三四郎	三四郎	三四郎	
							与作	与作	与作	与作	与作	
							(将弥惣左卫门看成弥左卫门、甚五右卫门由于资料破旧无法看清因此从寺院资料来推测、除去户主名不明的1人)	(村外者7人、省略了只有名义的2人)		(省略明治以后分家的10户、转来的1户)	(省略明治以后分家的14户、转来的5户)	

注1:“元和十年庄内河北遊佐郡平田乡牧曾根村检地账”、“宽文九年羽州庄内饱海郡之内平田乡牧曾根村水账”、“宝历十年羽州庄内饱海郡平田乡漆曾根组牧曾根村反别同人寄账”、“享和元年平田乡漆曾根组牧曾根村反别同人寄账”、“文化十三年牧曾根村宗旨人别御改账”、“安政六年平田乡漆曾根组牧曾根村宗旨人别御改账”、平成十八年在村家号以及离村时间、改名等是根据松泽与司元氏所述。

注2:元和与宽文之间各栏或者与宝历之间各栏的画×的部分是所有地没有连续性但仅名字相同时的情况。然而也有相反的情况,即姓名不同但所有地是一致的。这种情况表中没有表示。

图表1:各个时期水账、宗旨人别账中记载的人数与连续人名

刚才我们提到了日本的“家”的特点是通过单子继承，追求世代的永续。具有这样含义的家在庄内地区的农民之间是何时形成的呢？作为其中的指标之一，图表 1 通过检地账（土地丈量记录）系统资料、宗旨人别账（非宗门户籍）或户籍系统资料，关于现代的情况则通过村落名册和调查访问等，揭示了牧曾根村家名的连续性情况。由此可见，从元和十年（1624）经过宽文九年（1669）直到宝历十年（1760）这段期间，即在 17 世纪初到 18 世纪中期，家名基本上没有连续性。

不过，检地账中即使记载着同一个名字，也不能就此断定这就是对相同经营的继承。于是，我们将检地账记载的每一块（一笔）土地（当时的用语为“一竿”）的元和时期的纳贡人和宽文时期的纳贡人进行了对照。

元和十年（1624）				宽文九年（1669）				
	编号	等级	面积	新右卫门				注
				编号	水田	旱田	宅地	
新右卫门			94.00					给惣左卫门、一部分给弥右卫门
五郎三郎			215.00		90.28	10.25	6.00	其他给了弥左卫门等
勘十郎	47	上田	4.05	54	1.01			分给弥助2.02杆、忠兵卫1.02杆
仁郎左卫门	78	中田	21.21	90	5.13			分给弥助10.26杆、忠兵卫5.12杆
兵二郎	150	上田	13.06	171	6.18			分给弥左卫门6.18杆
兵二郎	151	中田	7.28	173	3.29			分给弥左卫门3.29杆
勘十郎	192	上田	12.21	234	3.05			分给弥助6.11杆、忠兵卫3.05杆
勘十郎	193	上田	15.07	236	3.24			分给弥助7.18杆、忠兵卫3.25杆
三郎四郎	203	中田	7.23	247	7.23			
三郎四郎	206	中田	0.17	250	0.17			
弥市	327	下下田	27.09	408	3.12			分给弥左卫门3.13杆、喜助6.25杆
								分给彦三6.25杆、五兵卫6.24杆
五郎二郎	337	下田	2.04	431	1.02			分给弥左卫门1.02杆
无				666	3.10			
				667	0.28			
				678	8.12			
计					140.12	10.25	6.00	

图表2：姓名相同但未继承土地的例子（新右卫门和新右卫门）

图表 2 注 1：土地面积单位为日亩，1 日亩约合 0.991 公顷。（下同）

注 2：元和年间的人名标注为“无”意为在元和年间的检地账中没有记载的土地。（下同）

注 3：元和及宽文年间的土地序号存在不同是由于在这段时期，根据分地实际情况，竿数有所增加。根据记载顺序、土地等级和面积等判断得出。（下同）土地等级、面积等来判断是否为相同土地（以下相同）。

注 4：关于本资料，请同时参看图表 1。（下同）

注 5：元和年间，五郎三郎所持有的土地被宽文年间的新右卫门和弥左卫门分开继承。（参照图表 3）

（右马丞→彦三）					
元和十年（1624）				宽文九年（1669）	
	编号	等级	面积	编号	彦三
右马丞	39	上田	3.27	42	3.27
	61	上田	0.12	69	0.12
	67	上田	0.27	76	0.27
	85	上田	1.16	99	1.16
	155	中田	25.25	181	25.25
	170	上田	0.24	200	0.24
	174	上田	2.15	204	2.15
	180	上田	1.06	211	1.06
	219	上田	1.29	265	1.29
	222	上田	4.08	268	4.08
	227	上田	8.22	274	8.22
	232	上田	6.08	280	6.08
	236	上田	8.21	284	8.21
	237	中田	5.24	285	5.24
	264	上田	11.21	323	11.21
	269	上田	6.12	331	6.12
	278	中田	9.22	342	9.22
	281	下田	6.02	346	6.02
	286	上田	10.20	352	10.20
	291	上田	3.22	360	3.22
	294	上田	12.24	363	12.24
	300	上田	4.05	371	4.05
	303	中田	3.00	375	3.00
	307	中田	8.00	380	8.00
	352	下田	4.23	451	4.23
	362	中旱田	2.06	462	2.06
	375	上旱田	0.16	481	0.16
	434	上旱田	1.18	548	1.18
	439	中旱田	1.18	554	1.18
	487	上旱田	4.00	611	4.00
	502	上旱田	5.18	633	5.18
	512	宅地	4.24	649	4.24
计		水田	153.25		153.25
		旱田	15.16		15.16
		宅地	4.24		4.24

图表3：姓名不同但继承土地的例子

用这样的方法可以发现，如图表 2 中所示的那样，元和时期的检地账与宽文时期的水账（相当于检地账，译者注）中都有一个叫做新右卫门的人，但元和时期的新右卫门的土地在宽文时期的新右卫门那里一块也没有找到。也就是说，元和时期和宽文时期的新右卫门，名字虽然相同，但经营上却是互不相干的。调查发现，宽文时期的新右卫门的土地多数来自于元和时期的五郎三郎的土地。如图表 3 所示，元和时期的五郎三郎的土地在宽文时期除了新右卫门之外，还几乎均等地分割给了弥左卫门。除此之外，还出现了其他三个人的名字，但他们每人所获得的土地面积都很小，与其说是继承的，倒不如说是因某种情况而出现的土地流转。相反，如图表 3 所示，元和时期的一个叫右马丞的人的土地全部由宽文时期的彦三继承了。虽然继承了土地，但名字却不同。也就是说，当时作为家的名字的屋号还没有确立，名字仅仅是个人的名字。这属于单独继承，但如果将这样的比对扩大到其他人时，便会发现像五郎三郎那种均分继承的事例倒是很多。比如图表 4，元和时期的二郎左卫门的土地甚至一块地也都分成了两块，几乎均等地分割给宽文时期的右卫门和彦左卫门来继承。也就是说，那时一子继承的习惯尚未确立，好像是每个子女都得以均等地继承家产。因此，家名也未确立，纳贡人的名字也全部都是个人的名字。

元和十年（1624）				宽文九年（1669）					
	编号	等级	面积	编号	又右卫门	编号	彦左卫门	编号	惣左卫门
二郎左卫门	1	上田	1.10	1	0.20	2	0.20		
	12	上田	4.20					13	4.20
	41	上田	9.10	46	2.10	47	7.00		
	64	上田	3.26	72	1.28	73	1.28		
	72	中田	5.10	81	2.20	82	2.20		
	80	中田	7.00	93	3.15	94	3.15		
	92	上田	0.28	109	0.14	110	0.14		
	97	上田	11.10	116	5.20	117	5.20		
	152	下田	7.10	175	3.20	176	3.20		
	153	中田	37.15	177	18.22	178	18.23		

待续

续表

元和十年（1624）				宽文九年（1669）					
	编号	等级	面积	编号	又右卫门	编号	彦左卫门	编号	惣左卫门
	159	上田	14.17	185	7.08	186	7.09		
	166	上田	2.20	194	1.10	195	1.10		
	168	上田	0.16	197	0.08	198	0.08		
	172	上田	0.08	202	0.08				
	184	上田	1.06	220	0.18	221	0.18		
	208	下田	1.25	252	0.27	253	0.28		
	229	上田	3.03	276	1.16	277	1.17		
	247	上田	13.24	297	6.27	298	6.27		
	248	中田	6.12	299	3.06	300	3.06		
	251	下田	1.22	303	0.26	304	0.26		
	253	下田	4.27	306	2.14	307	2.13		
	255	下田	4.10	309	2.05	310	2.05		
	262	中田	7.26	320	3.28	321	3.28		
	265	上田	14.07	324	7.03	325	7.04		
	279	中田	20.00	343	10.00	344	10.00		
	283	上田	16.10	348	8.05	349	8.05		
	287	上田	7.00	353	3.15	354	3.15		
	302	中田	10.15	374	5.07	375	5.08		
	309	中田	2.08	382	1.04	383	1.04		
	353	中田	6.10	452	3.05	453	3.05		
	369	下旱田	1.12	470	0.21	471	0.21		
	374	上旱田	1.12	479	0.21	480	0.21		
	376	中旱田	0.20	482	0.10	483	0.10		
	379	上旱田	1.18	486	0.24	487	0.24		
	387	上旱田	1.00	495	0.15	496	0.15		
	489	上旱田	5.00	614	2.15	615	2.15		
	503	下旱田	1.10	634	0.20	635	0.20		
	506	中旱田	2.10	639	1.05	640	1.05		
	508	上旱田	3.06	642	1.18	643	1.18		
	514	宅地	5.00	652	2.15	653	2.15		
计		水田	228.15		109.19		114.06		4.20
		旱田	17.28		8.29		8.29		
		宅地	5.00		2.15		2.15		

图表4：平均瓜分继承的例子（二郎左卫门→又右卫门·彦左卫门）

然而，用同样的方法继续看宝历十年的“同人寄账”，可以发现在这近100年的时间中，单独继承变得相当突出。而且，如图表5那样，我们还可以发现创立“分家”（bonke）的例子。即宽文时期的弥左卫门的土地一大部分由宝历时期的弥左卫门继承，基本可以看成是单独继承，剩下的少部分土地则由其他名字的人来继承，其中彦兵卫和弥八郎后来就成了弥左卫门的“分家”。而向与右卫门和酒田久四郎的土地转移是通过出售而不是通过继承实现的。由此可见，在不威胁“本家”（honke）经营的条件下将一小部分的土地拿出来创立“分家”，这与一子继承追求世代永续的日本继承习惯是表里合一的。将此与单独继承增多的现象合起来考虑，我们可以认为，从宽文时期到宝历时期，也就是 17 世纪后半期到 18 世纪后半期约 100 年间，在庄内地区已经形成了具有日本特征的“家”。不过，需要注意的是，这里的“本家”及“分家”与中文中的“本家”“分家”的意思是完全不同的。

宽文九年（1669）				宝历十年（1760）						
	编号	等级	面积						酒田	备注
				弥左卫门	彦兵卫	弥八郎	左五兵卫	与右卫门	久四郎	
弥左卫门	20	上田	0.14	0.14						
	45	上田	1.28		1.28					
	86	中田	0.15	0.15						
	101	中田	2.14				2.14			
	103	中田	0.18	0.18						
	170	上田	15.16		15.16					
	172	上田	6.18		6.18					
	174	中田	3.29		3.29					
	207	上田	0.21	0.21						
	213	上田	0.11			0.11				
	225	上田	0.29		0.27	0.02				
	230	上田	1.00			1.00				
	242	中田	50.15	50.15						
	245	上田	19.22	19.22						
	271	中田	0.22	0.22						
	287	上田	1.04	1.04						
	293	中田	4.25					4.25		

待续

续表

宽文九年（1669）				宝历十年（1760）						
	编号	等级	面积						酒田	备注
	318	中田	0.27	0.27						
	341	中田	1.09	1.09						
	357	上田	4.21	4.21						
	367	上田	1.14	1.14						
	370	中田	0.25	0.25						
	378	中田	4.00	4.00						
	385	中田	1.29		1.29					
	389	下田	1.00					1.00		
	393	下田	0.15	0.15						
	407	下下田	3.13						3.13	
	416	下下田	1.05						1.05	
	432	下田	1.02						1.02	
	435	下田	7.24						7.24	
	437	中田	5.12					5.12		
	439	中田	4.08					4.08		
	441	中田	3.01					3.01		
	660	下田	6.24	6.24						
	468	下旱田	1.26	1.26						
	498	上旱田	0.28	0.28						
	539	中旱田	0.11	0.11						
	580	中旱田	1.20	0.15						1.20为伊左卫门分地
	583	中旱田	2.02	1.26						2.02为午畠返永留下的土地
	586	中旱田	0.20	0.20						
		水田	141.28	94.26	30.27	1.13	2.14	18.16	13.14	
		旱田	8.06	6.06						
		宅地								

图表5：分家新增部分的例子（弥左卫门→彦兵卫·弥八郎）

注：弥八郎、彦兵卫后代被当作是弥左卫门家的“分家”。

三、由直系家庭构成的“家”与继承者

经过上述历史过程，进入19世纪以后，如图表6所示，几乎所有的家都以相同的名字即屋号命名，并一直延续至今。

牧曾根村保留着文化十三年（1816）的宗旨人别账，这里将其用图表6表示。

在这个名单中，户主50人下面分别记载着其妻子、孩子等50个近亲集团，最后写着“惣家数合50轩”，这些人可以说是这50个集团的同居家属。其中除了“弥治三郎女”单身者一户和“伯父48岁伯母45岁”的复合家庭一户之外，其余的全都是夫妇家庭或者直系家庭，可以认为当时原则上采取的是直系家族制。虽然也有包含兄弟姐妹的家庭，但他们至少都没有可以计入人别账中的配偶。从以上的历史沿革上看，可以说一子继承的确立是出现上述情况的背景。也就是说孩子中一人结婚后与父母同居，继承家，其他子女在适当的时候要离开家。

然而，在家庭中处于什么样地位的人才能够成为家的继承者呢？是长子还是其他人？另外，非继承者的命运如何？这些情况在该表中没有任何信息记载。

文化十三年　牧曾根村宗旨人别御改账　子六月　禅家　真言宗　法花宗														
屋号	户主辈		父母辈		孩子辈									
	户主	妻子	父	母	儿子	儿子	其他儿子				女儿			
（户主名）						妻子	（次子之后）							
八郎兵卫	64				31	31					19	15	7	3
惣？左卫门	46	41			18		11	9	2		15	7		
兵左卫门？	36	33		57							10	2		
弥治三郎女	22													
弥助	46	57					21	13	10					
弥惣兵卫	39	30			9		1				12	5		
与平治	46	41		73	17		9	7			12	4		
三右卫门	24	22		68	11						18			
甚左卫门	46	36			7									
忠右卫门	30													
嘉右卫门	36	31		65							3			
作兵卫	44			63	9									
长四郎	56	46			41	36	25	9			17			
喜右卫门	31			59	15						13	6		
惣右卫门	59	45			25	27	13	10	3	2	19	16	11	
喜助	49	42			31	16					18			
喜作	45	32	80	74	6						14	4		
兵右卫门	41	39									12	2		
多郎兵卫	52	39			26		10	4			3			
彦三郎	50	38	69								18	14		
弥左卫门	69	62			30	23								
传治郎	52	39			17		14	10			3			
弥右卫门	51	52			35	27	16	6	3		11	9	6	
弥八郎	29	27	74	64	12						13			
甚五兵卫	54	56			31	21	25	23			17	10	7	3
治三郎	58	52			27	23	14							
治郎吉	41	41			8						3			
治郎左卫门	41	39	71	53							13	3		
七左卫门	66	57			27	17								
与治卫门	52										29			
弥兵卫	37	32			3						8			
嘉兵卫	42				32	22	1				6			
庄兵卫	59			78	24	21	21	12	9		2			
久三郎	57	50			25		19	6			10			
助右卫门	55	49			28		22	10			25	14	12	
勘助	54	46			17		3				17			
嘉左卫门	33	31		57	2						10	7	4	
长次郎	63	52			30	26					19			
传助	42	32		61	21									
弥五兵卫	33	36		71	20						8			
彦兵卫	55	48		76	25	22	10				19	17	13	3

孙子辈					户主辈				其他			人数				
男			女		兄弟		姐妹					计	男	女	菩提寺	备注
					59							8	3	5	长寿寺	
					25							9	6	3	长寿寺	
					41		28	22				8	2	6	长寿寺	
												1		1	长寿寺	外伯父三治郎……取亲后离家
												5	4	1	长寿寺	
					25							7	4	3	长寿寺	
												8	4	4	长寿寺	
									伯父48伯父妻子45			7	3	4	长寿寺	
							35					4	2	2	长寿寺	
					23		26	17				4	2	2	长寿寺	
					30							5	2	3	长寿寺	
												3	2	1	长寿寺	
10												8	5	3	长寿寺	
					26							6	3	3	长寿寺	
												11	6	5	长寿寺	
												5	2	3	长寿寺	
												7	3	4	长寿寺	
									外甥28			5	2	3	长寿寺	
												6	4	2	长寿寺	
												5	2	3	长寿寺	
			5	2								6	2	4	长寿寺	5岁、2岁的女儿可看作孙女
												6	4	2	长寿寺	
												10	5	5	长寿寺	
					25	23						8	5	3	长寿寺	
												10	4	6	长寿寺	
												5	3	2	长寿寺	
												4	2	2	长寿寺	
					28	15						8	4	4	长寿寺	
												4	2	2	长寿寺	
							49					3	1	2	长寿寺	
												4	2	2	长寿寺	
					37		24	20				8	4	4	长寿寺	
												8	5	3	长寿寺	
												6	4	2	长寿寺	
												8	4	4	长寿寺	
												5	3	2	长寿寺	
					18		39	25	祖母75			11	3	8	长寿寺	
7	4	2			24		21					10	6	4	长寿寺	
												4	2	2	长寿寺	
												5	2	3	长寿寺	
												10	3	7	长寿寺	

待续

文化十三年　牧曾根村宗旨人别御改账　子六月　禅家　真言宗　法花宗														
屋号	户主辈		父母辈		孩子辈									
	户主	妻子	父	母	儿子	儿子	其他儿子				女儿			
（户主名）						妻子	（次子之后）							
甚七	45	37		65	12									
孙十郎	43	32									13	9	3	
与五郎	48	43			19	18	17				11	7		
与助	43	41		64	13		2				19	4		
弥治右卫门	61	53			36	32	29				23			
传三郎	64	65			32	16					14	8	6	
左五兵卫	46	40		57	16		14				6	3		
甚五右卫门	69	67			35	22								
长右卫门	52	55			17		11				33	21		
人数合计														
惣家数50轩　御役下名子水吞共惣人数319人　男154人　女165人														

图表6：文化十三年 牧曾根村宗旨人别账

注1：本表为4页联表，请注意续表。

注2：各栏相应的人以年龄的方式表示。在孩子辈第一栏中“儿子”在原始资料中没有特别记载，只是记载着继承人。后面的儿子妻子一项可以看成是他的妻子。

注3：末尾的“惣家数合50轩”、从长寿寺到普门院有“禅宗45轩”、宝藏院有“真言宗3轩”、妙法寺有“法华宗2轩”。

注4：人数的总计与笔者实际计算不符，可能由于资料陈旧不完整或者由于笔者在处理的时候产生了一些错误的缘故。

注5：在原始资料中继承人以及年龄等的关系仍存在疑问，在此除了明显的错误之外均按照原始资料记载而制成。

注6：？的部分是由于资料缺损无法确定的推测的部分。

注7：原始资料中没有记载女婿·养子的情况。

续表

孙子辈					户主辈				其他			人数				
男			女		兄弟		姐妹					计	男	女	菩提寺	备注
												4	2	2	长寿寺	
							47					6	1	5	东光寺	
												7	3	4	普门院	
												7	3	4	普门院	
												6	3	3	宝藏院	
												7	2	5	宝藏院	
					25							8	4	4	宝藏院	母亲年龄存在疑问、左五兵卫可能为婿养子
2												5	3	2	妙法寺	2岁的女儿可看作为孙女
												6	3	3	妙法寺	
												321	155	166		

*　本页开始为图表7

明治三年　本乡支配所羽後国饱海郡平田乡漆曾根组牧曾根村户籍并宗旨人别御改账　　午六月

长人喜助　同弥五兵卫　肝煎弥助　冈本弁三郎殿

屋号	户主辈		父母辈		孩子辈									孙子辈			
	户主	妻	父	母	儿子	儿子	其他儿子				女儿			男			
（户主名）		子				妻子	（次子三子）										
弥助	44	49★		61	32★									5			
弥左卫门	40★	51			29												
彦兵卫	55	53★			29	24★	13				20						
弥兵卫	57				31★	29	20	17			13						
传助	43	36★		67	14		12	4	2								
喜右卫门	38	32★		58★	11		8	6									
甚五兵卫	61★	50			38		34	28	19	16							
长四郎	58★	53			22						16	25					
长右卫门	44	36★															
甚五卫门	46★	38			20		16	2			18	12					
勘助	25			45★													
喜助	47	39★			28★	23	9	7	3		14						
助右卫门	22			56★	7		4										
多郎卫门	64★	54			37	32★	25							12	10	4	
忠右卫门	47★	39			18		16	10	7		13						
彦左卫门	60★	52			31	27★					19						
佐五兵卫	46	29★									3						
兵左卫门	50★	45		65	18		14	12	4								
治三郎	52				30★	21	19										
？卫门	66★				29	27★								6			
弥治兵卫门	44	40★			17												
弥右卫门	59★	51			29★	26	23	14									
弥八郎	46★	40		56	11★						18	5					
传三郎	65				42	34★	19							13	3		
弥治卫门	57★	50			34	30★	25	19	12		16			11	5		
兵右卫门	47										16	11	6				
与五郎	51	45★			26	20★	19	11	5								
嘉左卫门	26	20★		55★							2						
与平治	26	29★		65★	5						10	2					
甚七	44	48★									14	9					
长治郎	61	50★			25★	32	23	21			16			3			
庄兵卫	44	40★									15	11					
与助	56	51★			22												
久三郎	50★	52			12		6				25	23	16				
彦三郎	29★	28			2						9	7	3				
三四郎	41	37★			12						8	6	2				
弥五兵卫	66★	63			45	29★								9			
弥惣兵卫	40	45★			26★	21	19				15	8	3				
喜作	47	42★	75	63★	25		11				20	17					
八郎兵卫	71★	64			36	34★	18							12	10	5	2
与作	21★	22		44													
甚左卫门	43★	32		55	11		5	2									

			户主辈					人数			15·59岁人数			村役等			石高
女			兄弟			姐妹		计	男	女	计	男	女		非农业	马	
															从事者		石
11								6	3	3	3	2	1	肝煎		1	31.0433
8								4	2	2	3	2	1	五人组头		1	16.6747
6	4							8	3	5	5	2	3	弥左卫门组			8.6200
5						50		8	4	4	6	4	2	弥左卫门组			4.2340
								7	5	2	2	1	1	弥左卫门组			3.1797
			34	20				8	6	2	5	3	2	弥左卫门组			2.0434
8			43					9	7	2	7	6	1	五人组头		1	14.6188
			32					6	3	3	5	3	2	甚五兵卫组			2.4390
								2	1	1	2	1	1	甚五兵卫组			1937
								7	4	3	5	3	2	甚五兵卫组	油铺		833
			23			19		4	2	2	4	2	2	甚五兵卫组			800
2								9	5	4	4	2	2	长人五人组头		1	30.6117
			21			36		6	4	2	4	2	2	喜助组		1	14.1947
6								9	6	3	4	2	2	喜助组		1	12.5940
								7	5	2	4	3	1	喜助组			8.5103
2								6	2	4	4	1	3	喜助组			2667
								3	1	2	2	1	1	五人组头			9.7347
			37					8	6	2	4	3	1	佐五兵卫组			4.4517
6								5	3	2	4	3	1	佐五兵卫组			2.6403
								4	3	1	2	1	1	佐五兵卫组	屋顶修理者		1167
								3	2	1	3	2	1	佐五兵卫组			567
5	?							8	4	4	5	3	2	五人组头			9.0013
			16			20		8	3	5	6	2	4	弥右卫门组			5.1764
16	9					50		9	5	4	5	2	3	弥右卫门组			5.0380
								10	7	3	7	4	3	弥右卫门组			1.7882
								4	1	3	2	1	1	弥右卫门组	屋顶修理者		3434
2								8	5	3	5	3	2	五人组头		1	57.0718
			25	18				6	3	3	5	3	2	与五郎组		1	27.4916
						23		7	2	5	3	1	2	与五郎组			10.1017
			27					5	2	3	3	2	1	与五郎组	屋顶修理者		2300
8								9	5	4	6	3	3	与五郎组			2000
			32					5	2	3	4	2	2	五人组头			11.2766
								3	2	1	3	2	1	庄兵卫组			1.0900
								7	3	4	5	1	4	庄兵卫组			5250
								6	2	4	2	1	1	庄兵卫组			3750
			28	23	19			9	5	4	5	4	1	庄兵卫组			2250
								5	3	2	2	1	1	长人五人组头			3.8837
3								9	3	6	6	3	3	弥五兵卫组		1	10.2684
								8	4	4	5	2	3	弥五兵卫组	木桶师		8.4649
								9	7	2	3	2	1	弥五兵卫组			4.2351
			9	4				5	3	2	3	1	2	弥五兵卫组			3.1327
						20		7	4	3	4	1	3	五人组头			11.3420

待续

明治三年　本乡支配所羽後国饱海郡平田乡漆曾根组牧曾根村户籍并宗旨人别御改账　　午六月																	
长人喜助　同弥五兵卫　肝煎弥助　冈本弁三郎殿																	
屋号	户主辈		父母辈		孩子辈									孙子辈			
	户主	妻	父	母	儿子	儿子	其他儿子				女儿			男			
(户主名)		子				妻子	(次子三子)										
惣右卫门	47	46*			22		20				?						
嘉右卫门	36*	19															
治郎吉	62	44*			25		16	14			20						
治郎左卫门	56	45*			23												
传治郎	71				39	42*								5	3		
三右卫门	52	40*			27	20*	22				16						
孙十郎	19			4 4 *													
惣左卫门	72	66*			49*	45								19			
作兵卫	34	33*			6						8	4					
嘉兵卫	57*	52			23						19	13					
人数合计	52	43	1	13	42	18	47				45			18			
惣戸数合53轩　惣人数合329人　其中男177人　女152人　农马13匹																	

图表7：明治三年 牧曾根村宗旨人别账

注1：本表为4页联表，请注意续表。

注2：各栏相应的人以年龄表示。在原始资料中继承人以及年龄等的关系仍存在疑问，在此除了明显的错误之外均按照原始资料记载而制成。

注3：*表示不是在此家出生，而是通过结婚、过继养子等方式成为其家庭成员的人。但是在明治十年的户籍中有若干修正。

注4：在原始资料记载中将继承人的男子称为“儿子”，其他的男孩称为“次子”“三子”。此表也如上记载。在“儿子”这项中包含了养子，也包含了长子等亲生的继承人。

注5：在“儿子妻子”这栏中，也包含了招来婿养子的女儿。

注6：在末尾写的家族数及人数是与户主名下的集团数以及各家人数的合计是相符的，但是农马的匹数与合计数不相符。

注7：？处是由于资料破旧而无法确定的地方。

续表

			户主辈					人数			15·59岁人数			村役等			石高
			兄弟			姐妹		计	男	女	计	男	女		非农业从事者	马	
																	石
						58		6	3	3	5	3	2	甚左卫门组		1	10.8220
								2	1	1	2	1	1	甚左卫门组			10.2378
								6	4	2	4	2	2	甚左卫门组	木桶师		3.3054
								3	2	1	3	2	1	甚左卫门组			1.2386
3	10	6						8	4	4	2	1	1	五人組頭		1	6.0720
								6	3	3	6	3	3	传治郎组			5.0507
						18	6	4	1	3	3	1	2	传治郎组			4800
	8	4						8	3	5	3	2	1	传治郎组			680
								5	2	3	2	1	1	传治郎组			600
								5	2	3	4	2	2	传治郎组	屋顶修理者		600
			17			10		329	177	152	205	111	94			11	

牧曾根村现存的其他人别账（户籍），是接近幕府末期的安政六年（1859）和已经进入明治时期的明治三年（1870）的人别账。其中间隔了 11 年，但文字保留状态较好、记载详细、信息量大的是明治三年的“户籍并人别账”，这里将其整理为图表 7。在该人别账中，人名的右上角用红色字写着“从某某村某某家娶媳妇”，“从某某村某某家招来养子”等记载婚姻和亲子关系的信息。其中养子和上门女婿担任户主的有 20 人，占 52 户中的 38%。说明这个时期牧曾根村的农民家中由女儿继承，再招养子或女婿的情况很多。这时尚处于明治的近代化开始之前，估计江户时代的农村可能也是相同的状况。

但是，在招养子和招女婿的事例中，无子女的是 1 号弥助和 50 号惣左卫门这两家，而没有儿子只有女儿的是 23 号弥八郎，其他的 6 个例子都有亲生儿子。那么为什么一定要过继养子呢？这里关键的是儿子是何时出生的。上述 6 个事例中，简单地用户主的年龄减去长子的年龄可见，4 号弥兵卫家是户主 37 岁时生的儿子，号喜助家是户主 38 岁时，19 号治三郎是户主 33 岁时，22 号弥右卫门家是 36 岁时，号长治郎是 38 岁时，只有 38 号弥惣兵卫是 21 岁时生的儿子。这样来看，似乎是户主在 35 岁还没有生儿子的时候，才考虑过继养子的。

实际上户主是在多少岁的时候招了多少岁的养子或女婿，这点不清楚，但从户主和养子、女婿的年龄差来看，1 号弥助家差 12 岁，3 号弥兵卫家差 26 岁，12 号喜助家差 19 岁，19 号治三郎家差 22 岁，22 号弥右卫门家差 30 岁，31 号长治郎家差 36 岁，38 号弥忽兵卫家差 14 岁，50 号弥左卫门家差 27 岁。即户主和继承人的养子、女婿的年龄差最小的 1 号弥助相差 12 岁，然后就是 38 号的弥忽兵卫家差 14 岁，而相差最大的是长治郎家差 36 岁，其他的相差 20 岁到 30 岁不等，这可能是世代交替所需要的时间差吧。

顺便提一下，除了连养子、女婿等男性继承者都没有的家庭以外，户主和男性继承者的年龄平均差为 27 岁。可能从近世末期到明治初年，户主与继承者的世代交替在这样的年龄差之际进行是比较普遍的吧。也就是说，在这样的年龄差内实现世代交替对家的经营来说是必要的。因此，过了这个年龄还没有生男孩时，就会考虑招养子和上门女婿了。

男性养子非常多的事实是与当时的农业耕种方式密切相关的。在牛马耕种还没有传入之前，特别是“翻田”等耕地作业是由身强力壮的男人全力挥舞着锄头来翻耕的，这是极其艰苦的体力劳动。这种重体力活即使是男性家长，一过 40 岁也会感到难以负担。因此才需要 15 岁到 20 多岁的年轻劳动力吧。于是，尽早准备继承家业的男性劳动力就显得十分必要了。所以，还有像 23 号弥八郎那样过继了 11 岁养子的例子。这样的情况下，不是立刻将其作为上门女婿，而是预先把某个女儿当作“缘女”，将来才结婚，目前先收为养子。

门牌号	屋号 （户主名）	变动内容
1	S. S.	五女15岁　十二年十二月十三日成为该酒田寺町186号内10号平民K.G.养嗣女户籍转移
		六女9岁　十八年十月十九日与本郡漆曾根村75号平民O.J.长子K.结亲户籍转移
2	S. D.	次女16岁　明治十二年三月二十七日成为同郡鵜渡川原最上町31号平民E.M.妻子户籍转移
3	A. Y.	
4	S. S.	长女14岁　十七年八月二十四日成为同郡本楯村27号平民S.Z.妻子户籍转移
5	S. K.	
6	S. S.	次女22岁　十一年一月十日成为本村48号平民S.K.妻子转户籍
7	M. U.	
8	A. H.	
9	T. K.	三女23岁　十七年三月三日在酒田下小路39号买房建立分家户籍转移
		次子11岁　十五年十一月七日成为本郡吉田新田村3号平民S.M.婿养子继承人并转移户籍　十七年六月三十日断绝关系恢复原籍
10	S. S.	长女14岁　十四年三月八日成为吉田村28号平民H.M.妻子户籍转移
		父亡四子　弟25岁　十五年一月二十七日成为该郡高砂村26号平民S.T.长女江婿养子户籍转移
11	T. S.	次女16岁　明治十一年一月十六日成为该大区7小区观音寺村51号平民K.H.养子T.妻子户籍转移　十二年十一月十七日本郡观音寺村51号平民K.H.养子T.与妻子离婚恢复原籍
		十三年五月十三日与本郡曾根田村4号平民S.Z.结亲转移户籍　十六年八月十八日S.Z.离婚恢复原籍
		十八年八月二十四日成为仝郡观音寺村50号租借家K.H.养女
13	S. Y.	孙长女17岁　明治十一年六月二十二日与本大区7小区观音寺村平民I.T.长子K.结亲户籍转移　于十六年三月十七日I.K.离婚恢复原籍
15	I. K.	三子10岁　十三年一月九日成为本郡酒田鷹町10号内15番地平民佐S.C.养嗣子户籍转移
		父亡次子　弟24岁　十四年七月一日本郡中野曾根村36番地平民S.K.长女户籍转入
16	I. K.	次女26岁　十三年五月三十日与本村30号平民S.I.结亲户籍转出
		三女24岁　十二年十二月十二日与本酒田山椒小路35号平民S.S.长子K.结亲户籍转移　十八年七月十四日离婚恢复原籍　十九年五月二十九日成为酒田大工町18号H.T.的妻子户籍再转移
17	O. Y.	
18	M. Y.	养父亡次子　养弟15岁　十六年十月九日成为漆曾根村43号平民S.I.养嗣子户籍转移
19	S. Y.	三女14岁　十五年十月二十七日与本郡丰田村19号平民S.Y.结亲户籍转移
20	S.K.	
21	S. J.	三子11岁　十一年十一月二十三日成为本村22号平民I.J.养嗣子户籍转移
		四子8岁　明治十二年五月二十一日本郡酒田寺町129号北门3号租借地S.S.养子嗣子户籍转移
22	I. J.	
23	I. J.	
24	I. S.	父亡次子　弟26岁　十二年十二月十五日与本郡鵜渡川原村长泥町32号士族O.N.的二女结亲成为养子户籍转移
25	I. J.	次女15岁　十七年九月十九日与本郡酒井新田村67号平民荒尾重次郎结亲户籍转移　十八年五月七日离婚恢复原籍
26	M. Y.	父五子　弟15岁　明治十一年十月二十日成为本村35号I.K.养子M.养子继承人户籍转移到缘女长女Y.家

图表8

注 1：仅限于明治十年十月三十一日的户籍调整时的在编者。

注 2：年龄是以明治十年十月三十一日时的实际年龄。

	（户主名）	
27	O. K.	父亡三子　弟24岁　明治十一年三月二十一日与本大区8小区藤塚村20号平民A.Y.长女结亲成为婿养子继承人户籍转移
28	M. Y.	兄亡长女　侄29岁　十六年十月十七日成为O.Y.弟I.妻子户籍转移
29	I. C.	养父亡次子　养弟29岁　十五年一月十五日在本郡酒井新田村83号租借土地耕种建立分家户籍转移
		同人亡四女　养妹12岁　十九年一月十六日成为本郡酒井新田村83号I.I.家养女户籍转移
30	S.S.	养子亡长子　外甥13岁　明治十六年五月二十三日成为酒田给人町40号平民H.S.养嗣子户籍转移
32	I. C.	长女19岁　明治十一年七月九日与本大区8小区酒井新田村71号T.Y.长子T.结亲户籍转移
		三男16岁　十三年七月二十六日成为酒田给人町15号平民S.J.家的婿养子继承人户籍转移
		四男13岁　十四年十一月七日成为本村34号平民I.H.养子户籍转移
33	I. G.	次子16岁　十一年十一月二十三日成为本村51号平民I.H.长子H.养子继承人的长女配偶户籍转移
		长女11岁　十六年八月十八日与本郡吉田新田村40号平民W.N.长子I.结亲户籍转移
		四子7岁　十五年二月十日成为本村24号平民I.S.家养子户籍转移
34	I. H.	孙长子5岁　十五年二月十日成为本村20号平民S.K.养子户籍转移
35	I. K.	次子13岁　十三年六月十六日成为酒田上台町88号平民T.G.养嗣子养女T.缘女户籍转移
		三子8岁　十七年四月十八日成为本郡酒田下内通町78号内号平民K.G.方继承人户籍转移　十八年四月三十日断绝关系返回原籍
		养子长女　孙子8岁　缘女养孙断绝关系　十六年十二月十二日成为同郡中野新田村10号　平民A.J.长子J.妻子户籍转移
36	I. Y.	
37	S. H.	
38	I. T.	次女16岁　明治十一年一月二十一日成为本大区8小区吉田村164号平民S.C.长子T.妻子户籍转移
39	I. Y.	
40	I. Y.	次女11岁　十七年一月七日与本郡本村17号平民O.S.结亲户籍转移
41	S. S.	
42	I. S.	
43	I. H.	次子20岁　十五年三月七日成为东田川郡广野新田村132号平民S.T.养子户籍转移
		三男18岁　明治十一年一月十六日成为本大区5小区酒田寺町140号内4号租借地平民I.K.养嗣子户籍转移
44	I. J.	
45	S. J.	
46	I. K.	次子14岁　十三年九月二十五日成为酒田浜畑町81号平民I.C.养子户籍转移
		三子12岁　十六年四月二十一日成为酒田下袋小路30号同居平民S.Y.养子户籍转移
47	S. C.	
48	S. K.	
49	I. H.	父亡五子　弟22岁　明治十一年十二月十三日成为本郡酒田浜畑町79号内6号同居平民永寿忠兵卫养子户籍转移
		母方表弟7岁　其姨夫是当大区5小区酒田内町11号平民I.E.长子死亡母亲离婚后返还原籍带过来的孩子　十九年六月二十九日成为西田川宫野浦村153号平民A.I.养子户籍转移
50	S. C.	
51	I. H.	长子次女　孙10岁　十六年八月四日成为村33号平民I.G.长子G.妻子户籍转移　十七年九月十七日离婚恢复原籍　十八年七月七日再婚户籍转移
52	I. Y.	长子26岁　明治六年四月十五日ヨリ開拓使？？去江刺打工住所不明
53	I. Y.	三女14岁　十三年十二月二十五日成为同村52号平民五十风利助养女户籍转移
54	O. D.	次子17岁　十四年十月十一日死亡

能够反映牧曾根村现存家族关系的资料是明治十年的户籍。因为这时已与现在时隔不远，为避免家号、人名的具体记载造成不便，就用农家编号和首字母来表示（图表 8）。从这个户籍来看，当时家庭的构成仍然是直系家庭和夫妻家庭。

该户籍簿是明治十年作成的，之后经过加工，一直继续使用，从中可以看出，其中仅有一家是复合家庭，即 15 号 I.K. 的 24 岁的弟弟在明治十四年（1881）娶了媳妇在家居住。不过，是要一直永远住下去呢，或者有什么其他原因，不得而知。但是很明显，这个村子的农家一般采用的是直系家族制度。

在明治十年的户籍中，男性养子和上门女婿之多也引人注目。即通过养子和招女婿来得到继承人的做法依然很盛行。其中多数情况是让养子和自己的亲生女儿结婚，成为上门女婿，其中也有像 13 号 S.Y. 家那样，养子的媳妇是从别人家娶来的。这对夫妇如果继承家业，就和原来的家完全没有了血缘关系。但家总算能够维持下去，可以说这是苦心思虑的结果。另外，44 号 I. J. 家，养子 14 岁，亲生大女儿 12 岁，因为年龄尚小没有结婚。户籍记载中，长女被记载为“缘女”，即这是以将来两人结婚为前提过继的养子。

似乎不同的家庭为了确保家的继承人都煞费苦心。比如 30 号 S.S. 家，现任户主的姐姐 42 岁时曾招过上门女婿来继承家业，结果女婿突然离世，就由她 30 岁的弟弟（长子）来担当现在的户主。然后把她 27 岁的弟弟（次子）定为下一任继承人，并于明治十三年娶了妻子。即姐姐与两个弟弟对家业进行了继承。因此，如图表 10 所示，姐姐与其丈夫的长子也就是户主的 13 岁的外甥，后来被安排去其他家当了养子。

明治十年十月三十一日	明治十一年六月二十八日	明治十一年十月二十日	明治十一年十一月十日	明治十一年十一月二十七日	明治十三年七月十九日	明治十四年三月二日	明治十五年一月二十三日	明治十五年三月二十六日	明治十五年七月三十一日	明治十六年十二月二十二日
家长K.53岁			隐居					再继承	再隐居	
妻 I.45岁										
长女T. (养子M之妻)29岁										
养子M.34岁			家长继承				死亡			
长子K.15岁	去本村I.S.家做养子			因病断绝养子关系返回原籍					家长继承	
孙Y. (养子M长女)8岁		9岁 (养孙E.缘女)								成为N村A.J.妻子户籍转出
		养孙E.16岁入籍			断绝关系					
						养子M.长子K.出生			指定继承人	

图表9　35号I.K.家继承情况的经过

35号I.K.家的情况则更加复杂，我们将其继承的过程用图表9来表示。左边一栏是明治十年十月三十一日户籍制作时的在编者，但去掉了没有继承关系的人。在明治十年十月，长女T.29岁，长子K.15岁，由于年龄相差较大，于是过继了养子与长女结了婚，以便继承家业。第二年也就是明治十一年十一月，户主K.把家业留给了长女的女婿M.后隐居了。这时继承家业的女婿35岁，隐居的原户主54岁。而且，在明治十一年十月，将长女T.与养子女婿M.所生的9岁的长女（孙女）作为“缘女”招了16岁的养孙E.。也就是说已经做好了第3代继承人的准备。虽然此家有长子，但长子却在明治十一年六月被送到同村I. S.家当了养子。由于没有相关记载，去当养子的原因不详，这位长子K.在成为养子之后不久，明治十一年十一月“因患病无法继续肩负家庭内外重任而重返自家原籍”。而且这家的养孙E.在两年后的明治十三年七月与此家解除了关系，其原因也因没有记载而不得而知。然而继承了家的养子女婿M.却在明治十五年一月去世了。为此，同年三月养父K.再继承家业，又重新成为了户主。但那时K.已经58岁，要承担农业劳动是相当困难的。于是，就由明治十五年七月从I.S.家解除养子关系回到家中的长子K.来继承，户主K.再次隐居。

长子K.的病可能在这时候已经治愈。然后，又把长女T.和已去世的婿养子M.明治年生的1岁的长子指定为继承人。由于之前被指定为第三代继承人的养孙E.已经与此家解除了关系，所以才让他来替代的吧。

还有图表8所示40号的I. Y.家，户主52岁，长女26岁的时候作为“缘女”招来19岁的未来的婿养子，结果他在明治十一年与此家断绝关系，于是明治十二年一月，该长女又第二次招了30岁的婿养子作为继承人。如此这般，要不断地为家寻找年龄适当、健康而有活力的继承人并非易事。

用来招养子或者女婿的“缘女”多数是长女，但也不完全如此。次女招上门女婿的事例也不少，比如图表 8 中 39 号 I. Y.31 岁的妻子，43 号 I. H.51 岁的妻子，45 号 S. J.44 岁的妻子，丈夫过世的 49 号 I. H. 的 55 岁的母亲，53 号 I. Y. 的 57 岁的妻子及养子女婿的 29 岁的妻子都是次女。即如果没有合适年龄的男性而需要由女儿来继承时，即使招养子、女婿，那么也不限于长女，而是根据当时的情况，考虑到与家长的年龄差距以及健康等要素，把最合适的女儿做为缘女，来招养子和女婿的。

在一次研究会上，关于把养子招为女婿的事例，香港大学的一位研究者提问道：“这难道不属于乱伦吗？”这个问题反映了中国和日本对“养子”这个概念的根本性分歧。在中国农村的调查事例中，即使过继养子，也会重视“父系血统的连续性”，有报告认为，一般情况是让养父兄弟的儿子来做“过继子”（柿崎等，2008：229）。与此相对，在日本最重视的是做为一个整体集团的“家”的存续，不太局限于血缘关系，而是把年龄、性格、健康等方面对家的经营来说最合适的人选做继承人，尤其是为女儿招女婿时，往往把非血缘者作为养子。因此，虽然是让女儿与养子结婚，但绝对不是乱伦。如果从“血统”方面来说，可以认为是通过女儿来继承的。在日本如果没有亲生儿女，也会尽量从亲戚那里招养子，但这时的养子不限于男子，女子也可以。而且当亲戚中没有合适的养子候选人时，还可以为没有血缘关系的养子从别人家里娶亲。这时血缘就完全断绝了，但作为集团的家却能够得到存续，这才是最重要的。

明治十年十月三十一日改　山形县管辖第五大区三小区户籍之七　羽后国饱海郡牧曾根村								
牧曾根村戸籍账　漆曾根组外九村户长公所								
	牧曾根村	户主辈		父母辈		孩子辈		
编号	屋号	户主	妻子	父	母	继承人	继承人妻	其他儿子
	（户主名）					（长子）		
1	S. S.	56*	51			25	20*	
2	S. D.	45	48*	77		26*	19	10
3	A. Y.	50	45*			23	17*	
4	S. S.	37	39*			12		
5	S. K.	26			58			
6	S. S.	58	46*			33	27*	28
7	M. U.	28	25*	62		1		
8	A. H.	45*				19*	14	
9	T. K.	56*	58*			18		11
10	S. S.	48	43*			17		6
11	T. S.	50	47*			32*	23	
12	村社八幡神社							
13	S. Y.	50	55*		67*	38*	30*	
14	村中持乡藏							
15	I. K.	41	38*		64	17		14、10、6
16	I. K.	53	57*		69	32	25*	
17	O. Y.	51	35*		69	15		0
18	M. Y.	27*	28		49*	6		
19	S. Y.	47	50*			32*	28	
20	S. K.	32*	24					
21	S. J.	46*	38		62*	18		11、8
22	I. J.	61	50*			28	22*	
23	I. J.	69	51*			21	21*	27（可能为僧
24	I. S.	28	22*		52*			
25	I. J.	50	54*			25*	21	
26	M. Y.	32	25*	57	51*	1		
27	O. K.	32	26*		61*	5		
28	M. Y.	41	35*			11		
29	I. C.	32*	38		57*	8		
30	S. S.	30			65*			
31	村中墓地							
32	I. C.	54*				25	20*	16、13
33	I. G.	43	38*	70*	59	18		16、9、7
34	I. H.	66*	58			37	33*	
35	I. K.	53	45*			34*	29	15、13、

	孙子辈		户主辈		其他		人数		
其他女儿	男	女	兄弟	姐妹	男	女	男	女	计
15、9		4、0					2	6	8
16、12	1						5	4	9
							2	2	4
14、10，4							2	4	6
				20			1	2	3
22		7、5					3	5	8
7							3	2	5
12							2	2	4
23							3	2	5
14、11			25				4	3	7
16	3、2	0					4	4	8
	11	17					3	4	7
			24				6	2	8
26、24	4						3	5	8
7							3	3	6
			15、10				4	2	6
14、8，		9、7					2	6	8
2、							1	2	3
2							4	3	7
							2	2	4
		0					3	3	6
0			26				2	3	5
15	1						3	3	6
8			15				4	3	7
			30、24				4	2	6
16、8，0						29	2	5	7
			29	12			3	3	6
			27	42	13、10		4	2	6
19		1					4	3	7
11、1							6	4	10
	5	8					3	3	6
		8、4，0	44（僧人）				6	5	11

待续

36	I. Y.	40	36＊		57	17		11、4、2
37	S. H.	53				22＊	26	
38	I. T.	47	34＊	71		19	14＊	13、9
39	I. Y.	35＊	31			4		0
40	I. Y.	52＊			64＊	19*	26	
41	S. S.	72＊				36	33＊	
42	I. S.	53	34＊			0		
43	I. H.	54＊	51		71	24		20、18，1
44	I. J.	36＊				14＊	12	
45	S. J.	52＊	44			24		9
46	I. K.	45	39＊		64＊	17		14、12
47	S. C.	50	42＊			18＊		5
48	S. K	32			51＊			
49	I. H.	26	33＊		55	4		1
50	S. C.	64＊	59			28	23＊	
51	I. H.	60	59＊			35	31＊	
52	I. Y.	63				37＊	35	26
53	I. Y.	46＊	57			34＊	29	31
54	O. D.	49	41＊			20		17、8
人数计		51	41	5	19	46	24	37
户数　52所　内　平民51户、社　1社　人员321人　内　男167人、女154人								

图表10：牧曾根村明治十年户籍 非继承者的变化

注：本表为4页联表，请注意续表。

续表

6							5	3	8
11							2	2	4
16							5	3	8
11、8							3	3	6
11		0					2	4	6
	12、4、2						5	1	6
10							2	2	4
6							5	3	8
7							2	2	4
							3	1	4
							4	2	6
							3	1	4
				25			1	2	3
			40、22		7	16	6	3	9
		6	39				3	3	6
		12、10、7、4、1					2	7	9
		9、0					3	3	6
14	2						4	3	7
5							4	2	6
41	11	23	14	4	3	2	167	154	321

四、非继承者的命运

如上所述，继承家业的子女，不论男女都会留在自己的家里度过一生。那么非继承者的命运是怎样的呢？图表 10 中，显示了明治十年建立户籍时在编者中非继承人后来生活的变动情况。年龄按照明治十年户籍中所记载的，大家可以比照图表 8 阅览。从图表 10 中可见，图表 8 中达到一定年龄的人多数都嫁了人、当了养子或女婿，身世大致都固定了下来。即通过与其他人家结亲，找到了将来的生活道路。其中 9 号的 23 岁的三女儿，在酒田“买房建立分家”，来到城市有了新的家庭。虽然不知其丈夫是什么样的人，因为是在资本主义式的经营尚未确立之前，所以很可能从事商业或手工业等职业，即以家作为经营场所的职业。29 号家户主 29 岁的弟弟，即次子在同一郡内的酒井新田村“租借土地耕种而建立分家”。可能是兄长为弟弟在附近村庄借了土地并建房，使其成为分家的吧。尽管可能规模不大，但可以想象弟弟成了农家。

但是比如 27 号家 30 岁的次子（户主的弟弟），48 号家 25 岁的长女的妹妹，49 号家 40 岁的次子（户主的哥哥），50 号家 39 岁的三子（户主的弟弟），53 号家岁的三子（户主的弟弟）仍然前途未卜。只要采取直系家庭制度，那么每个家庭继承家业的就仅有一对夫妇，剩下的非继承人，如果没有成为其他家的养子或者也没能创立为分家的，只能在生育自己的家里孤独终身。但是像 52 号 I. Y. 家的岁的长子，虽然有关他的记载部分是用另外的纸张粘贴上的，记载得不是很清楚，但似乎是去了北海道工作，最后行踪不明。这家是把 35 岁的长女作为“缘女”招来女婿做继承人的。明治十年的时候养嗣子 37 岁，长子 26 岁。我们不清楚是由于长子离开了家才由长女招来婿养子，还是由于招了养嗣子长子才离开家的。在牧曾根村明治十年的户籍中，脱离“家”这个组织的也仅此一人。他后来的命运不得而知。在那个时代，至少为了一个安定的生活，不管以何种方式都要进入一个家，依靠这个家。

但是，结亲进入一个家，并非意味着大功告成，不管男人还是女人，离婚的情况都很多。比如 16 号 I. K. 家 24 岁的三女儿在明治十二年十二月初次嫁给酒田家的长子 K.，6 年之后，于明治十八年离婚，返回原籍，然而在第二年的明治十九年又嫁到酒田的 H. T. 家。更为复杂的是 11 号 T. S. 家 16 岁的二女儿，第一次是在明治十一年一月成为观音寺村 K. H. 家养子 T. 的妻子，但是 1 年之后离婚，明治十二年一月返回原籍老家。其后明治十三年五月与本村曾根田村的 S. Z. 结婚，但 3 年后又离了婚，回到老家。又过了几年即明治十八年八月又成为观音寺村的养女。此前嫁到观音寺村的家是 51 号，后来的家是 50 号，两家要么相互是邻居，要么是近邻。男性的情况比如 26 号 M. Y. 家户主的 15 岁的弟弟（排行老五），明治十一年十月与同村的家的长女结亲成为其家养子。2 年之后明治十三年七月离婚，回到原籍，但第二年时又到其他村 H. M. 家过继成为养孙。

这样，无论男女，离婚好像未必对其本人会造成否定性评价。一次离婚后，再次结婚或重新结亲的情况并不少。比如 51 号的 I. H. 家长子的 10 岁的二女儿，年后于明治十六年八月与同村的 I. G. 家的长子 G. 结婚，第二年即明治十七年九月离婚回到娘家，明治十八年七月，由于没有另外的记载，可能与同一个人又复婚了。其中详细的情况不明。

五、农村劳动力的筹措方法

前面谈到家是家庭和经济经营的统一体，在“协作之家”中，经济经营是通过家庭成员的协作来进行的，从这点来看，家庭需要发挥继承人与其他劳动力的再生产机构的功能。第一个方法就是在自己的家里生育孩子。第二种方法则是娶媳妇，或者过继养子，招上门女婿。但是在牧曾根村明治三年的“户籍并人别账”中，可以看出单纯使用这两种方法并不是确保劳动力的万全之策。即在图表 7 中，不论男女包括从事辅助性工作的在内，即使把所有 15 岁到 50 多岁的人都当作农业劳动人口来看，其人数与“户籍并宗旨人别账”中登记的“石高”（收获的谷物的量）对照也不是完全吻合的。“分米”（公定收获量）的“石高”相当于多少面积是个难题，但如果按照庄内藩领中标准的土地检地账即宽文九年的“牧曾根村水账”来计算的话，那么上田 1 反步就是 1.5 石左右，中田 1 反步 1.3 石左右，下田 1.1 石左右。比如 1 号的弥助一共是 31 石，如果全部是上田，承包的土地面积就要有 2 町步以上（实际还有中田和下田，所以面积可能更大）。但是据说在庄内藩领地中，实际面积比检地账记载的面积还要大，相当于其两倍左右（吉田，1982：265）。因此，如果此户人家的承包地按 4 町步算的话，家中由男性 2 人女性 1 人经营就十分困难，至少还需 1 到 2 个男性劳动力。同样，27 号与五郎是 57 石，若只有上田也是 3 町 8 反，增加 1 倍是 7 町 6 反。家中有 3 个男性劳动力和 2 个女性劳动力，虽然人数不少，但这样还是存在劳动力不足的问题。因此，仅通过生育和过继养子等来筹措劳动力还是会遇到困难的。

于是，采取的第三种方法就是吸纳非近亲者等其他人。在近世初期，庄内已经出现了包含名子、贱民、家仆等从属性质的劳动力的大规模经营（高桥等，1985：784；余目町教育委员会 1979：

11、14)。但是随着时代变迁，其性质也发生变化，在近世后期这些人被称作“若势”(年轻人)，接受雇主给予的大米，成为了受雇佣的家佣。比如在文化十年(1813)的庄内藩的通告上，就写有“一、米六表 上若背壱ヶ年給”的告示(鹤冈市史编纂委员会编，1999：298)。这种雇佣“若势”劳动力的情况在明治以后仍继续存在，据说“从明治中期到昭和十年间，庄内地区是日本少有的常年雇佣地区”(宇佐美，1977：129–131)。时代稍晚之后，大正九年(1920)根据包括牧曾根在内的北平田村的政府调查，一年以上的农业固定被雇佣者中，男性有160人，女性有16人，合计176人。从雇主方面来看，“使用3人以内的”有76人，“使用3人以上者”有11人，“使用5人以上者”有5人，合计92人。时代再往后，昭和十二年北平田村的农家有138户，其中家庭经营面积3町步以上的有98户(农林中央金库企划部，1949：26)。这样来看，可以认为3町步以上的大规模经营者基本都要常年雇用年佣。

问题是如何从“家”的角度来理解“协作之家”中的这些非亲属劳动力。在日本农村社会学的先行研究中，把在大规模经营的农家中劳动的非近亲者看作家的成员的观点比较盛行。比如日本农村社会学的奠基人有贺喜左卫门把“家最重要的功能是共同参与成员的生活保障”作为“家的成员的现实的资格”，将在调查对象地——南部藩领、后来的岩手县石神村——的地主齐藤家劳动的非亲属雇佣者均看成了齐藤家的成员(有贺，1970：36–37)。齐藤家的佣人的确“是在以下的约定中成为家佣的，即其父母希望等他长大以后成为齐藤家的‘名子’”，因此“没有给予工资”，“结婚之后至少与大屋同居了10年”，“孩子出生家庭扩大以后……再根据大屋家的情况从大屋家分家成为‘名子’”(有贺，1967：64–65)。

如果只是抽象地说加入到“成员的生活保障”，那么从属于那个家才能成为其主要的“生活保障”，虽然可能只是程度上的问题，但是具体到前面提到齐藤家的家佣来看，可以认为是从成为家的家佣时开始就离开了亲生的家成为大屋齐藤家的一员。但是庄内地区的佣人会得到米，而且这些米一般都会送给其亲生的家。

因此也会发生像“姐姐德代招了女婿继承家业，长子作治与次子丰吉被派出去做‘若势家佣’”的情况（宇佐美，1977：154）。也就是说，为满足亲生家的经营，成为别人家的家佣也是劳动力分配的一个环节。不论劳动场所在哪里，劳动的意义是相同的。而且，去做上门女婿、养子或出嫁的时候，要返回到自己出生的家，从自家出去。因此可以判断这些庄内地区的非亲属的佣人，仍是亲生家的成员而不是雇主家的成员。

六、结尾

以上是明治民法实施前的近世到明治初期庄内地区的家的形成以及后来家的状况。很明显，这与明治民法中规定的嫡长子继承的重要规范是不相符的。

明治民法实施前，各个家庭有被称为“家号”的家名，通过独子继承，追求永久的存续。家庭的形态为一代一对夫妇的直系家族制度，因此家成员中占有重要地位的是户主夫妇和继承人夫妇四人。但是，继承家业的不仅仅是长子，而且也不仅是儿子，女儿继承的情况也不少见。这种情况下，需要招养子或者上门女婿作为家业即农业的承担者。人们常说东北地区存在很多“姐姐户主”的情况（前田，1992），但继承人也并非只限于长女，次女以下只要年龄合适，健康或其他条件都符合，也可以做继承人。这也不属于常说的“中间继承”（同上引：95），因为图表 8 或 9 中还有些高龄的养子或女婿做户主。总之，户主并非必须是男性，更不一定是长子，这并不是意识形态上的问题，而是根据户主夫妻的年龄很好地调配继承家业的家成员的问题，才选取了最适合的方式。

然而，在采访明治之后大正时期出生的老人时，他说“在我小的时候，家里就决定了让哥哥来继承”。哥哥是长子。但是，在没有儿子的情况下，由女儿招女婿来继承的做法之所以持续存在，毫无疑问这是从农业劳动力的需求上来考虑的。问题是当儿子出生较晚时，是不是要像明治民法中所规定的那样，不招养子和女婿，一直等待嫡系长子出生来继承呢？“决定由哥哥来继承”的事实明显是受到了明治民法的影响。但是，如果根据法律的规定，一直要等待长子出生、长大的话，这实际上又怎么可能呢，这是另一个必须考虑的问题。

这个时期庄内农业上的变化要算明治 30 年代到 40 年代马耕的引入和旱田化为中心的明治农法的普及。所谓明治农法，是指在翻耕作业中不仅仅使用畜力，而且通过化肥和盐水选种等一系列肥培管理带来的多产农业法（细谷，1998：112-115）。因此，像各地举办的一些马耕比赛所显示的那样，翻耕作业需要向马耕技术方向转变，在肥培管理方面也需要熟练的技术，这样一来，庄内的水稻作业从年轻劳动力的力气活转向了需要学习过程的技能型劳动。伴随这样的变化，户主担任家的农业主体的时间会延长，同时将来作为家的农业支柱的继承人的农业劳动也会因学习必要的技能而要求越来越高。这使得一直等待嫡长子长大成为可能，并且从技能继承的必要性来看（掌握自家每块地的秉性），让嫡长子来继承也是最为理想的。

以上仍是假说。但这里可以明确的是，在农家、渔民以及商业人家等这些笔者所说的“协作之家”中，按照明治民法规定行事绝非是易事。法律固然有强制力，但如果一味地遵从，就可能导致“协作之家”的解体。相反，倒是非协同组织的资产家的家庭，即作者所提的“保有之家”，以及没有家产、家业而靠俸禄生活的家，比如明治政府的官吏或者萌芽期的资本主义企业的员工等所谓“近代家庭”比较容易办到。尤其是官吏，他们多出身于旧武士阶层，在意识形态方面也与明治民法的家庭法有很深的亲和性。

参考书目（按照五十音图排序）

有賀喜左衛門 1967 [1939] 「大家族制度と名子制度——南部二户郡石神村における——」『有賀喜左衛門著作集』Ⅲ 1–526 東京：未来社

有賀喜左衛門 1970 [1960] 「家族と家」『有賀喜左衛門著作集』Ⅸ 17–51 東京：未来社

宇佐美繁 1977 「若勢連中の世界」『善治日誌』豊原研究会編 129–227 東京：東京大学出版会

柿崎京一・陸学芸・金一鉄・矢野敬生 2008 『東アジア村落の基礎構造——日本・中国・韓国村落の実証的研究』東京：御茶の水書房

川島武宜 2000 [1957]「イデオロギーとしての家族制度」『日本社会の家族的構成』150–238 東京：岩波書店

高橋正雄・佐藤貢・日野淳 1985 『余目町史』上巻 山形県余目町鶴岡市史編纂委員会編

高橋正雄・佐藤貢・日野淳 1999『庄内藩農政史料』上巻 鶴岡市

農林中央金庫企画部 1949 『農村実態調査資料』第 3 輯 山形県飽海郡北平田村 東京：農林中央金庫

細谷昂 1998 「地域リーダーとしての地主」『地域社会の歴史と構造』丹野清秋編著 107−130 東京：御茶の水書房

細谷昂 2005 日本社会学会会長講演 「家と日本社会・再考」『社会学評論』56（1）2−15 日本社会学会

前田卓 1992 『女が家を継ぐ時——東北・北関東にみる女性の相続』大阪：関西大学出版部

吉田義信 1982 「庄内藩の検地帳面積と実際面積との比較」『経済研究』第 4 巻 229—272 東京：大東文化大学大学院経済学研究科

米村千代 1999 『家の存続戦略』東京：勁草書房余目町教育委員会

米村千代 1979 『余目町史資料』第 1 号 山形県余目町

近世受歧视群体的社会结合与日本的现代化再考——着眼于以乡为基础的“草场株（股）”等社会结合

首藤明和（兵库教育大学大学院学校教育研究科准教授）

翻译：石磊

一、日本的“混合现代化”是怎样一种社会或文化？——其特征与课题

（一）分析框架

日本的混合现代化（hybrid modern）是一种怎样的社会或文化呢？它面临着什么样的课题？关于这个问题，笔者（2008）此前曾在一篇论文中进行过考察，这里再从历史的角度进一步进行研究。[1]

[1] 关于混合现代化中混合性（hybridity）和混合主义（hybridism）的区别，我们从岩渊功一的研究中得到了启发。即“混合性（hybridity）概念关注的是境界侵犯性、文化的翻译性以及混合化行为所带来的不可能被翻译的部分的存在所引起的双义性和复杂性，对是否存在稳定的自我同一性本身提出了疑问（Bhabha，1994）。但是，混合主义在文化翻译上，对无法完全消化的残余的产生采取压抑和遗忘的态度，设想着将所有的东西都回收到‘日本土壤’中并赋予其新的气息。同时，现代日本的混合化经验，将日本的国民同一性以泛历史的本质化的方式进行谈论，使得‘日本文化’的分界线固定并强化了下来”（岩渊，2001：64-65）。

在那篇论文中，笔者主要进行了以下的考察。第一，日本混合现代化中的混合化（hybridization）原理，是与生产能力体系有很大相关性的混合主义（hybridism）。也就是说，日本的后发式现代化是以起源于西北欧的现代性（modernity）移植和本土化作为重点，将其置于国家和市场主导下的生产能力体系的关联中来推进的。政治（权力/自治）、经济（职业/家庭）、社会（连带自立）、文化（规范/实践）等人际关系，是在追求生产性的过程中形成的，也只有在这种框架结构下，才允许现代性与日本土壤的混合。例如文化通过现代性和日本文化土壤的交织，形成了民族主义、国民道德、家庭道德等本质主义性的生产主义规范。因此，我们虽然能够直接感觉到为实现“富国”而实施的资源动员或性别分工（经济发展）以及与“强兵”相结合的统治（国家主权），但是感觉不到生活水平的提高。而且“文明开化”不仅没有带来以异质性为前提的世界市民、民主主义、由层层统治机构所支撑的市

另外，关于现代性的变化，笔者从厚东洋辅(2006)的研究中受到很大启发。厚东指出，本土自发产生现代性的西欧发达国家的经验和从国外引进现代性的非西欧各国的经验是有本质不同的。这一点应作为考察亚洲现代化的基本视点之一。也就是说，现代性于17世纪初诞生于西欧，到19世纪已在整个西欧普及，西欧在蜕去了固有的文化个性的同时，首尾一贯性地推动了现代性的发展，并最终形成了自己的一套体系。20世纪的两次世界大战成为现代性向全世界传播的重要契机。20世纪后半期，现代性传播进程加快，全球一体化的时代趋势愈加明显。在20世纪最后的25年中，在自发产生现代性的西欧国家，现代化原理得到了彻底渗透并且开始出现变质，形成了后现代。同时，现代性在向全世界传播的过程中也出现了变质，那就是混合现代化的普及。厚东认为，现代性的这一变化过程，在西欧圈和非西欧圈相互作用的深化中，呈现出了复合化的形态。厚东还从“现代的进化/现代的转移”“后现代/混合现代”的对比图式说明了现代性的综合性变化过程：一，从现代性的自发产生到“现代的进化→后现代”为机轴的后现代论，是从西欧发达国家的经验中总结出来的变动图式，是西欧人自我理解的尝试。从现代到后现代这一移动过程，可以理解为现代性特有的内在矛盾、内在纷争的结果。二，在未自发形成现代性的非西欧国家，则用“现代的转移→混合现代化”的混合现代化论来说明现代化的变化。现代性的原型本来是在相互矛盾且互相对抗的各种力量脆弱的平衡关系上形成的。所以现代性在向非西欧圈传播并本土化的过程中，这种脆弱的平衡关系被打破，不可避免的出现了不均衡发展。

民权的保障，反而导致了对市民权的怀疑、压制、排斥或漠视。

第二，日本的混合现代化不断地将生活中相互承认的混合性（hybridity）矮小化并将其排除在外。也就是说，源自西欧的现代性，其混合性的一面基本上没有在日本社会扎下根。同时，日本现代社会以前的混合性，在现代化的过程中被视为阻碍混合主义的人际关系组织化的因素，被烙上了否定的烙印。例如被移植到日本的“市民社会”，特别是在“民主主义”方面始终没有摆脱“借来之物”的范围。另一方面，日本的“社会”被当作是封建制度的残留，与不成熟的“市民社会”相比，更受到了否定。作为生活中相互承认的模式，日本现代社会以前的混合性几乎没有被赋予肯定意义的余地。今天，人们谈到或者希望主要通过中间阶层的成熟来实现日本的“市民社会”的成熟，就是很好的佐证。人们天真地期待着本属于西欧历史概念的中间阶层能够作为社会连带的支柱。[1]

基于以上考察，笔者主张日本的混合现代化所面临的课题应该是摆脱国家和市场主导的混合主义，恢复来自生活的混合性。有必要将混合主义和混合性的相互竞争关系通过复数的现代性（modernities）的方式来实践之，通过重新构建混合现代化，提出新的社会构想。

在那篇论文中，笔者提出了以下内容作为恢复生活中的混合性的条件。

---

[1] 金泳镐（1988）曾对格中克龙（Gerschenkron）的“后发优势论”作了如下批判：工业化的主要力量在现代化的“第一代”（英法美等）中是民间中小企业，在“第二代”（德俄等）中是大企业和银行，在“第三代”（日本等）中是政府和大银行，“第四代”（NICs）中是政府、银行及外企。工业化开始得越晚就越需要大量的资本储蓄，工业化的主要力量就越大规模化，就变成了政府和大型资本等。在这样的企业和组织中，担任专业职务、技术职务和管理性业务的职员等“（新）中间层”对政府和大型资本有很高的依赖性（服部、船津，2002）。中间层的产生和成熟并不一定同市民社会的成熟有联系。

第一，实践生活中混合性的场所是结社的“市民社会”。市民社会的概念有多种含义，为了支持在非西欧社会中进行的混合性实践，有必要对市民社会的概念进行梳理。这里根据厅茂的定义，将市民社会定义为“公共的政治性联盟”。厅指出，现代的市民社会虽然对国民国家、资本主义、共同体主义、全球化的立场多种多样，但对国家、市场等整体系统的消极反应是共通的。因此，可以将市民社会的概念设定为处于整体系统和自由多样的个人之间的中间领域的公共的政治性联盟。通过这样的定义，对哈贝马斯（Habermas，2002–2003［1992］）所说的市民社会概念内在的“事实性”和“规范性”的紧张和综合的问题也能够得到处理（厅：111–115）。

第二，将市民社会作为全球化时代中的联邦主义、地区主义的基础进行把握。理由如下：即市民社会面临的普遍问题，是国家通过法制化，将“生活世界”殖民地化。一方面公民的“自由”（公民权：良心、人身、行动的自由，言论和结社的自由）、“平等”（参政权）、“友爱”（社会福祉、教育）的权利经过国家的法制化得到保障，而另一方面也导致了国家权力的强大化，使得反问各种权利所包含的“价值的正确性”变得形式化。而且，在全球化的过程中，市民社会又面临着一些新的问题。国家是制定法律的主体，但在法律运用方面，分权化、参与型的态势不断高涨。同时要求扩大行使主权的范围和实现其多样化的声音也不断增强，迫使主权统治结构改变从前“国民即行使权利”的状态。对于这种市民社会的普遍问题以及全球化下的新问题，主权统治结构应该顺应民意，将比国家范围大的联邦主义或比国家范围小的地域主义一起作为其施政的基础。同时，“市民社会”也必须是包含这种主权统治结构伸缩性范畴的社会。而且，“市民社会”必须是确保实践生活中的混合性的容器。

第三，将“现代社区”和“结社”作为社会结合的原则，也有必要从日本社会和历史中去寻求“市民社会”的精神范式。“市民社会”的精神的范式没有必要只用西欧的现代性来充当。什么才是市民社会中正确的价值取向呢？在探求相互承认的实质性价值基准时，有必要从过去在历史、地区、阶级以及性别差异方面有局限性的社会结合方式中，批判性地寻找新的范式。人们之所以将其嘲笑为“传统的创造”，是因为没能严格区分它与依据混合主义形成的文化的差异。认识生活中的混合性，由于是通过文化的再生性来培养创造性，所以正面影响更大，同时也会成为培育具有实质价值的人类类型的土壤。笔者认为，这种实践性的操作，比起期待中间阶层的形成、成熟所带来的“自立和连带”，更具有现实性，也更乐观，对地球社会也更具创造性意义。

（二）本论文的目的

如上所述，恢复来自生活中的混合性、通过混合主义和混合性的相互竞争来重新构建混合现代化，可以说是日本社会所面临的课题。同时，笔者认为，为实现这种社会构想，在把市民社会作为结社把握的同时，还要将其作为实践生活中的混合性的容器，以联邦主义和地区主义为基础，并从日本社会和历史中汲取营养，批判地继承有用的部分，以此作为市民社会中的社会结合以及人类类型的“市民社会”的精神范式。

从这些观点出发，下面将对在日本混合现代化的再构建中不可或缺的社会结合和人类类型进行考察。第一，相对于可以称作是现代日本人的人类类型“常民”（柳田，1946），笔者则通过受歧视部落的民俗传承，促使人们重新思考这个问题。第二，通过关注近世受歧视部落在其聚居的“乡”（惣村）的基础上建立起来的社会结合，尤其是与“旦那场”的权益相关联的“株”（译者注：

"株"≒"股"。"株"就是日本江户时代在职业、经营、所有等方面规定的权利和义务）的存在，来重新思考现代日本的人际关系组织的模式即"纵式社会的人际关系"（中根）问题。

二、再考现代日本人的人类类型"常民"——通过受歧视部落的民俗文化

柳田国男的"常民"思想可以说是现代日本人的人类类型。他通过定居的"常民"和居无定所四处漂泊的"非常民"的类型化比较，并通过"常民"思想的规范化来说明什么是"日本人"。

乾武俊利用受歧视部落的民俗文化，来反驳柳田的"常民"思想。乾（1995：64，73--74）认为，柳田对"家族祖灵"和"外精灵"进行了如下整理："盂兰盆"的原意，有一种说法是，它来自梵语的"救倒悬"的音译，出自目莲尊者解救因坠于饿鬼道而被倒挂受尽折磨的母亲和众生的典故。但是，柳田在《先祖的话》（1946）中，却反对这种说法，认为"盆"的原意来自于在佛教传入之前日本就有的"ボニ"（boni），"ボニ"是迎接和祭祀祖灵的供品。盆迎接的是祖宗的灵魂，不是佛教所说的三界万灵的"饿鬼们"。饿鬼是不速之客，是要挡在"家"的外边，必须隔离开来的"外精灵"。对于柳田来说，死于非命的"灵魂"是"荒忌的灵魂"、"污浊的灵魂"，是不能靠近的灵魂而已。柳田认为，日本"数千年繁荣的根本理由"是"家的结构"很"稳固"，而把外来的灵魂当作"外精灵"加以排斥的常民思想则起到了支撑"稳固"的家的作用。

对于这一点，乾（同上引：57，74）以福冈县泊盂兰盆节为例，说明了受歧视部落的"祖灵观"，以反驳柳田的"常民"思想。在泊盂兰盆节中，在跳舞之前先要拔河。拔河一般有祈求好

收成、多捕鱼等年中占卜的意思，是与祭祀神灵相关的活动。但是，泊的拔河有另外的含义。受歧视部落中“死于非命”的“祖灵”很多，通过拔河，要将本家、本村的“祖灵”（这就是柳田所说的“外精灵”）拉上来。另外，“桥外”（被抛弃在边缘地带的“饿鬼们”）的“祖灵”也要领到村里来。“桥”是“村”的“边缘”，是连接“他界”和“此界”的纽带。在受歧视部落的“祖灵观”当中，“外精灵”也是要迎接的。

而且乾还通过高知县赤岗的艺能即民俗文化，研究了不被“常民”这种人类类型所包含的人的存在。乾引用当地研究者近森敏夫的学说，作了如下描述：将“巡礼途中的死者”即“外精灵”请进来，给以安慰、抚慰的，就是“歌舞伎、净琉璃、谣曲、祭文”等艺能的主要表现内容，它们还具有抚慰“死于旅途或海难中的灵魂”这样一些邪灵的力量（赤岗町史编集委员会编，1980）。继承了那些艺能的赤岗在巡礼者心中的地位让人感慨不已。江户时代，有随身带着檀那寺（菩提寺）发行的“废往来通行证”的旅行者。其旅途是收成不好的年份为了减少吃饭的人口，或得了不治之症等而离家出走的“漂泊”之旅，“巡礼的路途”是被世界所抛弃的人们巡礼的场所。四国自古就有由信仰而产生的“接待”的风俗。

人们追随着这些风俗而踏上四国巡礼之路。其旅途是“废往来”之旅，是无家可回的不归之路。而出现在这些“巡礼途中的死者”面前，将他们的尸体放在木板上，跨过桥抬到寺庙里，然后向菩提求拜的，就是受歧视部落的赤岗的人们（同上引：54-64）。

关于下一节中将提到的和泉国麻生嶋村（现在的贝塚市）盂兰盆节，乾作了这样的描述：

> 贝塚的“东盂兰盆节”是从圆光寺大殿的诵经开始的。迎接

> “神灵”，接着村民们就在寺院的大殿前围成一圈跳舞，舞步没有鼓伴奏，而是用三弦琴、尺八、胡琴、大正琴等乐器的声音营造出肃穆的氛围。村民们传说，是因为村子靠岸和田城很近，害怕藩主听到，也害怕其他人听到，所以就变成了这种隐约性的曲调。（同上引：75）

“‘谣曲’的曲调中感觉不到念佛舞的那种响声。”“舞蹈的手型动作极其优雅，一般在拍掌之前要略微顿一下，这叫做‘迎佛’或‘送佛’。要迎接的佛是什么样的佛呢？”“在不出声音的情况下迎接佛，其中当然也会有因歧视而死于非命者的‘魂魄’。这种‘魂魄’对柳田而言就是所谓的‘荒忌的灵魂’、‘不洁的灵魂’、‘不可靠近的灵魂’。”（同上引：75-77）这样看来，柳田称之为“常民”的现代日本人的人类类型，可以说是一群承认异质性的能力逐渐弱化了的人。这些异质性的东西只有对生产能力体系有用的时候才将被采用。而那些对生产能力体系没有用的，则遭到了排除、压制、忘却和漠视。“常民”文化在现代性与日本土壤的混合行为中，沦落为支撑生产能力体系和特定人类类型的规范。

三、现代日本的组织模式“纵式社会的人际关系”再考——通过分析近世受歧视人群的社会结合

（一）“皮田”身份的“旦那场”的权益

下面再来思考一下可以称为现代日本人际关系模式的“纵式社会的人际关系”（中根，1967）。为此，我们以从近世过渡期到近世中期的和泉、河内、摄津（现在属于大阪府境内），尤其是和泉（现在的岸和田市、贝塚市、和泉佐野市等大阪府南部地区）的受歧视

人群为例进行说明。[1] 具体来说，就是考察与“皮田”身份相关的“旦那场”的权益，即：一，被称为“草场”、“皮场”等的牛马尸体的处理权；二，被称为“入场”的重换鼓皮、贩卖纲绳缰绳、治疗牛马等权利；三，被称为“商场”的制作竹皮草屐的权利；四，被称为“十分之一金”的获得演出（相扑、戏剧）收益的权利。

这里同“株”联系起来将以上各项的特征再作一次梳理，可以看到：“草场”、“皮场”和“入场”，是皮田身份者以“株”的形式拥有的权益，并且其权益的范围可以扩展到“乡”（惣村）和郡。关于“商场”，在近世后期已经看不到明显的地域性地盘垄断，可以说“株”权益从早期开始就出现了衰退。“十分之一金”从范围设定来看，具有属地主义（各皮田村之间确定范围）和属人主义（根据“株”所有者的势力范围来划定范围）相混合的特征。

当围绕“草场”、“皮场”、“入场”、“商场”和“十分之一金”中的每一项权益发生纷争时，岸和田藩或者对皮田村拥有支配权的“本百姓村”的庄屋就会进行仲裁，按照惯例进行裁定。“草场株”和“入场株”既是权力不直接介入其中的人们的社会结合，同时又是以权力为后盾来维持的制度。如后所述，“草场株”和“入场株”具有“股份伙伴”的性格，与以“本百姓”为中心的

---

[1] 根据伸章司（2007：9-10）的观点，对近世大阪受歧视群体的范围和概念规定如下。定居者中包括：一，皮田（屠宰者、皮革加工制造者等）、夙、阴阳师和三昧圣；二，烟亡、非人番；三，物吉；四，垣外；五，座头、鼓女等。非定居者中包括：六，乞丐、押买（译注：强买强卖的商贩）、劝进 · 劝化（译注：到处化缘用来修建寺庙的和尚）、门付（译注：在人家门前表演以获得钱或东西）、大原女（译注：大原是京都的地名，这里比较贫困的人家就会把自己的女儿卖给京都的有钱人家）、愿人（译注：到各家门前表演并为其祈福的艺人）、万岁（译注：新年到各家门前说些祝福的话并进行表演，以获取钱或东西的艺人）、游艺人和香具师等。

关于“皮田”，伸（同上引：46）认为，从战国时期到近世，他们本来一直被称作“河原者”。直到丰臣秀吉进行太阁检地（农田丈量）的时候，才改名为“皮田”。很明显是执政者改的名称，改名也含有政策性的意图。

"家株"的原理是不同的。

（二）从和泉国"皮田"到对近世"皮田"的一般理解

根据藤本清二郎（1997：1–6）《近世贱民制和地域社会》中的观点，和泉国"皮田"的意义有以下几点：第一，与和泉国皮田村有关的史料和先行研究很丰富，这使得研究中世同近世的关系以及皮田村的对比研究成为可能。例如：分析一下和泉国南郡麻生乡嶋村，就可以将岸和田藩的皮田村以及和泉国皮田村等更广范围的村纳入研究的范围，进而还可以把近世皮田村的一般性纳入研究的进程中进行考察。第二，从近世初期开始（不包括其中的一段时期），和泉国就由堺奉行（译者注：江户时代的职位名称）统辖。因此，一直到幕府末期，该地区除了受幕府统辖以外，还受最大的藩即岸和田藩及其他小藩等多种权力的支配。所以在同一地域内既可以发现受幕府上级统治的统一性的一面，还可以发现个别藩国统治的多样性的一面。我们可以与近世政治权力的典型统治结构相联系，来研究皮田村的形成。第三，和泉国的皮田村位于当时的主干道熊野街道的沿线，同时与货运大动脉大阪湾毗邻。因此，可以与京畿内发达的经济条件挂起钩来研究皮田村的形成。

（三）对皮田村的理解

藤本清二郎（同上引：2）将皮田村当作"受歧视部落村"来理解。即近世社会的"村"有多重侧面：一，作为国家统治的行政单位的侧面；二，作为地缘共同体的乡村的侧面，特别是作为"人之间的结合"的侧面。藤本为了区分两者，将前者称作"村"，将后者称作"mura"（译者注：mura 为日语中"村"的罗马字读音）。在"mura"之中，又存在着"百姓身份的 mura= 本村集落"和"皮田身份的 mura= 分枝乡的集落"，两种"mura"在政治上是统一的，在同一个“纳税指标”下形成了一个“村”。

在这种认识下，藤本（同上引：3）对“受歧视部落”的研究课题作了以下论述。即“第一位的课题是弄清楚并确定村落景观、集落和耕地、山水、农业经营等基础事实。探讨这种具体存在的受歧视部落，在没有领主权力直接支配的世界里，是如何在独自所有的基础上同周边的百姓村等进行交流的，存在着什么样的矛盾关系。也就是说，不仅要研究皮田身份固有的所有，也要研究包含其他一些综合性要素的皮田村的总体所有”。

本文虽然没有使用“mura”这个词汇，但“村”可以包含数个“mura”这一理解，对于把握拥有支配权的本村（百姓村）和受支配的“皮田村”（分枝乡）之间的关系是很重要的。

（四）近世过渡期惣村中受歧视群体的排除性包容

伸章司（2007：12）指出，战国时期和泉国的受歧视群体有以下特征：第一，从 15 世纪左右开始，在惣村扩大的过程中，零星出现了与“百姓”具有不同性质的集团和部落。第二，他们是负责送葬的三昧圣、从事占卜和祈福的阴阳师、从事牛马尸体处理的“皮田”等。第三，“皮田”和夙（或宿 = 贱民）的部落周围通过海滩、河岸或围墙来划分，因此“皮田”村被称为“嶋”。

之后，16 世纪的前期和中期被称为惣村的时代。伸（同上引：22–23）指出，近世过渡期的惣村有以下两个特征。

第一，在百姓的家趋于稳定的前提下，村中的“家”也逐渐形成了。这时，居民退出了庄园制，出现了“乡 = 惣村”。把惣村当作近世村落的形态来把握的研究者们认为，近世村落具有“惣村”和“惣乡”（管理祭祀、山林、池沼、水利等的共同使用及收益，也包括“墓乡”）双重结构。另一方面，三浦圭一（1990）和朝尾直弘（1967）将“复合村落 = 乡”设定为“惣村”。朝尾尤其强调

“惣村”后来分化为村、乡、町，其中每一种形式现实中都有出现。

第二，惣村与庄园领主、各领主之间实行年贡承包，“百姓承包”逐渐普遍化。其特征包括：一，惣村由武士身份和百姓身份两大部分组成；二，在与领主有关联的“有德人”之中，除了当武士，还有当商人、地主（小领主）之路；三，如黑田俊雄（1992［1961］）所定义的那样，庄园制度下的“座”（行会）性质的团体构成“从‘宫座’（祭神者团体）到‘村座’、‘座’（行会）、‘座外’（行会外）、阶梯制、地下役（百姓官）等”的主干部分在近世被继承了下来；四，如三浦圭一（1990）所强调的，由于自我救济和成败权的扩大化，形成了村落领土 = 村落所有的观念，这就像是封口线一样，将被歧视部落民排除在“惣村”之外。

（五）近世期：从乡独立出来的百姓村和不被允许独立建村的受歧视部落

伸章司指出，一般而言，在中世，乡（庄）是地域共同体的纽带。而在近世，村逐渐成为了基础性单位，乡的范畴（神社的氏族、水利以及入会的共同或共用的墓地等）作为村的补充继续发挥着作用。村从乡独立出来，并不代表是硬性地被“切割”出来的。其中夹杂着一些基于居民归属意识而产生的“垣内村”或作为上交年贡单位的“藩政村”等形态，逐步从乡中独立出来。

另一方面，受歧视部落作为从属于乡（惣村）的受歧视群体，被百姓村放弃，结果没有获得独立建村的允许。例如，和泉国南郡的福田村比嶋村更晚形成，但是嶋村没有成为一个独立村，却成了福田村的附属（藤本，1997）。另外，因和汉本皮革批发而闻名的摄津国渡边村居住在下难波村时，在下难波村的检地簿（1677［延宝五］年）中，却发现了原本位于渡边村内的德净寺的文书。也就是说，渡边村没有独立的检地簿，只是一个分支乡。

而且，被研究者公认为是大阪府唯一独立的皮田村的和泉国泉郡南王子村，在正保年间的乡账中也找不到村子的影子。根据史料记载，分摊村年贡是在正保年间不久以后才开始的，元禄年间放弃免租地，执意转移到他乡和他村，而且到转让之前王子村中没有划分出南区。从这些方面来考虑，南王子村在转让之前并不是一个明确的独立村（同上引：35-36）。

只是到了近世后期，皮田村的行政自立逐渐得到发展，同时也出现了庄屋以及村年贡的分摊。另外，可以使用独自的村名，本村方面也不愿被混同而允许其用别的村名，这一点从史料文字的变化中能够得到确认（同上引：10）。

（六）以乡为据点的受歧视群体的生活——通过牛马尸体处理权（草场）来分析

从近世前期一直到中期，虽然百姓村已经从乡（惣村社会）中独立出来，但是受歧视群体的部落由于得不到百姓村的同意，想要独立建村很困难。

同时这也意味着：一，作为受歧视群体生活基础的日常社会关系，如自治（政治）、既得权（经济）、同伙结社（社会）、信仰和祭祀（文化）等不受村的限制，反而在乡（惣村）或郡等更广范围内得到发展和推广。二，到近世中期左右，在书面称谓时，一般倾向于使用中世以来就有由来的乡的名字。例如，中世前期，河内国更池村的皮革业者在出入搬运死牛马时，使用了由来于中世布忍乡的“布忍村”的名称，同时处理牛马尸体的权益（被称为“草场”、“皮场”、“芝持”或“庖丁株”。死牛马处理权包含在“旦那场权”之中）也是以乡作为单位的。三，在近世前期大阪的皮田的社会结合中，很早就出现了当地有实力的庄屋作为仲裁者的名字。四，虽然百姓村和受歧视群体之间存在身份的矛盾和不平等性，但是却依据在政治、经济、社会、文化的广泛领域里的分工建立起了相互扶助和补充的关系（同上引：45－58）。

（七）关于“旦那场权”

关于在乡（惣村）的基础上建立起来的受歧视群体的社会关系，这里以和泉国南郡麻生乡嶋村为例，通过“旦那场权”的特征来进行具体分析。

根据“发掘东部历史和生活之会（东の歴史と生活を掘りおこす会）”所著《新编嶋村的历史和生活》（2005）的序章所述，历代担任福田村庄屋的福原家所藏的21000多份古资料群书史料《福原家文书》被发掘了出来。其中，以18世纪和19世纪前期为中心，与分枝乡嶋村有关的资料达2100多份，使得江户时代嶋村的历史和生活逐渐被我们所了解。

根据《新编嶋村的历史和生活》一书的研究，作为嶋村“旦那场权”的“草场”（牛马尸体处理权）共有四个地区：“三人中草场”、“堂免草场”、“相中草场”和“加守乡草场”。其中，三人中草场（现在大阪府贝塚市的沿海地区）是嶋村“草场”中最古老的一个，由嶋村周围12个村落组成。这12个比“麻生中”村等更靠近沿海的村落，是与中世室町时代麻生乡拥有相同系谱的地区（另外，近世的麻生乡还包括“三座山”、“马场”、“矩谷”和“大川”等四个与和泉葛城山较近的村落）。据推测，“三人中草场”这一称呼是由于在16世纪中叶嶋村的开拓民（约五户）定居于此形成村落的时候，草场的所有者是三人而得来的。

再看一看嶋村“草场”的特征（发掘东部历史和生活之会2005：25－41）：

一，牛马尸体处理权，只有持有“草场”“株”的人才有权享有。

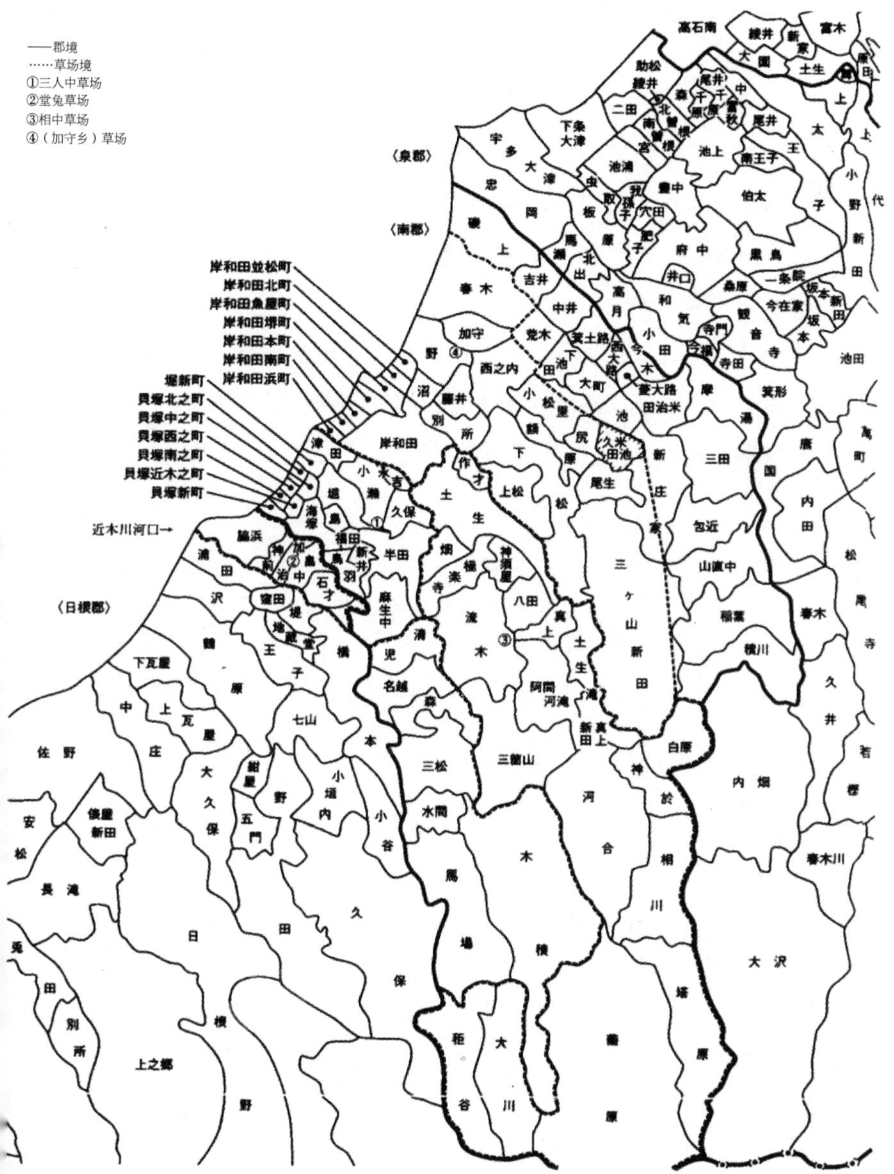

图 1:《元禄时期大阪府下属的行政区划图》(《大阪府史》第五卷附图)，引自藤本（1997：293）

二，当“皮田”村围绕“草场”的权利发生纷争时，由负责监管的统治村落（本村）的庄屋进行调停，并同藩代管所和其他村落进行交涉。

三，死牛马的处理权，不归牛马所有者所在村“草场”的管辖者所有，而是归牛马死亡地所在村落“草场”的管辖者享有。

四，草场可以以“株”的形式继承，也可以进行买卖（图 2）。

五，关于死亡牛马的皮肉在“草场株”持有人之间如何分配，有详细的规定（图 3、图 4）。

六，同藩内武士买卖肉类时，按照“岸和田藩武士⟺福田村庄屋⟺嶋村庄屋嶋村⟺嶋村‘草场株’持株人”的顺序，是以当地管辖村的庄屋为窗口进行的。

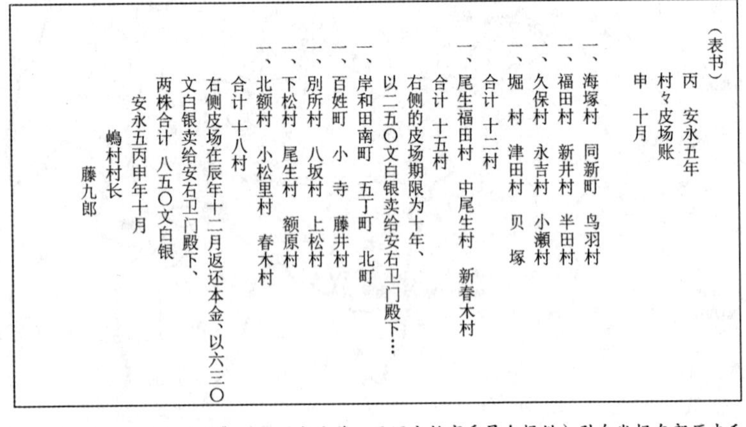

（表书）
丙 安永五年
村々皮场账
申 十月
一、海塚村 同新町 鸟羽村
一、福田村 新井村 半田村
一、久保村 永吉村 小瀬村
一、堀 村 津田村 贝 塚
合计 十二村
一、尾生福田村 中尾生村 新春木村
合计 十五村
右侧的皮场期限为十年、
以二五〇文白银卖给安右卫门殿下……
一、岸和田南町 五丁町 北町
一、百姓町 小 寺 藤井村
一、别所村 八坂村 上松村
一、下松村 尾生村 额原村
一、北额村 小松里村 春木村
合计 十八村
右侧皮场在辰年十二月返还本金、以六三〇
文白银卖给安右卫门殿下、
两株合计 八五〇文白银
安永五丙申年十月
嶋村村长
藤九郎

图2：《皮场村々呈报书账》（福原式氏藏，贝塚市教育委员会提供）引自发掘东部历史和生活之会（2005：33）

“皮场”指“草场’。前面的“草场”是指“三人中草场”加 3 个村落，后者的“草场”是指“加守乡草场”。“草场”的卖家为藤九郎，买家为安右卫门。

这封《皮场村々呈报书账》是 1776 年（安永五年）藤九郎在整理欠款时制作的。藤九郎于 1758 年到 1780 年间为嶋村庄屋，安右卫门为庄屋辅佐。藤九郎出售“草场”的理由是，他接受了别人的“绝人株”，缴纳年贡变得困难（同上引：32–34）。

<table>
<tr><td colspan="2" rowspan="2">不轮换</td><td>嶋村：庄右卫门·德右卫门</td><td>3个山村</td></tr>
<tr><td>布(野野)村：布村五兵卫</td><td>河合村</td></tr>
<tr><td rowspan="7">轮换</td><td>1</td><td>布(野野)村：布村五兵卫</td><td rowspan="7">3个山村、河合村之外的18个村</td></tr>
<tr><td>2</td><td>嶋村：德右卫门</td></tr>
<tr><td>3</td><td>嶋村：庄右卫门</td></tr>
<tr><td>4</td><td>布(野野)村：布村五兵卫</td></tr>
<tr><td>5</td><td>嶋村：德右卫门</td></tr>
<tr><td>6</td><td>布(野野)村：布村五兵卫</td></tr>
<tr><td>7</td><td>嶋村：庄右卫门</td></tr>
</table>

图3：“相中草场”株的牛皮分配，引自藤本（1997：291）

布（野野）村是日根郡鹤原的皮田村，与南郡麻生嶋村在“旦那场”权益上临近，是毗邻的皮田村。

<table>
<tr><td rowspan="3">三等分</td><td>嶋村：庄右卫门</td><td rowspan="3">畑、极乐寺、流木、土生、土生新田</td></tr>
<tr><td>嶋村：与三治郎</td></tr>
<tr><td>嶋村：德右卫门</td></tr>
<tr><td rowspan="3">三等分</td><td>嶋村：庄右卫门</td><td rowspan="3">上述5个村之外的15个村</td></tr>
<tr><td>嶋村：德右卫门</td></tr>
<tr><td>嶋村：五兵卫</td></tr>
</table>

图4：“相中草场”株的肉类分配（同上引）

皮革业从事者的营业活动场所，除了上面所介绍的“草场”和“皮场”之外，还有“入场”（只有拥有权利的人才能占地盘，才能开展更换鼓皮、贩卖缰绳纲绳、治疗牛马等业务）和“商场”（指出售竹皮草履等物挣钱，没有划定地盘）等。

关于嶋村的“入场”范围，如果看一看由嶋村负责进行鼓皮更换的鼓，就会发现有南郡岸和田本町在1853年（嘉永六年）的鼓皮更换的记录。南郡塔原村的太鼓也有在1855年（安政二年）更换鼓皮的记录，那个太鼓至今仍在使用。另外，嶋村在20世纪50年代以前仍有专门更换鼓皮的手艺人。

嶋村“商场”的范围，比如竹皮草履的生意，从贝塚寺内、岸和田城下一带一直扩展到日根郡佐野村和泉郡内畑村一带。草履也是岸和田藩武士所需要的东西。草履生意不仅对嶋村的小买卖人（村民），连庄屋、庄屋辅佐和组长等村官，甚至对“草场株”持株人等富人来说都是重要的生计来源。嶋村一半以上的人都从事着竹皮草履等皮制鞋类的制造、木屐面儿和草履的修补等营生（发掘东部历史和生活之会，2005：42–52）。

（八）“御用”（行刑人员）和“十分之一金”（获得部分演出收入的权利）

作为皮田身份村落的嶋村还被要求承担“拷问、斩首的人力帮手”、“行刑帮手”、“修建刑场”（行刑台）和“押犯人游街示众”等政府御用任务。“御用”命令由岸和田藩的“乡会所”（庄屋等村官的办公地）发出。岸和田藩的刑场在津田河岸，被动员担当行刑帮手的皮田出身者要自带“锄头”、“畚箕”（竹席 4 个角上有结扣用来搬运土石等的工具）、“横槌”（用来击打物体的道具）和“榔头”（用来打桩子的道具）等工具去修建刑场。此后要帮助行刑和清理刑场。清理刑场的工作也包括“缝针”（将行刑后的分尸缝合）。

劳酬方面，按白银 50 文（1 文等于 3.75 克）可购买 1 石（150 千克）大米换算的话，劳酬最高的是“缝针”，为 10 文白银 = 大米 2 斗（30 千克）；劳酬最低的是行刑“帮工”，为 3 文白银 = 大米 6 升。这比同样是皮田身份的村落被指派的“城市清洁工劳役”一天的劳酬即每天大米 0.25 升要多。

不同的是，“城市清洁工”的劳酬是由岸和田藩来支付“扫除工役米”的，而“拷问、死刑人力帮工”等的劳酬则由岸和田藩领域内的 4 个皮田村落（一般情况下为皮田村的村官）共同负担。这 4 个村落除了南郡的嶋村外，还有日根郡的鹤原村、瓦屋村和樽井村（泷村）。

负担劳酬的多少由各皮田村要缴纳的谷物总量决定。对皮田村来说劳酬的重要来源为“十分之一金”（获得部分演出收入的权利）。对岸和田藩内举行角力（相扑）和戏剧（歌舞伎等）的演出收入，各皮田村会要求演出负责人拿出“十分之一金”的“太鼓祝钵金”。作为交换，皮田村负责演出场所的警备工作。嶋村将这些“十分之一金”存起来，作为“拷问、斩首人力帮手”等“御用”的劳酬。

另外，“十分之一金”权利范围，有由各皮田村共同商定界线（属地主义）和拥有“入场”权的人根据其支配范围来决定（属人主义）两种情况。因为到底是根据属地主义还是属人主义来划分界线需要根据具体情况判断，所以各皮田村之间围绕“十分之一金”的归属问题纷争不断（发掘东部历史和生活之会，2005：15–16，66–68）。

（九）重新审视“纵式社会的人际关系”

藤井胜（1997：57）提到，提倡日本社会论特别是纵式社会论的代表者中根千枝在 20 世纪 80 年代之后，开始重视“株”的概念。中根（1989）强调，基于“场”的原理集合起来的人们以纵向人际关系为中心而结合：一，这样具有排他性的集团结合的源泉可以追溯到江户时代在村落中发展起来的百姓株；二，“株”的数量每个村都是一定的；三，只有拥有“株”的家庭才是村落的正式成员；四，“株”的继承单位不是个人而是家，所以，“株”的继承者不一定非要是儿子等亲属。

从以上麻生乡嶋村的事例中，我们可以看出以下几点：

一，嶋村不是作为百姓村而是作为皮田村以自己独有的方式发展起来的，他们使“草场株”的功能超出了村落的范围，扩展到乡和郡等地域社会之中。

二，在嶋村，“株”的数量并不是村里决定的。比如，“三人中草场”株在宝历十年（1760），由藤右卫门、新兵卫、长兵卫、德右卫门和安右卫门5人持有；而在明和七年（1770）到安永五年（1776）间，却由藤九郎1人持有。18世纪中叶，株的持有情况存在着从多人向1人集中的倾向（藤本，1997：306-307）。另外，“相中草场”株在宝历十一年（1761）是由嶋村的庄左卫门、与三治郎、德右卫门、五兵卫4人和“草场”等“旦那场”相邻的日根郡鹤原的布村（野野村）的五兵卫所持有（同上引：306）。

三，是否只有那些持株的家才是村落的正式成员，尚存疑问。因为明和六年（1769）间，嶋村7个“草场株”持有人中，只有4个是承担村年贡的农民，而其他3个却不是（同上引：307）。到底这3个人在嶋村的公共领域中拥有何种权利和义务，今后还需要进行考证。

四，关于“株”的继承单位不是个人而是家这一说法，也还有必要进一步进行考证。因为“堂免草场”株是在家庭、亲戚（并非仅限定于家）间继承的；另外，“三人中草场”是在最初开拓嶋村的居民之间继承的（同上引：306）。

如果说百姓村的“百姓株”是以资源的排他性占有为基础，通过不断增加向心凝聚力而形成了人际关系组织化的源泉，那么皮田村的“草场株”就是在占有乡、郡资源的同时，为了获得在超越村落的更广地域的共生而形成的人际关系组织化。

诚然，“草场”株的持有者毕竟是少数。所以，对死亡牛马处理相关利益的排他性占有，也许可以看作是一种典型的纵式社会人际关系。但是，我们从皮田身份所有者承担的“御用”（行刑帮手）和“十分之一金”（获得部分演出收入的权利）中，可以看到纵向人际关系开始相对化，居民同伙之间利益共有、共生的社会机制已然超越村落，在更广范围的地域社会中发挥着作用。同时，从受歧视部落中传承的民俗文化来看，很明显存在与以家的继承为主的“常民”所不同的文化。在那里，与异质的事物的共生被视为价值规范，人们继承了实践这一价值理念的智慧。

这样，可以说对皮田身份的社会结合起支撑作用的是超越村落的地区社会中的各种活动，以及把与异质的事物的共生当作价值规范的民俗文化。皮田身份在整个日本的历史中，无论是在生产和流通、艺术和宗教等诸多领域都发挥了重要的作用，这一点通过先行研究和当事者的活动逐渐变得清晰起来。重新审视历史，即“关注未被讲述的、现代化的另一个驱动力”——受歧视群体的历史，可以帮助我们摆脱“纵式社会的人际关系”认知的束缚，成为发现“横向社会的人际关系”的契机。像这样，通过具有实质性价值的历史和文化的批判性研究，来探讨日本混合现代化中相互承认和连带的一种模式，对于新型社会的构思和建设来说是非常有意义的。

参考书目

一、日文（按照五十音图排序）

赤岡町史編集委員会編 1980『赤岡町史』高地：赤岡町史編纂委員会

朝尾直弘 1967『近世封建社会の基礎構造』東京：御茶の水書房

乾武俊 1995『民俗文化の深層』大阪：解放出版社

岩渕功一 2001『トランスナショナル・ジャパン』東京：岩波書店

金泳鎬 1988『東アジア工業化と世界資本主義』東京：東洋経済新報社

黒田俊雄 1992［1961］『中世共同体論・身分制論』東京：創文社

厚東洋輔 2006『モダニティの社会学』京都：ミネルヴァ書房

首藤明和 2008「日本のハイブリッドモダンの特徴と課題」『フォーラム現代社会学』7：8–16

廳茂 2006「思想史の中の〈市民社会〉」『社会学雑誌 2』3：111–149

中根千枝 1967『タテ社会の人間関係』東京：講談社

中根千枝 1989「社会構造」『日本民族と日本文化』江上波夫編 381–412 東京：山川出版社

伸章司 2007『被差別民たちの大阪近世前期編』大阪：解放出版社

Habermas J. 2002—2003［1992］『事実性と妥当性上・下』河上倫逸・耳野健二訳 東京：未来社

服部民夫・船津鶴代 2002「アジアにおける中間層の生成とその特質」『アジア中間層の生成と特質』服部民夫・船津鶴代・鳥居高編 3–36 千葉：アジア経済研究所

服部民夫・船津鶴代「東の歴史と生活を掘りおこす会」『2005 新編嶋村の歴史と生活』第 1 集 大阪：東の歴史と生活を掘りおこす会

藤井勝 1997『家と同族の歴史社会学』東京：刀水書房

藤本清二郎 1997『近世賤民制と地域社会』大阪：清文堂

三浦圭一 1990『日本中世賤民史の研究』京都：部落問題研究所

柳田国男 1946『先祖の話』東京：筑摩書房

二、英文（按照英文字母表排序）

Bhabha，Homi. 1994 *The Location of Culture*. Lodon：Routledge.

佛教寺院与家

森本一彦（京都大学大学院文学研究科特定准教授）

翻译：石磊

前言

日本传统意义上的家一般被认为是一个拥有家名、家产、家业的永续性的存在。它拥有自身的家产，经营着家业，家庭成员归属于家，与家保持着很强的一体性。[1]

家的继承具体表现为“继承祖墓”或“继承灵牌”等。一般认为，祖先祭祀是家的主要意识形态，同时也具有强化家的凝聚力的作用。而且祖先祭祀是由家里所有成员一起参加的，属于单系继承的活动。女性出嫁的时候，新娘拜祭新郎家的佛龛，既是祭祀婆家祖先的象征，同时也是变成其家中一员的象征。

---

[1] 关于家的概念，以有贺・喜多野争论为代表，很多研究者都进行过论述。一般的说法中，例如大藤修（1996）把家看作是一个拥有固有的“家名”、“家产”和“家业”，把对历代祖先的崇敬之心作为精神支柱，具有超越世代的永续性指向的组织体，同时还包含亲属（家族）以外的其他人。笠谷和比古（1993）把家看作是以父子和夫妇的血缘家族为核心、同时拥有超越血缘关系的某种客观性和永续性的组织。平井晶子（2006）指出，家所必备的条件是：一，超越世代的永续性；二，家业、家产的维持；三,一子继承；四，直系家族结构。长谷川善计（1991）把家看作是作为义务和权利主体的股，是具有对领主承担一定的权利和义务资格的社会单位，同时也是对村有权利和义务的社会单位。

但是，人类学、民俗学在研究报告中却提出了一些与这种单系的祖先祭祀不同的事例。比方说，分灵牌、借魂祭、塔祭等。分灵牌就是把父母的灵牌分给结婚后离开家的孩子，在婆家或岳家也进行祭拜的习俗（上杉，2001；中込，2005）。

借魂祭指的是对因结婚等原因离家以后去世的人，与家里的人一样设立新佛龛进行祭祀的习俗（高谷，1995）。塔祭是指在盂兰盆节之前的某一天一起回到娘家祭拜祖先的习俗（蒲生，1960）。这些都是因结婚或分家等离开家的子女仍和老家保持着关系的风俗习惯，分灵牌是把自己娘家的灵牌带到婆家的一种习俗。

人们一直认为日本的家是全家人一起进行单系祖先祭祀的，但是人类学、民俗学的研究成果却提出了一些与家的一般看法相区别的祭祀形式。人类学、民俗学中所提出的不同于一般看法的祖先祭祀方式，从新娘、女婿继续保持着与老家的关系这一点上看，也可以认为是双系的祖先祭祀形式。

本文将通过双系的祖先祭祀来讨论日本传统的家庭即家。问题是，前面所提到的风俗习惯虽然可以通过面对面的采访而调查到，但却难以明确其历史的变迁。因此，本文将通过根据历史资料中能够明确其变迁过程的半檀家习俗来进行讨论。在日本，一家从属于一个佛教寺院的檀家制度（一家一寺）比较普遍，而半檀家是一种夫妇、父母子女从属于不同佛教寺院的习俗。本文将讨论这种半檀家是经过怎样的变迁被一家一寺的檀家制度所统一的，并通过这些讨论来思考日本的家。

一、祖先祭祀和佛教寺院

即使是现在，仍有很多日本人是佛教信徒，祖先祭祀是以佛教寺院为中心展开的。佛教的僧侣也主持葬礼以及做佛事、祈冥福活动。很多日本人之所以是佛教徒，佛教之所以介入祖先祭祀，这些都与江户时代的宗教政策有关。

图1：宗门改账（西伯特绘《日本》）

江户时代基督教被当作邪教遭到禁止。1612 年，幕府领地内率先下达了基督教禁令。在之后的第二年即 1613 年，又发布了全国范围的基督教禁令。1637 年岛原之乱以后，幕府对基督教采取了彻底的取缔政策。通过在宗派官员面前踩踏刻有耶稣基督、圣母马利亚像的版画的方式，来鉴别人们是否信仰基督教。这被称作“踏绘”（图 1）。幕府为了彻底取缔基督教，颁布了寺请制度，也就是命令所有日本人都有义务成为一所佛教寺院的信徒。

佛教寺院既是宗教设施，同时也是监视信徒是否是基督徒的统治阶层的末端机关。佛教寺院为了确认信徒不是基督徒，会在对死者身份进行确认的同时，还为其举行佛教葬礼。如果有人不参加忌辰或寺院举办的活动，都会被怀疑是基督徒。参加平日举行的佛教活动并主动缴纳寺院的费用被看作是信徒的证明。

每年制作一次的宗门改账里记录了所有村民的信息。如果不是基督徒的话，每个人的名字一栏中都会盖有佛教寺院的印章。寺院盖的印称为宗判，如果没有宗判，就会被认为是基督徒而遭到审问。对信徒来说，佛教寺院的权力是绝对的，这被称为宗判权。拥有宗判权的佛教寺院称为檀那寺，信徒称为檀那。

佛教寺院通过宗判权强化了与信徒间的联系，并通过举行葬礼、做法事等活动，至今一直保持与信徒之间的关系。像这样的佛教寺院在有的地方也被称作菩提寺。一般认为，在日本，人们同佛教寺院的关系是以家为单位的，一家一寺即每家只与一个佛教寺院相联系的形式比较普遍。在一个家里，所有的成员都属于同一个佛教寺院，人们将其称为檀家制度，这往往也被认为是家的象征。

二、从家族关系看半檀家

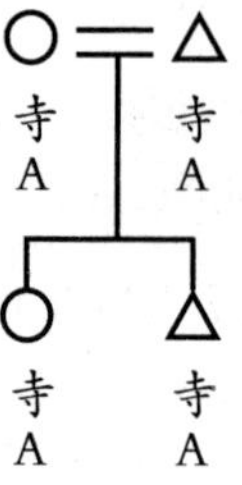

图2：檀家制度（一家一寺）

如前节所阐述，日本的佛教寺院常常介入葬礼、做法事等与祖先祭祀相关的活动中来。并且，一家只与一个佛教寺院相关联的檀家制度（一家一寺）比较普遍（图2）。但是，也存在着一家之中夫妇或父母子女分属于不同佛教寺院的半檀家习俗。

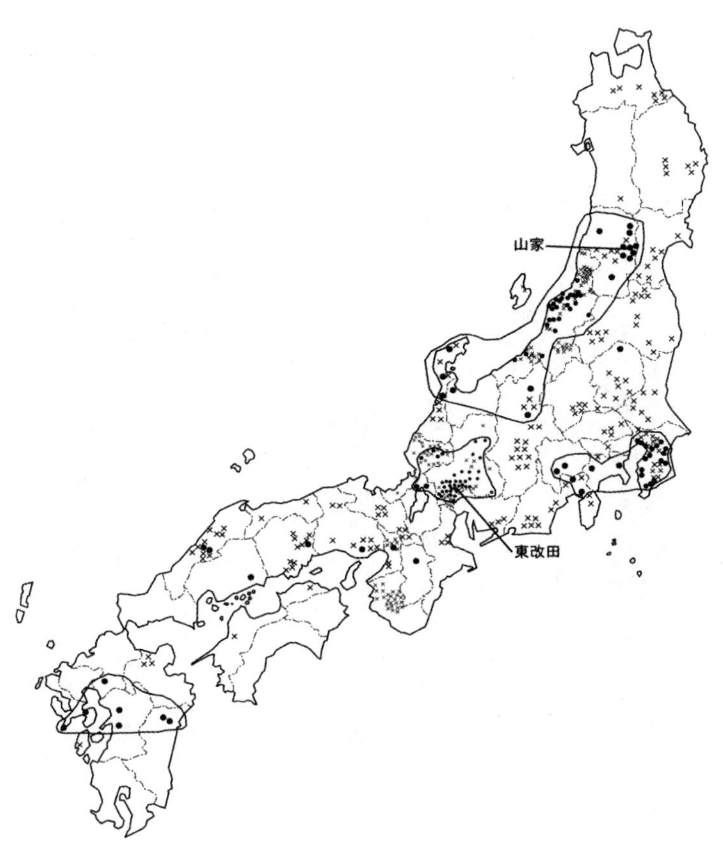

图3：半檀家分布图（宗门改账）

半檀家是一种至今尚存的习俗。东京都、千叶县、岐阜县还存在半檀家，但正在趋于消亡。虽然半檀家现在已经基本难以见到了，但江户时期曾普遍存在过。图 3 显示的是江户时代制作的宗派改账中所记载的半檀家分布的情况。“●”表示存在半檀家的村，“×”表示没有半檀家的村。

从分布图来看，可以发现半檀家曾分布于全国各地。与资料的保存情况相关联，总体来看，在北陆、南关东、东海等地，半檀家的分布相当密集，而在中国地区和四国地区分布则较稀疏。畿内地区（现在大阪府、京都府南部、奈良县、兵库县东部）留下来的资料虽很多，但基本没有半檀家的分布。只是在江户时代早期或者是都市地区中，这一地区还是有半檀家存在的事例的。半檀家这种分布状况与畿内属于发达地区有关，畿内地区的家是首先确立檀家制度的。

图4：享保六年（1721）“方县郡东改田村宗门改账”的半檀家（近藤家文书、岐阜市立博物馆所藏）

图 4 是岐阜县方县郡东改田村的宗门改账上记载的半檀家。次右卫门家是由次右卫门、妻子和两个女儿组成的四口之家。次右卫门和一个女儿属于净土真宗下尻毛村明泉寺，妻子和另一个女儿属于净土真宗西改田村教德寺。父母从属于不同的佛教寺庙，两个女儿则分别继承了父母一方所属的佛教寺庙。

对于半檀家而言，葬礼、做法事是由各自的家庭成员所属的佛教寺院操办的。如果以一家作为一个单位来看的话，那么就等于是多个佛教寺院与这家有关。盂兰盆节等祭祀家里多个死者的时候，就会有数个佛教寺院的僧侣参与。

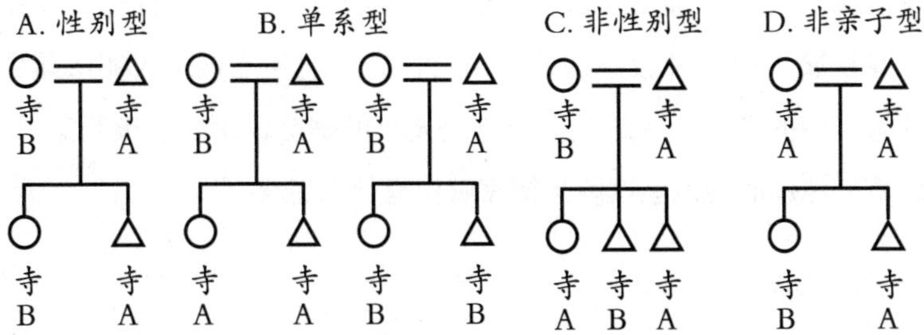

图5：按家庭关系的半檀家分类

在拙著《祖先祭祀和家的确立——从“半檀家”到一家一寺》（2006）里，与作为单系祖先祭祀的较为普遍的檀家制度（一家一寺）相对应，笔者主要分析了以双系的祖先祭祀为中心的半檀家。从家庭关系方面看，半檀家存在着多种形态。图 5 是从家庭关系方面对半檀家的分类。

A. 性别型：男女各自所属的佛教寺院不同。父亲和儿子同属于一个佛教寺院，母亲和女儿则同属于另一佛教寺院。

B. 单系型：父母从属于不同的佛教寺院，所有的子女都从属于父母其中一方的佛教寺院（或是父系或是母系）。

C. 非性别型：孩子不分性别，从属于父母的佛教寺院。女子可从属于父亲的佛教寺院，男子也可从属于母亲的佛教寺院。

D. 非亲子型：孩子从属于和父母不同的佛教寺院。

从家庭关系上来看，半檀家可以划分为很多种类。除上述分类之外，还存在着只有户主从属于不同佛教寺院的情况，或者只有末子从属于不同的佛教寺院的情况，丈夫和妻子交替从属于不同佛教寺院的情况等多种半檀家形式。

村武精一（1970）从家庭关系方面的半檀家分类里，发现了与家不同的日本的亲族结构。村武的分类虽然使用了先行研究论文中的访问调查和历史资料中的事例，但是没有考虑到家族周期的变化。在半檀家里，一旦家族周期发生变化，有时家庭成员所属的佛教寺院也会发生改变。例如，当孩子中有一人死亡，家里没有从属于那个佛教寺院的成员时，会出现其他孩子改变所属的佛教寺院的情况。考虑到佛教寺院变更的情况，可以说按照父系、母系或性别的视点来理解半檀家就没有什么意义了。

三、从入家者看半檀家

本文关注的不是家庭关系，而是将注意力放在媳妇、女婿等入家者的身上。

也就是说，主要分析因结婚或成为养子而新进入某家庭的成员是否会改变自己原来所属的佛教寺院。

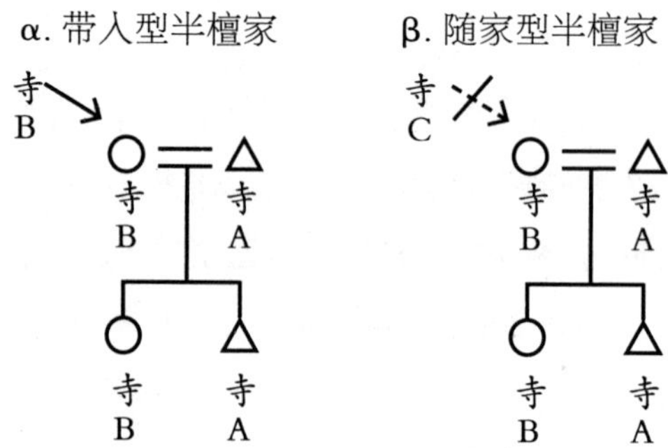

图6：从入家者的视角对半檀家进行的分类

图 6 是从入家者的视角对半檀家进行的分类。图 6 显示的是女性通过结婚嫁入婆家的情况。这里根据结婚是否改变了入家者婚前所属的佛教寺院进行了分类。

α. 带入型半檀家（持込み半檀家）：入家者继续维持、不改变移动前所属的佛教寺院。

β. 随家型半檀家（家付き半檀家）：入家者改变移动以前所属的佛教寺院，转为从属于移动后新家的佛教寺院。但是，由于移动后的新家与两个以上的佛教寺院相关联，所以出现了半檀家的形式。

在 α. 带入型半檀家里，媳妇、女婿等入家者所属的佛教寺院有的也由其子女们继承，有的则没有被继承。入家者所属的佛教寺院不被子女继承时，入家者本人去世之后与那个佛教寺院的关系就消失了。

在 β. 随家型半檀家里，新家与多个佛教寺院保持着固定的关系，家族成员被指定分别从属于不同佛教寺院，每个家庭根据一定规则来决定其成员从属于哪个佛教寺院。

在随家型半檀家里，这一家所属的佛教寺院是固定的，其形态虽属于半檀家，但入家者改变了移动前所属的佛教寺院，并加入了移动后新家所属的佛教寺院。在这一点上，与一般檀家制度（一家一寺）是一致的。

在考察家与佛教寺院的关系时，檀家制度（一家一寺）和随家型半檀家可以说都是以家为单位的。与此相对，带入型半檀家是一种与以家作为一个整体进行祖先祭祀相异的习俗。

现在，檀家制度（一家一寺）变得比较普遍，而半檀家的习俗则几乎难以见到。这是由于半檀家与佛教寺院间的关系复杂，而且一个家庭必须与多个佛教寺院保持联系，经济上负担过大从而导致了它的消亡。因此，日本人中也有很多人根本不知道半檀家，而认为檀家制度（一家一寺）是理所当然的。近世时分布于日本全国的半檀家逐渐走向消失，檀家制度（一家一寺）变成了家的象征，其背景可以说与家制度的渗透有关。下面主要探讨半檀家的变化与家的成立的关系。

四、入家者佛教寺院的变更

下面将通过几个具体事例来讨论媳妇、女婿等入家者是否变更了其移动前所属的佛教寺院。带入型半檀家在近世就已经出现了，我们通过宗门改账的资料来了解其详细的情况。分析的对象是美浓国方县郡东改田村（现在的岐阜县岐阜市）和出羽国村山郡山家村（现在的山形县天童市）。

宗门改账资料每年都要制作一次，以记载当年的信息。因此，要想了解入家者移动以前所属的佛教寺院，如果缺乏移动当年的宗门改账，就无从知晓。另外，由于宗门改账是由每个村庄各自制作的，所以也无法知道村外来的入家者移动之前所属的佛教寺院。而且，即使能够知道，如果曾经所属的佛教寺院和在移动后新家所属的佛教寺院相同的话，那么入家者到底是否变更了佛教寺院还是无法判断，因此，把这种情况排除在对象之外。虽然有资料上的制约，入家者对象受到限制，但是我们依然能够了解入家者是否变更所属佛教寺院的趋势。

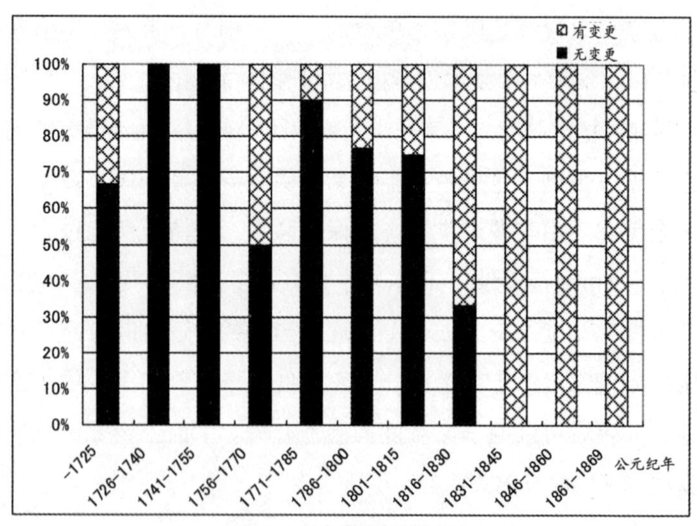

图7：入家者佛教寺院的变更

图 7 显示的是东改田村的入家者是否改变其移动前的佛教寺院的情况。为了明确地说明每 15 年的变化，图中用 % 来表示。对象共有 58 人，按年代分别是 1725 年以前 3 人，1726—1740 年 7 人，1741—1755 年 1 人，1756—1770 年 6 人，1771—1785 年 10 人，1786—1800 年 13 人，1801—1815 年 4 人，1816—1830 年 3 人，1831—1845 年 2 人，1846—1860 年 7 人，1861—1869 年 2 人。就各个不同年代而言，例子并不是很多，但却具有显著的倾向性。1725 年以前有一个入家者没有改变移动之前的佛教寺院。总体而言，在 1755 年以前，基本上都不改变移动前佛教寺院。虽然在 1756—1770 年期间 6 人中有 3 人改变了其移动前所属的佛教寺院，但在 1815 年以前，不改变移动前所属佛教寺院的入家者仍然居多。1815 年以前查明移动前所属佛教寺院的 44 人中，有 35 人即 79.5% 的人没有改变佛教寺院。但是，入家者不改变移动以前的佛教寺院的情况到 1821 年基本终止，之后的入家者都改变了移动前的佛教寺院。

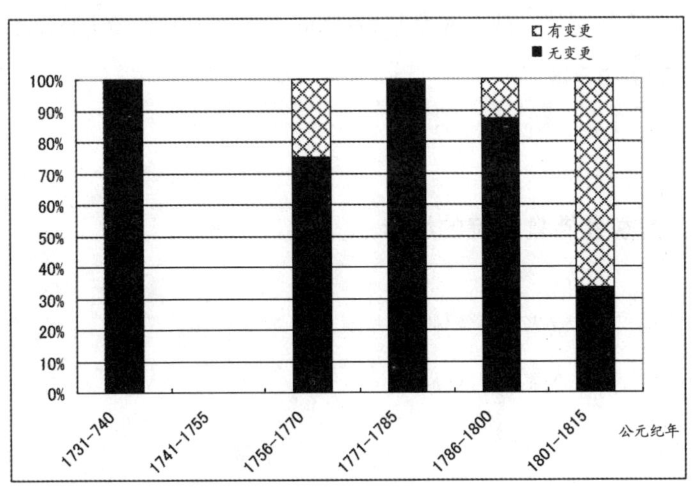

图8：入家者的佛教寺院变更（山家村）

图 8 显示的是山家村的入家者是否改变其移动之前佛教寺院

的情况。图 8 也是以每 15 年为一个区间，用 % 来表示其变化。由于到 1815 年为止山家村半檀家消失，之后一家一寺占据了统治地位，所以可考察的全部的对象仅有 23 人。其年代分别是 1731—1740 年 1 人，1741—1755 年 0 人，1756—1770 年 4 人，1771—1785 年 4 人，1786—1800 年 8 人，1801—1815 年 6 人。

这里探讨一下在半檀家消失、统一变成一家一寺的 1815 年之前入家者佛教寺院的变更情况。在 1800 年以前，从图 8 中可以明显地看出有很多入家者没有改变其佛教寺院。1800 年以前 23 位入家者之中没有改变其佛教寺院的有 17 人，占 73.9%。1800 年后直到 1815 年统一于一家一寺，改变佛教寺院的入家者的数量急剧增加。

在一般的檀家制度（一家一寺）中，入家者随着所在地的改变将自己所属的佛教寺院变更到当地佛教寺院的做法被认为是理所当然的，也被认为是向移动地新家归属的表现。但是，在 18 世纪的东改田村和山家村，入家者不改变寺院、维持原来的佛教寺院的倾向比较明显。两个村都是在 1800 年前后入家者转入移动后新家中的佛教寺院。

五、入家者佛教寺院的继承

那么，入家者带入的佛教寺院是被下一代继承了呢，还是没有被继承只限于入家者一代就终结了呢?

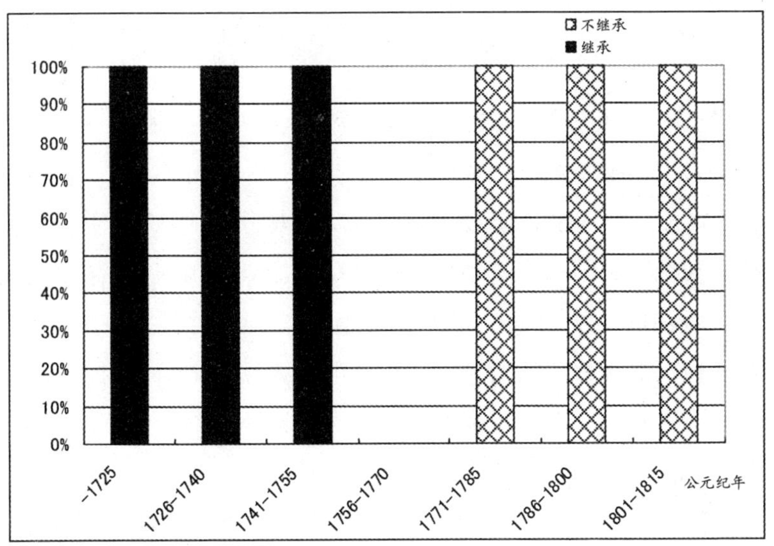

图9：佛教寺院的继承（东改田村）

图 9 显示的是东改田村入家者没有改变移动前所属佛教寺院时，该佛教寺院是否被子女继承的情况。考察的对象是前节中 36 位没有改变移动前佛教寺院的入家者中有孩子的 15 个人。入家者全部是出嫁的女性，年份显示的是结婚的年份。结婚后出生的所有孩子都作为继承的对象考虑。因为仅限于没有变更移动以前的佛教寺院的入家者，所以省略了 1816 年入家者变更了佛教寺院以后的图表。

被考察对象的年代分别是 1725 年以前 2 人，1726—1740 年 1 人，1741—1755 年 1 人，1756—1770 年 0 人，1771—1785 年 5 人，1786—1800 年 5 人，1801—1815 年 1 人。其中只有一个孩子的，1771—1785 年 2 人，1786—1800 年 1 人，1801—1815 年 1 人。

在图 9 中，入家者的佛教寺院只要有一个子女继承的就算“有继承”，没有任何人继承的就算“无继承”。结果是，1755 年以前入家者的佛教寺院基本上被子女所继承，而 1771 年以后就逐渐不被继承了。

另一方面，在山家村，没有改变移动前所属佛教寺院17个人中有孩子的人成为了考察的对象。其中男性7人，女性4人。1731—1815年期间入家者的佛教寺院都没有被子女继承。可以认为1815年半檀家的消亡对此有一定的影响。

被考察的入家者11人中有10人转入了移动后新家所在的佛教寺院，剩下的一人年离婚后回了娘家。在山家村，被调查对象所在的历史时期恰好处于半檀家消亡的时期，原本不改变移动以前佛教寺院的入家者也渐渐转入移动地所在的佛教寺院。在这种状况下，入家者的佛教寺院被子女继承的情况也就没有了。

在东改田村，能够看到入家者所带入的移动前的佛教寺院被下一代子女继承的例子。但是，在山家村，由于与半檀家的消亡时期相重合，就没有出现子女继承入家者佛教寺院的例子。

六、从婚姻形态看佛教寺院的继承

前面提到山家村不存在继承入家者佛教寺院的事例，这与作为对象的样本数量太少也有一定的关系。下面我们放宽条件，考察一下佛教寺院的继承问题。

到前一节为止，入家者移动以前所属佛教寺院不清楚的被排除在研究对象之外。因此，对象事例数量受到限定，不能够得到充足的样本数。那么，父母从属于不同佛教寺院的子女，会继承父母哪一方的佛教寺院呢？

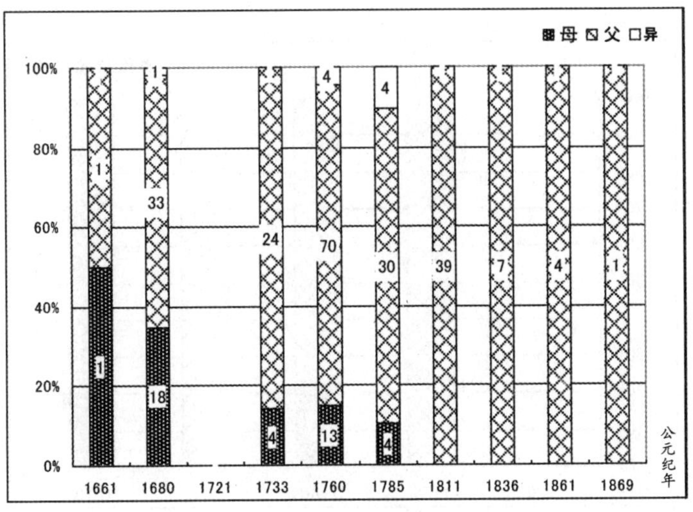

图10：嫁入婚中佛教寺院的继承（东改田村）

图 10 显示的是东改田村嫁入婚中父母所属的佛教寺院不同的情况下，子女属于哪个佛教寺院的情况。“母”表示和母亲的佛教寺院相同的例子，“父”表示和父亲的佛教寺院一致的例子，“异”表示和父母的佛教寺院都不相同的例子。图表中的数字均是实际数字。

在图 10 里，尽可能每隔 20—25 年作为样本提取区间。该图显示，继承母亲（入家者）佛教寺院的子女比例不断减少，1811 年以后主要继承的是父亲的佛教寺院。与图 8 相比，不再继承母亲（入家者）佛教寺院的时期显得稍微晚了一些，但减少的倾向与图 8 是一致的。这种时间上的差别可以考虑为，图 9 中是以父母的结婚年为基准的，所以在较早的时候入家者的佛教寺院就已不再被继承了。

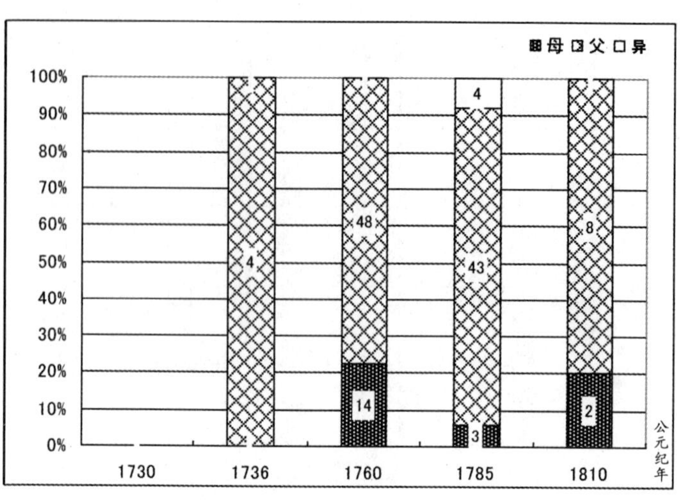

图11：嫁入婚中佛教寺院的继承

图 11 显示的是山家村在嫁入婚中父母所属的佛教寺院不同的情况下，子女从属于哪个佛教寺院的情况。图表虽与图 9 相同，但是由于 1815 年半檀家消亡，逐渐演变成一家一寺，就把以后的部分省略了。

1730 年这一年由于不清楚婚姻的形态，所以没有找到合适的研究对象。1736 年也有很多不清楚婚姻形态的例子，只有 4 人成为研究对象，所以也没有出现继承母亲佛教寺院的子女。但是，1760 年、1785 年、1810 年存在着继承母亲佛教寺院的例子。考虑到山家村也像图 7 中看到的那样，有入家者不改变移动前所从属的佛教寺院的例子，可以认为母亲从属的佛教寺院是母亲嫁入前带入的可能性较大。

因此，可以认为，东改田村和山家村的入家者都将以前所从属的佛教寺院带入进来，并被下一代所继承。媳妇将自己从属的佛教寺院带进婆家来，或许可以用没有被视为家的一员来解释；但从有子女来继承上看，如果只是从家的角度解释就显得不充分。

七、移动一段时间后佛教寺院的变更

在东改田村和山家村，都存在着入家者不改变移动以前所属的佛教寺院、维持原有佛教寺院的例子，而且还存在着入家者的佛教寺院由子女继承的例子。但两村都在向一家一寺统一的过程中，出现了入家者从属的佛教寺院不再被子女继承，或者转到移动地佛教寺院的情况。但佛教寺院的变更并不全是在移动之后马上就进行的，也有在其他的时期进行的。在本节中，讨论一下在其他时间里变更佛教寺院的情况。

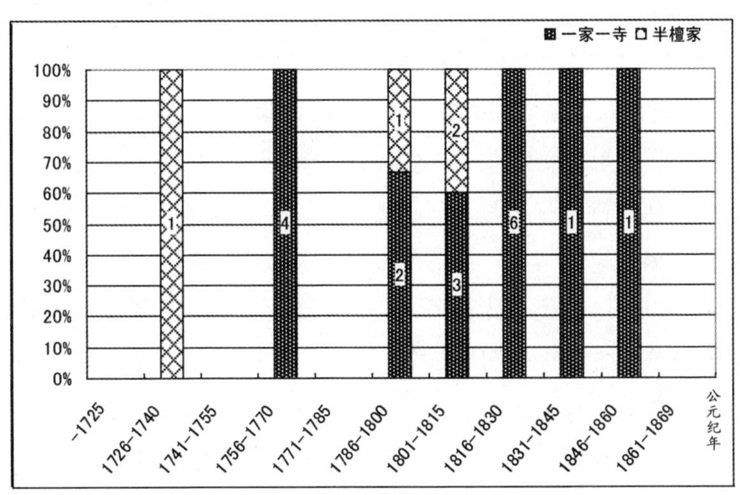

图12：入家者佛教寺院变更后的寺檀关系（东改田村）

图 12 显示的是东改田村入家者改变佛教寺院时，其家庭是变成了一家一寺、还是变成或维持着半檀家形态的情况。入家者在变更其佛教寺院时，转变成一家一寺的例子比较多。这也显示出之前所阐述的半檀家消失、逐渐统一于一家一寺的倾向。

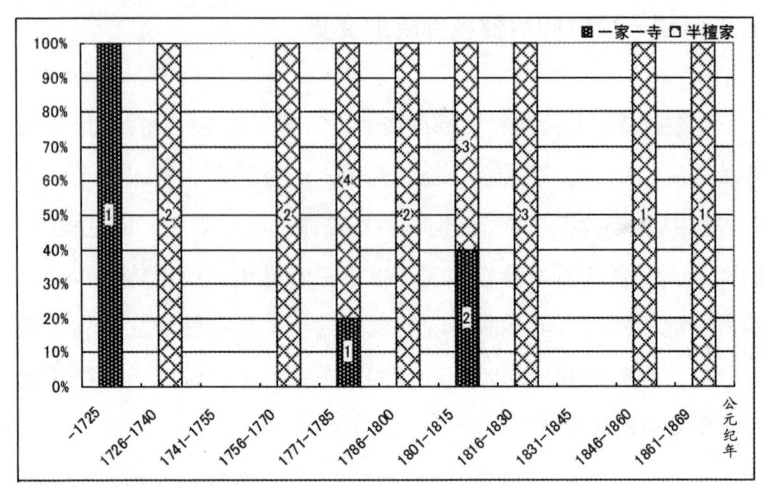

图13：亲生子女佛教寺院变更后的寺檀关系（东改田村）

不仅仅是入家者才会改变所从属的佛教寺院。那些没有经历过移动的子女也会变更所属的佛教寺院。图 13 显示的是亲生子女改变其所属的佛教寺院时，其家是变成了一家一寺，还是变成或者维持着半檀家的情况。从结果上看，入家者改变佛教寺院后，家变为一家一寺的例子比较多；亲生子女改变佛教寺院后，变成或是维持着半檀家的例子比较多。

随着年代的推移，入家者改变佛教寺院的情况逐渐被一家一寺所统一。而子女改变佛教寺院的情况，主要是变成或者维持半檀家。由此可知，入家者佛教寺院的变更与子女佛教寺院的变更，是受不同的理论所支配的。

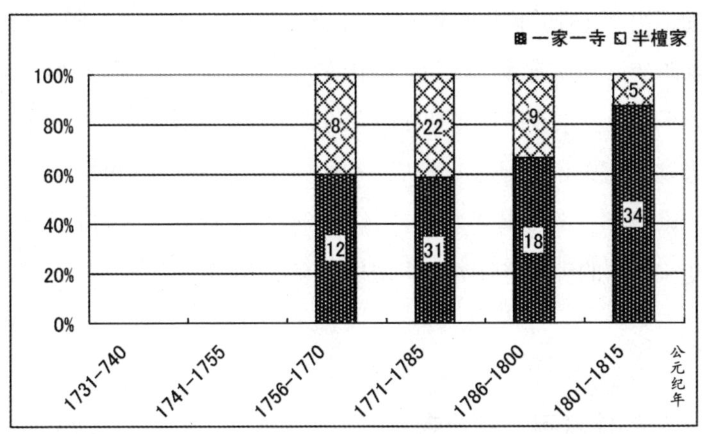

图14：入家者佛教寺院变更后的寺檀关系（山家村）

图 14 显示的是山家村入家者改变佛教寺院时，其家是转变为一家一寺，还是变成或维持半檀家的情况。结论是，在 1815 年统一于一家一寺之前，入家者变更佛教寺院后向一家一寺转变的倾向性逐渐加强。

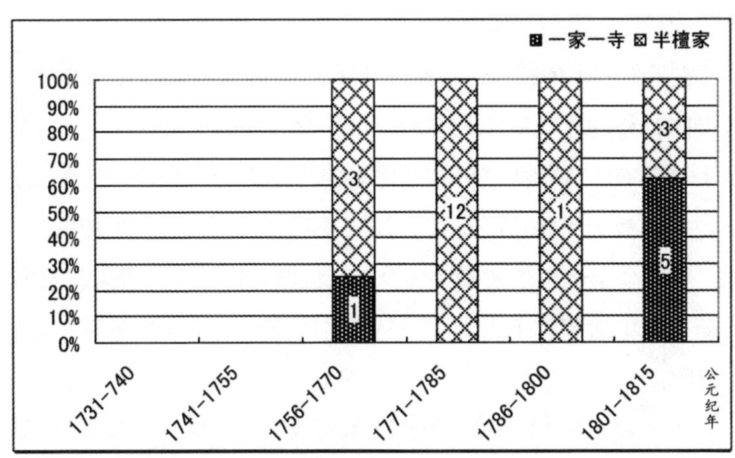

图15：亲生子女佛教寺院变更后的寺檀关系（山家村）

图 15 显示的是山家村子女改变所属的佛教寺院时，其家转变成一家一寺，还是变成或维持半檀家的情况。我们可以发现这种情况下变成或者维持半檀家的例子比较多。不过，在 1801—1815

年间，由于1815年半檀家消失，逐渐统一于一家一寺，所以亲生子女改变所属的佛教寺院后，家转变为一家一寺的例子也很多。

不管是在东改田村还是在山家村，入家者在移动后不久改变佛教寺院，可以说都是在向一家一寺统一的过程中发生的。与此相对，亲生子女改变其佛教寺院是为了维持半檀家，这与入家者不改变移动前的佛教寺院的带入型半檀家是不同的。

八、从半檀家到一家一寺

入家者改变所属的佛教寺院，是受到了向一家一寺统一过程的影响。但是，亲生子女改变其所属的佛教寺院则不同，后者是为了维持半檀家的存在。之所以会发生这种现象，主要是受到了以家为单位与多个佛教寺院保持关系并将这些佛教寺院分配给各个家庭成员的随家型半檀家的影响。

在随家型半檀家里，入家者从属的佛教寺院转变为移动地的佛教寺院，移动以前所属的佛教寺院不允许带入新的家里。在这一点上与一家一寺相同。但各个家里由于不只与一个佛教寺院而是与多个佛教寺院保持联系，所以从表面上看与带入型半檀家相一致。带入型半檀家是入家者带着自己从属的佛教寺院进入新家的，而随家型半檀家和个人无关，是通过家庭内的亲属关系来决定佛教寺院。

从图12－图15可见，通过入家者改变其所属的佛教寺院，渐趋向一家一寺统一，而且这种倾向随着年代的推移日趋明显。另一方面，依然保留着通过改变亲生子女所属佛教寺院来维持半檀家的倾向。综合考虑这两种相反的现象，可以认为这是从入家者不改变移动以前的佛教寺院的带入型半檀家，逐渐向给家庭成员分配多个佛教寺院的随家型半檀家的转换。

1830年在越后国蒲原郡女池6村（现在的新潟市）展开的半檀家的调查资料被保留至今。[1] 在这个资料里，记录了什么时候、出于什么理由变成了半檀家等情况。据此资料记载，半檀家最初是通过入家者将其所属的佛教寺院带入新家，再通过下一代的继承而持续下来。也就是说，显示了从带入型半檀家到随家型半檀家的转换。

另外，在围绕越后国（现在的新潟市）、出羽国（现在的山形县）佛教寺院论争的资料中，记载有向一家一寺统一的过渡期中，带入型半檀家遭到否定、随家型半檀家出现的情况。[2] 即使禁止入家者从属佛教寺院的带入，仍然不能理清家与多个佛教寺院间的关系，于是统治者也认可了随家型半檀家。

一家一寺的统一可能是根据统治者的命令确立的。其政策意图是为了家的确立和普及。但是，如果分析一下佛教寺院和村吏的论争可以发现，村吏们以在宗门改的制作中半檀家中复杂的关系会引起混乱和麻烦为由，主张取消半檀家。

另一方面，佛教寺院主张其既得权，想保留半檀家。统治者希望在不引起纷争的情况下完成宗门改账的制作，因此，依据村里的主张推广了一家一寺。虽然半檀家是以方便制作宗门改账为理由而被取消的，但在当时的背景下，家的普及以及不断增加的对佛教寺院的整顿等也都产生了一定的影响。

那么，佛教寺院主张的所谓的既得权是什么呢？在关于佛教寺

---

[1] 文政十三年（1830）“一家两寺之者由来书上账”（新田家文书，现在新潟市保管）。该资料是为了实行一家一寺的统一，根据新发田藩的命令而作的半檀家由来的调查。半檀家的由来可以通过名主手中保管的宗门改账得以确认。

[2] 围绕寺檀关系的争论叫作“檀论”。这种争论多发生于寺院和村庄间，并多被提交到统治者那里。

院论争的资料里，入家者继续从属于移动以前的佛教寺院的理由被认为是为了可以带走田地等财产。继承财产的条件中就包括了要不断地支持佛教寺院，所以财产的继承也就变成了对佛教寺院的继承。

继承佛教寺院具体来说意味着什么呢？江户时代的代官（译者注：幕府直辖地的地方官）荒井显道在其编纂的《牧民金鉴》（横川编，1935）中记载了越后国半檀家中佛龛也是分开供奉的例子。因此也有很多人主张佛教寺院的继承就是祖先和坟墓的祭祀。

可以认为，带入型半檀家里继承佛教寺院是以财产的继承为基础的祖先祭祀的继承。因此带入型半檀家中入家者的佛教寺院由下一代子女继承，也是因为子女继承了入家者带来的财产的缘故。在檀家制度（一家一寺）里，作为家的象征，家的全体成员都参加祖先祭祀，但在带入型半檀家里，应该是祭祀多个祖先。可以说从半檀家向一家一寺转换的过程中，祖先祭祀的方式也发生了变化。

总结

本文以半檀家习俗为分析对象，讨论了佛教寺院和信徒间的关系。这不仅是信仰的问题，也是作为家的团结的象征，即祖先祭祀的问题。

半檀家，包括带入型半檀家和随家型半檀家。在带入型半檀里，媳妇、女婿等入家者不改变移动以前所属的佛教寺院，继续维持原来从属的佛教寺院，这是由于他们通过继承财产从而也继承了祖先祭祀的缘故。在带入型半檀家里，要祭祀由入家者带来的多个祖先。这些祖先祭祀也被下一代的子女所继承。

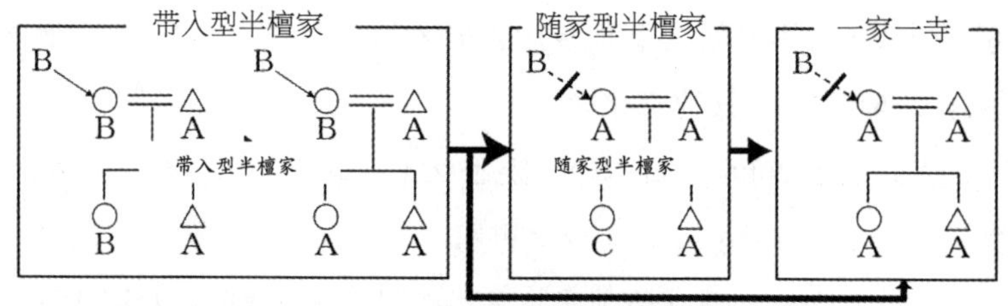

图16 从半檀家到一家一寺的变化示意图

但是，随着一家一寺的统一不断进展，入家者所属的佛教寺院不再由子女继承，而变成了只限于入家者一代。并且，随着入家者改变移动以前所属的佛教寺院，出现了向随家型半檀家或一家一寺的转变。以家为单位的檀家制度就这样形成了（图 16）。

在江户时代，从半檀家到一家一寺的变化使得双系的祖先祭祀逐渐向单系的祖先祭祀转化。而单系祖先祭祀的普遍化又推动了更具家特征的家的确立。

参考书目（按照五十音图排序）

上杉妙子 2001 『位牌分け－長野県佐久地方における先祖祭祀の変動』東京：第一書房

大藤修 1996 『近世農民と家・村・国家—生活史・社会史の視座から』東京：吉川弘文館

笠谷和比古 1993『士の思想—日本型組織・強さの構造』東京：日本経済新聞社

蒲生正男 1960『日本の生活構造序説』東京：誠信書房

高谷重夫 1995『盆行事の民俗学的研究』東京：岩田書院

中込睦子 2005『位牌祭祀と先祖観』東京：吉川弘文館

長谷川善計 1991 「日本社会と家」『日本社会の基層構造—

家・同族・村落の研究』長谷川善計・竹内隆夫：藤井勝・野崎敏郎 1–51 京都：法律文化社

平井晶子 2006『日本の家族とライフコース—「家」生成の歴史社会学』京都：ミネルヴァ書房

福田アジオ 2004『寺・墓・先祖の民族学』東京：大河書房

朴澤直秀 2001「幕藩権力と寺檀関係——家一寺制をめぐって」『史学雑誌』110（4）：55–82

村武精一 1970「日・琉祖先祭祀からみた系譜関係の塑形性—いわゆる〈半檀家〉・〈入墓制〉などの民俗慣行から」『岡正雄教授古希記念論文集 民族学からみた日本』115–134 東京：河出書房新社

最上孝敬 1967「半檀家について」『日本民俗学会報』50：1–12

森本一彦 2006『先祖祭祀と家の確立—「半檀家」から一家一寺』京都：ミネルヴァ書房

横川四郎 編輯 1935『牧民金鑑下』東京：誠文堂新光社

近世城市大商家中的家、同族
——以三井为例

多田哲久（韩神大学全球协力学部招聘讲义教授）

翻译：刘军国

一、序言

本文的目的是从社会学的家、同族论的观点出发，以三井为例：一，展示三井暖帘内[1]的整体状况；二，在此基础上，揭示近世城市大商家的家、同族的特性。

一直以来，人们对于近世城市大商家的研究，例如对三井、鸿池、住友等的研究，无一例外地都是从经营史的角度进行研究的。而要从经营史方面严谨地论述经营形态，考察的中心与其说应该放在家、同族上，倒不如说应该放在家业上，论点也要围绕着本家的财产和经营展开论证。例如，一般认为日本家、同族的特征之一是不仅包括亲属，也包括非亲属成员。但从经营史方面来谈这些非亲属的问题，也只是在作为经济关系的雇佣制度的延长线

[1] 暖帘内：日语原文为“暖簾内”。日语“暖簾”的意思是挂在商店门口的布，上面印有商店的店号和商标，象征着商家的交易对象、采购对象、经营的秘诀、信誉、名声等企业的无形财产。“暖簾内”为使用同样“暖簾”的各家的联合，是商人家的同族团的别称。——译者注

上去谈论，而且只涉及本家的财产和经营方面。因此，其焦点不是聚集在所有作为家、同族正式成员的非亲属者的身上，而只是放在了直接与本家财产和经营相关的非亲属上。这一点虽然在解释家业的状态方面有一定的作用，但是可以说它在理解家、同族的社会关系方面并不充分。

另外，社会学的家、同族论大致可整理为三类[1]，它们都是以农村中的家、同族为模型的。例如，“家 = 家庭”学说的喜多野清一，是把长野县更科村若宫和山梨县北都留郡檷原村大垣外作为田野调查地点的。“家 = 经营体”学说的有贺喜左卫门把岩手县二户郡荒泽村石神，同样主张“家 = 经营体”的细谷昴则把山形县庄内地区作为田野调查地点。“家 = 股”学说的长谷川善计等是把长野县南作久郡小海町本间及同县佐久市常和，同是“家 = 股”学说的藤井胜则把长野县佐久市今井以及冈山县久米郡栅原町行信等作为调查地。

在这些倾向之中，主张“家 = 经营体”学说的中野卓将视线放到了京都的二条四ケ町以及大和大路五条等近世城市的家、同

[1] 关于家论的归纳有很多种研究，作者（2005）也进行了总结。简单地说，家有三种解释，分别是“家 = 家庭”学说、“家 = 经营体”学说、“家 = 股”学说。“家 = 家庭”学说以喜多野清一为代表，特征是重视成员全体的亲属关系。“家 = 经营体”学说以有贺喜左卫门为代表，主要特征是重视家中的家产、家业的经营及生活保障等侧面。“家 = 股”学说以长谷川善计为代表，其特征是看重家作为股的存在（关于股，参考第五节［三］）。如果把以上三种学说，按照重视成员亲属的观点、重视家是否存在的观点、重视调查地的观点等重新整理，就会得出如下结论：从成员亲属的观点来看，“家 = 家庭”学说因为重视血缘关系，家中没有血缘关系的人要么成为拟制血亲，要么被定位成准家成员；与此相比，“家 = 经营体”学说和“家 = 股”学说，非亲属可以按照非亲属的身份取得正式家成员的资格。从家是否存在的观点来看，“家 = 家庭”学说和“家 = 经营体”学说，两者都重视家的内部关系，只要有血缘关系和生活关联，家就存在；与此相比，“家 = 股”学说因为重视家股的取得，即使家庭成员且进行经营的人认为这就是家，但实际上不是家的场合也是存在的。更进一步说，即使内部没有成员（即使没有家庭成员也没有经营），有时家也可以以股的形式继续存在下去。从调查地的观点来看，这三种学说相通的一点就是，他们都是以农村为基础来构建理论的。

族上。中野（1981：765）考虑到与农村的家、同族的可比性，把研究的焦点放在了近世城市的中小商人身上。

总之，关于近世城市大商家中的家、同族的研究，可以说在以往的经营史和社会学中的家、同族论中被遗漏掉了。需要强调的是，本文与经营学相比，不是从本家的财产和经营的观点来进行考察的；与社会学中的家、同族论观点相比，研究的对象不是农村和中小商家，而是城市中的大商家，这是本文的特征。

下面的第二节简单介绍了三井的事例。在第三节中，具体展示了以前的三井研究中没有引起充分注意的暖帘差免[1]的情况。第四节则在第三节分析的基础上，展示了三井暖帘内的全貌。第五节将在进一步考察暖帘内概念的基础上，考察三井暖帘内的家、同族的特性。

二、事例介绍[2]

（一）近世的三井

三井的创始人是三井八郎兵卫高利（法名宗寿）。高利是则兵卫高俊和妻子殊法（丹羽富商永井左兵卫的女儿，名字不详）四个儿子中最小的一个儿子，于元和八年（1622）生于伊势松坂。三井的家业是以高利于延宝元年（1673）在京都开设和服衣料采购店以及在江户开设了和服店为开端的，商号为越后屋。三井家分别于天和三年（1683）在江户、贞亨三年（1686）在京都开设

[1] 暖帘差免：商家允许其分家使用本家暖帘商号之意。——译者注

[2] 作为了解近世三井足迹的著作，目前可以举出中田（1959）、安冈（1979）、三井文库（1980）、西坂（2006）的 4 本书。

了货币兑换店，并于元禄四年（1691）在大阪开设了和服衣料店和货币兑换店。在这期间的贞亨四年（1687）成为幕府的和服衣料专供商，元禄三年（1690）成为了大阪府专用金银货币兑换商。在短短不到 20 年的时间内，三井在京都、江户、大阪分别经营和服衣料店和货币兑换店，并作为幕府的御用商人取得了重大发展，确立了大商家的地位。高利于元禄七年（1694）去世，享年 73 岁。

三井的第二代继承人八郎右卫门高平（法名宗竺）是高利和妻子寿赞的长子，承应二年（1653）出生于松坂。元禄四年（1691）八郎右卫门高平以幕府专用为由，主动向纪州德川家提出申请；第二年从松坂转移到了京都的油小路二条下町，把京都作为本部根据地。高利去世后，他指挥众兄弟构建起了集团运营体制。高平的功绩是，在宝永七年（1710）设置了对家政和家业进行统一管理的机构——大元方，并于享保七年（1722）制定了作为三井家政和家业基础的《宗竺遗书》。

该遗书在明治三十三年（1900）新家宪制定之前一直发挥着重要的作用。高平于元文二年（1737）去世，享年 85 岁。

三井的店铺随着时代的变迁虽然也有一些变化，但 18 世纪后半期三井的营业店铺主要有设在大元方之下的：一，本店（京都有京本店、上之店、红店、勘定场；江户有江户本店、江户向店、芝口店、江户丝见世；大阪有大阪本店）；二，货币兑换店（京都有京都货币兑换店、间之町店、丝店；江户有江户货币兑换店；大阪有大阪货币兑换店）；三，松坂店（西坂，2006：33）。同时，三井的工作人员（在三井 6 家最主要的店铺京本店、江户本店、大阪本店、江户向店、江户芝口店、京上之店工作的人数）在 20 世纪 70 年代左右已经超过了 1100 人，达到了近世以来的巅峰（同上引：38）。

（二）三井的别家[1]

正如序言中提到的，日本的家、同族不仅包括亲属，还包括非亲属。这里所提及的别家指的就是非亲属分家（奉公人的分家），它与亲属分家一样，共同构成了同族的一个单位。

以往关于三井别家的研究，大致可分为两大类：一类是被称作家督的上级别家（职位级别比统管高的、住在别宅中的退职者）；另一类是具有加入“相续讲”[2]资格的中下级别家（比统管地位低的退职者）。

家督未必是世袭的，但是他们一方面拥有自己的家业，另一方面也掌握着三井总体和各店的情况，发挥着指导性的作用（三井文库，1980：262–263）。

中下级的别家，虽然没有与家督相对应的名称，但却拥有加入相续讲的资格。相续讲于享保九年（1724）分别在京都、江户、大阪设立。店铺为每个加入者出资 500 目白银作为枕银，加入者以后每月续存 12 文白银。讲金月利率是 0.8%。讲员每月选定一天，定期聚会，一方面向讲员公布家业的经营情况等事宜，当遇到讲员大病和意想不到的灾害等生活发生困难时，就可以收到相续讲的资金援助（三井文库，1980：263)。

顺便提一下，从享保五年（1720）到天保十年（1839）京本店的入店者（总数 1236 人）中，中下级别家所占的比例分别是：组头退职者占 30.9%（59 人中有 17 人，除去 4 个病死者），统管退职者占 41.8%（78 人中有 28 人，除去 11 个死者）（西坂，2006：134）。

---

[1] 别家：日语原文为“别家”，亲属或者非亲属（包括奉公人）成立的新家。——译者注

[2] 相续讲：日语原文为“相続講”，是与财产继承和相互救助相关的组织，属于三井的暖帘内之一。——译者注

三、暖帘差免者[1]

（一）关于暖帘差免者的史料

说起三井的别家分号，如上所述，以前的研究重点大都集中在家督和相续讲上。但是，在确认三井暖帘内总数之际，即便能够把一家一家直接掌握的家督看作是别家，但就相续讲而言，它属于讲，中小别家未必都加入其中。因此有必要弄清虽然有三井的暖帘但不是相续讲成员的中小别家——即暖帘差免者，且为非相续讲成员——有多少。

本文将通过对史料《家名暖帘印差免切手控》[2]（三井文库所藏，续1179，以下简称为《控》）的分析，来弄清这个问题。《控》是大元方所藏的史料，是中下级别家在取得三井的家名和暖帘印的使用权时留下的副本。《控》的记载形式随时代变迁有所变化，但基本上分为以下三大类：一，记录了暖帘差免文字全文的样式；二，只记录了名称和年月的样式；三，记录了年月、名称、退职店、职位、住处、现职（也有没记下退职店、职位、住处、现职的）的样式。其时间跨度从享保十年（1725）到明治五年（1872），总共记录了313 人。另外，还记录了暖帘差免的规则变更以及暖帘差免的语言表述基本要点，同时也有若干关于成为暖帘差免后暖帘印动向的记录。

下面将通过《控》来看一下三井暖帘差免的实际状态。同时关于《控》在史料上的特征，文中也会适当涉及一些。此外，《控》中313 人里有2 人与以前出现过的暖帘差免者的家相同，所以这

[1] 暖帘差免者：被商家允许使用本商家商号者之意。——译者注

[2] 暖帘印：暖帘上标志的印章。——译者注

里新的暖帘差免的考察对象为 311 人。[1]

（二）暖帘差免的实际状态

表 1 为通过《控》所看到的暖帘差免是否只以在三井家奉公的人为实施对象的情况。

	三井退职者	三井退职者之外				不明	合计
		相续人	亲属	又手代	又又手代		
1725—1750年	4（9.6%）	2（4.9%）	0（0%）	0（0%）	0（0%）	33（80.5%）	41（100 %）
1751—1800年	32（50.8%）	2（3.2%）	3（3.2%）	0（0%）	0（0%）	29（46.0%）	63（100 %）
1801—1850年	83（61.9%）	8（5.8%）	4（3.0%）	37（27.6%）	0（0%）	3（2.2%）	134（100%）
1851—1870年	27（37.0%）	12（16.4%）	3（4.1%）	25（34.2%）	4（5.5%）	0（0%）	73（100 %）
合计	146（46.9%）	24（7.7%）	10（3.2%）	62（19.9%）	4（1.3%）	65（20.9%）	311（100%）

表1：暖帘差免者的出身

此处的三井退职者是指“在三井奉公过的人”；相续人指的是“三井别家的继承人”；亲属指的是“三井别家的亲属”；又手代指的是“在三井别家奉公过的人”；又又手代指的是“在三井的又别家奉公过的人”。

从表 1 可以看出，其中三井退职者为数最多，但需要关注的是存在着一定数量的非三井退职者。此外，不明者多达 65 人，让人有些遗憾；但如果注意到不明者的数量在减少，说不定这一点还有一定的意义。即从 1725 年到 1750 年期间，不明者多达 80.5%，占绝大多数，这可能与该时期三井直接管理的暖帘差免者的出身基本上都是三井的退职者，不太重视退职店以及职位等级差异有关吧。

---

[1] 这两个人是河野五作卫门和三宅清兵卫。河野是由小三郎的名义改为五作门卫的名义的，三宅是继承了冈本专次郎的别家号。在家数上，因为前面已经计算过了，在此就除去了。

下表表示的是各个暖帘差免者的出身情况。虽然史料中因存在着 65 名不明者而难以作出准确的断定，但是在一定程度上还是可以明确暖帘差免的实际状态和《控》的史料特点的。

首先，关于三井退职者，表 2 表示的是 146 名三井退职者的退职店和职位等级的情况。

<table>
<tr><td rowspan="4">京本店
42（28.8%）</td><td>通勤统管级</td><td>2</td><td rowspan="3">京上之店7（4.8%）</td><td>统管</td><td>3</td></tr>
<tr><td>统管级</td><td>24</td><td>组头</td><td>3</td></tr>
<tr><td>组头</td><td>15</td><td>组头级</td><td>1</td></tr>
<tr><td>不明</td><td>1</td><td rowspan="2">京红店2（1.4%）</td><td>通勤统管同级</td><td>1</td></tr>
<tr><td rowspan="4">江户本店
5（3.4%）</td><td>元方挂</td><td>1</td><td>组头</td><td>1</td></tr>
<tr><td>统管</td><td>2</td><td rowspan="4">京勘定场8（5.5%）</td><td>统管级</td><td>4</td></tr>
<tr><td>组头</td><td>1</td><td>组头</td><td>2</td></tr>
<tr><td>不明</td><td>1</td><td>组头级</td><td>1</td></tr>
<tr><td rowspan="3">大阪本店
50（34.2%）</td><td>统管</td><td>29</td><td>不明</td><td>1</td></tr>
<tr><td>组头</td><td>16</td><td rowspan="3">京丝店7（4.8%）</td><td>通勤统管级</td><td>1</td></tr>
<tr><td>不明</td><td>5</td><td>统管</td><td>3</td></tr>
<tr><td rowspan="5">京货币兑换店
10（6.8%）</td><td>统管</td><td>4</td><td>组头</td><td>3</td></tr>
<tr><td>统管级</td><td>2</td><td rowspan="4">松坂店7（4.8%）</td><td>通勤统管级</td><td>1</td></tr>
<tr><td>组头</td><td>2</td><td>统管</td><td>2</td></tr>
<tr><td>组头级</td><td>1</td><td>当班</td><td>2</td></tr>
<tr><td>不明</td><td>1</td><td>不明</td><td>2</td></tr>
<tr><td>大阪货币兑换店2（1.4%）</td><td>统管</td><td>2</td><td>三井家6（4.1%）</td><td>家务总管</td><td>6</td></tr>
<tr><td colspan="3"></td><td>合计146（100%）</td><td></td><td>146</td></tr>
</table>

表2：暖帘差免者中三井退职者的退职店和职位

从退职店来看，值得关注的是，本店比起货币兑换店要多，松坂店也存在着别家，在三井的同苗（三井亲属的家联合，后述）家工作的人也可以接受暖帘差免。[1] 不过本店比货币兑换店的暖帘

[1] 关于三井同家的奉公人，可以参考安田的论述（2006）。安田以近世中后期三井的总领家（北家）为例，考察了家事奉公人的出身、的论述年龄、人数、职务、晋升、迁移、工资、工作年数与退职金、退职理由、日常与非日常（特殊）的作用。此外，关于家事奉公人的别家，他是这样论述的："'家'的手代即使退职之后可以继承掌柜的名号，继续从事这个行业，但是应该没有通过分暖帘得到店铺来自我营业的情况（安田，2006：194）。"从本文所用的材料《控》来看，虽然不知是否属于"自我营业"，但从表 2 可知，暖帘差免本身有 6 人（前页注中的三宅清兵卫是厨师长，准确地说有 7 人）。对家事奉公人的暖帘差免是作为例外来看，还是作为退职之后的一种存在方式来理解好，这有待今后加以考察。

差免者要多是在预料之中的，但货币兑换店中暖帘差免者的数目只有 12 家，让人感到稍微有点少。

从职位来看，值得关注的是组头级以上是可以接受暖帘差免的最低条件，统管退职者比组头级、组头接受暖帘差免的要多。此外，江户本店中有元方挂[1] 的职位，本来作为家督应该一家一家掌管的别宅职位是由于什么原因被记载到《控》中的，从史料中得不到确切的答案。

从地区来看，值得关注的是京都、大阪比江户多，但是关于这一点，《控》能否反映所有的暖帘差免，尚存在疑问。因为在人数上，江户本店一直是越后屋各店铺中规模最大的：明和五年（1768）巅峰时期达到 342 人；元治一年（1864）时与各店相比，京本店 114 人，江户本店 220 人，大阪本店 158 人，江户向店 125 人，江户芝口店 92 人，京上之店 22 人，京红店 26 人，京勘定常 19 人，江户丝见世 33 人，横滨店 17 人（西坂，2006：14、36、40）。因为不明者有可能出在江户的各店，经过与其他资料的对比，发现江户以外的各店中也都包括有不明者。再者，因为不明者集中在 18 世纪初，而表 2 基本上可以看成是进入 19 世纪之后的三井退职者的退职店和职位。这样，可以说 19 世纪开始江户各店暖帘差免者明显减少了。

接下来再看一看继承人的情况。关于继承人可以举出下面四种情况：第一种是三井退职者本人死亡以后继承人继承了暖帘差免的情况，这样的例子共有 2 例；第二种是后代提出暖帘差免请求的情况，共有 5 例；第三种情况是三井退职者本人为继承人提出暖帘差免请求，共有 2 例；第四种是因为火灾烧毁再次提出请求

[1] 元方挂：是一种比统管地位高的职衔，该职衔不属于营业部门，而属于管理部门。——译者注

的，共有 8 例。剩下的 7 例从史料上无法判断。其中第三和第四种情况因为已经接受了暖帘差免，从理论上来说，在各个事例出现的年份之前就应该出现他们的名字，但这 10 个事例的名字都没有出现在《控》中。第三种情况是江户本店和江户向店的退职者搬到松坂居住的结果。第四种情况是御用所的退职者 1 人，江户本店退职者但在京都居住的 3 人，江户本店退职者但在松坂居住的 1 人，松坂店退职者 2 人，京本店退职者 1 人。关于江户各店，如果刚才的推测是正确的，在江户退职时也可能不出现名字，但是松坂店退职者 2 人和京本店退职者 1 人的名字为什么没有出现，这一点就不明白了。

关于亲属，从与暖帘差免者的亲属关系来看，长子 2 人，次子 2 人，三子 1 人，哥哥 1 人，弟弟 2 人，外甥 1 人，姐姐的女婿 1 人。在此需要确认的一点是，亲属的分家并不限于暖帘差免者的孩子。

最后，关于手代的情况，手代中不仅有又手代，值得关注的是 1851 年之后还包括了又又手代（从三井来看就是曾孙辈的别家分家）。而且又手代在 1801 年以后急剧增加，关于这一点，也存在着《控》是否反映了所有的暖帘差免的疑问。例如，在大元方所藏宽保一年（1741）的《家名暖帘相免置手代共江改申渡觉》中，有以下的内容：

史料 1

《家名暖帘相免置手代共江改申渡觉》（三井文库所藏 续）

一又手代共分者丸之内井桁三文字の暖簾印一切相成不申候義是迄了簡違等ニて其主人より差免シ置候もの有之候とも向後急度相止させ可申候……丸ニ越の字其主人より指免シ候事仕簡敷候向後此方へ相断候上之儀可致事

史料 1 的大意是，本家向又手代说明，由于此前误解了“丸之内井三文字”[1]，你家主人（别家）获得了差免，并向又手代提出，今后严禁使用“丸之内井三文字”的商号，即便使用“丸之内越字”[2]，此后也必须跟此方（三井）事先打招呼。这个报告写的是“改”，说明此前也曾宣布过这种决定，从这些文字可以看出，至少在年之前应该也存在着向又手代授予差免的情况。

那么，如何认识《控》与现实的暖帘差免的关联呢？有一种假说是，19 世纪以前对于又手代的管理完全托付给别家（从又手代来看就是本家），他们即便需要暖帘差免的许可，也不至于需要在三井的《控》上留下文字记录。[3] 不管怎样，进入 19 世纪之后又手代明确地被记录在《控》上，可以说意味着在这个时期又手代成为了三井的正式管理对象。

到此为止我们同时考察了暖帘差免的实际情况和《控》在史料上的特点。暖帘差免的实际情况归纳起来，有以下几点：一，三井退职者以外的人也成为了暖帘差免的对象；二，一直到 1750 年左右，三井直接管理的暖帘差免者的出身基本上都是三井的退职者，可能不太重视退职店和职位的差别；三，在松坂店和三井的同苗家中工作的人也可以接受暖帘差免；四，组头级以上是暖帘差免的最低条件；五，暖帘差免者中统管退职者比组头级、组头更多；六，三井退职者本人死去，后代也可以接受暖帘差免；七，亲

---

[1] “丸之内井三文字”是三井的暖帘印标示（ ），其标示是圆圈内有井字，井字内有三这个字。——译者注

[2] “丸之内越字”如图所示 越 ，是圈之内写一个越字，是三井家暖帘印标志。——译者注

[3] 如果这种假说正确的话，必须确认其他史料中又手代在多大程度上存在，实际上拥有三井暖帘的又手代的总数可能会增加。也可以假设又手代的暖帘差免是用别家（对于又手代来说是本家）的名字来授予的，但从《控》中没有同一名字的重复记载来看，这种可能性较低。

属分家的继承者并不仅限于自己的子女；八，暖帘差免者不仅包括又手代，也包括又又手代（从三井家来看是曾孙别家）；九，从19世纪初开始，又手代也成为三井正式管理的对象。

关于《控》的史料性质，可以指出以下四点：一，它当然不包括享保十年（1725）之前的别家；二，货币兑换店可能并未全部包括在《控》的记录之内；三，江户的各店可能并未全部包括在《控》之内；四，1800年之前的又手代、又又手代并未包括在内。根据《控》的这些性质，反过来说，享保十年（1725）之后，至少对京本店、京上之店、京红店、京勘定场、京丝店、大阪本店、松坂店而言，被三井视为“直接管理对象”的别家，基本上都被正确地记载入册了。

（三）暖帘差免者和相续讲成员的关联

下面把话题再转回到三井暖帘内的整体上，看一看暖帘差免者且为非相续讲成员——虽然拥有三井的暖帘，但没有成为相续讲成员的中小分号——到底有多少。不过，考虑到《控》在史料上的局限性，这里把范围限定在京本店和大阪本店，只考察三井暖帘内的一部分。

天保二年（1831）左右的《永用觉》可以作为把握某个特定时期相续讲成员数量的史料。[1] 这里将《永用觉》中出现的名字和《控》中出现的名字加以比较，看一看它们在多大程度上是重合

[1] 我是从西坂（2006）那里得知存在着能够把握特定时期的家督和相续讲员数量的《永用觉》的。这里之所以认为《永用觉》是为天保二年（1831）的记录，一方面是因为这之后的记事年是天保三年（1832）；另一方面因为其他史料中能够确认的天保三年（1832）加入相续讲的名字，在《永用觉》中没有发现。《永用觉》有一些勾掉和添加等的修改，有一些地方比较难辨认。在此参照西坂的观点，按照京都家督有16家，京都相续讲有18家，大阪家督有12家，大阪相续讲有18家来计算。

的。只是，《控》对于暖帘差免后暖帘印动向的记录并不明确，可能还包括了已经不存在的暖帘差免者的家，所以并不能把天保二年（1831）之前的所有暖帘差免者都作为比较的对象。于是，笔者截取了某个特定的期间，采取这种方式对这段期间内《控》和《永用觉》进行比较。

关于以《控》的哪段时间作为对象较好，根据西坂靖（2006：113）得出的平均晋升年龄，把晋升统管时的35.5岁作为组头退职年龄，晋升别宅手代时的39.4岁看作统管退职年龄。如果一直工作到60岁，假设组头退职者可以拥有暖帘的时间大约为25年，统管退职者大约为20年，那么可以把组头退职者从文化三年（1806）计算到天保二年（1831），把统管退职者从文化八年（1811）计算到天保二年，继承人、亲属以及又手代与组头退职者一样，将同一个时期作为考察对象。[1]

		京本店	大阪本店
暖帘差免者	①文化三年（1806）到天保二年（1831）的组头退职者、继承人、亲属、又手代 ②从文化八年（1811）到天保二年的统管退职者	14人 7人	11人 7人
	③合计	21人	18人
相续讲成员	④天保二年左右的相续讲成员	18人	18人

待续

[1] 文化三年（1806）以前的组头退职者、继承人、亲属、又手代以及文化八年（1811）以前的统管退职者之中，有的可以一直作为暖帘差免者。相反，文化三年（1806）开始到天保二年（1831）的组头退职者、继承人、亲属、又手代以及从文化八年（1811）到天保二年的统管退职者之中，在天保二年之前就有不是暖帘差免者的情况。因此，上表得到的数字不能说是准确的，由于受史料的限制和现实情况的制约，只能用这些数字代替。

续表

		京本店	大阪本店
暖帘差免者且为相续讲成员	③和④	5人	7人
暖帘差免者且非相续讲成员	③和非④	16人	11人

表3：暖帘差免者和相续讲成员

从表 3 可以看出，暖帘差免者 39 人（京本店 21 人，大阪本店 18 人）中，成为相续讲成员的有 12 人（京本店 5 人，大阪本店 7 人），占 30.8%，虽然拥有三井的暖帘但是没有成为相续讲成员的有 27 人（京本店 16 人，大阪本店 11 人），占 69.2%。

四、三井的暖帘内的全貌

图 1 是在第三节考察的基础上绘制的天保二年（1831）左右三井暖帘内的概念图。三井的暖帘内可以整理为下文四个部分。

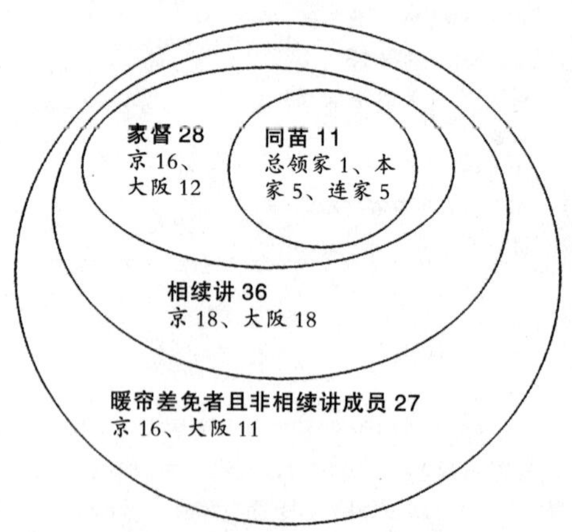

图1：天保二年（1831）左右　京·大阪的三井本店的暖帘内

（一）同苗[1]

在三井的暖帘内中处于最中心位置的是被称为“同苗”的各家。同苗在享保七年（1722）《宗竺遗嘱》制定之时，被确定为总领家 1 家（北家），本家 5 家（伊皿子家、新町家、室町家、南家、小石川家），连家 3 家（松坂家、永坂町家、小野田家）。享保十五年时把家原家，元文五年把长井家追加为连家，同苗为 11 家。

同苗在成员关系上的特征是，同苗各家的认定只限于与第一代高利有亲属关系的人之间，没有亲属关系的人被排除在外。即同苗各家之中，总领家的第二代（高利作为第一代）与本家的第一代是高利的儿子，连家的第一代是高利的女儿、女婿、孙女婿、曾孙女婿。此后，虽有亲属关系，也不再接受新成员的加入。

这些同苗各家所拥有的份额，按照总领家、本家、连家的顺序以及年龄长幼的顺序来决定，并将红利分给各家。具体做法是，把总体份额设定为 220，作为总领家的北家占有 62/220（28.2％）；作为本家的有：伊皿子家占有 30/220（13.6％），新町家占有 27/220（12.3％），室町家占有 25/220（11.4％），南家占有 22.5/220（10.2％），小石川家占有 22.5/220（10.2％）；作为连家的有：松坂家占有 8/220（3.6％），永坂町家占有 6/220（2.7％），小野家占有 7/220（3.2％），余庆家占有 10/220（4.5％）。另外，后来又分给家原家 3/220（1.4％），长井家 2.5/220（1.2％），为此余庆家的份额从 10/220（4.5％）减少到 4.5/220（2％）（安冈，1970：198）。

中野卓关于三井的同苗有如下的论述：

> 这已经与本来意义上的同族经营有了很大的区别。他们优先考虑的是企业组织本身功能的合理性，把同族组织的上部改编为

[1] 日语原文为“同苗”，这里是指三井同姓一族的意思。——译者注

> 由同苗组成的组合型组织，下部即使是亲属分家，也被放在了企业组织之外，同时奉公人分家不是从本家分出去，而是作为企业组织本身的人事关系分给一定的待遇，是一种真正的拟似性家庭。（中野，1962：29）

“三井所谓的‘同族’不包括非亲属的分家（别家），这与武家的本家与分家关系很相似。而且可以说与明治民法的规定十分相似。”（同上引：29）因为这一点与如何理解暖帘内＝商家同族这个概念有关，我们将在第五节（一）中再次讨论。

（二）家督

三井暖帘内的第二集团就是刚才提到过的被称作家督的各家。关于家督，值得关注的一点是，他们有的一开始就从三井那边得到了可以自己做生意的店铺。

例如，宝永二年（1705）本店移动到冷泉町之际，原先蛸药师町的店铺被一分为二，西侧给了中西宗助，改为元店；东侧给了小林善次郎，改为麻店（三井文库，1980：111）。宝永三年（1706）以中西宗助的名义开设了大津店（大津下八町，和服衣料现银卖、大津代官金银御用）和山田店（势州山田上中之乡町，和服衣料现银店）。宝永四年（1707）开设了六条店（京六条上数珠屋町，和服衣料现银卖），后来给了小林善次郎，河原町店（京河原町蛸药师下东侧，当铺）后来给了冈本传右卫门。除此之外，田牧藤兵卫、开主善兵卫、小林仲助、松野治郎兵卫、远山仲兵卫、桥井利兵卫、胁田太右卫门也都得到过店铺（三井文库，1980：111）。

另外，在自己开展生意的时候，不仅使用越后屋的店名，也有使用其他店名的情况。例如，京本店元〆[1]的开主善兵卫在二条通市町东的入町经营货币兑换生意的时候，使用越后屋善兵卫的店名；在大宫通下立卖下町做当铺生意的时候，使用伊势屋善兵卫的店名（三井文库，1980：262）。店名不同的家督是否也应该包括在暖帘内，这一点值得对暖帘内的概念进行重新思考。

家督最开始的时候不仅可以得到店铺，而且还可以得到房屋（三井文库，1980：110-111）。另外，有的还允许使用三井姓。例如，松野治郎兵卫在元文五年（1740）被允许姓三井姓，中西宗助和胁田藤右卫门也在去世之后的元文元年被许可姓三井（三井文库，1980：261）。

关于家督还有一点想提到的是，在看三井史料上家督的名字时，不时可以发现，有的只记姓，有的用红笔只写姓，有的只写姓并在其上面写“休”字的。之所以这样记录，理由可能有两种：一，现在这家没有在三井家工作的人；二，这家已经没人了。在家督的记载上，因为也能看到一些女性的名字（大概是妻子或者母亲），所以后者的可能性会大一些，但也有碰巧不知道女性的名字而只写姓的可能，所以还不能十分肯定。但是，只记有姓并在姓上写有“休”的，应该属于后者吧。即，家督的户主死后，某一个时间家里没人了（没有家庭成员，经营也不能进行下去的家）。

（三）相续讲

三井暖帘内的第三集团就是前面提到的被称作相续讲的各家。关于相续讲，现在还在调查之中，这里举出下面两个与本文有关的史料。

---

[1] 〆是一个特殊的汉字，这里指总店主管之意。——译者注

史料2

《中井三郎兵卫名迹相续愿》[1]（三井文库所藏，续717-4）

乍憚口上書

一江戸御本店御组头役ニて明和三年戌六月勤仕中ニ死去仕候中井三郎兵衛同人実母より右跡式私妻くめへ譲り請居申候得共其節くめ義未急之砌御座候処右老母死去後諸道具衣る以等迄私方引取申候義御店様御承知之通御座候其後名跡之義思話敷相定り不申其儘打過来候所病気当年四十八年ニ相成申候尤佛事等追々無滞相勤来候得とも此度ハ名跡相定メ置申候上ニ而五十回忌法事相勤申候ハヽ亡奥も満足可仕与奉存候ニ付私姪ニきんと申十七才ニ罷成候者へ御憐愍を以乍恐中井姓名跡相続被仰付被下候ハヽ其内可然相続人相見合セ分家仕せ越後屋三郎兵衛与為相名乗私方御得意様かた分ヶ遣練物商売致させ候ハヽ御蔭を以無恙家名相続可仕与奉存候間何卒御慈愍を以右御願申上候通被仰付被下候ハヽ重々難有奉存候何分右御聞済被成下候様幾重ニも奉願上候以上

文化十酉三月　　乾傳兵衛 印

妻 くめ 印

本店 御统管人中様

史料2为文化十年（1813）相续讲成员乾传兵卫和妻子久米提出的继承请求。

内容大致如下：明和三年（1766）乾家通过三郎兵卫的母亲，继承了在江户本店当组头时去世了的中井三郎兵卫的家姓，但现在三郎兵卫的母亲也去世了，而且连各类工具和衣服都被拿走了。

[1] 中井三郎兵卫宗名继承请求之意。——译者注

事情已经过了48年了。为了给中井三郎兵卫举行50周年忌日，想让乾传兵卫的侄女阿金来继承中井的家姓，往后想让阿金招个女婿，使用越后屋三郎兵卫的名字，请求得到三井的承认。

从史料2中，可以得出以下三点结论：一，正如史料中有乾传兵卫“请求允许使用”中井三郎兵卫的家姓的句子那样，家可以成为转让的对象；二，中井三郎兵卫的家姓继承需要向别家申请和取得三井的承认，仅凭家的内部成员是决定不了的；三，从中井三郎兵卫及其母亲去世到该请求书提出的这段期间，中井三郎兵卫的家姓由于没有家庭成员存在，所以也没有经营活动。

史料3

乾传兵卫暖帘印之仪二付愿（三井文库所藏，续752-12）

乍惮口上書

一私義先達而願之通御講中へ御加入被仰付被下御蔭を以無恙相続仕来難有仕合ニ奉存候然ルニ先傳兵衛儀当時住居仕候麩屋町三条下ル町ニ地屋鋪并練物株買得仕迄ハ家号越後屋与相名乗り居申候得とも右練物商売取続之ため乍恐国屋と相改渡世仕来候御事御座候全先祖之願ニて当時ニ而ハ売躰地場相堅まり申候次第如已前之御暖簾印相用候ハヽ先傳兵衛も大事仕子孫ニ至候而ハ御高恩之相忌申間鋪且者猶之外聞も宜御座候ニ付御印相用申度奉存候得とも中絶仕候義任心ニ仕候て万一御不審御察度有之候而ハ不相済義ニ御座候ニ付此段御伺奉申上候宜御許容被成下候憐愍を以已前之通ニ御印相用候様被仰付被下候ハヽ重々難有仕合奉存候何卒右御願申上候通御聞済被成下候様幾重ニも奉願上候以上

文化九申十二月　　　　乾傳兵衛 印

本店 御统管人中様

史料 3 是文化九年（1812）相续讲成员乾传兵卫提出的暖帘印差免的请求书。内容大致如下：乾传兵卫最初曾使用过越后屋的名号，但是自从买下麸屋町三条下町的地屋铺和装饰品股份之后，开始使用国屋这个名字。现在因经商的地盘比较牢固了，所以想再次使用越后屋的暖帘印。

这里想说明的是，从史料 3 中可知，乾传兵卫虽然是相续讲成员，但他使用过其他的暖帘印。可以说在相续讲成员之中，还包括着使用不同暖帘印的讲成员。

（四）暖帘差免者且为非相续讲

三井暖帘内的第四集团就是在第三节中已经讨论过的暖帘差免者且为非相续讲的各家。这些中小别家以前没有引起人们的注意，但是在暖帘差免的《控》中记载着他们的名字和退职的店铺、职位等。

不过，因为这些暖帘差免者且为非相续讲的中小别家分号在暖帘差免之后并没有定期的集会，因此在《控》中关于暖帘差免后暖帘印的动向记载得也不明确。

当然，对于当时还活着的与三井有关的人来说，在一定程度上还是知道哪家暖帘差免者不做生意了，哪家暖帘差免者还在继续做。即便是这样，比起同苗、家督、相续讲来，对他们的家的了解还是有一定的模糊性。这一点或许正是以前在研究上没有引起注意的原因。

五、大商家的家・同族的特质

（一）暖帘内的概念

中野卓（1978：48）将其著作《商家同族团的研究》的副标

题确定为“以暖帘为中心的家和家联合的研究”，并写道：“暖帘内是最能确切地表达商家同族团内容的称呼，我想它与‘商家同族团’所表达的意思完全相同，所以将其作为术语来使用。”他还谈道：

> 暖帘内是由使用相同暖帘的本家、分家（亲属分家）、别家（奉公人分家）组成的具有等级性的家联合。将此结合在一起的是以暖帘为象征的家谱连续性分歧的相互承认，以及在此基础上形成的社会、经济上的信任，还有由此形成的生活中的共同。（同上引：62）

此外，关于家谱，他认为“家谱在此是指家的出身的谱系，而不是指个人的或者是家庭的血统性出身的谱系”（同上引：88）。关于共同生活，他则写道：

> 暖帘内的生活经营可以从各家之间、以本家为中心的日常交往和相互扶持中看出来，可以从月例活动、年例活动，或是从为本家祖先为首的同族亡故者而举行的法事活动，或者是从送葬、婚姻及其他的礼仪活动等，不仅经济方面，而且从包括宗教、礼仪、社交、娱乐的各方面中都能发现。（同上引：87）

也就是说，中野所阐述的“暖帘内＝商家同族团”的说法，是指由特定本家分离出的分家、别家这样的家谱关系得到了相互明确地承认，是使用同一暖帘、以特定本家为中心、不仅经济方面，包括宗教、礼仪、社交、娱乐等日常生活各方面都连在一起的家联合。

要是按照中野的暖帘内的概念来理解三井的暖帘内的话，就会有以下几点不能称作暖帘内的情况，即：一，有些家的店铺名称或暖帘不尽相同；二，别家不与特定本家联合；三，不一定能发现经济方面的共同活动；四，未必能看到生活的共同。

但是，另一方面也可以看到以下几点：一，以暖帘所象征的家谱关系的确由三井而来，且其家谱关系正如暖帘差免的《控》中所记述的那样，是相互承认的；二，有些家督能得到店铺、宅院，或被允许使用三井的姓；三，日常生活中的相互扶持也许有些过于单方面化，但正如相续讲的枕银是由三井提供的那样，至少有来自三井的扶持。所以，如果认为三井各家的关系并不符合上述暖帘内的概念，把它排除在暖帘内之外的话，就无法理解这些关系。为了能够理解现实中存在的关系，最好还是在概念设定上进行一番加工比较有创新意义。

此时，作为一个视点，可以从如何建立家谱关系与共同经营、共同生活之间的联系上加以考虑。松本通晴在整理同族结构的过程中讲道：

> 我们知道必须从两个方面来理解分家所具有的特质。一是臣服于《家谱的本源》而设立的一个家，二是接受分给的财产而设立的家。当然，两者在现实中是一种密不可分的关系，如果缺少前一个意思的话，就会失去了其真正的意义；如果缺少后一个意思，一般也不称为分家。（松本，1974a：256）

由此可见，历来的同族论中的差异，是以家谱关系为主还是以共同经营、共同生活为主所产生的差异，[1] 而在家谱关系与共同经营、共同生活是表里一体的关系这一点上是共通的。

因此，本文不准备像过去一样将家谱关系与现实的共同经营、共同生活作为互为表里的一体混合起来考虑，而准备将重点放在"产生共同的可能性"上。此外，关于暖帘，重点不在于现实当中是否使用过，而在于说明"使用的可能性"。

也就是说，把共同经营、共同生活和暖帘放在潜在的能动可能性层次上来处理家谱关系。这样在重新设定家谱关系与共同生活、共同经营的联系之后，再给暖帘内下定义的话，就可以这样理解暖帘内的概念，即：暖帘内是指"相互都能够认识到各自所属的家谱关系，有可能使用特定的暖帘以及具有共同经营、共同生活可能性的各家的总称"。

中野在论述该问题时，由于考虑到与农村同族团的比较，将实际使用同一暖帘、伴有共同经营和共同生活的中小商家作为暖帘内的原型进行了设定，因此，大商家成了暖帘内的例外形态。与此相对，本文从城市中的大商家出发，对暖帘内的概念进行了重新界定，把中小商家看作是一般商家中实际使用同一暖帘，并伴有共同经营、共同生活的暖帘内的一种形态，而大商家也不是暖帘内的一种例外，而是其中的一个形态。

---

[1] 松本（1974a：253）称，"我们认为，从喜多野的'家谱关系'中去解释这种同族内部的结构原理是恰当的"。他还指出，"虽然从这些'生活上的依存关系'、'主从关系'以及与'纳粮多少'、'生产与生活'等的关系来把握家谱关系是很重要的，但这应该是在解释同族的构造特征中去讨论的问题"（同上引：254），从而采用了家 = 家庭学说的立场。对此，家 = 经营体学说认为，共同经营、共同生活本身才是重要的，家中的非亲属、同族中的非亲属分家都可以从共同经营、共同生活的必要性来说明。在共同经营、共同生活方面薄弱的家谱关系不能说是典型的同族，这一点在中野对三井的评价中可以明确地看到。

（二）三井暖帘内的特征

三井的中下级别家中值得注意的一点是：同族关系的形成、解除、密度的变化是有选择性的——如果有必要，就形成家谱关系，加强共同经营、共同生活；如果没有必要，就减少共同经营、共同生活，解除家谱关系。

例如：一，正像西坂靖研究证明的那样，在京本店中，已取得家号、暖帘印的人中，组头退职者占 30.9%（59 人中的 17 人，除去病死的 4 人之后的比例）、统管退职者占 41.8%（78 人中的 28 人，除去病死的 11 人之后的比例），虽然他们拥有暖帘差免的权利，但是有的不接受暖帘差免；二，相续讲允许入讲、退讲。这些用图 1 来解释的话，前者指的是最外侧圆圈的退出或进入，后者指的是从外侧数的第二个圆圈的退出或进入。

当然，关于同族关系的形成、解除及密度的变化，以往的同族论也曾谈到过。例如，喜多野清一（1976：18）认为同族中的家谱关系并不是固定的，而是可以重新设定的；有贺喜左卫门（1971：25-27）也认为同族中的生活关联有亲疏远近之分。此外，中野（1981：844-845）指出与农家同族团相比，商家同族团更能灵活地重新进行组织。

但是，历来的同族关系的形成、解除未必都是从正面论述的。其原因之一是，历来的同族论基本上是以农村为基础展开的。与城市相比，农村因为其统治范围和地区范围的确认、亲属关系、生活关联是重合在一起的，所以同族关系容易固定化。此外，历来的家论具有把家当作初级集团来理解的倾向，这也是其中的原因之一。特别是喜多野（1965：40）强调家是初级集团，认为有贺所主张的家根据生活的需要吸纳非亲属作为成员的观点是把家作为结社看待，对有贺进行了强烈批判。

像这样把农村与初级集团结合在一起的同族观，是很难将同族关系的形成、解除及密度的变化作为同族关系的基本特征积极地提炼出来的。无论是喜多野还是有贺，虽然他们都承认同族关系的形成、解除及密度的变化，但却是将其作为同族关系的特殊例子或者是松弛形态来对待的。

此外，松本通晴（1974b：273–275）将同族的结构性解体整理归纳为下面四点：一，结构性分立（由于本家的衰退、没落，同族结合的内部分解成几个小集团分别独立）；二，平级化（因本家丧失了家的权威以及分家的独立，同族结合变成了某种同伙合作式的结合）；三，亲属关系化（同族关系退居其次，亲属关系开始表面化）；四，潜在化（即使同族内的家谱关系被遗忘，日常生活的关联也消失了，在极个别的情况下同族关系也会恢复），其中的结构性分立与共同经营、共同生活的淡化有关。也就是说，松本不是把共同经营、共同生活的淡化作为同族关系的基本特征，而是作为同族关系解体的标志了。从这个意义上讲，如果提出三井的暖帘内中的同族关系的形成、解除及密度具有选择性，并将其看作三井暖帘内的基本特征的话，那么就意味着需要对历来的同族解体论进行修改。[1]

到此为止，我们以三井的中下级别家为例，指出了其同族关系具有选择性的特征。下面换个角度，来看一看三井暖帘内的同苗。

三井的同苗与别家的情况相反，同族关系的形成、解除及密度完全没有选择性——家谱关系及共同经营、共同生活被牢固地固定下来。例如，同苗被固定在家，即使是亲属的分家也会被排除在外，在同族关系的形成、解除及密度方面没有选择的余地。像三

[1] 关于同族解体论的话题，将在其他论文中重新考虑，这里只谈一点，那就是在本文中，我是把共同经营、共同生活和暖帘作为与家谱关系相关联的潜在动因来说明的。所以说共同经营、共同生活的淡化并不是暖帘内解体的标志，而是作为背景因素存在的，暖帘内解体的标志只在于其是否相互承认家谱关系。

井这样制定家宪以巩固其同族成员的关系，可以说是一种排除同族成员选择的极端形态吧。

那么，根据中下级别家所显示的选择性与同苗所显示的非选择性两个相反的特征，该如何整理三井暖帘内的整体特质呢？在此可以考虑的一种方法是：关于同苗，可以把它看作是“非选择的选择”。也就是说可以把三井暖帘内的特质归纳为以下两层结社性含义：一，在同族关系的形成、解除及密度方面，越靠近中心非选择性越高，越靠近周边选择性越高；二，这样的中心—周边的状态本身也是有选择性地形成的。[1]

（三）三井家的特质

在三井暖帘内的家中，如果注意一下中上级别家（家督和加入相续讲的家）的话，可以看出其具有股的特征。在此所说的股是指“权利、义务被分节化、物化的社会单位”。“分节化”是指“成为整体中被分配给予的部分”，“物化”是指“像物一样成为认

[1] 说起家庭，通常都将其看作是传统的初级集团，这里所说的初级集团比较容易作为与结社对应的概念来理解，但是准确来说，初级集团是与二级集团相对应的概念，结社是与共同体相对应的概念。此外，在迈基文（Maciver）所著的《共同体》一书中，学校、教会、营利团体、政府机关、政党、工会、国家以及家庭和游戏团体一起都被包含在结社内（但是，家庭和国家是包含共同体要素的极端例子）。因此，认为家庭是结社，在概念上并不矛盾，也没有否定初级集团。尽管如此，本文之所以使用结社这一用语，是根据喜多野批判有贺时所使用的文脉，因为当时喜多野脑子里已经有了营利团体、二级集团的概念了。另外，关键是喜多野的批判没有成为真正的批判，而是为了积极肯定家、同族带有很多营利集团、二级集团方面的特征，希望弄清结社是与家庭、亲属根本不同的社会单位这一点。具体是怎样不同的社会单位，这一方面请参照P116注释和第五节第（三）部分的说明。本文采用的是“家＝股”学说。另外，在对以家、同族为构成单位而形成的社会体系的把握上，村上、公文、佐藤（1979）的论文富于启发性。他们引用“家＝经营体”学说，提出了“从氏族社会到家社会”的发展图式。参考村上等的著作，在“从氏族社会到近代国家”、“从家族企业到近代企业”的图式中，也可以描绘出“氏族社会→家社会→近代社会”、“家族企业→家企业→近代企业”的图式，这里家、同族明显地成为家庭、亲属之后的下一个社会体系的构成单位。

识、行为的对象”。

如果将上述概念理解为股的话，那么就会发现其具备以下四点特征：非自律性；平等性；让渡性；无人化。非自律性是指“对于个别股的存续，需要全体的认可”，与分节化相关。[1] 具体来说，例如：在父母强行隐居、父母与亲生孩子断绝关系、结婚对立、与养子断绝关系方面，都有外部因素的参与（大藤，1996：399-430）。平等性是指“对于整体的存续而言，个别股都是平等的”，这同样也与分节化有关。[2] 具体来说，可以举出笠谷和比古（1988）研究中列举的武士家软禁主君、足立政男（1959）研究中举出的商家的别家统管主家、藤井胜（1997）的研究等例子。让渡性是说“股可能成为让渡的对象”，与物化有关。具体可以举出股的买卖、股的继承等例子。无人化是指“即使股没有人经营，也能存续下去”，与物化相关。具体可以举出股的保管、股的复兴等例子。

就三井的中上级别家来说，例如，从史料 2 中井家的事例中可以看出以下特点：有可能成为让渡的对象（让渡性）、继承家名不只是由内部成员来决定（非自律性）、即使没有家庭成员经营也能存续下去（无人化）。此外，像在第四节第（二）部分关于家督的论述中所指出的那样，家督的名字只有姓且在其上面标为“休”字的，可能是某个时间段家庭成员不存在的家（没有家庭成员也没有经营的家）（无人化）。

在以往的家论中，将上述四点特征放在同一个理论的角度中进

[1] 非自律性在“家 = 经营体”学说中也可以从经营体的非独立性方面来解释，所以在考察非自律性之前，有必要弄清作为经营体的独立程度。

[2] 对等性在“家 = 经营体”学说中也可以从整体经营的必要性方面解释为分家控制本家，但在历来的家论中，更加强调非自律性，所以通过强调对等性，可以加深对股论的印象。

行一贯性说明的研究还不够充分。在这样的环境中，以农村为研究对象的长谷川善计、藤井胜指出了股的重要性，从股论的观点展开了家的研究。从这个意义上讲，如上所述，指出三井中上级别家的具有股的特征，可以说与长谷川、藤井的研究是具有连接性的。

但是，关于将分节化的股的整体设定在何处这一点，本文与长谷川、藤井的研究相比略微有些不同。长谷川、藤井在展开股的论述时，与同族内对家的承认相比，更重视其统辖或地区的关联（长谷川等，1991；藤井，1997）。与此相对，本文以三井暖帘内为例，将同族本身作为整体来设定。因为城市中，随着市场经济的渗透，暖帘内是否能作为“独立的一家”而得到承认具有很大的意义。

例如，在城镇中，即使是“租借人”，有时也可以作为商家而成为“独立的一家”（多田，2000）；在股伙伴之间进行的股的交易方面，“房主”和“租借人”也没有什么区别（多田，1996）。也就是说，在统辖或地区的关联方面占据重要位置的“房主”未必是作为商家必不可缺的条件。重要的一点是股所附带的权利和义务对于股的取得者来说，在社会经济上是否有意义，分节化的股整体所具有的社会意义也应该从这点出发来看待。

以上通过分析三井暖帘内的中上级别家，得出了其股式的特征。下面来看一下三井的同苗各家的情况。

三井的同苗各家中，分红是按照份额来分配的，成员通过所属的家来生活。从这个意义来讲，可以说三井同苗的各家是从同姓整体中被授予权力、义务的一部分而存在的（分节化），并超出成员身份而像物一样成为认识、行为的对象（物化）。此外，本文中没有谈到的一点是，到幕府后期，连家的 3 家也从同苗中分离出去，其中小野田家的门第由元方来管理（三井文库，1980：

604–605）。在此也能看出三井的同苗家的无人化的特征。

不过，另一方面这种同苗的各家都与第一代的高利是亲属关系，就如中野所指出的“与武士家的本家、分家的关系很相近”那样，其成员身份只限定于亲属之间。此外，也限制同苗各家将股让渡给非亲属的人。三井的同苗各家中亲属关系原理起着坚固的作用。而从股的理论上看，经营股的每个人对权利、义务的完成能力是主要的问题，是否是亲属是次要的。从这点来考虑的话，在考察三井的同苗时，有必要引进有关父系原理、对传统的服从等“家＝家庭”的观点。

最后，再谈论一下下级的别家。这里所说的下级的别家，指的是暖帘差免者且非相续讲的别家，从这种下级别家中的权利、义务也被分节化这点来说，显示了其具有股的特征。但是，下级别家所附带的权利、义务，例如越是股让渡、越是股无人化，其权利、义务的物化是否就越存在疑问？倒不如认为，这样的下级别家更加明显地凸现了中野从中小商家研究中所推导出的经营体的特征。

这样看来，可以将三井暖帘内的家的特点归纳如下：中心部分家庭性特征优先，中间部分股式特征优先，周边部分经营体特征优先。按照这样的归纳，与以中小商家为研究对象的中野在把握家的概念时只提出了“家＝经营体”学说相比，在大商家的三井家中，可以说只用经营体特征分析是不够的，还存在着股特征以及家庭性特征共存的特质。

当然，在上述归纳中，究竟什么是家也许变得模糊起来了。关于这一点，对于“家＝家庭”学说、“家＝经营体”学说、“家＝股”学说而言，可能会作出如下的解释。“家＝家庭”学说中多主张家是由家庭构成的，无论是中间部分还是周边部分都贯穿着家庭性特征。“家＝经营体”学说中，因为家经营在中心和中间部分都在进行，所以贯穿着经营体的特征。“家＝股”学说中，中心部分不仅具有家族性特征，还能看出分节化、物化的特征，可以推测周边部分要是繁荣的话，就会向物化方向发展，因而都贯穿着股的特征。因此，3家说法都会主张自家学说是家最有效的说明。本文虽然充分认可各种说法的有效性，但还是认为前面所指出的“暖帘内的结社性”与家的分节化、物化关系最密切，所以强调了把家作为股来理解的重要性。[1]

六、结语

最后想补充两点以结束本文。

本文的目的在于从社会学的家、同族论的观点出发，以三井为例：一，展示三井暖帘内的整体特征；二，以此为根据，展示近世城市中大商家的家、同族的特质。但是，就前者而言，由于史料上的限制，研究仅限于京都、大阪的本店，没有将货币兑换店或其他店铺及包括江户店铺在内的整体特征展示出来。另外，关于后者，当然不能只从三井来推导，还有必要通过对很多其他大商家的家、同族进行研究。本文只是揭示了三井暖帘内的家、同族的一部分而已。虽然有这样一些局限性，但还是展示了与历来社会学所论述的家、同族论不同的家、同族的特征。

此外，本文还考虑了如何将股作为概念来进行理论抽象化的问

---

[1] 就像喜多野批判有贺所显示的那样，“家＝家庭”学说与结社性是互相矛盾的。“家＝经营体”学说中虽然有些地方与结社相通，但它重视的是本家经营的必要性或主从关系等以本家、主人为中心的这一方，从别家、奉公人方面的主体性选择看问题的视角较弱。从这个意义是说，采用“家＝股”学说，把暖帘内的结社性看作是与整体所赋予的对象化的权利和义务相对的、当事人之间的选择和非选择性最为合适。

题。按照当时的情况来丰富股的内容是很重要的，与此同时，从理论上来对股进行说明也很有必要。作为与股相近的概念，可以举出集团、团体、法人等，但笔者认为哪一个也不能充分说明股的含义。例如，集团在有人存在的情况下是没有问题的，但却不能显示股无人化特征。团体适合于说明人员的更换、对成员的管理等，但同样不能充分说明股是整体中的一部分（分节化）的问题。法人适合说明股本身是权利的主体，但不能充分把握同一个股是整体中的一部分（分节化）的侧面。[1] 本文还没有超出试论的范围，有关内容还有待今后更进一步明确化。

参考书目（按照五十音图排序）

足立政男 1959『近世商人の別家制度』京都：雄渾社

有賀喜左衛門 1971「同族と親族」『有賀喜左衛門著作集』X 15–66 東京：未来社

大藤修 1996『近世農民と家・村・国家』東京：吉川弘文館

笠谷和比古 1988『主君「押込」の構造』東京：平凡社

喜多野清一 1965「日本の家と家族」『大阪大学文学部紀要』11：5–49 大阪大学文学部

喜多野清一 1976『家と同族の基礎理論』東京：未来社

多田哲久 1996「近世社会構造と株仲間」『社会学雑誌』14：145–156

多田哲久 1999「商家同族団における暖簾内と相続講」『ソシオロジ』44（1）：39–54

[1] 关于家和法人之间的关系，请参考堀江（1984）。

多田哲久 2000 「三井の別家に見る株的性格」『ソシオロジ』45（1）：55–71

多田哲久 2005 「家族変動の枠組への一視角——家研究の視点から——」『漢陽日本学』15：65–90

中田易直 1959 『三井高利』東京：吉川弘文館

中野卓 1962 「商家における同族の変化」『社会学評論』12（2）：28–29

中野卓 1978、1981［1964］『商家同族団の研究』第二版（上）（下）東京：未来社

西坂靖 2006 『三井越後屋奉公人の研究』東京：東京大学出版会

長谷川善計・竹内隆夫・藤井勝・野崎敏郎 1991 『日本社会の基層構造』京都：法律文化社

藤井勝 1997 『家と同族の歴史社会学』東京：刀水書房

細谷昂 1998『現代と日本農村社会学』仙台：東北大学出版会

堀江保蔵 1984 『日本経営史における「家」の研究』京都：臨川書店

松本通晴 1974a 「同族の構造と機能」『講座家族 6 家族・親族・同族』青山道夫・他 編 250–268 東京：弘文堂

松本通晴 1974b 「同族結合の解体」『講座家族 6 家族・親族・同族』青山道夫・他 編 269–328 東京：弘文堂

三井文庫 1980 『三井事業史 本篇』第一巻 東京：三井文庫

村上泰亮・公文俊平・佐藤誠三郎 1979 『文明としてのイエ社会』東京：中央公論社

安岡重明 1998［1970］『財閥形成史の研究（増補版）』京都：ミネルヴァ書房

安岡重明 1979『三井財閥史 近世・明治編』東京：教育社

安田奈々子 2006『三井家の「家事奉公人」』三井文庫論叢 40：173-275

传统的再创造
——家和公司

王向华（香港大学现代语言及文化学院全球创意产业课程主任）

翻译：邱恺欣

导言

对于许多研究日本的人类学家来说，“家”与“会社”之间的关系可说是一个老生常谈的话题，而本文则试图对这一课题作出一些新的贡献。当日本企业的业绩自20世纪60年代开始超越西方企业时，学者们纷纷开始探讨为何日本企业能如此成功。那时的学者多把日本企业的成功归功于日本企业管理的“三种神器”（三種の神器），即“终身雇用”、“年功序列”以及“企业工会”。因此，大部分的学术精力便被投放到“三种神器”如何让日本企业获得较多的员工支持，较少遇到罢工的问题，有较好的质量保证，总而言之，比其他国际企业竞争者有更多的优势（Wong，1999：3）上来。正是由于日本企业的空前成功，学者们纷纷探讨是否能够将日本企业的“三种神器”直接移植到其他文化，从而获得相类似的效果。这一探讨的核心问题是，“三种神器”究竟是不是日本文化所特有的。那些抱有肯定答案的学者指出，“三种神器”是日本文化下特有的产物（Sackmann et al.，1997：23）。换言之，他们认为传统日本文化与现代日本企业有着密不可分的关联。而日本传统的“家”制度更常常被视为传统日本文化的代表者。亦即是说，所谓的“三种神器”是日本传统“家”体制在制度上的延伸。

在中日企业的比较研究中也可以找到类似的论点。例如，来自台湾地区的著名人类学家陈其南（1986a）曾通过分析中日社会的家庭制度来解释中日家庭企业之区别。根据陈其南的研究，传统的中国人多强调家族制度的血缘层面，而日本则较着重经济层面。因此，在必要的情况下，日本人能任意更改系谱上的血缘关系，从而使得“家”这个经济实体能够延续下去。正因为如此，日本很多家族中的最年长、地位最高的男性成员会将其一家之主的地位传给没有血缘关系的“婿养子”。

这种将“家”的延续优先于血缘延续的情况在公司组织中亦可以看到。例如，当日本企业的持有人发现自己的儿子并不是继承公司的适合人选，他们大可以置自己的儿子于一旁，而将公司交托给婿养子或者是女婿。然而，中国人相信维持家的血缘的延续最为重要。在这种血缘家族延续的主导下，企业的利益往往成为牺牲品。因此即便自己的儿子缺乏作为继承人的能力或挥霍无度，中国企业的老板也极少会把他们的事业交托给没有血缘关系的“外人”（陈其南，1986a：10–28）。这也是为何中国有句老话“富不过三代”，因为没有人能够保证自己的子孙后代都是有能力的人才（陈其南，1986b：95）。显然，陈其南认为日本“家”制度与日本企业有着紧密的关联性。

然而，对其他许多的学者来说，传统“家”制度对于理解当今日本企业一点帮助都没有，因为他们认为“家”制度与现在日本企业之间根本并没有任何关连性。例如，弗鲁因（Fruin）指出：

> 大家常常认为，家这个概念仍然是现今商业活动的核心……

然而，就结构上的区别与功能性的专门化上来说，现今的企业并没有承袭早期以家为主要模式的商业组织。所有的证据均显示出，从前现代到现代商业操作上并没有所谓的制度的延续。也许，意识形态的移转是存在的，然而，把家概念有意识地与现在工业企业关联到一起恐怕要到20世纪之后了。(Fruin，1992：67)

而且，弗鲁因认为，“家”这个制度充其量只是一个“传统之创造”(invention of tradition)。也就是说，家这一传统的创造是现代日本企业管理层掩饰其操纵策略的一个手法。正如在分析日本国营铁路时，野口（Noguchi，1990）指出，国营企业的高级管理层通过采纳“家”的意识形态，从而合理化他们不公平的管理模式。也就是说，“家”制度与现代日本企业之间的关系只是一个意识形态上的关联而已。

现在的课题是，我们到底应该如何理解这两种对于“家”制度与现今日本企业互相矛盾的理论，并进一步把它们调和起来呢？

笔者认为，此论争的核心问题在于我们对两个本土概念的正确认知：“会社”与“家”。在资本主义体制下，西方的合资公司(joint-stock company)可以说是一个重要的创新。日本早在明治维新初期便引入西方企业制度，并于第二次世界大战后使其得到迅速发展。尽管在企业法规及企业模式上仿照西方的制度，但在实际运作上日本企业不可避免地受到传统文化的影响而呈现出与西方企业截然不同的组织形态和管理模式，这些均反映在“会社”这一本土概念上。在本文中，笔者会根据对香港一家日资超市的子公司——香港八佰伴——的人类学田野研究探讨并剖析“会社”的结构(structure)。[1] 笔者采用

[1] 关于“会社”概念的详细考察，请参考笔者如下著作第二章：*Japanese Bosses, Chinese Workers: Powerand Control in a Hong Kong Megastore*, Surrey, London, 1999。

的“结构”这一词是仿效萨林斯的，指向那些“既有的文化范畴（category），像索绪尔的符号概念般，作为一个概念上的架构：一个差异的系统；一系列的范畴”（Biersack，1989：85）。

这一结构包含了一系列与“会社”有关联的范畴：株主（股东）、经营者、从业员，还有支配这些范畴之间关系的秩序。

在本文的第二部分，笔者会根据长谷川善计对日本“家”制度的研究，列出“家”制度的基本特色。从“家”制度去理解日本社会素来都是社会学家、人类学家、民族学者研究的重心。一般来说，这些学者可以分为两大阵营，喜多野清一以及有贺喜左卫门分别是其代表。以下是对二人观点的简要概括。喜多野清一认为“家”制度是一个单纯的亲属关系组织。相反的，有贺喜左卫门则认为，由于家可以包含非亲属的成员，诸如佣人，因此“家”制度并不能被视为单纯的亲属关系组织。对于有贺喜左卫门来说，“家”应该被理解成为一个根据同居原则、经济因素所组成的共同体。这两种互相冲突的理论一直影响着后来“家”制度的研究方向。然而，长谷川提出了第三种对“家”制度的研究理论框架。他认为，要充分理解“家”制度，我们必须把“家”制度放到前现代日本社会中的“村”以及“幕藩体制”中去考察。总而言之，长谷川认为“家”制度应该被理解为幕藩体制中的“株”（股）的概念。

在文中，笔者将会指出，“家”无论在结构区分以及功能特殊化上均不能够与现代日本企业相提并论。笔者也不否认这个以公司作为“家”的概念要到晚近日本企业才出现。然而，如果我们同意长谷川视“家”制度为幕藩体制中的“株”，并将之与“会社”概念比较的话，我们会突然惊觉，其实“家”制度与“会社”概念之间存在着许多相同之处。

在本文结论部分，我将会指出，“会社”这一概念可以被理解为传统“家”制度重新排列后的现代修正版。从传统“家”制度，到前现代企业“会社”，以至现代日本企业中，“会社”的权力如何高于其他所有利益关系者，这些将一直反复出现在我的论述中。

会社概念

“会社”并不只是一个股东的联合体，也不是像微观经济学家们所说的那样，是利益最大化的机构（Aoki，1990：7）。同时它也不是一个市场以外的另一种交易模式：当人们发现通过市场进行交易的成本高于通过企业进行交易的成本时，企业便会应运而生（Williamson，1975）。相反，企业是一个由来已久的社会实体。这一理解与涂尔干（Durkheim）的“社会”概念有极为相似的地方。虽然社会是由个体所组成，可是它不只是各个体活动的组合而已，它是一个要比其组成部分更大更广的一个整合。社会也不是空有其名或抽象的物体，它是一个真实的实体，“一个无法根据意愿而能随便改变的”的实体（Durkheim，1950：28）。

因此，虽然“会社”由股东出资组成，但一经成立，“会社”便成为有生命的社会实体，像社会上每一个“自然人”（natural person）一样能够参与社会生活。这一点在上个世纪60年代发生的一宗涉及八幡制铁公司的诉讼案中最能体现出来。

该诉讼案的案情是这样的：1961年4月，八幡制铁公司的一名个人股东向东京地方法院提出诉讼，控告当时八幡制铁公司的董事长及董事会成员非法向自民党进行政治捐款，损害了公司股东的利益，要求其对此予以赔偿。当时，东京地方法院判原告胜诉，但是该判决在高等法院及终审法院遭到否决，原告败诉（藤山，1975：161）。

高等法院及终审法庭的法官在判决时解释说，“会社”像社会上的自然人一样，都是一个个独立自主的社会个体，凡日本宪法赋予日本国民的权利，“会社”都应该同样享有。所以，“会社”应像一般国民一样享有支持或反对国家任何一个政策或政党的自由。进行政治捐款只是“会社”享有的政治自由的一部分，是合乎日本宪法的（奥村，1992a：23；藤山，1975：164）。

然而，在美国，企业进行直接的政治捐赠是违法的。西方民主制度建立的原则是，个体是不能分割的、基本的社会构成单位，而就实体论上来说，社会并不存在。因此作为一个社会企业制度来说，企业是一个空有其名的物体，也因此不能与个体相提并论。也就是说，企业并不能像个体般拥有同样的政治自由（奥村，1992a：23；藤山，1975：151）。

“会社”这个概念被日本人视作“城堡”。日本企业管理层或工会常常会联手对付敌对企业的收购。在日本文化里，这种行为被称为“自己的城堡，就是要自己去保护”（自分の城は自分で守れ）（Gerlach，1992：234）。当“会社”这一个拥有实体的城堡遇到袭击的时候，人们当然要保护它。

（一）会社是一个永恒的存在

“会社”可以被理解为永恒的存在。正如已故日商岩井株式会社的总经理在他的遗言中所说，“会社的生命是不会幻灭的。我们应该侍奉这一个永存”（奥村，1992a：39）。也就是说，“会社”的生命延续是终极目标。“会社”的成员都必须努力工作甚至牺牲自己去维系“会社”的永存和繁荣。

位于高野山的“企业墓”的建立充分反映了“会社”的延续与繁荣在日本文化中的重要性。这里所谓的坟墓并不是用来埋葬员工的骨灰；而是用来建立表扬企业前总裁或员工对公司的贡献的企业纪念塔（中牧，1990：131）。

在日本，企业纪念坟墓始于1927年。当时一家规模不大的报纸批发商，为了纪念公司的员工，在高野山建立了第一个企业墓。随后，松下电器产业株式会社及其他企业相继在高野山设立企业墓。在第二次世界大战以后，日本各大企业陆陆续续建立它们的企业墓，而这在20世纪70年代更成为一个热潮。在1992年，日本全国超过100家大小企业都在高野山建立了企业墓，而在邻近的比叡山也有20多个企业墓（中牧，1992：35–8）。

这些企业纪念墓建立的目的是表扬及纪念开创公司的前人。这点可从益力多及千代生命保险相互会社的纪念塔上面刻着的碑文清楚地看到。中牧认为这些纪念仪式其实是虚拟的祖先拜祭，目的是通过拜祭公司的已故创办人或员工，从而希望公司能得到他们的保佑。公司员工在服务期间均向企业墓祈求公司的繁荣与安定。这些纪念碑充分反映了“会社”的繁荣与存续的重要性。

（二）会社是最高的存在

“会社”不单是一个永恒的存在，更是最高的存在。首先，与一般的公司相比，“会社”相对不受到股东的控制，这使得“会社”的管理层在经营上有极大的自由度。这一特色与“会社”这个概念有莫大的关系。如前所述，“会社”的繁荣与存续是最终目标，因此，为了防止自家公司被恶意收购，无论在战前战后，日本“会社”均积极推行“稳定股东”的工作策略。根据谢尔德（Sheard，1986：16–7）所指出的，这种稳定股东工作是“公司与公司的管理层在隐晦契约，甚或是明确的协议下，同意互相持有对方的股份，并且不会轻易出售手上的股票。在这种契约下，股票当然是不会卖给企业收购者”。所有进入这一契约的公司会自动成为稳定股东。

然而，“稳定股东”使得日本企业的股东失去了凭借股价监督企业管理层的筹码。首先，稳定股东制度使得“会社”的管理层能够免于“出局的危机”（多尔，深田 1993：62–3）。青木（Aoki）认为，在传统的商业观念上，如果个人股东认为公司的管理层出现了问题，导致公司获利欠佳，他们很可能会迅速出售手中持有的股票。如果市场上大部分股东都选择出售手中的股票，在供过于求的情况下，股价必然急速下滑，容易引起竞争对手垂涎并展开恶意收购。因此，企业管理团队必须确保股价坚挺。这样，个别股东抛售股票的潜在可能性能起到监督的作用（Aoki，1990：145–6；Sheard，1994：327）。

然而，日本的稳定股东制度使得上述监督机制失去原有的效果，因为即使股价急升，他们也大多不会抛售手中的股票给恶意收购者（Sheard，1986：3；1992：134；1994：319）。即使他们被迫需要出售手中的股票，他们也必须立刻赎回这些售出的股票（Wood 1992：24），或者在与该企业讨论后，把股票卖给该企业认同的其他稳定股东（McKenzie，1992：84；Sheard，1986：29）。如果有稳定股东的合作，个人股东将无法通过抛售股票来控制或惩罚管理层。日本“会社”的管理层大多能够免受股东的监管而独立地根据自己的判断来经营公司。例如，日本企业的管理层通常能抵制股东马上分享利润的短视要求，而把赚来的利润用于投资，扩展公司的长期业务，使公司能够持续发展，获得更多的利益（Abegglen and Stalk，1985：148–213；奥村，1992b：104–5）。

第二，很多时候，企业股东其实与“会社”是处于同一阵营的（Gerlach，1992：20）。在一般的情况下，日本企业的董事长或总裁很少会互相干预对方的业务或者人事（Clark，1979：102；Sheard，1994：319）。相反，他们追求的是互相信任和合作。之所以这样，一方面是因为各企业成员所持有的股份不足以去干预或控制其他公司；另一方面是因为相互控股使得各公司无法干扰其他公司的业务。正如日本商业银行的前总裁石原秀夫（Hideo Ishihara）所说，股东们很少会对管理层作出严厉的批评，他们更不会在股东大会采取敌意的行动。在这种交叉控股的情况下，企业大多都是“你帮我一把，我帮你一把”（Charkham，1994：107）。亦即是说，企业股东之间的联盟保护扩大了个别企业的自主性。

更重要的是，日本企业的股东大会往往无法提供一个供个人股东检视管理层表现的平台。“会社”会通过不同的策略来削减个人股东的影响力。首先，大部分的企业会选择在同一天举行股东大会，这么一来，持有多家公司股份的股东将无法出席所有的股东大会（Gerlach，1992：236）。第二，“会社”会指令其员工参加股东大会，并在会议中站在“会社”立场上发言（奥村，1991：64）。这些员工股东往往会被安排坐在最前排，通过大吵大嚷的方式催促会议的主席跳过某些重要的议题来防止其他股东质问管理层如何处理公司的业务（菊住，1992：12）。“会社”亦会聘请专业的黑社会成员到场，以防止管理层遇到不必要的尴尬状况（Charkham，1994：79；Clark，1979：103）。

而董事会亦无法替股东监视或质询企业的业务。相对于美国公司的董事会，日本典型的董事会包括较多且阶级不同的董事（Clark，1979：100；Whitehill，1991：116）。日本董事会有几个特色值得我们注意。第一，政策决定与政策执行都是同一帮人（Shimizu，1989：104）。日本商法规定，在法律上董事代表具有与第三者协商以及推行政策的权力。而在决策上，一般的董事则代表着股东，并且检视董事代表有否履行这些政策。也就是说，董事代表与一般的董事是纯粹功能上的分别。然而，在实际执行上，这种功能上的差别却演变为阶级上的差别（Aoki，1900：144；奥村，1992a：177；佐高，1993：137）。

董事代表是日本企业中地位最高的人。他们拥有提拔高级经理为董事的权利。换言之，一般的董事其实是董事代表的下属，而且没有推选董事代表的权利（Aoki，1990：144；奥村，1992a：181）。事实上，除非公司面临很大的财政困难，使得其主要银行或其他商业伙伴对其进行干预，否则大多数的情况下，“会社”的总裁是由上任总裁指定的，而他更拥有选拔董事的权利（Aoki，1990：99；Charkham，1994：87）。

第二，大部分的董事其实是董事代表在公司内部提携的员工。因此，董事们往往无法监察董事代表的活动或业务，因为董事代表掌控了他们晋升或降级的生死大权。第三，政策决定与政策执行的不分割排除了聘用外来董事的可能性（奥村，1992a：148）。事实上，就日本企业来说，聘用外来董事的情况少之又少（Aoki，1990：144；Clark，1979：100；Charkham，1994：85； 奥 村，1992a：145；佐高，1993：137；Whitehill，1911：117）。由于外来董事为股东的受托人，这种没有外来董事的情况说明了股东的“声音”对于“会社”的管理几乎没有多大的影响（奥村，1992a：146-7）。

最后，日本企业法律规定，由每年股东大会推选的法定会计稽核员有权利去监控董事的业务情况，并且可以检视他们向股东呈交的文件（Charkham，1994：92-3；Clark，1979：99）。这个法定会计稽核员是仿效德国的 *Aufsichocrat*，然而在日本这个职位大概只是一个形式而已，因为稽核员同样是由公司内部职员担任，因此也是“会社”总裁的下属（Glazer，1969：82）。很多时候，这些稽核员根本没有任何稽核的工作经验，更不用说去监视董事代表的业务活动了（Clark，1979：100；佐高，1993：136-7）。

（三）会社与管理层

在日本的企业管理环境下，管理层与其他的员工有着明显的分别。进入管理层等于成为董事会的一分子。除了这一小撮精英分子外，其他所有人都只是员工而已（Whitehill，1991：112）。在“会社”里，管理层与员工属于不同的群体，因此有着完全不同的事业生涯。当员工晋升为董事时，他首先要辞掉本来的职务，并领取他的退职金。当成为董事之后，无论在薪水还是在晋升方面，他和一般的员工都不一样。

更重要的是，管理层操纵着公司的管理大权，而员工是被管理的对象。人事的变迁、员工的升迁、薪酬的调整等全部都由管理层来决定。1991 年，香港八佰伴公司发生的事件正好说明了到底是谁掌管决策的权力，以及中层管理如何执行这些决策。在 1991 年 11 月 4 日的日本员工会议上，董事长宣布，公司的盈利较预期的目标数字少了 2000 万港币。他指出这个结果是可怕的，并且将其归咎于不断攀升的开支。随后，他便下令要达成 10% 的开支削减。在一个星期后同样的会议上，行政部门主管宣布落实削减开支的对策。他告诉在座所有的日本员工，在反复听了董事长在会议上的发言之后，他才拟定了这次开支削减计划的相应方案。作为公司财政部门的主管，他也不知道董事长要削减 10% 的开支的事情。也就是说，这次的削减开支计划完全是董事长的意愿和决定，而行政部门的主管只是负责执行而已。最后，当然是日本员工成为削减开支的最终承受人。可以看到，管理层与一般员工是两个完全不同的群体。

管理层的职员可以被视为“会社”的代表，这使得他们拥有管理公司上下大小的权利。日本商法规定，“会社”应指定几位自然人为公司的合法代表，这些自然人拥有与第三者进行协商的权力。通常拥有“代表权”的董事代表都被冠以“代表取缔役”（董事）或“代表取缔役社长”等头衔。由于这些人代表“会社”，他们管理公司的权力也来自于“会社”本身。而作为“会社”的代表，他们有责任使“会社”存续并繁荣起来。如果不能履行这一责任，他们就会被赶下台。笔者在前文中已经指出，日本企业的互相持股现象使得日本的法人股东很少干预其他公司管理层的业务和运作。然而，当“会社”的存亡受到威胁时，股东便会联合起来，要求表现不称职的管理层下台，形成所谓的“选择性干预”（Sheard，1994：328-9）。20 世纪 80 年代初发生的“三越冈田茂事件”是说明“选择性干预”的最佳例子（Kester，1991：69）。

早在 20 世纪 70 年代初，冈田茂就已成为三越百货公司的“代表取缔役社长”，他在三越的独裁统治一直延续到 80 年代初（Gerlach，1992：111）。导致他下台的导火线是一宗假珠宝的丑闻。当时三越百货公司被传媒揭发说，其珠宝展展出的波斯珠宝其实是在东京附近工厂里制造出来的膺品。当时，若冈田茂能向公众为此事作出道歉并立即辞职，该事件便可妥善解决。然而冈田茂却拒绝引咎辞职。

当三越的声誉因此而一路下滑时，三越所属的三井集团的企业成员介入了。退休前曾担任三井银行的董事兼顾问同时又是三越董事会成员的小山五郎挺身而出，成功地把冈田茂赶下台，挽救了三越的声誉，也使三井集团的经济利益免受损失（Abegglen and Stalk，1985：185-6）。

从“冈田茂事件”，我们可以归纳出三个重要的启示：

第一，作为三越代表董事社长的冈田茂享有很大的权力。作为公司的代表，他可以不理会三越个人股东、法人股东以及员工们的压力而拒绝下台。在丑闻发生前，员工们不能阻止冈田滥用权力，在丑闻发生后，股东们也无法迫使他辞职，因为股东们是他的下属。

第二，即使冈田茂在三越拥有很大的权力，也无法完全控制三越。当丑闻越闹越大，三越百货公司的存续受到严重威胁时，小山五郎这位董事及时出来反对冈田茂，并最终挽救了三越。很明显，冈田既不拥有也不完全控制"会社"，不然他就不会毫不情愿地被一名外来董事赶下台。

第三，我们必须认识到小山五郎绝不是一位普通的外来董事。他代表的是企业成员之间互相持股的三井集团。众企业成员作为一个集团是三越的大股东，所以才能向三越的管理层施加对方所不能承受的巨大压力。

而八佰伴集团董事长和田一夫的故事更说明了即使是公司的持有人，仍需要牺牲家族的利益以维护"会社"这个最高的存在。和田一夫育有一子和三个女儿。根据和田家族的传统以及其他日本家族企业的一贯做法，理应是长子和田元一继承家族庞大的生意。据说，自和田元一的童年开始，和田一夫便把他培养成为八佰伴的接班人，特意训练他成为一个独自自主的领导人。即使在幼儿园的时候，和田元一似乎也无法放纵一下自己。与其他小孩子无异，每天从学校回来的和田元一都希望得到母亲的爱护。然而，和田元一的祖母不允许他这样做，而是要求他独立自主。从来没有得到母爱的和田元一，在长大后变得非常叛逆。公司内有传言指出他并没有上大学，也拒绝到父亲的公司上班。他宁愿老远跑到公司位于巴西的农场工作，也不愿意留在日本。

和田元一与家人的恶劣的关系似乎是公开的秘密。事实上，和田一夫夫妇在公众场合也甚少提及这个儿子，因此，很多人根本不知道和田一夫育有一子。笔者也是在 1992 年，与一位在八佰伴国际任职的日本人进行访谈时偶然得知和田一夫育有一子。当时，她告诉笔者和田一夫的确有一个儿子，但是和田一夫并不喜欢在公众场合提及他。其中一位曾与和田元一在日本八佰伴工作过的人指出，所有的日本员工均知道和田元一并没有接管八佰伴的才干与能力。而另一位与和田家族关系相当密切的人亦指出，和田一夫夫妇早已清楚地认识到和田元一并没有继承八佰伴的商业能力，并在认真考虑其他可胜任的人选。

至 1997 年，和田一夫仍然没有决定谁会是他的继承人。然而，在公司内有一个传言，指出他的女婿很可能是八佰伴的继承人。在 1993 年 4 月，他的女婿被委任为八佰伴国际的董事；而在 1996 年，他更被晋升为香港八佰伴公司的董事长。其中一位日籍受访者指出，这些晋升其实反映了和田一夫正在慢慢地让他的女婿接管八佰伴公司的业务。和田一夫这样的决定揭示了“会社”的存续往往比血缘的存续更为重要。即使是公司的持有人也同样需要牺牲个人家族利益，使得“会社”能够永远存续下去。

（四）“会社”与员工的关系

现在我们来看一下第三个，也是最大的群体——员工。员工被“会社”所控制，并为了“会社”而存在。员工甚至被称为“会社人”，因为他们不只是受聘于“会社”，而被“会社”所拥有。巴隆（Ballon，1985：3）指出，日本的雇佣关系强调的不是劳动合同，而是植根于日本法律传统的义务关系。三户（1992：84–90）形象地描述这种关系说，劳动者们不是被雇佣，而是属于他们的“会社”。

“会社”有权决定每个员工的工作内容和工作地点，而无需事先征得员工的同意。每年 3 月，“会社”都会进行人事调动，在人事调动宣布两周后就会付诸实施。更重要的是，“会社”不会解释这种变动，而且会不征得员工同意就下调动令。由于“会社”“拥有”员工，所以不管跟不跟员工协商，“会社”最终都拥有单方面的调动权。

“会社”还要求员工长时间的工作。一般来说，日本员工比世界上大多数国家里从事相同工作的人都要工作更长时间。八佰伴集团的香港分公司便是一个很好的例子。1991 年时，许多日本企业都采取了香港的一周五天工作制，但是香港八佰伴公司的日本员工还是必须一周工作六天，而且在店里工作的人还得轮班。

日本员工不仅工作时间长，他们还被迫免费加班。这在日语中被称为“サービス残業”（义务加班）。不管额外工作了多长时间，他们都不会在打卡器上记录加班（Kawahito，1990：9）。在香港八佰伴公司，这种义务加班是制度使然，因为不管加班了多少小时，所有日本员工的薪酬都会在每月25日一次性结清。

“会社”还会要求员工放弃暑期休假和周末休假。员工若是真的去享受带薪休假，就会被视为对公司不忠诚，甚至会断送自己的职业生涯（Kawahito，1990：11）。因此，为了显示自己的忠诚，许多员工不愿休年假（Cole，1971：36），或者只有等他们知道自己的上级申请了休假之后才敢休。例如，香港八佰伴公司的日本员工每人享有一周的暑期休假，公司通常会在日本员工之间传递一张表格，让他们填上准备何时休这一周假。资历浅的员工往往等到上司填完表格之后才填。在必要时公司甚至会“建议”员工取消暑期休假。

“会社”还经常性的占用员工的周末假日，让他们出席公司活动，如在周日举行的公司运动会或野餐会等。这就是横田（1992a：64）所谓的“周末掠夺”。香港八佰伴公司的日本员工也被要求在周末支持公司举办的活动。例如，1993年2月的一个周末，一位日本女员工被要求在公司主办的相扑比赛中承担接待员的工作。

日本企业除了要求员工长时间工作外，还用其他方式干涉员工的私生活。例如，香港八佰伴公司要求日本员工在打算结婚或太太怀孕时向公司报告，甚至员工准备购买房屋等私人计划，都必须上报公司，有时还会在如何约会的问题上接到公司的意见。公司对员工的控制还进一步延伸到员工的家人身上。

实际上，“会社”不仅“拥有”员工，而且“拥有”员工们的家人。例如，每当有新员工从日本调来香港工作，或原有的日本员工被调回日本，香港八佰伴公司会“邀请”所有日本员工及其妻子孩子一起到机场接机或送机，借此来营造日本员工之间的“家庭氛围”。

此外更有“会社”把员工推向死亡之路的极端例子。在日本，“过劳死”不再是夜班工人和专职司机的专利。据1988年日本七大城市设立的“过劳死热线”介绍，“过劳死”正发生在各种职业中，在普通办公室白领和管理人员中的发生率也在一路飙升（Kawahito，1990：6–7）。

（五）拥有自然人外表的法人

在日本，“一体化”常常被用来形容“会社”与员工之间互相依赖的关系。然而，如上文所指出的那样，“会社”的利益往往优先于个别员工的利益，因此一体化真正的意思并不是“会社”与“员工”融为一体，而是“会社”把员工纳入其中，并利用员工以达到“会社”最大的利益；相反，员工却无法利用“会社”以实现个人利益。这正是奥村所说的“一个拥有自然人外表的法人”。因为，作为一个自然人的员工，他的行为却完全受制于他作为“会社”的法人。也因此，员工有时候被戏称为“社畜”（横田，1992a：176）。

根据这一逻辑，“社畜”当然不能批评“会社”。其实，“社畜”这一说法来自一位名叫横田的作者；他在数本著作中批评他曾经服务过的一家本地银行。该银行的人事部视这一系列的书籍对银行极为不利，而董事会更促请各分店经理防止员工们阅读有关书籍。其中一位分店经理更发起杜绝这些书籍的防买活动，与其他分店经理组成小组，定期到各书店中，用其他书籍把横田的书遮盖起来以防止这些书籍出售。有时候，他们甚至站在书店中，把被翻起来的书籍再一次遮盖起来。其中一位分店经理的妻子写信给横田，诉说她先生如何强迫她和儿女们参加这一小组活动，尽管他们认为这样做是可耻的。然而，据这位太太说，她的先生这样回答说“为了我公司的利益，我并不觉得可耻。相反，作为一个男人，我认为这是该做的事情”（横田，1992b：23–5; 作者译）。

“为了会社的利益”（会社のために）是一句在日常生活中反复听到的，用来迫使日本员工牺牲个人利益以成就“会社”的口号。“为了会社的利益”，员工们被要求牺牲他们在劳动市场上的价值，接受人事部的调动，奉献他们的私人时间、暑假、每周的假期，以至于他们的生命。“为了会社的利益”，管理层很多时候会拒绝帮助因为过度工作而死亡的员工的家属们索取员工补偿。“会社”往往会否认员工是因为工作过度而死亡，因为承认此事会直接影响到公司的声誉。因此，“为了会社的利益”，员工以至员工家属的利益均被牺牲掉。

（六）会社的孤立化与狭隘性

许多研究日本企业的学者均指出，员工对于“会社”的极度投入感产生了强烈的“内／外”（即“我们／你们”）之分，而在某程度上也造成了公司的孤立化与狭隘性（Cole，1971; Nakane，1970; Rohlen，1974）。罗伦（Rohlen）认为，“一般来说，公司标签是当今日本各大城市中人群、活动、忠心等的最重要的分类指标。它界定了基本社会参与的层面”（Rohlen，1974：13–4）。近藤（Kondo，1982）分析了日语中一系列的二元对立，她更指出无论在个人心理层面，还是家庭、公司、国家政体，以至于宗教及宇宙观都离不开这个“内／外”的二元对立（Kondo，1982：5）。

这个“内／外”的分别往往用于与“我的公司”有关的情况下。在同一业界下的各公司是竞争对手，因此要互相攻击；然而，同一公司内的员工就不一样。简单来说，对待公司的成员与非成员是极为两极化的。日本八佰伴公司中，正社员与准社员的之间的差别正好说明了这一二元对立。

在日本八佰伴中，最重要的“会社”成员种类是正式社员。其他员工种类包括了准社员、合约社员以及临时社员。根据公司的规定，正式社员均正式通过了入社考试，并完成了三个月的试用期。

社员与“会社”的关系一旦建立了，他们之间的合约关系便是无限的。一般来说，合约会直到社员退休的时候才终止。在每年的“会社”招募中，所有的正式社员都经历过测验、面试及筛选等过程。他们大部分是刚从大学毕业出来的新鲜人，而“会社”更期望他们能与“会社”建立长远的合作关系。相反，合约员工的合同期大概为一年左右，准社员小于一年，而临时社员则少于两个月。对于这类员工们，“会社”并没有实施试用期，而这些社员也不需要参加考试。一般来说，准社员在一年四季都会招聘，而招聘内容会随实际需要而更改。更重要的是，“会社”并不会期待与准社员建立长期的雇佣关系。

在公司内，正式社员与准社员也许会从事完全相同的工作，然而“会社”对待他们的态度却完全不一样。即使在同一公司内，“会社”的极度小圈子化也产生了强烈的“你们”与“我们”之分。简而言之，在日本，“会社”是人们、活动以及忠诚的标签（Label）。

（七）现代的图腾信仰

最后，由于员工是“拥有自然人外表的法人”，因此，其“会社”的社会地位将构成他们自身的社会地位（Kondo，1982：145；奥村，1992b：158−161）。克拉克（Clark）指出，在日本的产业世界里可以清楚看到这种迈向产业分级化的趋势（Clark，1979：64）。日本人惯把公司分为“一流”、“二流”、“三流”，如此类推。顾名思义，一流的“会社”往往规模又大又出名，而其产品在相关的市场上也占有相当大的百分比。由于一流的“会社”本身的业务与财政状况均非常稳定，因此能够提供其员工稳定的工作、较优厚的薪水及福利。日本“会社”制度中的产业分级制度更为日本社会提供了一个参考的典范。须知道，日本人社会阶级的分类方法并不单只是根据财富、收入、家庭背景和职业，而更是视乎他们公司的社会地位。从这个角度来看，日本人其实是奉行着一种非常有趣的图腾信仰。若图腾信仰一如列维－斯特劳斯（Levi−Strauss）所说，是“通过自然生物的差别来说明人类族别之间的差别，例如说，族群 A 与族群 B 的差别就好比说是鹰与鸦的分别的话”（Sahlins，1976：106），那么“会社”就是一种用来对日本员工进行分级的图腾。

（八）作为“株”的“家”制度

如上述，“家”制度的研究可以分为两大阵营：家作为一个纯粹的血缘组织或者作为一个同居共食的组织。而长谷川善计（1991）则提出了第三个研究“家”制度的架构。他认为我们必须把家理解为一个义务与权利的单位。他使用了 1663 年长野县旧本间村落的“人别账”（人口普查记录）来重建 17 世纪日本村落的结构。“人别账”是旧的大名控制农民的方法。大地主会把村落里的成员登记在“家”这个单位下，所有属于同一个家的成员都会登记在“人别账”中。根据长谷川善计的发现，旧本间村落是一个拥有 9 个家、91 名村民的小区。在“人别账”中，家则被称之为

“一轩前的家（独立的一家）”。换句话说，“一轩前的家”就是村落的基本单位。村落中的所有居民需为这9个“一轩前的家”之一的成员，否则他将无法在村落中居住。长谷川（1991：71)因此认为，“一轩前的家”代表着在村落中的某些权力。

“一轩前的家”的首长就是这个家的代表，而他在农民地位制度中享有着所谓的“本百姓”的地位（同上引：5）。17世纪日本的地位制度把农民分类为“本百姓”及“名子”。这两者的分别在于对“屋敷地（宅基地）”的拥有权。在检地账（土地丈量记录）中，本百姓是屋敷地的持有人。根据长谷川善计的研究，屋敷地可以被理解为大名与本百姓建立主仆关系的手段。大名承认本百姓为屋敷地的持有人，然而本百姓得接受其仆人的身分，并承认对大名有义务或责任。因此，本百姓亦叫做“役人”，因为他有责任为大名提供强制性劳役，并缴纳地税。这些责任是本百姓作为仆人对大名提供的服务之一。（同上引：72-77）

然而，这些责任并不是加诸本百姓本人，而是整个村落。这叫作“村请制”（村落承包制）。在村请制下，加诸到每一位本百姓身上的责任会自动变成整个村落集体对大名的义务或责任。相对的，本百姓有资格参与村落聚会，出任村落中的公职，还可参与行政事务与“庄屋”（即村落中最有权力的公职）的选拔之讨论（同上引：4-5）。

与此相对，名子并不持有屋敷地。因此，即使他确实缴纳税收给大名，也必须以本百姓之名去缴纳。理论上来说，名子对于大名并没有任何义务或责任；与此同时，名子也没有享用村落资源的权利。名子必须要成为本百姓的仆人，并向本百姓租用屋敷地，才能享用村落资源的权利。亦即是说，屋敷地构成了名子与本百姓建立主仆关系的手段（同上引：91-99）。

如前所述，屋敷地的拥有权代表了对村落以至大名的一套直接或间接的权力与义务。也就是说，屋敷地是这一套权利与义务的象征。日本人称这一套义务与权利为“百姓株”。因此，屋敷地亦即是百姓株的象征。事实上，“百姓株”（hyakushō kabu）亦称之为“屋敷株”（yashiki kabu）。因此，通过持有屋敷地，本百姓可以理解为“百姓株的持有人”。如果名子有能力购买百姓株的话，他也能够变成本百姓。根据同一理解，如果本百姓把屋敷地卖掉的话，他亦会失去他的地位，并变成名子（同上引：77–82）。

长谷川善计的研究指出，“一轩前的家”不单包括了本百姓的家庭成员，更包括了名子的家庭成员，而这些成员可能是本百姓的亲戚，也可能是完全没有血缘关系的人。在本间村落中，名子往往不与本百姓一起生活；每一个名子均是经济独立的家户。长谷川强调，名子的家庭并不能称之为“一轩前的家”，而是本百姓的一轩前的家的成员（同上引：71）。也就是说，“一轩前的家”能包括由不同家庭组成的经济体系。因此，他认为“一轩前的家”并不能被理解为血缘组织或者是共同的经济团体（同上引：72）。相反的，“一轩前的家”应该被理解为赋予本百姓的一套权利与义务。因此，它与当今股票市场上的“株”（即股票）有着异曲同工之效。事实上，那时候的日本人也把“一轩前的家”叫做“家株”。

如上述，我们可得知，由于家其实是以株这个概念而成立，因此“家”并不一定要由有血缘的人来继承；相反，家可以包含非血缘的成员，而过去研究日本“家”制度的学者均指出这特色（同上引：7–82）。再者，在日本，作为株的“一轩前的家”是可以买卖的。人们可以买下已经灭绝的家，或没有继承人的家。

（九）家与“会社”

我们现在进一步探讨长谷川善计对“家”制度的建构与“会社”的关系。第一，“一轩前的家”是17世纪日本村落小社区的基本单位，而“会社”是产业社会的初等单位（Clark，1979：50）。第二，“一轩前的家”是村落的从属单位，而村落则是“一轩前的家”的上级单位（长谷川，1991：15）。作为上级单位，村落能够通过庄屋来控制“一轩前的家”。庄屋的基本职务是处理并督导“家株”的成立、转让、继承以及灭绝等事务，从而使得“一轩前的家”能够延续并发挥其应有的基本功能。

然而，“一轩前的家”是自治自主的。大名非常珍惜并着力维护“一轩前的家”的自主独立性。大名定立了一套措施来监管并制衡“庄屋”的权力，使得“一轩前的家”独立性免受威胁。其中一个措施是通过委任数位“长者”来“监管村落公职的行为，予以劝导和训诫，并确保及促进村落最大的利益”（Asakawa quoted in Befu，1968：303）。因此，除非家的延续受严重的威胁，“庄屋”并不能随意干扰“一轩前的家”的事务（长谷川，1991：117–119）。我们可以说，“一轩前的家”一方面享有极大的自主性。然而，另一方面“一轩前的家”亦受到大名的监督而必须存续下去。这一逻辑与“会社”非常类似。如前述，由于互相控股的情况，因此“会社”能免受于股东的控制或监督。然而，正如上述冈田茂事件所显示，这一结构也使得缺乏能力或威胁到“会社”安危的管理层下台。

第三，在17世纪的日本，作为一套权利与义务的“一轩前的家”需要由人来控制，否则它根本不能行动。“一轩前的家”由两类不同的人所掌理，他们分别是本百姓与名子。虽然他们都是“一轩前的家”的成员，然而他们的地位却完全不一样。本百姓是“一轩前的家”的代表，拥有参与村落会议的权利，能出任村落公职，能使用村落的资源，等等。虽然名子也一同参与“一轩前的家”的经济事务，而且他的农业生产远比本百姓多，但是，名子并不能出任“一轩前的家”的代表，也不能代表“一轩前的家”

参与村落事务。名子只能通过成为“一轩前的家”的成员才能享有上述的权利。作为“一轩前的家”的成员，名子必须要服从于本百姓的权威。事实上，本百姓有权利去干预名子的私人生活，诸如婚姻、职业类别的选择，以及其他生活上的所有细节。换句话说，本百姓的权力渗透到名子生活上的每一个层面，而名子本身很难有所谓的个人自由（同上引：86-7）。

然而，本百姓对于名子的权威并不是来自本百姓的魅力，而是来自于“一轩前的家”。作为“家”的代表，“家”赋予本百姓权力及威信。他对于“家”成员的威信是来自于他作为“家”的代表，而不是来自他的领导或个人能力。换句话说，“家”成员对于本百姓的忠诚并不是因为他们忠于这位“家”代表，而是因为他们忠于这个“家”。

本百姓并不拥有“家”的财产。正如他的威信，财产“并不附属于个人或者任何一种血缘组织”（同上引：2），而是隶属于“家”。作为家的首长及代表，本百姓只是“财产的看管者；他对这些财产的责任只限于在他任职的时段内，通过拥有家的首长地位，他才是家族的管理者”（同上引：17）。因此，他并“不能使用那些财产，因为这些财产是要传给他的继承人”（同上引：17）。这逻辑也适用于“家”的其他层面上，例如“家风”、家的房屋、“家业”（即家族生意）、家宪，等等。而职业、财产、家族传统以至祖先都不属于本百姓个人，而是整个家。这一切的目的都是强调“家”永远比个别本百姓来得重要。

这些特色同样适用于“会社”的环境里。如前述，经营者与从业员属于两种不同的类别，有着完全不同的职业生涯。经营者拥有着管理“会社”的绝对权力；而从业员只是被支配而已。更重要的是，经营者能干预从业员日常生活的每一个层面。最后，经营者的权力并不是来自于他的能力或他拥有这“会社”，而是因为他代表着“会社”。

第四，由于本百姓代表着“家”，他有责任去维护“家”的利益。“家”的利益就是其繁荣与存续（Befu，1962：34；Dore，1958：100）。可以说，在“一轩前的家”与其代表之间的关系中，“家”的利益是最重要的，因此也是这个利益来规范代表的行为。

为了确保“家”代表会致力于维持“家”的存续与繁荣，当时的日本人拟订了几项措施。第一，在制度上有许多方法来监管“家”代表的权力，尤其是家境富裕的情况下。例如，会严重影响到“家”的决定往往是交予家委员会商讨，而不会由“家”代表一个人来决定（Dore，1958：102–103）。第二，如果“家”代表不中用或其行动对家的存续构成威胁的话，他的亲戚可以逼使他从这个位子上退下来。最后，如果本百姓的儿子并不胜任继承这个家，他可以被置于一旁，而把家交托给没有血缘但能胜任的人。在日本，这一做法并不稀奇，也不会不恰当（Bachink，1983：168;Befu，1962：36）。这种抛弃自己儿子而采用外人的做法的最终目的是确保“家”代表具有相当的能力。

在“会社”的环境下，我们也看到经营者需要以增加“会社”的利益为首要任务。否则，他可能会在股东选择性干预的情况下被迫下台。再者，正如在和田一夫的例子所示，如果经营者的儿子并不具备管理会社的能力，他可以被置诸一旁。

第五，无论是亲属或非亲属，名子都没有参与村落小区事务的权利。要享有这些权利，名子必须要成为“一轩前的家”的成员。而使得亲属或非亲属的名子成为“一轩前的家”的成员的原因是他们都属于同一个家。亦即是说，“家”拥有着这些名子。换句话说，名子是“家”的财产。因此，名子也需要致力于维持他们的“一轩前的家”的存续与繁荣。由于名子家庭的安危完全视乎“家”的存续，因此，名子也愿意牺牲其利益以成就“一轩前的家”的利益，从而希望这些牺牲最后能够有助于名子自身的家庭。

这与日本“会社”的哲学观“为了公司而牺牲自己家庭的利益，而相信这样最终是对自己家族有好处的”（わが家のために良かれと思って、わが社のためにわが家を犠牲する）如出一辙。再者，与名子无异，从业员并不是受聘于“会社”，而是属于“会社”的。他们既然属于“会社”，因此公司可以完全控制员工，并期望员工为公司而生存。

第六，上文指出，本百姓与名子同属于“一轩前的家”。一个不属于任何家的人是没有什么社会地位的。也就是说，在成为一个个体之前，他们必须要隶属于一个“一轩前的家”。由于村落的所有人都需要隶属于一个“一轩前的家”，他在阶级系统中的地位也是根据其家的社会地位。因此，一个来自名子家庭的人并不是村落的正规成员。名子必须要通过承认其对本百姓的从属地位，才能隶属到本百姓的“一轩前的家”中。相反，一个“一轩前的家”的代表是村落的正规成员，他的地位是得到大名的承认的。与此相对，本百姓也必须要承认其对大名的从属地位。

然而，大名与本百姓以及本百姓与名子之间的主仆关系并不是个人的。相反，他们之间的关系是由家来规定的。在“会社”的情况中，如上述的现代图腾信仰般，经营者与从业员的社会地位是由“会社”所决定的。

第七，从上述有关村落、本百姓、名子、“一轩前的家”之间的关系的论述中，我们可以看到日本家制度最重要的特色：家的存续与繁荣具有最高的道德价值。例如，在婿养子的例子中，“家”代表的血缘存承是次于家的延续的。换句话说，在日本，“家”的延续永远比家代表的血缘传承得来的重要（Befu，1962：38）。从“家”的角度出发，它拥有其代表连同他的家庭成员，因此，在有需要的情况下，“家”能够改变血缘关系。与名子无异，本百姓也是“家”的财产。这一理解亦适用于“会社”中。经营者与员工均对其公司的存续与繁荣赋予最高的重要性。

总结

上述“会社”与“家”之间的结构性相似当然并不是说“会社”是“家”，或是“家”的延伸。他们的相似性也不是说“会社”的成员与“家”的成员有着类似的情感投入。这些相似性更不是说，“会社”所有的员工都会予以“会社”的存续与繁荣相同的重要性。在 *Japanese Bosses, Chinese Workers: Power and Control in a Hong Kong Megastore*（1999）一书中，笔者指出了香港八佰伴公司内的日本员工面对管理权威采取不同的态度。面对管理权威，有些日本驻在员总是按照最高标准来遵守公司规定，我们可以称他们为积极型；有些年轻单身的日本员工无视甚至违反公司规定，我们可以称之为叛逆型；最后，也有些员工则按照最低限度来遵守公司规定，这种则可以称之为防御型（Wong，1999：120–193）。换言之，并不是每位日本员工都会服从于“会社”之下。

这些相似性也不是说明，每位“会社”的员工都会自动地为了“会社”而牺牲自身利益。因为，这样说的话，等于“会社”内的管理控制是多余的，而正如笔者在上述书中所指出的那样，这显然是不对的（同上引：89–119）。

相反，笔者想指出，“会社”其实是传统“家”制度内一些重要元素的重新排列后的现代版，目的是使这些元素更适合新的情况。这些元素包括了“家”的存续与繁荣先于其代表与成员的利益，而这些重要元素正是赋予现代“会社”意义与特色的历史上的不变因素。这大概是萨琳斯所说的“传统的再创造”

（inventiveness of tradition）（Sahlins，1999：408）。

最后重申一下，要充分理解现代日本"会社"，我们必须要认真对待"家"这个文化传统。

参考书目

一、中文

陈其南，1986a：《传统家族制度与企业组织——中国、日本和西方社会的比较》，《文化的轨迹》（下册），台北，允晨。

陈其南，1986b ：《富过三代的秘方——婿养子与日本经济》，《文化的轨迹》（下册），台北，允晨。

二、日文（按照五十音图排序）

奥村宏 1991『日本の株式会社』東京：東京経済新報社

奥村宏 1992a『法人資本主義ー「会社本位」の体系』東京：朝日新聞社

奥村宏 1992b『解体する「系列」と法人資本主義』東京：社会思想社

菊住誠 1992『株主総会ピーク 大きな混乱なし』東京：日本経済新聞 6 月 28 日、12 頁

佐高信 1993『企業原論ービジネス・エリートの意識革命』東京：社会思想社

中牧弘允 1992『むかし大名、いま会社ー企業と宗教』京都：淡交社

長谷川善計 1991「家・同族・村落の研究」『日本社会の基層構造』京都：法律文化社

富山康吉 1975『現代商法学の課題』東京：成文堂

三戸公 1992『会社ってなんだ一日本人が一生すごす「家」』東京：文眞堂

横田濱夫 1992a『はみ出し銀行マンの勤番日記』東京：オーエス出版

横田濱夫 1992b『銀行マンの妻たちは、いま』東京：オーエス出版ロナルド・ドーア深田祐介

横田濱夫 1993『日本型資本主義なくしてなんの日本か』東京：講談社

三、英文（按照英文字母表排序）

Abegglen, James C., and George Stalk Jr. 1985. *Kaisha: the Japanese Corporation*. New York: Basic Books.

Aoki, Masahiko.1990. *Information, Incentives, and Bargaining in the Japanese Economy*.Cambridge: Cambridge University of Press.

Bachnik, Jane.1983. *Recruiting Strategies for Household Succession: Rethinking Japanese Household Organization.* Man (N.S.) 18: 160–82.

Ballon, Robert J. 1985. *Salary Administration in Japan:" Regular" Workforce. Bulletin No.100*. Tokyo: Sophia University.

Befu, H.1962. *Corporate Emphasis and Patterns of Descent in the Japanese Family*. R. J. Smith and R. K. Beardsley (eds.) *Japanese Culture:Its Development and Characteristics*. Chicago: Aldine, p.34–41.

Befu, H. 1968. *Village Autonomy and Articulation with the State: The Case of Tokugawa Japan*. J. W. Hall and M. B. Jansen (eds.) *Studies in the Institutional History of Early Modern Japan.* Princeton:Princeton University Press.

Biersack, Aletta 1989. 'Local knowledge, local history: Greetz and beyond.'

L. Hunt (ed.) *The New Cultural History*: 72–96. Berkeley and London: University of California Press.

Charkham, Jonathan P. 1994. *Keeping Good Company: A Study of Corporate Governance in Five Countries*. Oxford: Clarendon Press.

Clark, Rodney 1979. *The Japanese Company*. New Haven, Conn.: Yale University Press.

Cole, Robert E. 1971. *Japanese Blue Collar*. Berkeley and Los Angeles: University of California Press.

Dore, R. P. 1958. *City Life in Japan: A Study of a Tokyo Ward*. Berkeley and Los Angeles: University of California Press.

Durkheim, Emile 1950. *The rules of the Sociological Method*. Glencoe, III.: Free Press.

Fruin, W. Mark 1992. *The Japanese Enterprise System: Competitive Strategies and Cooperative Structure*. Oxford: Clarendon Press.

Gerlach, Michael L. 1992. *Alliance Capitalism: The Social Organization of Japanese Business*. Los Angeles: University of California Press.

Glazer, Herbert 1969. 'The Japanese executive', p.77–98, in Robert J. Ballon (ed), *The Japanese employee*, Tokyo: Sophia University.

Kawahito, Hiroshi 1990."Karō shi and its Background: from the'Karō shi Hotline' Program" National Defense Counsel for Victims of Kar ō shi (ed.) Karō shi: When the "Corporate Warrior" Dies: 4–13. Tokyo: Mado–Sha.

Kester, Carl W. 1991. *Japanese Takeovers: the global contest for corporate control*, Boston, Mass.: Harvard Business School Press.

Kondo, Dorinne K. 1982. *Work, Family, and Self: A Cultural Analysis of Japanese Family Enterprise*. Ph.D. diss., Harvard University.

McKenzie, Colin 1992. "Stable shareholdings and the role of Japanese life insurance companies", p.83–98 in P. Sheard (ed.) International Adjustment and the Japanese Firm, Australia: Allen & UNWIN.

Nakamaki, Hirochika 1990. "Religious Civilization in Modern Japan: As Revealed Through a Focus on Mt.Kō ya..." Umesao T. et al (eds.) *Japanese Civilization in the Modern world VI*, Senri Ethnological Studies 29: 121–136. Osaka: National Museum of Ethnology.

Nakamaki, Hirochika 1995. "Memorial Monuments and Memorial Services of Japanese Companies." Jan van Bremen and D. P. Martinez (eds.) *Ceremony and Ritual in Japan: Religious Practices in an Industrialised Society*: 146–158. London: Routledge.

Nakane, Chie 1967. *Kinship and Economic Organization in Rural Japan*. London: Athlone Press.

Nakane, Chie 1970. *Japanese Society*. Berkeley: University of California Press.

Noguchi, Paul H. 1990. *Delayed Departures, Overdue Arrivals: Industrial Familialism and the Japanese National Railways*. Honolulu: University of Hawaii Press.

Rohlen, Thomas P. 1974. *For Harmony and Strength: Japanese White-collar Organization in Anthropological Perspective*. Berkeley and Los Angeles: University of California Press.

Sackmann, Sonja A. et al 1997. "Single and multiple cultures in international cross-cultural management research: overview" , p.14–50 in S. A. Sackmann (ed.) *Cultural Complexity in organisation: inherent contrasts and contradictions*, London: Sage Publication.

Sahlins, Marshall 1976. *The Use and Abuse of Biology: An Anthropological Critique of Sociobiology*. Ann Arbor: The University of Michigan Press.

Sahlins, Marshall 1999. "Two or Three Things that I Know About

Culture." *Journal of Royal Anthropological Institute* (N.5): 1−23.

Sheard, Paul 1986. "Intercorporate shareholdings and structural adjustment in Japan", *Pacific Economic Papers*, No. 140, Canberra, Australia: Australia Japan Research Centre, Australian National University.

Sheard, Paul 1994. "Interlocking shareholdings and corporate governance", p.310−349 in M. Aoki, and R. Dore, (eds.) *The Japanese Firm: the sources of competitive strength*, Oxford: Oxford University Press.

Shimizu, R. 1989. *The Japanese Business: Success Factors*. Tokyo: Chikura Shobo.

Whitehill, A. M. 1991. *Japanese Management: Tradition and Transition*. London:Routledge.

Williamson, Oliver E. 1975. *Markets and Hierarchies: Analysis and Anti-Trust Implications*. New York: Free Press.

Wong, H. W. 1999. *Japanese Bosses, Chinese Workers: Power and Control in a Hong Kong Megastore*. Surrey: Curzon Press.

柳田国男的家庭论

宋金文（北京外国语大学北京日本学研究中心副教授）

一、前言

柳田国男（1875—1962）是民俗学大家、日本民俗学的创始人。他的一生经历了明治、大正、昭和三个历史巨变时期。这三个时期，正是日本近代化起步并取得实际性进展的时期；同时也是农村贫困问题加剧，民众的传统文化和生活体系遭受破坏，被迫转型的时期。作为一个有良知的知识分子，早年他曾为解决“农民为什么贫困”问题而从政，进行过农政学的研究，并被誉为明治时期屈指可数的农业经济学家之一。其农政主张遭受挫折以后，他又将毕生精力投入到了日本民俗的研究中，希望通过对普通百姓即“常民”的生活史和内心世界的发掘，唤醒他们在近代社会中的主体意识和自觉意识，寻找出一条适合农村内在的发展道路，达到国民整体幸福的目的。他对农村传统民俗生活习惯和机制以及民众精神信仰的研究不仅对后世日本民俗学产生了深远影响，并传承至今。尤其是在国家主义至上的年代，他对“常民”幸福的关注以及近代社会发展所持有的独特的内省性视角，彰显了其学术思想的超近代性或反近代性的一面，使得其影响远远超出了日本民俗学的范围，具有了某种普遍性和世界意义。直至今日，在人们对物化了的社会关系以及城乡种种社会不平等、不协调现象进行反思时，他的学术观点仍备受重视。

1901 年，柳田国男从东京大学毕业，进入商务省农政局工作。当时正值日本帝国主义形成时期。在农村，产业革命带来了生产和流通的巨变；同时，也扩大了农民阶层的贫富差距。大批小农小工商业者在城市资本以及地主制的双重压迫下，“难以继续经济上的苦斗奋战，大量失去了根基，流离四方”（柳田，1975a）。其结果“不仅妨碍了地方经济的进步，动摇了国力的根基，而且对每个家庭而言，这些颠沛流离的多数意味着家道的零落，祭祀的绝灭，还有与此相伴的道义心的消长等，若细道来，令人深感悲哀和担忧之处，不胜枚举”。（同上引）处于资本主义旋涡中的小农小工商业者因无法均沾社会发展的果实，对人世充满了悲愤和哀怨之情。

如何将沦于贫困边缘的社会基层民众，特别是农民群体从近代结构性贫困中解救出来，使之成为近代社会中独挡一面的自立的生产者，成为柳田国男从事农政学研究的最大课题。

面对“农民为什么贫困”的困惑，柳田国男以极大的热情投入到这个时代性课题的研究中，并先后撰写了《最新产业组合通解》（1975a［1903］）、《农政学》（1975n［1903—1906］）、《农业政策》（1975o［1904—1908］）、《时代与农政》（1975b［1911］）等农政学著作，从近代社会产业合理分工、均衡发展、实现国民整体幸福的目标出发，认为大量培育自立性农户是当时日本农村、农业所面临的最紧迫任务，并试图从根本上找出解决近代农民结构性贫困的途径。

尽管柳田国男的农政学主张因没有得到应有的回应，最终不免成为超越时代的“荒野上的呐喊”（东畑，1986），但他并没有因此失去信心。第一次世界大战结束辞官转入民俗学研究以后，他仍以极大的热情关注农村、农民的命运，并留下了《日本农民史》（1975h［1925］）、《城市与农村》（1975c［1929］）、《祖先的话语》（1975l［1946］）等不朽名著，意在通过农民对自身历史的内省和反思以及自觉的合理性判断，自主地解决所面临的近代结构性贫困问题，以较小的代价，完成向近代化社会的过渡。

纵观柳田国男的农政学、民俗学研究，不难发现，其中始终贯穿着的一条红线，就是对农民家庭在近代化过程中的遭遇和未来命运的深切关注。其关注的焦点主要集中在以下几个方面：一，如何认识和解决当下农民所面临的头等难题，即农民的贫困化问题；二，对与家庭制度变化相关的农民家庭结构单纯化的看法；三，家庭分化对人们的内心世界以及构建未来农村社会制度体系的影响。

这些问题实际上涉及了家庭经济、社会现状、文化传统、历史发展模式等诸多方面，因此，柳田对家庭的分析方法和研究视角也是多角度的、综合性的。

概括起来，包括以下内容：一，对当时小农所处的历史背景和现状的认识（政治经济学视角）；二，对农村家庭变化的历史、社会原因、存在的问题的分析（历史学、民俗学视角）；三，解决农村贫困问题的方法、途径和依据（民俗学、社会本土方法论视角）；四是解决上述问题的意义（超近代主义视角）。其内在关联如下表所示：

现状认知	主要原因	解决方法	意义（定位）
小农贫困化问题	小规模的土地所有形态不适合近代社会生产力发展的要求	扩大生产规模、提高生产效率、在家庭、村落共同体合议的基础上确立农户的自立	实现农民在近代社会中经济上自立、共同发展、共同富裕（对产业化不平等发展后果的反思、反省）

待续

续表

现状认知	主要原因	解决方法	意义（定位）
家庭结构单纯化的问题	生产、生活中不理智的小家庭化趋势取向导致了家庭的孤立化，家庭、村落之间的互助功能弱化	以传统家庭生活智慧和机制为依托，实现近代社会更高层次上的自立与合作。	合作、共处、共赢是农村地区社会存在的基础（对家庭社会孤立化的反省）
家庭信仰与农村社会的构建	传统的家庭观和信仰在近代化的过程中逐渐被忘却，农村、地方社会的凝聚力下降，内发性抵抗外部不利影响的能力衰退。	准确理解家庭解体的利弊，减少家庭解体对家庭和社会凝聚力的负面影响，创造性地开辟未来。	未来农村社会的发展应以民众的内发性自觉为前提（走另一条农村近代化道路）

柳田国男家庭论的结构与主要内容

下面将通过柳田国男农政学以及民俗学中有关家庭的论述，探讨其对家庭理解的真意，并分析其家庭论的当代意义。

二、小农贫困化问题——近代农民贫困化的性质及时代背景

在《时代与农政》中，柳田国男（1975b）指出，当今农民的贫困化与过去相比有着本质的不同。“贫民自古有之，而今日之贫困是自我觉察得到但却无法预防的痛苦的贫困。”“过去的贫困，或者是由于放荡等其他原因自己招致的，或者是偶然降临到自家头上的临时大灾害等不幸所导致的，但在现代，除此之外又出现了一种勤奋劳动但仍有所不足的不幸。”“在自治经济时代，问‘我为什么穷困？’可能是一个愚蠢的问题。除了天灾之外，只要努力劳动，一定会获得相应的报酬。但在今日，努力劳动有时也难免贫困。”柳田国男认识到，“勤奋劳动但仍有所不足”、“自觉到但却无法预防的痛苦的贫困”是商品经济时代的特点，是小农阶级低下的生产力与商品经济时代的发展不相适应所导致的必然

结果，也是农民在近代化的过程中必须加以克服的矛盾。

柳田国男认为，当代农民的贫困问题首先是由其生存环境所造成的。日本农民大半“是世界上少有的细小农，除了少数例外的以外，都是些若不对现有经营状况进行若干改进就难以确保永久安泰的人”（柳田 1975c）。为了摆脱这种处境，柳田国男（1975d）在其农政学中提出了包括限制地主自耕地以外的土地扩张和兼并（实现耕者有其田），发展中农经济，调低并固定地租利率，改实物地租为现金缴纳，鼓励农村过剩人口外流，鼓励小农户向其他产业自由流动和过小农户离农，鼓励发展地方工商业，积极开发农村区域性市场，组织和发展农村产业组合，摒弃不合理的单纯性的城市化消费方式，实施有利于农业发展的合理的国家农业政策等诸多主张。上述主张有的与当时政府所推行的近代化政策措施相一致；有的则相反，例如主张发展中农经济，赞成过小农的离农，主张发展农村区域市场等。[1] 虽然这些观点在当时极具前瞻性，但由于政府的关心点主要在于实现国家的殖产兴业的产业政策化政策上，农业的发展也受到地主——小农土地所有的限制，柳田国男的上述农学主张在当时没有得到应有的重视。

三、家庭制度的变化——近代小家庭结构单纯化问题

在柳田国男的民俗学视角中，家庭一直被看作是土地与劳动力相结合的劳动组织或集团。

---

[1] 例如 1873—1881 年明治政府实施地租改革，废除了领主的土地所有权，改为一地一主，确立土地的私人所有，并实施了地租的现金缴纳，以适应资本主义商品经济发展对农业原始积累的需要。柳田国男的主张与政府的政策相一致。

> 农业原本就是十分费力的事情，而且很多的人手中，如果没有一个统帅者，事情还是做不好。所以，自古以来，在农业中人们一直为劳力的聚集和组织而操心，如果家族制度的变迁也从这个角度去进行研究，其意义将清楚地显露出来。（柳田，1975e：344–345）

把家庭作为土地与劳动力相结合的劳动组织或集团来把握，是柳田国男家庭论的基础。

柳田国男在其主持编撰的《民俗学词典》中，对日本人的家庭 =“家”作了如下的概念性描述：[1]

> 日本人除了把房屋叫作“家”以外，还把房屋里居住的人们的集团，即夫妇、亲子、兄弟等血缘关系极近、比较少量的人们组成的共同起居和拥有共同信仰的集团称为“家”。“家”的一般形态是以夫妇为单位，通常生有子女数人，其中一人作为家的继承者留在家中，其他的或者分家单过，或者进入别人的家中。留在家中的后继者结婚生子，重复同样的过程，直系的几代人同居一起，这便是“家”的一般形状。（柳田监修，1967）

柳田国男认为，“家”从形状上讲，“是夫妇、亲子、兄弟等血缘关系极近、比较少量的人们组成的共同起居和拥有共同信仰的集团”，是直系几代人共同起居、新陈代谢的基础上形成的。但历史和民俗学证明，从本质上讲，家庭首先是一个共同生产的经营体。这个经营体一般需要有一个指挥者，起统帅、监督和协调作用。起这样作用的人就是“家长”或“户主”。柳田国

[1] 日语中将 family 翻译成“家”。

男（1975h）在《日本农民史》一书中指出，江户末期以后随着人口增多土地减少，生存竞争日趋剧烈，家长的权力不断增强，家长作为家庭统帅者的权力随之逐渐被强化和固定了下来。在可开垦的土地有限的情况下，为了避免土地过于分散导致绝户的危险，父母不能完全按照爱情的本能，将土地平分给每个子女；而是将属于“家”所有的土地集中转让给子女中的一人继承，指定单子做“家督”，负责“家”的经营，并指挥家庭成员的劳动。这样逐步形成了长子单独继承的“家”制度。在这个过程中，传统的大家庭逐步解体，慢慢形成了以父系血缘为主的由父及子、由子及孙的家庭财产继承制。柳田国男（1975f：273）认为，长子或其他同胞中的一人将土地等“家产”连同“家号”一起优先继承的长男单独继承的制度虽然体现的是一种“略显冷酷的‘家的原则’”，但从历史上看，它无疑也是农民为了防止资产均分导致一门主力弱化的智慧的结晶。

在《社田考大要》中，柳田国男（1975g）指出，所谓“大家庭”、“亲属”、“父子”等集团，一开始都是基于血缘关系的一种称呼，其实体都是农民为了生活而结成的劳动、生产组合和共同组织。这些组织后来逐渐分化，形成了以“家”为中心的紧密的关系，并且赋予了“家”作为生活永续体以及祖先信仰的载体的性质。

既然“家”是土地与劳动力结合的劳动组织或集团，那么，从逻辑上讲，在近代化过程中，随着生产力的发展，土地与劳动的方式发生改革，家庭的形态和功能必然也会随之发生一些变化。从这个意义上讲，柳田国男的家庭论本质上属于一种家庭变动论。虽然柳田国男并没有对未来可能出现的近代家庭结构方式展开具体分析，但他指出，日本近世以后，随着可开垦土地的减少以及人口的增加，大家庭就已经出现了向小家庭发展的趋向，以“家”

为单位的形态和“家”意识也逐渐确立起来。尤其是明治以后，随着外部经济组织增加，农业生产商品化，职业选择自由度增加以及家庭成员对“更加幸福的生活”的追求等，土地与劳动力的结合方式产生了前所未有的分化，过去的“家”制度进一步分解成了现今更加独立的小家庭。

柳田国男认为，在近代化的过程中，家庭的独立性增强，家庭向小型化发展是必然的，也是值得欢迎的。但问题是，现实中条件尚不成熟的农民小家庭分化，存在着许多弱点和弊端。

> 前代复杂的合同式农业劳动组织最近变成了纯粹的家庭主义模式，生产一方面向与他人没有交涉的各户生产转变，但现在却没有形成与时代感觉充分协调的、稳定的农业经营技术的改善。当今所谓农村疲惫苦闷的呼声之下，难道说不存在着这样一些尚未被意识到的不协调的弱点吗？（柳田，1975g）

柳田认为，与建立在复杂共同劳动基础上的传统家庭制度相比，现在的小家庭化由于缺乏自立的基础，存在着许多与时代发展不协调的问题。尤其是水稻以及养蚕等特殊作物生产的单一化，使得家庭生活极易受外部影响。家庭的生产活动日趋孤立，父子间的合作机会也相对地减少了。“家”走向分解以后，随着生产的衰退和生活上困顿的逐渐增加，小家庭的生活风险也随之增加了。

除此以外，柳田国男还认为，近代以来，随着农业以外的产业和组织的发展，农民选择其他职业的可能性和机会增多了。但农民的职业选择方式却不利于农民家庭的独立发展。柳田国男指出，与城市人所从事的专门职业不同，在农户家庭中，“支持着‘家’的成员们的协作屡屡是一些与职业的统一无关的合作”（同上引）。外出打工、做日工等作为家庭劳动不可分割的一部分，过去一直就比较盛行，明治以后职业种类增加，使得一部分人的生活逐渐实现了自立。但农民能够选择的职业大多数是些“勉强维持贫苦生活的临时举措，属于倘若发现其他稍好一点的，便可以马上抛弃的零落的职业”（同上引），都是些与“家”没有任何交涉的职业。“而且一旦从事以后，便与以前的家业失去了缘分，即使有救济之心，其手段除了直接提供衣食补贴以外别无他法”（同上引），这也是近代农民家庭难以自立、逐渐弱化的一个原因。

农民没有任何不能转入的职业和农民的职业意识还没有完全发达的现实，使农民的家庭在社会发展过程中不得不品尝诸多的苦果。其中之一就是“孤立贫”。

> 当我们的生活方式越发趋向于按每个人的想法行事，不论衣食住行还是生产，逐渐分化成按个人的想法行事的时代到来之后，灾害中人们共同的地方就越来越少了，贫困就成为孤立的实践，于是防卫只能独立地进行的时代就到来了。

随着生活方式的个人化，孤立的小家庭由于逐渐丧失了建立于共同劳动基础上的互助的纽带，农村传统的有组织的防卫就难以实现了。

柳田国男认为，过去，农村中的家庭并不是孤立的。

> 综观当今村庄之生活，乍看呈现在眼前的似乎是一些大小不等的农场，一些贫富不等的劳动集团即家庭偶然相临而居而形成的，但实际上其间隐藏着外人不易看到的连带，只须考虑一下其成立的原委，就不难发现，在各居民的经济生活之上，还相互叠加了一些意外的约束。（柳田，1975h）

村落就是由不同家庭彼此之间的相互连带和约束而形成的，而实际上其本身就是一个相互救济的单位。“村落的救济事业，似乎存在着一种不成文的规定，极贫病苦者不被放弃，单身独户的百姓由村内组内互相帮助，女户主以及幼小户主的农户，也会得到竭力辅助，诸如此类的习俗，绝非道德上的训喻。”（同上引）

此外，柳田还认为，日本封建社会的上下等级关系中存在着一种庇护与被庇护的关系，过去时代中“对于那些服从自己的眼下之家，尊家也是积极给予保护的”（同上引）。“主家和从属的关系中，存在着各种救贫的方法，亦或是一种为防止不幸而不得不建立的社会组织。”（同上引）这些关系在过去的时代是农村地区贫困者得以救助的有效方式。

柳田国男注意到了在家庭共同劳动破灭、农村阶层发生分化以后农民贫困家庭逐渐增加的事实。“……这样，农村中自古以来习惯性地形成了巧妙而便利的劳动组织，共同生活了过来。但近世以后，由于种种原因，这些共同走向了破灭。其中最大的原因之一，就是有势者独自发达了，其他的则被甩在了后边。”（柳田，1975i）近代家庭生活转变为各负其责以后，“地方分散的多数同族的小家庭过去曾拥有的某种组织的微妙的功能无法得到利用，这加深了他们的颓废观”（柳田，1975e）。他认为，过去村落、亲属等救贫的社会组织走向瓦解，人们之间的互助关系衰退，是导致农民“孤立贫”增加的另外一个原因。

明治时期以后，随着人口移动、职业自由、婚姻自由、村落内部庇护关系的丧失等，小家庭的贫困和没落问题比以往更加突出。人们深刻地感受到了社会的这些变化，但却又无能为力。在《明治大正史——世俗篇》中，他督促人们反思：“在今日人们认为理所当然的事情当中，我们不妨回头审视一下，我们是否缺少了某些必要的条件。”（柳田，1975g）这里所谓的必要条件，是指过去家庭和村落生活是基于共同劳动、共同生活基础上产生的互助和共同心来支撑的，到了近代，家庭在外竞争机制的压力下，不得不在条件不具备的情况下被迫去接受冒险的改变。随着家庭的分化，生活所必要的传统因素正被人们所遗忘。这正是柳田国男对当时农民家庭陷入“孤立贫”不能自拔的现状深感担心的重要原因。

四、家庭分化与人们内心世界的变化

明治以后农村贫困者增加的事实表明，自由资本主义的竞争机制不仅不能使农村自发产生出解决小农贫困问题的有效方式，相反，地主土地所有制与外部商品经济的发展只会加剧小农阶层的贫困。柳田国男认为，农村的问题中不仅有小农经济上的贫困，还有家庭瓦解所导致的人们的内心世界以及社会制度体制的变化等精神信仰的问题。对于认为传统的家制度是人们产生祖先信仰、共同价值观的基础的柳田国男而言，家庭的解体不仅意味着人们的精神信仰和内心世界的改变，而且还会影响到未来社会的构建方式。这实际上就涉及了柳田国男家庭论的另一个重要论点，即与人们的信仰和内心世界密切相关的家庭的理解和定位问题。

柳田国男（1975j）认为，历史上，“家”制度在组织家庭成员进行共同劳动的同时，将收获的盈余作为劳动的补偿，反馈给家庭，起到了保障家庭成员生老病死的作用。对家庭成员的劳动，“家”一般不须向其个人支付劳动报酬，但会对维系“家”的存在和再生产的成员给予整体的庇护和保障。家庭不仅具有保障血缘关系者、共同居住在一个屋檐下的同居集团的生活的作用，而且对那些不住在统一屋檐下，但却一起共同劳动的其他成员，即非血缘关系的成员，也发挥着保障其生活的作用。

但由于“家”的基础薄弱，历史上家庭在保护其成员生活方面的作用是有限的。柳田国男指出，现实中“家”的盛衰荣枯变化是非常剧烈的。“现在活着的不论是有钱还是贫困的，都是其中一方生存者的子孙，可以想象，此外绝户的家户一定还非常之多。”（柳田，1975k）由于缺少土地等生存手段，历史上走向破灭的家庭并不少见。

柳田国男认为，“家”的盛衰荣枯的现实使人们视土如命，认为土地与人口的结合不是个人的事，而是世世代代家族成员生存的一贯性需求，具有超时代的性质。在长期的历史发展过程中，逐步形成了“家”比个人更为重要的社会价值观和氛围，并强化了个人对“家”的归属意识，由此产生了日本人独特的家庭永续的观念以及固有的祖先信仰。“家”的繁荣和永续以及祖先信仰成为家庭成员重要的生活原理和精神支柱。对此，柳田国男在《日本农民史》中有如下的描述：

> 倘若问百姓对劳作的辛苦和忍耐所期待的报酬是什么，具体而言就是家的永续得到保障，家的永续具有两个方面。物质上提供最低限度的食物的保证，不至于饿死……第二是精神方面记忆的保存（中略）。就祭祀祖先同时希望得到子孙祭祀的国风而言，盂兰盆节或秋分时节，如果不能确信家中有祭祀自己的人，那么一般是无法无忧无虑地老去或者死去的。这就是所谓的血脉，在东洋人的家的观念中，总存在着如此般的爱情的交换和连锁。（柳田，1975h）

在《祖先的话语》的自序中也有同样的表述：

> 家的问题，在我看来，与死后的计划相关，又与灵魂的观念

密切相关，每个国家都有各自的常识和历史。（中略）如果无视民族悠久的历史习惯，不论如何，都不能让多数同胞安心地去追随。（柳田，1975l）

在柳田看来，"家"不仅具有物质上保证家庭成员生存的作用，而且在精神上，"家"还有保证死后作为"家"的祖先得到祭祀，作为家庭的一员得到人们怀念的精神安慰的作用。柳田所谓的日本人的祖先信仰就是以家的成立和永续为前提，在其创始者即祖先和其继承者即子孙之间的关系中成立的宗教民间信仰现象。正如后藤所指出的，柳田国男学的中心主题，就是他发现并描述了长久存在于日本常民中的根本原理，即守家尊祖，维护共同体、祭祀祖神的日本固有信仰，并认为这种信仰构成了日本人生活和文化的核心（后藤，1985：440）。

那么，柳田国男是如何看待家庭分化与人们精神世界的变化的呢？这个问题与柳田国男的家庭认知密切相关。

柳田国男承认家庭每天都在变化的现实，也承认在近代社会中，传统的日本固有信仰发生了退化。实际上，柳田国男在日本民众生活制度的研究中曾明确指出，历史上的"家"制度本身存在着不少的弊端。他指出，为了"家"的永续，往往要求家庭成员顺从，限制其自由、牺牲其婚姻，像奴仆一样生活。甚至为了家庭，断绝他们与"家"的来往，逐出家门，废黜嫡系关系等也在所不辞。"家"的矛盾不仅体现在长男以外的家庭成员必须忍耐比长兄要坏得多的生活，即使"家"制度的代表，背负子女爱情于一身的家长也难逃"家"的约束（柳田，1975l：13，17）。

因此，在《祖先的话语》中，柳田国男感叹道："大家庭制度崩溃以后，不管家多么小，家就是家的想法依然势强，这既有好的一面，同时也有令人担心的地方。"（同上引：15）这反映了柳田国男对家庭具有辩证思维的一面。

由于柳田国男对家庭在历史上的作用以及局限性和非福利性有深刻的认识，对“家”能够进行复眼式的把握，这使得他对近代家庭向小型化发展，“家”制度逐渐崩溃并没有流露出太多的反感。相反，在《祖先的话语》中，甚至表现出对“家”制度崩溃欢迎的态度。“新时代的变化，首先应该从以牺牲家庭成员幸福为代价的家的分解为开始”（同上引），这是他家庭观进步性的表现。

尽管柳田国男对以牺牲家庭成员幸福为代价的传统家庭的分解持支持的态度，但是，他并不认为无条件地放弃民众传统生活中所形成的东西的做法都是正确的；相反，他特别强调传统家庭生活机制和价值观在维持人们的日常生活、纠正近代社会不平等、构建新型社会秩序方面的重要性。他认为过去民众的生活史主要通过家、村落等社会和地区载体，把自己与祖先以及地区社会联系在一起，通过对家、地区的奉献，得到家庭和共同体社会的承认和尊重，并获得了人生的价值和意义。他承认这些传统的生活原理和价值观在近代社会中正在发生激烈的变化，并必将引起人们的争论。但同时指出，实际上随着家的解体，人们已经开始失去很多本可以依赖的宝贵资源。例如，职业选择的自由的确给家庭和社会带来了复杂化的转机，但是柳田国男认为：

> 从家的永续来看，却有很大的不利，至少对下一代的计划即子女的养育而言，不得不面临放弃某些便利条件的损失。凭眼睛看不到的代代祖先灵魂的恩惠，例如那些具有气质感受性的家庭中所传承的东西，当然就无法得到利用了。（柳田，1975g：321）

同时，“地方分散的多数同族的小家庭过去曾拥有的某种组织的微妙的功能无法得到利用，这加深了他们的颓废观”。并强调指出，目前农村苦闷动摇的深处，“仍然不能否认的是上代信仰的问题，不能将此置之度外”（柳田，1975m：326）。在柳田看来，家庭气质的传承，家庭连带关系，祖先的信仰等出现衰退，使得农民的生活和信仰出现混乱，农村各种问题的产生都与此相关。当下日本农村家庭独立贫的趋势，实际上就是人们放弃传统一味进行家庭分化的结果。盲目的家庭分化不仅不能很好地解决的目前的贫困和将来自立发展的问题，而且在精神上也由于失去了在共同劳动中所形成的共同意识和团结协作的精神，导致现实中人们不得不忍受由此带来的物质和精神上的诸多痛苦和不便，农村社会也失去了内在持续发展所赖以维持的土壤。

笔者认为，柳田国男之所以对近代纯粹的家庭主义生产表示担忧，对现代小家庭陷入无法自拔的孤立贫表示担忧，对家庭走向没落，无法像以前一样维持家庭成员物质和精神生活的稳定担忧，都与家制度崩溃以后人们的生活理念和精神依托将何处寻觅这个问题相关。如果不是简单地从西方舶来文化中而是需要从传统文化中去寻觅的话，那么人们就不得不对传统家庭的分化方式进行反思，对过去共同劳动中所产生的祖先信仰等价值观在近代社会中被抛弃和遗忘是否理智作出判断。柳田国男对家庭分化的担忧与他对不理智的家庭分化将导致日本民族传统和信仰丧失，从而使民族和社会失去了连带性和共同发展的基础的担忧有关。

五、家庭的定位——未来农村理想生活模式的构建

农民的贫困和不明智的家庭分化不仅对家庭的自立发展和家庭成员的幸福不利，而且占国民大多数的农民的不幸，对国家来说也不利的。这对于具有“常民”意识——认为社会发展的主体应该

是普通的生活者、他们是推动历史发展动力——的柳田国男而言，这种想法表现得尤其强烈。

前面已经提到，柳田国男强烈地认识到了农民的贫困是小农经济与近代产业社会发展不适应的结果；因此，提出了农民必须通过改良生产方式，提高农业生产力，普遍建立自立性农户的主张。但柳田国男并没有把问题局限于农村家庭之内，而是从国家整体繁荣的角度对农民家庭进行了充满结构功能主义色彩的分析和定位。

柳田国男在其农政学说中指出，国家的理想应该是“尽可能让多数人享受到充分的幸福，尽可能减少陷于困境中的人”，即把“国民整体繁荣”作为理想的目标（柳田，1975a）。既然国民整体繁荣是国家的目标，那么占国民中大部分的小农的贫困就必然成为国家政治中的大事。因此，通过相应的社会政策，“让那些资力微弱难以自活的下级农民能够得以改良其地位，或不得已而维持现状，防止其坠落至比此更困难的阶级即需要国家直接救济的贫苦境地”（柳田，1975），就成为国家的当务之急。

正因为柳田国男具有国民整体繁荣发展的思想，因此，他反对当时占主流地位的所谓“工业立国”、“商业立国论”，也反对与此对立的“重农主义”，主张农民的地位应该放到国民经济总体发展中来考虑。具体而言，他一方面认为粮食是人们生活中最重要最紧迫的必需品，必须尽量做到以自国生产为主；同时认为，农业与工商业等其他职业一样，都是国民劳动的一种形态，应该一视同仁、平等对待。“那种认为应该从农商工业等中择其一，以此繁荣发达作为一切政策的标准的观点是错误的”，如果没有农业与商工业的平衡发展，“若择其一而谋求一国整体的繁荣，则一国整体的进步决非蹩脚式的繁荣所能够达到的”。（同上引）上述观点与当时日本国内占主流地位的国家至上主义的思想相比，显示出了柳田国男独特的国家观，即建立在常民平等、总体繁荣意识上的国家观。

在《农业政策学》中，柳田国男指出：

> 国家以人民与领土构成之……欲使两者衔接，务使人民得以在领土上土着定居。一言以蔽之，土著乃国家存在之要素也……而此土著之起源即为农业。换而言之，衔接土地与人民者乃农业也。国民之浮动分子呈与农业之衰微俱增之势说明，农业乃国之锚是也。（柳田，1975o）

柳田国男认为，任何时代国家的安宁都必须以部分农民的“土著”“定居”为前提。在国家与土著人民的关系上，柳田国男并不认为国家的存在应该凌驾于人民之上。

> 农业政策……不仅应期待其生产政策能够带来实效，还须注意分配之归趋，有时，欲救部分处于压迫中的国民，甚至多少牺牲一些生产的进步也应在所不辞。何有此言也？因国家乃以生产增殖为其政策目标，但若为增进比此更大之目标即国民整体之幸福所用，则生产自身不论于私于国皆决非终局目的是也。（柳田，1975n）

柳田国男认为，与国家的生产目标相比，国民整体的幸福才是第一性的。在消除导致农民贫困的不利因素、增进民众福祉方面，国家具有不可推卸的责任，国家的农业政策应优先考虑农民的生活问题，这可以说是柳田国男“常民”思想的一种体现。

但现实并没有按照他所设想的国民整体繁荣的理想目标发展。相反，城市与农村的对立加剧，农村出现了日趋衰惫的迹象。“他们将生产和运输的无数文化制品到农村寻找无限的销路……他们通过各种手段挤压农民羞涩的囊中。于是两者的关系就具有了与封建社会中领主与农民关系极其相似的一面。”这种城乡关系“即使没有那些争论到面红耳赤的土地兼并以及佃农争议，也足以成为农村破坏的原因”（柳田，1975p）。

也就是说，柳田国男清醒地认识到在农村民众的自觉意识尚未充分发育之前，城乡不协调发展已经给农村造成了巨大破坏，并加剧了农民的贫困。他之所以强调国家的作用，是因为他已经敏锐地观察到，要解决小农家庭的贫困问题，仅通过农民自身的反省是不够的；国家也应该采取措施，主动地去化解地主与小作农的矛盾、农民生产的自立与资本化生产的矛盾以及城市资本对农村的压迫的矛盾。

常民的社会主体意识使得他在谈论农村对策时并没有一味地夸大国家的作用。相反，他认为国家社会政策的着眼点必须放到“通过直接或间接教育的方法，最终达到不强迫人民而达到其自身所能够达到的境界（自助），强硬的警察命令，或者露骨的奖励金制度，效率低而弊端多，除了紧急且必须的情况以外，应尽力避免之”（柳田，1975n）。通过政策诱导，让农民达到自我自助的境界，是柳田国男农政论的基本观点。柳田“很怀疑……那种认为农村的衰微仅凭农民自己的力量无论如何也无能为力的观点”（柳田，1975c），他认为农村的自主自救才是解决问题的根本出路。

具体到如何实现农民脱贫问题上，柳田国男认为，由于农村各地的具体情况不同，国家统一的农业政策往往难以奏效，因此，需要农户能够根据自身的条件，因地制宜，自主地作出合理的决断。土地小不能自活的农户该离农的离农，有其他出路的积极寻找其他出路；将来计划以农业为生的，则应把生产规模扩大到中等规模（按当时计算须 1.5 公顷）以上，提高生产力。只有这样，才能保证农民的自立性地位，在社会发展中站稳脚跟。

柳田国男认为，为了实现农民自立发展的目标，仅仅依靠外力是不行的，应该充分发挥日本农村人们期望富裕的“共同心理”以及村落社区内部共同协商、协作的传统力量，由每个家庭独立地作出合理的判断。[1] 柳田国男认为，合众人之力，通过协商协作，达到共同改良生活的目的，是日本农村自古以来就有的传统，是农村的强项，农村的问题应该由地方农民自己做主解决。“当事者如果对自己目前的境况，或者对至今为止过去的事情能够有一个清楚的认识，或许早就能作出更幸福的判断和计划来了。”（柳田，1975c）柳田国男对农村“共同心”等传统生活的关注，就是让人们理解，在克服近代贫困问题方面，农村本来具有可以依靠和利用的宝贵资源，是可以自行解决自己的问题的。

在《农村与城市》中，柳田国男对农村理想的生活状态进行了如下的描述：

> 首先第一点是，想工作的人什么时候都有工作可做，当然，还应该有当事人认可的合适的报酬……第二点则正好相反，想辞退时可以辞退不干，也就是说，遇到适合自己的下一个职业时，能够自由的转换。第三是对工作的选择，必须具备所作的判断不管对自己还是对世人都是最正确的选择的智慧。（柳田，1975c）

---

[1] 柳田国男承认，农民生活的共同性和调节利害关系的能力有变弱的趋势。但他同时认为，只要克服以上下关系为主的过去那种“合纵式指挥”模式的弊端，建立连横式平等自立和自尊基础上的自由民主决议模式，“好好怀疑，好好判断，一旦确定，就具有执行之的个人能力”，面对困难，相互协助的共同关系和结合力是可以依靠的力量（柳田，1975h）。

值得注意的是，这里强调的三个方面，并没有出现家庭的字眼，而是凸现了个人、职业选择、城乡关系的重要性。但从他对当时家庭问题的把握，即如何实现农民家庭的自立是家庭所面临的最重要的任务来看，这些条件无疑也是家庭在近代社会存在和发展的必要条件。

柳田国男认为，在生产力大大提高的工业化社会里，农业理应成长为一个优秀的产业；同时作为农业承担者的农民，也理应为社会作出自己的贡献，并实现与社会发展共存共荣的目标。而来自农村、农民自下而上的自发的探索和改革，才是有效解决当前问题，抵御社会矛盾扩大、实现社会良性发展的根本要素。农民的家庭问题只有经过这样的不断探索，才会呈现真正的转机。

六、结论

以上我们从四个方面分析了柳田国男对近代家庭演变的理解和看法，即：一，农民家庭贫困化的原因；二，家庭结构单纯化的问题；三，家庭的分化所产生的问题；四，家庭的定位出发。

在柳田国男看来，作为“常民”中的一部分的农民家庭的贫困和没落是明治以后近代社会畸形发展的结果，而不是农村社会发展的必然规律。农民贫困的状况不仅是可以改变的，而且是能够改变的，但这应该通过农民对自身的处境以及以往的历史进行深刻反省和反思，发挥传统的优点，自下而上进行自我改革和探索，采取果敢合理的行动才能实现。这里，我们可以看到柳田国男农村家庭论所描绘的一条与当时农村贫困、城乡畸形发展所不同的另外一条农村近代化的道路。而其家庭论的真正目的，无疑就是希望找到这样一条减少农村家庭在社会转型过程中的痛苦，最后达到国民整体幸福之路（同上引）。在吸收传统的基础上改变现状，这是柳田国男家庭研究的特殊之处，也是可以与现代社会论接轨的地方。

但柳田国男的家庭论也明显具有局限性。这种局限性尤其表现在其方法论上，即强调如何让日本独特的家制度和祖先信仰在近代社会中发挥更大作用的问题上。柳田认为，在新的家庭自立的基础和共同价值观还没有确立之前，简单地放弃传统家庭中所孕育的生存智慧、价值观和信仰是不理智的。传统村落和家庭中所蕴藏着的智慧和机制如果发挥得当，足以抵御外部资本竞争所带来的贫富差异加大的可能性；足以产生出抵御外部竞争带来的种种不利后果；足以使农村走上一条自主、自立、共同繁荣的近代化道路。但事实证明，在外部资本体制的强大力量面前，通过人们对自身历史的反省走上另外一条近代化的道路无法取得成功。

至此，似乎可以说柳田国男为了解决农民贫困问题所设计的两套方案都失败了。也就是说，不仅其主张通过经济合理化手段达到建立自立农户的目标没有成功，而且其希望从农民家庭演变的历史事实出发，从常民生活历史的变革中寻找民众自我解决近代农村贫困问题的途径和正确答案的愿望也没有实现。那么柳田家庭论的意义又在何处呢?

笔者认为，柳田家庭论的意义在于，把家庭作为一个不断变化着的劳动组织，放到近代化的大背景下，从小农家庭的历史演变、小农的近代自立与国民整体幸福的关系中揭示近代农民贫困问题的本质，使得其家庭论具有了时代性和批判现实主义的色彩；而主张常民通过利用传统智慧，改变现状，通过反思自身传统，解决自身问题的观点，使得他的家庭论具有了内发性社会发展观的内核，是一种本土意识决定论思维，向人们展现了另外一条农村近代化道路的可能性；而把家庭与日本人的民族性、精神信仰结合考虑，则赋予了柳田国男家庭论以超现代主义的特征，对构建新型农村社会具有重要的启发意义。

参考书目（按照五十音图排序）

後藤総一郎 1985 「柳田国男と現代」『柳田国男研究資料集成』第 19 巻 435–444 東京：弘文社

東畑精一 1986 「農政学者としての柳田国男」『柳田国男研究資料集成』第 5 巻 64–72 東京：弘文社

柳田国男 監修 1951 『民俗学辞典』民俗学研究所編 東京：東京堂出版

柳田国男 1975a 「最新産業組合通解」『柳田国男集定本』28 巻東京：筑摩書房

柳田国男 1975b「時代と農政」『柳田国男集定本』16 巻 东京：筑摩書房

柳田国男 1975c「都市と農村」『柳田国男集定本』16 巻 东京：筑摩書房

柳田国男 1975d 「中農育成策」『柳田国男集定本』31 巻 东京：筑摩書房

柳田国男 1975e 「婚姻の話」『柳田国男集定本』15 巻 东京：筑摩書房

柳田国男 1975f 「家閑談」『柳田国男集定本』15 巻 东京：筑摩書房

柳田国男 1975g「明治大正史」『柳田国男集定本』24 巻 东京：筑摩書房

柳田国男 1975h 「日本農民史」『柳田国男集定本』16 巻 东

京：筑摩書房

柳田国男 1975i 「農村家族制度と慣習」『柳田国男集定本』15 巻 东京：筑摩書房

柳田国男 1975j「社田考大要」『柳田国男集定本』11 巻 东京：筑摩書房

柳田国男 1975k 「木綿以前の事」『柳田国男集定本』14 巻 东京：筑摩書房

柳田国男 1975l 「先祖の話」『柳田国男集定本』10 巻 东京：筑摩書房

柳田国男 1975m 「郷土生活の研究法」『柳田国男集定本』25 巻 东京：筑摩書房

柳田国男 1975n 「農政学」『柳田国男集定本』28 巻 东京：筑摩書房

柳田国男 1975o 「農業政策学」『柳田国男集定本』28 巻 东京：筑摩書房

柳田国男 1975p 「都市文化建設の序説」『柳田国男集定本』28 巻 东京：筑摩書房

有贺喜左卫门的民族性格论和家、村论

高桥明善（东京农工大学名誉教授）

翻译：康艳梅

一、有贺理论的演变与民族性格论

（一）民族性格论

日本代表性的社会学者、农村社会学学家有贺喜左卫门在其主要著作《日本家族制度与租佃制度》（1943）中指出：日本农村中的社会关系主要表现为家与家之间的关系（之后将其概念化为“家联合”），一旦这种关系发展成上下关系或是“纵向关系”，那么其合作就变得非常之紧密，同时这种上下关系也便成为同族之间的本末关系。他认为，即使是平等的关系，如果可以转化成上下关系的话，那也同样具有形成同族关系的潜在可能性。他认为这是具有超越历史性的日本社会关系的特质，并将其规定为民族性格（民族性特质）。

社会人类学家中根千枝（1967［1964］）受有贺理论的影响，在第二次世界大战后发表了名为《纵式社会的人际关系》的论文。中根的论文对欧美影响很大，一时间成为日本社会论中最有名的论文。

第二次世界大战后，有贺（1955a）曾对日本的“公与私”这一课题进行了探讨。他认为，在日本农村中，总是本家、亲方

（父辈）、地主和大家（＝オオヤ，逐渐转变成公＝オオヤケ）等有地位的人为公；而分家、子方（子辈）、名子和佃农等则变成了私。这种关系向上又发展为地主与领主、领主与大名以及大名与幕府的关系，最顶点为天皇。日本人一般认为自己是私，所以不得不优先考虑上位者的公，然后再作出行动。

但是，也有很多学者指出，在有贺作为立论的实证性依据的日本农村，在其历史发展中，不仅出现过村落集会这种合议形式，而且作为生活组织，还拥有横向关系中的自治。另外，也有学者对村落中个人和集团之间相对融洽的、相互理解的村落集团主义以及为获得全体成员同意而不断交涉的全场一致主义等予以关注和评价（参考齐藤仁、矶边俊彦、川本彰、玉城哲、守田志郎、竹内利美、渡边兵力、川口笃等人的观点）。在现代产业组织论中，也有很多欧美派学者注意到，欧美产业官僚主义是一种明确的自上而下的指挥命令体系；与此不同，日本则是采取以基层的合议为基础，也即是说决策是自下而上作出的，这是日本的特点（Giddens，1992［1982］）。

当然，第二次世界大战前的农村社会学研究中也有学者和有贺持不同观点。[1] 这里选出铃木荣太郎、早川孝太郎和柳田国男三人进行说明。

铃木比较重视村落的整合性和统一性，主要着眼于村落中农民的“一致合作性”、“自主独立性”和“行为规范”，并且将具有这

[1] 战前，小河原忠三郎（1917）、森贤隆（1919）、药师寺建良（1929）、井森陆兵（1929、1943）、笠森传繁（1930）、那须浩（1930）、土田杏村（1931）、池田善长（1938）、铃木荣太郎（1940）等人分别写了一些《农村社会学》的概论性著作。

些特点的村落称为“自然村”。[1] 有贺虽然也承认村落的统一性，但在其代表作完成之后的见解中，他一方面重视同族、父辈子辈之间的上下关系；同时也重视对农业中的相互换工、婚嫁葬祭等各种机会中家与家之间的关系进行分析，在此基础上，设想了村落的整合性。他并没有像铃木那样对村落整体的一致团结和整合性本身进行研究。虽然铃木早在有贺之前就认识到了同族团的存在，但是他认为家庭和村落才是日本的“基本社会单位”，“几乎没有必要将作为其媒介的同族团等‘家联合体’提出来考虑”（竹内，1971：351）。

再来看一看早川孝太郎的观点。早川年轻的时候曾同有贺一起师从日本民俗学鼻祖柳田国男，从事民俗学研究。受到有贺的批判之后[2]，逐渐倾向于生活组织的研究，向社会学研究靠近。早川于 1938 年在村落社会学会编的《村落社会的研究方法》上刊登了一篇《农村社会的部落和家》的论文。虽然户田贞三、铃木荣太

[1] 铃木在 1936 年 12 月发表的《关于日本村落的分类》（1936）中首次使用了自然村概念。虽然在铃木著作集中将这篇论文改名为《日本村落的分类》并编在了《农村社会学原理》的最后一章，但原文中所论及的“自然村”及其重要性的 36 行文字被压缩成 6 行的绪论，删掉了原文中对自然村的说明。可能是因为在其主要著作《农村社会学原理》结尾之前的部分中反复论述了自然村的新观点（特别是《自然村的精神》），所以才在最后一章中删去了相关的部分吧。这里想提醒注意的是，铃木研究史上不可或缺的重要文章被删掉了。另外，铃木（1932）为了在日本寻访美国农村社会学所发现的“自然社会”（natural society），曾于 1932 年到拥有祭祀氏族神传统的旧幕府时代的村落进行过调查。

[2] 有贺在书评中指出，早川应该在其著作《浴佛节》中同时进行生活组织的研究。（1930 年，著作集第 V 卷所收）

郎等已经指出了家和部落（村落）的重要性[1]，但是第一次以家庭和部落两方面为主题进行全面论证的还是早川这篇长达 90 页的大论文。

喜多野清一（1938）为该论文写了如下的书评："部落生活分为社会和个人两个方面，部落既然是一个生活集团，那么为了维持生活以及对外防卫的需要而使部落生活集团化的时候，社会性方面发挥得最为突出。与此相对应，生活的充裕则由个人表现出来，作者认为这就是家，是同族的结合。""与其说部落是由同族血缘的结合产生的，倒不如把它当成基于生活需要而组成的一定量的劳动力的集合"，"家长作为村落社会的基本要素得到确认是这之后的事，在此之前，在部落生活中成年男子都享有同等的待遇，他们的共同意愿受到重视"。

柳田（1927—1928：357）也认为"村落虽不是一个同族团"，但它具有"经济的统一性"，人们"同心协力一起劳动的情况很多"，"有共同的利害关系与合作的必要"。

在村落的看法上，有贺与其他三人有明显的不同。有贺认为，家联合的上下关系中，上为公而下为私。铃木则认为同族团只不

---

[1] 户田贞三最早指出家和村落是"社会化"的基本单位（1993［1937］）。户田贞三当时和铃木一起进行过研究（《分家惯行调查》），两人之间应有意见的交流。铃木在村落社会学会（1938）编撰的《村落社会的研究法》中论述了家和村落是"社会化的单位"（1938 年 6 月）。户田（1926）在《家庭的研究》中论述了"家庭精神"，比普遍认为最早使用"精神"一词的铃木荣太郎的《日本农村社会学原理》还要早 15 年。铃木在他的代表作中频繁地引用户田的论文。户田可以说是铃木的"家的精神""村落的精神"的先驱者。另外，1928 年一些地理学家和农政学者组成了村落社会学会，并于第二年发行了学会编撰的小册子《村落社会的研究》；还出版了柳田的《乡土生活的研究方法》、《日本农民史》，铃木荣太郎的《农村社会学史》，池田善长的《农村社会学》等。1938 年学会编撰的第二份小册子是由铃木、井森陆平、米林富男等社会学家执笔的。

此外，上面提到的《村落社会的研究》（1930）里，地理学家小田内通敏发表论文《村落社会研究的一个基准》，从土地和生活的关系出发，对家庭和部落研究的重要性作了前瞻性的研究。

过是“偶然的产物”，村落的“一致团结”和整合性才是最重要的；早川的观点具有很鲜明的特征，他认为部落的结合先于同族团的产生，部落生活的合作方面为公，同族等家关系为私。另外柳田也比较重视村落的共同利害关系。

有贺在其代表作之前基本上很少使用民族特质（性格）这一概念。只是在动笔写代表作之前不久才渐渐开始使用的。读一读该著作的最后一部分，就不难看出这本书的主要目的就是为了弄清民族特性这个概念。

第二次世界大战后到1949年之前，有贺还频繁地使用民族性格和民族特质这些概念，但是到20世纪50年代以后就几乎不再提及了。其理由是显而易见的。如果继续使用有贺的民族性格论，将其作为基础理论不加任何改变的话，那么就难以说明经历过巨大变化的第二次世界大战后的日本社会。但是，如后所叙，在其晚年时期，当装饰一新的民族论以民族文化圈论的面目出现的时候，“民族特质”这一概念又复活了。

笔者比较认可日本社会某种程度上具有纵式社会的特质，村落社会具有封闭性特质这一观点。这个问题与日本市民社会形成的不成熟性问题相关，丸山真男、大塚久雄、川岛武宜以及福武直等主张在民主化中寻求近代化的论者们都提到了这个问题（民主化的近代论）。在上述议论中，有贺提出的日本特质显得尤为重要。从日本市民社会形成的观点来探讨有贺当然也是很重要的，关于这一问题，有机会再另作论述。

经济史学家藤田五郎是第一个对有贺的理论给予高度评价的人。他认为有贺的“家共同体的生活形态”、“同族团的生活意识”等“‘家’中社会关系维持”的方式表现了“我国农民所顽强维持着的持续性的生活特征”（藤田，1970［1948］：268），体现了“日本的性格”（同上引：58）。如后所述，永原庆二等很多历史学家都直接或间接地受到了有贺的影响。我也认为与其他研究领域相比，有贺的研究是农村社会学中最值得骄傲的成果。

本文将以上述评价为前提，在对有贺民族性格论的形成、第二次世界大战后民族性格论的倒退进行分析的同时，探讨不断变化、深化着的有贺的家、村理论，使有贺的理论相对化，从反省和继承两方面对其进行重新评价，并对存在的问题进行探讨。

（二）战前两部代表作中观点的变化

1. 从农村生活的发展史研究到民族性格论

一般认为 1943 年出版的《日本家族制度与租佃制度》（以下将其称为“代表作”）是有贺战前农村研究的集大成者。这本书是在 1938 年《农村社会研究》的基础上改编出版的。但是，比较前后两个版本，不得不说修改后的版本在重要的论点上有修改幅度过大之嫌。在这里主要探讨一下两个版本之间的共同点和修订过的地方。

在其代表作发表之前，有贺于 1942 年撰写了《大家族制度和名子制度——以南部二户郡石神村为例》一书，这是一部在整个日本社会科学界都具有里程碑意义的实证性研究专著。该专著出版于 1944 年。这里首先根据其实证性考察的内容，谈一谈其后有贺理论的发展。

有贺在《农村社会研究》（1956［1938］）中指出，农村部落在形成过程中，其开垦者主要分为两种情况：一，“大家族形态”；二，以周边的血缘旁系、佣人以及非血缘旁系组成的同族团。从其源头上看，无论哪种情况都是以“本家统治下的大家族组织”（同上引：109）中的劳动组织为原型的。名子作为隶属于大家族的佃农，其赋税劳役是由“大家族组织”中的“家内赋役”产生的。“租佃制度一般产生于大家族制中家内赋税制内部解体的过程中，其第一步就是子方承包耕作方式的出现”（同上引：488）。因此，有贺认为地租的本义既不是左翼学者所说的劳动地租，也不是封建制的残留，而是来源于子方对父方身份从属的象征即赋税劳役。在其代表作的后记中，有贺将大家族修改为“复合家族”[1]。

有贺在《农村社会研究》中论证了大家族向小家族分化、分解以及最终解体的过程。其代表作内容的最初来源是论文《名子的赋役》（1933—1934），该论文的副标题是“地租的本义”。这是一篇大家族形态下地主佃农关系的诞生史性质的研究，也是从大家族形态到小家族的变化以及子方农民独立过程的研究。《农村社会研究》的写作目的之一是为了翻成法语，其法语书名为 *L'Evolution Sociale de la Vie Rurale au Japon Moderne*（《近代日本农村生活的发展》），也是关于发展史的研究。另外，《农村社会研究》出版于 1938 年 12 月，但在此之前 11 月份出版的《民族学研究》杂志上刊登的广告中，其预告的书名却是《农村社会史论》。可以看出，直到临近出版之际，有贺还在犹豫该书的名称到底应该冠以社会论还是社会史论。

这两部书都是根据 15 个村庄的租佃制度研究资料写成的。资料本身包含着很多的变化。例如代表作中对“子方农民的独立是

---

[1] 有贺的观点在其批判的马克思主义兴盛的学会上可能是少数派，但是笔者却认为这在当时也是一种最普遍的观点。笔者手头上有 1921 年《租佃习惯调查》的原始资料，即鸟取县农政研究会的《租佃习惯调查》资料（原始资料为 1921 年刊）。有贺经常引用的从属佃农的股权租佃地带——笔者的家乡奥出云仁多郡的记述中，除了客观资料外，还有如下评价式的记述：“本郡内地主佃农间的关系特别好，相互之间重视德义，地主爱护佃农，佃农称地主为亲方并敬服地主。凶吉相扶的风气很浓，还未尝出现过什么纠纷。”可以说有贺的观点，不仅是地主，而且也是农会指导者、租佃担当官等农村指导者阶层一般都有的常识性观点。有贺在给朋友土屋乔雄的《大正十年各府县租佃习惯调查集成》写的书评中（第 XI 卷）指出，这只是从经济学、法律学领域得到的调查报告，有必要进行整体的总括性的调查。土屋在书中省去了鸟取原始资料中的那种评价性部分，只作了客观的记述。

近代史上最显著也是最重要的现象”进行了实证说明（1943：610），但同样在代表作中又写道，不断变化的大家族、同族团其中潜在着回归到旧形态（民族性格）的可能性。

2. 从大家族形态概念到同族团概念的转化

第二次世界大战后有贺（1948：14）曾说过，在《农村社会研究》出版之前，“大家族形态”、“奉公人（非血缘）分家”的概念的提出是具有创新性的。

但让人觉得不可思议的是，这个概念在《农村社会研究》中并没有原样出现，而“大家族形态”这一概念在《农村社会研究》中只用了三次（有贺，1956［1938］：108、109、110），并且在文章索引中也找不到相关内容。在后期的回忆中，他认为当时的提法是“大家族型形态的结合”。虽然只是有没有“型”的区别，但我认为这两种说法还是有些微妙差异的。如果没有他对自己的作品的回顾的话，那么人们也就可能只把注意力集中到大家族制这一说法上，而有可能会忽略这两种说法的细微差别。在同族团概念的界定上作出过最大贡献的及川宏在批判有贺的时候，也只是注意到了同居和非同居两种大家族的区别，并没有提及“大家族形态”这一概念。及川（1967［1940］：52）说道，“有贺氏将所谓的大家族制划分为同居和分居两种形态”，“本文中所说的同族组织在某种情况下可能会包含在有贺氏所谓的大家族概念中，但是一般来说，同族组织以本家为中心，不必是以户主为家长的‘家’”。及川也忽略了有贺自己后来指出的其论文的新意在于“大家族形态”这个概念。因此，可以认为有贺当时的论点基本上把同族也包含在大家族概念中了。

有贺在1940年写的《家族制度与劳动组织》这篇小论文中采用了同族团这一概念，1943年出版的代表作（《日本家族制度与租佃制度》）中继承了这一概念。在代表作中，他平淡地引用了及川的论文

（1943：112），却没有说明自己的新见解与其之间的关系。他自己承认受到及川的影响而转变了看法，是在第二次世界大战后著作集出版发行的时候（参考著作集第I卷所收“新版序言”，1966 年）。

前面也提到，“奉公人分家”概念也是一个新提法，但日本民俗学鼻祖柳田国男就曾多次提到过奉公人分家的问题[1]，而且最上孝俊也在有贺出书的同一年（1938 年）出版的《山村生活的研究》以及《家族制度全集第一部四卷》的《家》中对奉公人分家作了说明。有贺的创新之处并不在于他说明了非血缘分家的现状，而是明确地提出并阐释了“奉公人分家”的概念。

在《农村社会研究》中，有贺想从村落发展史的渊源上通过本家亲方的大家族制来把握村落和生活组织，而在其代表作中，对此进行了修改，使用了“各自独立的家之间的联合体”（1943：112）即同族团的概念。有贺将同族团中“与大家族共通的”上下关系、亲分子分关系看作是“相互渗透”到日本“社会结合”整体中的民族性格。在其代表作中，有贺又提出了一个新的类型，即由于很多家庭“是在众多单一家庭集合而成的集落中所产生的”，家与家拥有对等的关系，所以还存在着另外一种没有形成同族团的社会结合类型。有贺还认为在这种社会结合形态中产生的“租佃关系”也由于受到“民族性格的规定”（同上引：708），和大家族及同族团一样，同样潜在地存在着亲分、子分的性格。他更进一步称，只要条件完备，即如果形成了上下关系，那么就可以考虑会形成包括血缘、非血缘关系在内的同族团这种潜在的民族性格（同上引：692-693、113）。

---

[1] 柳田有关家族制度、劳动组织、奉公人（非血缘）分家的相关代表性论考主要有以下一些：《时代与农政》（1969a[1910]）、《日本农民史》(1969c [1926])、《婴儿塚的故事》（1969 b[1920] ）、《都市和农村》（1969f [1929]）、《农村家族制度》（1969d［1927—1928］）、《亲方与劳动》（1969e [1929] ）、《乡土生活的研究法》（1970b[1935]）。

另外，有贺的家理论中最重要的观点，就是把奉公人等没有血缘关系的人也包含在内，认为这是日本家中潜存的基本性格；而这一性格集中体现在没有血缘关系者的奉公人分家之中。

3. 氏族神祭祀和天皇制

在 1940 年的著作《家族制度和劳动组织》中，有贺用同族团取代了大家族、大家族形态这两个概念，并且将《农村社会研究》中没有提及的氏族神祭祀与同族论结合起来进行讨论。在其代表作中，有贺进一步论述道，通过氏族神祭祀，同族谱系得以确定，而日本社会的民族性格就体现在同族的上下主从关系的谱系结构中。在该书中，有贺将氏族神祭祀看作是同族团凝聚的象征。不仅从劳动组织，而且还从政治支配关系的角度讨论了同族的结合。认为在主从关系中处于较低地位的人通过迎接、分祀上位者所信仰的氏族神而结成了政治上的主从关系。而一旦加入这个上下有别的同族统一关系，处于下级的人就要求上位者对其地位和境况给予政治上的保障。这种情况在更高级的同族团中也同样存在，渐渐超越村落一直沿着“阶统性”向上，最后发展到伊势神宫和天皇家族，达到民族性统一的地步。有贺立场很鲜明，那就是在说明同族团的时候，要把与上级统治者之间的政治关系包括在内。这样一来，可以说实证的历史研究就转变成了民族论和日本文化论了。有贺的带有政治色彩的先祖信仰论与重视血缘先祖的柳田的先祖信仰论存在着性质上的差异，在这里我们不再深入探讨。

4. 早期研究中的一些概念

有很多评价认为，有贺在其早期著作中使用的“生活意识”、“庶民的创造性”等概念是从村落的生活组织的角度观察社会现象这一方法论中得出的独特而又精辟的概念。

生活形态是生活的“各种条件的综合”，“没有生活意识，生活条件的综合也就不复存在”。“因此，无论要研究生活现象的任何方面，如果对生活意识的本质没有明确的认识，那也是不可能的。”（有贺，1933—1934：210-211）有贺的立场，即不仅重视经济条件等客观因素，同时还将重点置于“生活意识”等主观因素上来探索社会史的立场。这在马克思主义流行的20世纪20、30年代前半叶的历史学、经济学中，赞同者虽然很少，但却与讲座派和劳农派的资本主义论争不同，是从第三种立场看问题的独特的、精辟的方法。

另外，在《农村社会研究》中，有贺（1956［1938］）说道：“本文把历来被忽视的庶民生活中的创造性问题当作近代农村生活组织的中心进行了讨论。”在这本书之前，1938年以竹内利美为首的信州教员编撰的乡土生活研究杂志《蕗原》被改编为《南伊那农村志》出版发行（1975年庆友社再版），有贺为其写了序文。虽然这篇序文是一篇比《农村社会研究》更早发表的重要文章，但很意外地并没有被收入到其著作集之中。有贺在序文中评价道，“诸多的生活现象都是我们民族创造力的产物”，这是一部反映农村生活中“农民的创造力”和“日本民族所拥有的创造精神”的书。

竹内等人的研究遵循了柳田民俗学的主张，不仅从政治统治和经济角度，而且还从无名的平民百姓无言的生活中挖掘出庶民生活志进行研究。有贺也是从生活组织、生活意识以及庶民的创造性这些相关概念的关联中推荐此书的。然而，从执笔撰写代表作开始，有贺就把这些概念连同早期使用过的“民间传承”、“整体性相互供给关系”等概念一起束之高阁了。至于其理由是什么，笔者认为除了有贺的学术方法以外，还有必要同柳田国男在人际、学术方面的紧张关系方面进行考虑。

（三）柳田国男和户田贞三的影响

1. 对柳田的批判与继承

1926 年，由柳田国男牵头，冈正雄、有贺、田边寿利等年轻学者作为编辑委员创办了《民族》杂志。有贺在柳田的指导下作为一名年轻的民俗学学者开始了自己的研究生涯。但是柳田决定于 1929 年 4 月停止发行《民族》杂志。于是年轻学者就另外组成了民俗学会，创办了《民俗学》杂志。据说这些活动一方面反映了年轻学者渴望自由研究的学术冲动，同时包含着柳田和弟子之间感情上的纠葛。似乎有贺与柳田的关系也不是很融洽（岩本由辉［2000］对这期间的事情有所描述）。1935 年已经与柳田断绝关系的折口信夫、金田一京助等弟子为了给柳田庆祝 60 大寿而又重新聚集到柳田门下，并召开了为期一周的“日本民俗学讲习会”。以此为契机，成立了以柳田为会长、包括有贺的盟友冈正雄在内的“民间传承学会”。其成果收在柳田（1935）编《日本民俗学研究》一书中。1949 年该学会改名为“日本民俗学会”。已经与柳田关系破裂的有贺和早川孝太郎没有参加讲习会，加入民间传承研究会的时间也比较晚。他们也没有加入柳田从 1934 年开始主办的“山村生活研究”。谷川谦一（1974）形容他们拥有“与柳田激烈交锋的、有意义的青春”。

但是导致两人诀别的原因之一还是学术方法上的不同。与柳田诀别之后，有贺于 1929 年发表了《方言》（收于著作集第 XI 卷），其中批判了柳田那种从全国各地零散地收集各种方言、民间传承，然后将其相互比较，确定时代差的方法论（后来柳田把自己的这种方法称作重出立证法，参考柳田［1934］），认为如果不将方言与地方中的“生活意识”关联起来，则是无法理解的。有贺与柳田最大的分歧在于，有贺总是将生活现象或语言放在村落这个“乡土内部小地域”的生活组织整体来考察上（有贺，1954：76）。

在其晚年的时候，两个人在以下方面达成了相互理解、承认和相互接纳。与柳田较近的有贺的内弟池上隆佑（1974：165）在谈到柳田学术的影响时说：“在自己的专业领域内加以活用的学者，也就是指柳田先生，我想他们并不是随便一说的，就连折口先生和有贺自己也曾这样说过曾受过柳田的影响。”有贺也说“自己才是柳田学术的正统继承人”（柿崎，1988：144）。

虽然离开了柳田，并且还批判了柳田的方法，开始以生活组织为核心开展研究，但有贺还是在很大程度上受到了柳田的影响。竹内利美（1988）曾指出：“有贺可以说是精力充沛地用自己独特的探索方法去开拓柳田‘播下的种子’，最后终于等到了开花结果的时候。”

柳田留给有贺最大的种子是关于家族制度和劳动组织。有贺的大家族制度和劳动组织的研究大多都是从柳田的论著中引出主题线索，然后将其置于“生活组织”整体关系中进行研究，并且不断地将内容予以深化。

有贺先后于 1932 年担任社会经济史学会的评议员，1935 年担任前一年刚刚创立的日本民族学会（古野清人任会长）的评议员。并在前者的机关报上发表了《名子的赋役》，之后又在后者的机关报《民族学研究》上发表了《村落的生活组织》、《日本婚姻史论》等多篇论著。除了古野之外，同 1943 年创立国立民族学研究所的有功之臣冈正雄、秋叶隆、冈田谦、牧野巽等对民族研究作出很大贡献的社会学家之间的交流无疑也加深了有贺对民族论的兴趣。

2. 从民俗学批判到社会学

有贺（1956［1938］：46）在《农村生活研究》的序论中谈到社会现象的研究方法论时说，租佃形态的研究“必须和全面把握部落生活同时进行才行”。有贺在该文中继续对民俗学进行了批判，并在其代表作的序章中对民俗学——柳田展开了批判。有贺著作的序章“租佃制度的研究方法”实际上是《民俗资料的意义》（1953）这篇论文的概括，是他在1943年作为金田一京助博士60岁纪念论文集而执笔写成的。但是因为正值战争期间而没能出版，那段时期撰写的论文于10年后的1953年作为其古稀纪念论文集才得到了出版。有贺的论文整整尘封了10年，在1953年才终于公之于众。至于是不是将1943年的论文原封不动地在1953年发表的，目前还没有定论。考虑到其论文的主旨基本相似，所以这里作为其代表作的补充，从方法论上作一些说明。

有贺的最终目标是文化现象整体的研究，是作为日本文化基础的民族性格的研究。柳田在进行生活史研究的时候，非常重视与文献记录相对的“民间传承”。

有贺则认为这样做会使研究范围变得狭窄，于是他将生活传承分为三种形态来进行考察：一，记录传承；二，有形物传承；三，通过语言、行为、感悟而进行的传承。其中第三种相当于柳田的民间传承，但与柳田将民间传承作为研究的中心不同，有贺采用的是包括记录传承在内，把生活传承的各种形态关联起来进行综合性研究的立场。

有贺认为这三种形态具有同样的地位和价值，主张应该同等地重视那些属于上层阶级的文献资料。实际上，可以说有贺的研究很大程度上都是依据历史文献、租佃习俗资料这些记录文献进行的。有贺也和柳田一样，是在阅读了大量记录文献的基础上才进行民间传承研究的。

在文化现象的研究中有必要理解这三种形态的“整体关联”，庶民生活也和上层各个阶级的生活相关。“庶民生活从严格的意义上来说只是社会的一部分。”（有贺，1953：45）认为只有将其“作为一个整体才能准确地把握民族的性格”（同上引：24）。所谓的传承是从“民族文化的基础”这个整体中产生出来的（同上引：53）。

当站在这样的整体视角上看问题时，皇室、公家、武家以及寺院神社的资料都可以在研究中加以使用，但是将这些称为“民间”则显得不太合适。另外，如果说“民间”是指庶民生活的话，那么将那些在整体关联中必须得用到的上层阶级的资料称作“民间”也是不恰当的。所以有贺为了方便起见把第三种形态的资料称为“民俗学资料”。

如果站在这样的立场上，那么柳田方法中那种对非文字资料的片面重视则是不能成立的。柳田创造了“常民”这一概念，用以指那些既不属于社会上层也不属于社会底层的无名无文字的文化的传承者，而这种将常民文化作为研究重点的方法也就成为一种片面的方法论。

米地实曾向有贺询问并确认过，在其代表作中有过资料收集的15 个村落中，确实进行过调查的只有石神村和青森两个地方（参考昭和前期农政经济名著集《农村社会研究》的内容简介部分）。大部分文献资料都是从知识分子、亲方以及地主那里得来的信息。如果信息提供源仅限于民间，并且资料仅限于非文字资料的民间传承的话，那么不仅不能进行文化的综合性研究，就连有贺一直引用文献资料进行的研究也不能成立。有贺也不可能像柳田那样能够从全国范围内组织起来的民俗研究者那里收集非文献资料。

因此，第二次世界大战后有贺就将柳田的“民间传承”这一基本概念从自己的论著中排除了。第二次世界大战后，在将战前的论文改订为《村落的生活组织》和《日本婚姻史论》出版的时候，有贺将包含“民间传承”这一用语的文章包括长文全部作了删除和修订。有贺将该书中收录的 20 多年前为早川孝太郎的《花祭》（1930 年）写的书评中使用的这一用语也都进行了修订，可谓特别彻底。

柳田在 1935 年创办民间传承研究会的时候，毅然舍弃了民俗学而采用了民间传承这一说法。这一称呼一直延续到 1949 年日本民俗学会的创立。有贺批判和排斥了这种说法，并认为民俗学这一表现也是不恰当的。个别科学应以局限性的对象为焦点进行研究。庶民生活研究这种综合性的民俗学定义是不成立的。因此民俗学就成了“收集以民俗资料为主的一种方法论”（有贺，1953：54）。

这样有贺就摆脱了民俗学，而把自己的方法论作为社会学方法论提了出来。

> 在社会学这一特殊学科中，其对象必须是作为人的存在形态的社会关系。如果把从形态上探索社会关系的结构作为目的的话，那么这里就应该对租佃习俗这一社会关系进行形态上的研究，并从这一角度寻求其与社会的历史关联，进而去理解民族性性格。因此必须将其与村落生活形态关联起来进行探究和探寻。（有贺，1943：32）

他超越了《名子的赋役》和《农村社会研究》的主题，指出“必须同时把握作为各种现象基础的民族性性格”，提倡进行民族性格的研究。

3. 民间传承、生活意识和庶民创造性的将来

根据我个人的研究，除了《名子的赋役》之外，“生活意识”这一概念仅在 1932 年《从弃婴看关东地方生活的今昔》、1933—1934 年《弃婴的探讨》、1934 年《村落的记录》中使用过。其中《村落的记录》中的“生活意识”概念在 1948 年修订为《村落的生活组织》中时被删掉了（1948a：323-324）。

“生活意识”实际上是柳田民间传承分类中第三部分的代表

性词汇。柳田在 1933—1934 年出版的讲义《民间传承论》时，将 1930 年 4 月在信州的讲义摘要《民间传承论要旨》作为该书的序言加了进来。他在其中把民间传承大致分成了三类（1970a [1934]：247），也即是生活外形（用眼睛收集）、生活解说（生活技术志）、生活意识（用感知收集）。《乡土生活的研究法》（1970b [1935]）中柳田则将民俗资料分为有形文化、言语文化、心意现象三类。

1933 年有贺在信浓教育会发行的《乡土调查项目》上刊登了详细的《民俗调查项目》（没有收入著作集，而是收于竹内利美《初期研究的发足点》和《有贺喜左卫门研究》中）。有贺虽然没有采用柳田民间传承这一说法，但是采用了与柳田相近的分类方法，将“民俗调查项目”分成行为传承、言语传承和思考感情传承三类并进行了详细的论述。然而 1943 年在其代表作中，有贺把历史研究资料分为记录传承、有形传承以及通过行为、语言、感悟而进行的传承三类，并且将第三类称为“民俗学资料”以明确自己和柳田的差异。在有贺那里不仅不存在柳田的民间传承这一概念，而且因为两人学术上的紧张关系，越来越少使用生活意识这个用语了。

《农村社会研究》序文中的“庶民的创造性”一词曾给了年轻的我们以很大的冲击。但是，这个词只在这篇序文和之前提到的竹内利美等编著的《南伊那农村史》（1938）有贺执笔的序言以及其晚年的回忆录中有所记载。不仅如此，其后庶民这个词也不再作为具有积极的意义（主张庶民立场）的词语出现在有贺的著作中。

为什么会如此呢？这恐怕也与对柳田的批判以及有贺方法论的确立有关。前面已经提到，有贺认为民间传承、民俗学这些词汇限定了研究的视角，与常民概念相近的庶民概念也遭受了同样的结局。

因为在此无法详细引用有贺的文章，只作一个简要的说明。虽然在 1935 年的《年青群体与婚姻》中也用到了“庶民生活所拥有的创造性行程”这类的词汇，但收录到 1948 年《日本婚姻史论》中时，包括一些长的段落一起被全部删掉了（有贺，1948b：248–249）。虽说在执笔代表作（1943）后，有贺加快了农村研究理论化的步伐，但是删除了与庶民和创造性有关的词汇应该说是有其用意的。

之后再也没有出现过与庶民和创造性（力）相关的例子。这里举一个在其代表作中有关创造性的例子。代表作中省掉了庶民一词，而是使用了人类的“创造精神”、“农民自身的创造物”、政治体制、亲方、子方农民等“各种组成要素之间相互制约中的创造过程”的说法（有贺，1943：315–316、609）。这表明有贺的立场不仅仅局限于庶民和常民，他强调的是通过整体性综合力量来思考创造性。

总体来说，使用庶民这一词汇的例子也变得特别少。有贺所要追求的是日常生活中的创造性。但从有贺的理论来看，日常生活中占主导地位的却是地主和亲方等势力。修订前的《村落生活组织》和《日本婚姻史论》中收录的论文都是关于亲方主导的生活组织以及与此相关联的种植、婚姻、祭祀等变化的研究。有贺反复强调家的创立本身就是为了亲方的大规模经营而进行的。有贺的庶民概念特别含糊，和柳田所指的除了村落中上下阶层以外的中间层的“常民”概念也不一致（参考柳田，1970b [1935]：149）。大概是当他对柳田的方法论批判日趋成熟时，也注意到了自己对庶民概念的含糊性，然后才有意识地不再使用吧。我个人认为他应该更加深入地进行他在《关于生活资料收集》这一早期论文中论述的“集团生活的创造性”与庶民之间的关联性研究

(有贺，1935c：33)。[1]

我们可以认为，有贺所开展的与村落生活相关的详细研究是实际的庶民生活的分析。但需要声明的是，这里使用的庶民这个概念是为了说明有贺理论的变化。

4. 社会学家有贺与户田贞三

有贺在接近社会学的同时，渐渐转变了自己的理论。虽然早期他也接触过法国社会学以及马林诺夫斯基，也通过民族学会和参与柳田《民族》编辑工作的田边寿利、冈邦雄以外的其他社会学出身的人有所接触，但是与户田贞三的相遇则对他的转变具有决定性的意义。

户田是东京帝国大学的教授。他对权威主义的日本社会学院进行了批判，并于 1924 年牵头创立了日本社会学会，一直持续到现在。户田最初任常任理事，从 1940 年到 1952 年期间一直担任学会会长。一开始的时候并没有会长一职，常任理事就是最高职位。户田是日本社会学的最高权威。

让户田出名的是 1937 年出版的《家庭结构》，但在其共 16 卷的著作集(大空社出版)中，关于家族的单行本就有 7 册。他从家、家庭(意思相同)和家族制度两方面展开自己的家族论。户田

[1] 有贺于 1939 年发表了 1932 年写成的关于岩手县石神村的大家族制度的详细报告《大家族制度与名子制度》，该报告成为他初期研究的基石。正是在石神调查中，他才提出了必须在村落生活组织中去看生活现象的主张，并以此批判柳田民俗学，这是有贺所提出的根本性的问题。为了理解生活的综合性、整体性关联，他使用了“整体相互供给关系”、“相互供给”的概念。但是，除了战前的石神调查、第二次世界大战后的追踪调查(《大家族崩溃以后》)、《农村社会研究》以及代表作以外，其他的著作中再也没有出现过这些概念。第二次世界大战后，有贺解释说，这个词汇是从莫斯(M.Mauss)的“总体呈现制度”(total presentation)中得到启示创造出来的。有贺一直批判那种用在外国形成的、具有不同文化含义的概念来说明日本社会现象的做法。实际上波利尼亚人毛斯使用的概念同有贺所主张的是有含义的差别的。随着有贺研究方法的确立，这一概念在方法论上可能就越发难以使用了。(Mauss，1962 [1924])

在第二次世界大战的时候支持国家政策，协助写成了所谓的《国体之本义》，并于 1943 年由文部省出版了为战时教育妇女而撰写的《家之道》，还作为大政翼赞会文化政策调查委员执笔撰写了《家和家族制度》（1944 年）一书。《国体之本义》可以说是《教育敕语》的国定解说，是一本将天皇主权、忠孝和以家为基石的家族国家论当作日本国家的本质原理面向全体国民进行解说的教科书。户田与同是《国体之本义》编撰委员的伦理学家和辻哲郎以及因为皇国史观而闻名的平泉澄同属于有贺出身的东京帝大文学部。

1937 年户田从小集团论的立场提出了亲属小家庭论；同时，根据 1920 年进行的人口普查论证了家庭具体存在形态，发表了著名的《家庭结构》一文。有贺（1956［1938］：158）在《农村社会研究》中猛烈地批判了户田贞三于 1937 年出版的代表作《家庭结构》，认为"这种撇开亲属以外的同居者的方法"从方法论上说就"包藏着基本的谬误"，"错误的根源在于完全割裂了部落的生活机构与家族制度之间的联系而只抽取出种族血缘家庭来"。他认为必须从农业经营、家族制度、部落结构之间的相互关联中来考察农村家庭。如果不考虑这种关系，就算抽出了血缘家庭也不能理解农村的家。然后有贺又反过来把刀锋对准了农村史的研究者古岛敏雄。认为古岛"将农村中的隶属小佃农制度同身份关系即家族制度分离而谈论农业制度的观点""是不能获得关于社会关系的理解的"（同上引：159）。

但是，在修改后的代表作《日本家族制度与租佃制度》中，写法上却有所改动，对古岛的批判仍然保持不变，但是对户田的点名批评被全部删掉了。这是为什么？ 1938 年 2 月出版有贺的《农村社会研究》的出版社就是户田任会长的日法社会学会。有贺批判了户田，但是户田却把有贺叫来说他的话很有意思。有贺甚至说户田是"社会学中最伟大的学者"。户田协助有贺出版作品，劝其加入日法社会学会、日本社会学会，并且最后还让他担任了日本社会学会常务理事一职。第二次世界大战后，他造访过蛰居信州的有贺，聘任其为东京大学的外聘讲师，为有贺的大学学术研究创造了一个契机（北川编，2000）。户田大力支持同柳田的紧张关系中孤立出来的有贺，为他的著作的出版、加入社会学相关学会并担任要职等提供了援助。

人们一般比较关注户田通过血缘性和小集团性来说明家庭的观点，但户田最初却是从古代家族制度的研究开始的。到了后来，又从家族制度和小家庭两方面来研究家和家庭，这不能说和有贺没有理论上的关系。和有贺相遇的时候，户田正在展开协助战时国策的家族制度论。作为民俗学家、社会经济史学家的有贺与户田相遇以后，逐渐向社会学或者是民族论、文化论方向转变。准确地说，可以认为有贺在社会学中找到了形成自己学术思想的道路。在社会学中，他提出了超越历史的一般概念，展开了同族、组这两种“类概念”的相互转换论以及超越发展的“民族性格”论。他宣称社会学是自己的方法，并写了一些关于社会学方法论的文章。

当时，户田周围聚集了很多年轻的研究者。在农村研究方面，户田也于 1935 年开始与龙川正次郎共同开展了分家习俗的调查。这是根据铃木荣太郎的提议开始的。调查成员中除了铃木之外，还有喜多野清一、及川宏等。在他们之间的议论和每周一次的民族学研究所的研究会中，同族团理论也渐渐成熟，并引发了喜多野、及川的调查与理论的产生。由此可见，户田的人际包容力是很大的。

户田于 1937 年 5 月将《社会生活》演讲记录编撰成书出版发行（著作集第 9 卷收录）。该书中所使用的作为社会化单位的家与村的重要性、“自然形成的村落”等与铃木荣太郎在同一时期所强调的“家与村”、“自然村”等用语如出一辙。而且还先于有贺使用了有贺经常使用的“本家分家”、“家和家的关系”、“祭祀氏族神的村落”等用语。与铃木一并扬名的“家的精神”一词，户田也比铃木早15年就开始使用了。户田的指导性是很明确的。户田任会长的社会学会机关杂志当时发行了两次《民族》特集。另外，除了冈邦雄、古野清人外，参加东亚民族研究的牧野巽、冈田谦、秋叶隆、林惠海等接受过户田指导的社会学出身的学者也聚集在户田周围，并开始了满铁调查部的中国习俗调查等大规模调查。有贺对民族的兴趣应该说也更加浓厚了。1943年还发行了由户田、有贺、西冈虎之助和和田清主管的东亚社会研究会编的《东亚社会研究》第一辑《东亚的村落》。

有贺在其代表作出版的同一年还发表了《上代的家与社会》（著作集第7卷）。可见有贺从户田的古代家族制度研究中学到了不少东西。与撰写代表作同时进行的这项研究是为了证明从家和同族团结合中可以见到的超越历史的民族性格。有贺不仅删掉了表面批判户田的文章，而且显然还受到了户田家制度与民族思想的影响。

二、有贺社会学的家、村理论及其变化

（一）从乡土研究到日本文化论

据说把农政学者出身的柳田与民俗学联系了起来的是发表过《农业本论》的新渡户稻造于1910年至1919年主办的乡土会（桥谷，1968：133）。在脱离新渡户提倡的“地方学”影响并确立民俗学时，柳田这样说道，“不是要研究乡土，而是在乡土中研究某些东西”，而这些东西就是“日本人的生活，特别是这个民族集团过去的经历”（《乡土研究与乡土教育》，1933年，通行

本第 24 卷）。

有贺也在其最早的论文《民俗学的夙愿》（1929 年）中谈到民俗学是“认识民族固有生活的学问”，而不是单纯的乡土研究。有贺对民族的兴趣最初是继承自其师柳宗逸。有贺对柳的朝鲜美术、朝鲜民族与生活用具的再评价运动产生了共感，学生时代为了美术研究远赴朝鲜，在撰写朝鲜佛教美术研究的毕业论文时对民族产生了兴趣。

即便如此，在《农村社会研究》出版的 1938 年之前，有贺还是通过与信州教员集团的交流参与到了乡土的研究中。但是，在其代表作出版之前这段时期，有贺的研究主要集中在探究民族性上。

战前柳田的主要关注点是通过既不是社会上层也不是下层的普通的、无名的农民“常民”的非文献资料等民间传承的研究进行历史研究。但是，从上述的引文中我们也可以看出，他很早就有了脱离地方学、在乡土中考察日本民族生活的视点。第二次世界大战后这种视点不断扩大；“从探究历史转向了探究民族性”上。在这个过程中，与支配阶级、上层阶级以及拥有文字的阶级中区分出来的“常民”概念不断扩散、扩大；特别是第二次世界大战后，“虽然不胜惶恐，但皇室成员也应纳入常民的范围中”，从而扩大了其基本概念常民的含义。

福田亚细男（アジオ）（1984：229）称，这种扩大“破坏了民俗学的总体形象”。福田批判指出，柳田从地方学出发，“从探究历史转向探究民族性”，认为“常民是包含所有日本人的文化概念”，“对象变成了所有的日本人”，从而“导致民俗学的空洞化”。民俗学失效，日本文化论开始兴起。福田抛弃了从全国范围内收集民俗，论述日本文化的柳田的重出立证法方法论，提倡重视传承母体和地域的“个别分析法”（同上引：229）。而宫田登则提倡地域民俗学（1985）。

有贺明确表示他反对柳田的重出立证法："完全不能赞成柳田先生的这种方法论。"（北川编，2000：54）这个发言批判了柳田不详细探究各个资料所反映的与现实密切相关的各个村落生活之间的关系。

但是，包括其代表作在内，有贺的调查实质上只有石神村，并收集了全国的租佃制度资料。虽说是为了能够从更多的村落生活组织中综合地进行考察而尽可能多地收集，但是不得不承认有贺自身也使用了重出立证法。在展开日本论的时候，这实在是一种很便利的方法。笔者认为，重出立证法具有一定的有效性，如果不考虑其界限的话，作为发展史资料使用或许会适合，但是作为民族性格论中对社会进行演绎说明的资料，就会产生夸大资料含义的问题。福田对柳田的批判也有适用于有贺的地方。有贺也是在通过民族性格论来集中关注日本文化论时，不得不经历从村落、集落的实证世界中乖离的困扰。从村落生活的实证研究中发现的生活意识、庶民的创造性以及集落的家联合等与有贺理论同时有名的早期各种概念在其代表作之后，一直到 1950 年，逐渐地被放弃了。这应该是从归纳的实证研究到演绎的文化论变化中产生的问题。

（二）集落的家联合论、相互转换论和民族性格论

有贺在完成代表作以后，就将精力用于把实证性较强的研究理论化。其中"集落的家联合"概念被看作是有贺理论的核心概念。但是，某一时期后，这一概念与民族性格论一样，逐渐被有贺弃用。下面我们来了解一下这个过程。

有贺在其代表作中，将村落分成某个突出的同族团体拥有势力的村落和多个同族团体势均力敌的村落两大类（很大一部分原

因在于其开拓史的不同）。他认为其中上下的结合才是产生紧密的共同关系的根源，并且以此来论证日本社会的纵式社会性（例如，有贺，1943：709）。同族结合为了建立与上位者之间的谱系关系，就迎请上位者的氏族神并与其缔结同族系谱。有贺（同上引：703）认为“同族结合的阶统上升”的“最上层是天皇，如果认为这只是有形无实的外壳的话，那么这一形态存续的时间也太长了”，有贺把同族的谱系关系作为民族性格来看待。

“集落的家联合”概念主要是根据这两大类别展开的。与这一概念相关的最早著作是 1944 年执笔、1946 年出版的《同族与亲属》。书中讲到同族团的“生活的共同”随着分家的生计分离，逐渐转变到“生活的关联”上，并阐述道：“这种生活关联因这些‘家’拥有地缘关系——集落——才维持了下来”（有贺，1946：26），并且提出这种关联有同族和“村组”两种形态。

村组这一概念是竹内利美从战前就开始使用的概念，并将其不断深化。有贺在这里将平等关系中的某种家庭联合统称为村组，但后来这一概念就消失了。竹内把基于村内近邻性、地域关联的集团称做村组，而有贺的概念指的是包括更广泛的平等关系的整体性概念。为了与竹内相区别，第二次世界大战后有贺将村组这一用语改成了“组”。

有贺最早使用集落的家联合概念是在 1948 年发表的《村落生活组织》、《日本婚姻史论》、《城市社会学的课题》这 3 篇论文中。其中前两篇是根据年前后的论文修订而成的。这次修订有两大变化：一，引入了同族团概念；二，与以往从大家族制度来说明村落不同，进一步明确了同族和组这两种家联合类型以及集落的家联合概念，通过这些概念来重新审视村落的生活。因为不是新写的，所以存在着很多不合理的改动。组这个概念除了上面提到的 3 篇论文外，在《日本的家》（1952）、《日本社会的阶层结构》（第

IV 卷，1949 年）中也有出现，但这些都是第二次世界大战后初期的著作。其后甚至对组这一概念的使用也变得有所顾虑起来。后来“讲组”的概念因为福武直而为世人所知晓，但在有贺的两篇代表作中，只有在介绍冈山的村落时使用过这一概念。尽管有许多人认为福武的概念有些牵强附会，但是对于福武来说却是在其家乡冈山使用的实际概念。

有贺（1956d：124）指出：“将同族与组这两个相对概念作为家联合的分类概念来使用是一个很大的错误。”同族这一概念虽然仍然使用，但是在这之后却完全不再使用组这一概念了。我想是因为他接受了组不具有同族概念那样的可验证性的批评才不再使用的吧。不仅如此，集落的家联合这一概念也在上面几本著作之后，只在《日本的家》中被使用过一次，以后就再也没有出现过。我想这并不只是对上述同族和组这两个相对概念的否定性反省，正如后面所看到的那样，对村落的整合性抱有疑问也是其中的原因之一。

除此之外，还存在着“同族的村落”、“组的村落”这些概念。而这些只在《村落的生活组织》、《日本婚姻史论》及其第二次世界大战后的修订文中才能够看到，之后就全无踪影了。有贺曾对福武直将村落区分为同族结合的村落、“讲组”结合的村落两种类型并认为村落的发展史是从前者发展到后者的理论提出过批判。有贺的家联合理论论述的是在村落中通过可能相互转换的形式而共存的家联合的理论，而不是阐述村落类型的理论。但是，有贺自身也明显地提到过村落的类型这种说法。或许他在看到福武的观点之后，又重新反省并修正了自己的用语和理论。

另一个理论归纳是相互转换论。这是在《社会关系的基础结构与类型的意义》（1947a）中作为有贺的基础社会学方法论提出来的。有贺认为“一个民族文化圈内的同种类的社会关系的诸类型是相互规定”的，并且“拥有相互转换的可能性”（同上引：121），他对发展阶段论持消极的甚至是否定的态度。同族和组这两种类型之间存在着相互转换的可能性才是有贺真正想要论证的东西。而他过去的历史研究也通过这个相互转换论演变成了以民族性格论为基础的社会学的社会理论。可以说民族性格论与相互转换论其实是互为表里的关系。

带着这些理论，有贺积极地参加到封建论战中。对于半封建制存续论，他认为这是将民族的特质误认为是封建的东西，并对此进行了批判和论战。

有贺最后使用相互转换这一用语是在 1948 年的《城市社会学的课题》一书中。准确地说，应该是直到后来的 1969 年，有贺在其著作集出版的时候在卷末的补充部分中还对相互转换作了说明。从那里可以看出，有贺认为类型的相互转换是在超越社会关系一次性特征之上的民族特质的基础上成立的，这一点与以前是相同的。但是，有贺却指出近世与近代具有“不同的历史特性”，“即使在类型表示上使用同一词汇，其内容也是不一样的”，“日本文化的传统”具有“继承连续”性的同时还具有“断裂对立”性（有贺，1948c：456）的一面。所以他自我批评道：“理解为是不变的是不恰当的。”（同上引：459）

关于相互转化论及与其互为表里的民族性格、民族特质，前者在 1947 年之前的《社会关系的基础结构和类型的意义》，后者在《日本社会的阶层结构》之后基本上就暂停使用了。说暂且是因为在有贺晚年的 1977 年以后，他在论证民族文化圈中又重新使用了后者这一概念（后述）。或许可以说这些概念也在慢慢褪色，第二次世界大战后的巨大变化使得过于强调社会关系持续性的有贺的民族性格论变得无法使用了吧。

强调集落范围的集落的家联合、组的村落、同族的村落等概念渐渐从有贺的理论中消失了，相互转换、民族性格和组这些概念也不再被使用了。那么有贺想怎样去理解村落呢？他的民族主张到底将走向何处？

（三）村落的整合性与同族的变化

1. 是各种契机中的结合还是村落的整合性？

1956年，同是信州故乡平出村出身、被有贺当作弟弟一样倍加疼爱的中村吉治编写的《村落结构的历史分析》一书出版了，这使有贺受到了很大的冲击。因为中村否定了村落及其整合这个理所当然的前提。中村（1956）通过对岩手烟山村的调查论证了到近世的时候，完整的共同体已经解体，家与家之间的联合是根据土地所有、劳动、水利、山野利用等不同的契机而进行的。他认为近世的村落是自上而下人为设立的行政村。

如果承认中村的主张，那么逻辑上强调集落的有贺的集落的家联合概念就不能成立了。

> 我所称的家联合意味着部落中家与家之间的生活共同关系，这些关系是在种种契机中结合起来的。一般认为，这种家联合都有村落或是部落的外壳包围着，在其内部重合（或是多层）地存在着。但中村吉治的这部大作完全推翻了这一看法。虽然中村并没有否定部落的存在，但他对将部落作为外壳来看待的观点提出了很深的质疑。（有贺，1956a：129）

有贺（1954：76—77）曾以“乡土内部的小地域”为对象，主张“探求个别资料在村落生活中的位置”，并对民俗学进行了批判。而那个小地域的意义现在变得模糊起来了。

有贺（1958：163）对铃木荣太郎的自然村的统一性提法也提

出了质疑："村落中是否具有铃木所主张的那种自主性、自律性，对于这一点我是有疑问的。"

有贺并没有否定村落。但是，与之前的主张所不同的是，他不再使用集落的家联合这一用语了。这一用语是以集落为前提的，认为在集落中存在着日常生活共同的情况下，构成了同族和组两种家的联合。但是集落的外壳却被中村剥掉了。中村认为，家联合与集落无关，是功能性地形成的。有贺也更换了自己的村落整合性概念，转而开始重视外部、上层政治对家、村的规定性作用。他想从劳动组织、政治的角度来说明同族和村落，但是实际上重视的是依存于外部政治势力的生活和同族关系的变迁以及政治性村落的组织化等现象。

例如，有贺（1956b：152）甚至说："我认为藩制的村落实际上是行政村而不是自治体。"这里顺便提一下，虽然日本村落研究学会的历史研究者一般都只是从行政村的侧面来看近世的村落，但是在历史研究者中这并不属于普遍现象。

2. 家联合的复合与村落自治

对于村落的整合性有贺原本是持肯定态度的，并且将这个整合性归结到集落的家联合论中。但是，有贺的讨论比较倾向于大家族和同族论，而对村落固有逻辑的把握得不太充分。对有贺来说，村落的公就是上位者的逻辑。而另外的以村落的共同利害为主的公的逻辑没有得到重视。这一点已经在本文开头讨论过了。

这种不积极主张村落共同利害的立场，更频繁地出现在对村落自治比较消极的村自治、村落自治的论述中，特别是在《村落的生活组织》（有贺，1948a）中。他似乎把这种立场作为不言而喻的前提，并没有作出任何说明。我们可以从下面有贺对清水三男的批判中了解他的基本立场。

有贺（1943：207）在代表作中批判了清水三男（1996：

1948）在《日本中世纪的村落》中所提出的中世“自治乡民之乡”的成立以及“把乡村看作是村庄百姓平等的合议制组织”的提法，认为清水的乡自治的例子是“与其他农村对立抗争”的非日常性的事例，跟内部组织毫无关系。有贺认为村落自身受到了很强的政治约束，清水的“自然村”提法是错误的。有贺（1943：214）指出，村落实际上是拥有特权的特定的名主们的一种合议制，名主所代表的同族团体都是一些政治集团，从而否定了作为“自治团体”的村落的存在。中世的时候，村落的构成主体是那些作为同族团体首领的名主、土豪，其内部组织是由同族构成的，一般农民没有参加村落自治。从这种意义上来说，村落自治是不存在的。有贺否定了清水所说的那种由全体村民组成的“自然村落”、“自治”，强调了村落同族的纵向组成。

关于农民武装起义以及与其他村落之间的对立等非日常的行动场面中村民的团结，有贺则认为是一种“没有跃进的自暴自弃的行动”（1935a，附有注释的改订前的1935年旧稿，247–248页），对此采取了漠视的态度。虽然柳田也没有通过暴动、灾害等特别事件而是坚守“常民”的日常世界的立场（柳田，1970b [1935]：22），但是柳田却持有自治的主张。

3. 同族的变化

1960年，日本社会学会在有贺的主持下召开了“同族及其变化”的学术研讨会。当时，已经完成有贺的代表作索引的竹内利美作了相同题目的报告。

在农村社会学中，有贺的将同族结合作为民族特质的观点已经受到了25岁左右的年轻研究者河村望、莲见音彦的批判。他们认为，同族团是与近世初期之前地主手耕劳作阶段的劳动组织相对应的社会关系，到近世后半期寄生地主制形成阶段，农村的社会关系就已经由同族关系演变成了寄生地主——小佃农的土地所有关系（河村、莲见，1958）。

竹内的报告虽然并不是对有贺指名道姓的批评，实质上却是对有贺同族论的批判。竹内（1962：15）说道，“旧式的大规模手工经营”、“隶农主式的地主的大规模经营一般在近世初期以后就迅速地解体了”，虽然仍有遗风存在，但是“日本农业发展的近世阶段，正是所谓小农体制普遍成立的重要时期”（同上引：22）。他甚至说“必须严格警惕”将那种少数同族团统治的村落一般化的主张（同上引：22），主张同族的变化，批判同族偏重的观点。

竹内将只确认统一血统的同族与作为生活组织的同族团相区别开来。后者虽然与有贺的观点比较相近，但由于大规模经营已经解体了，同族团的共同已经不再是劳动共同，而变成了日常生活的共同，因此从劳动组织来看同族这一观点也被竹内进行了限定，并被当作过时的东西。

竹内（1959：141）超越了本分家、亲属的家关系，认为地域居民“由于居住关系的缘故”“基于共通利害关系之上建立起来的生活协同体制是形成村落的重要契机”，“如果只从集落的家联合方向进行说明，是不可能接近它的”，“使村落集团的统一具体表现出来的可以说正是这些公的场合”。

作为大会的主持人，有贺概括总结了这次研讨会的主要内容。在总结中，有贺（1962：68，首次出现在《社会学评论》46 号中）承认过于偏重“恢复同族团的原初形态及其内容”，而对“其变化过程的研究比较生疏”，对自己的“同族团偏重倾向”进行了反省。他指出，第二次世界大战后由于“农地改革导致地主的没落与第二次世界大战后资本主义的迅速发展”使得“同族团的变化及衰退”进一步加剧了。但是，他也论述到：“向家寻求生活的最后保证”的条件仍然存在，“家不拥有完全的自立性”，“只要家联合和村落还担负着某种支持生活的功能，那么家联合的研究对农村研究来说就不是可有可无的”（同上引：77）。

（四）有贺理论所达到的高度

1. 家理论的转换

战前，有贺的家 = 家庭定义含糊不清。他在代表作中这样写道，“性结合或血缘”“转变为人性的、文化的意义”，并与“宗教、经济、法律、道德等”结合成为“家这种社会关系的内部起因”，由此形成了“家”。“人性的、文化的现象的本质是超越自然的性结合与血缘关系的。因此，非血缘的人也可以加入到家之中。”（有贺，1943：248）而这也是他对将家庭作为家计共同的亲属小集团进行普遍性定义的户田贞三的最大批判点（综合的批判请参考本文后面的文献）。

但是，关于家的基本功能，有贺的主张是不明确的。有名的喜多野有贺论战中，户田的弟子喜多野清一从户田的亲属小集团家庭论出发，对有贺含糊的家庭概念进行了批判。并且，喜多野自身一方面认为同族的结合与本家的权威产生于本末系谱关系的认知设定，另一方面又对有贺认为主从关系表现为同族的系谱关系的论调进行了批判（《日本的家与家庭》，1965 年首次出版；《同族组织和封建遗制》，1951 年首次出版。两者都收于喜多野［1976］中）。

下面我们就来讨论一下有贺的家理论在第二次世界大战后的论著中是怎样展开的，并思考一下有贺理论所达到的层次高度。

有关资料：

①《关于家》（1947 年 IX 卷）；②《日本的家》（1949 年执笔，1952 年出版 VII 卷）；③《公与私》（1955 年 IV 卷）；④《家制度与社会福祉》（年 VIII 卷）；⑤《现代日本的家庭变化》（1956 年 IX 卷）；⑥《村落共同体与家》（1956 年 X 卷）；⑦《家庭与家》（1960 年 IX 卷）；⑧《日本的家庭》（1965 年首次出版，著作

集中改为《家的历史》，XI 卷）；⑨《家庭理论在家中运用》（1968 年，这是与喜多野氏的论争，是在 1965 年旧稿的基础上加工修改的，IX 卷）。

有贺一直强调家庭是历史文化现象，认为不能用亲属小集团或核心家庭这样一般的或是西洋的概念来说明日本的家庭。在日本历史文化条件中形成的家超越了婚姻和血缘的关系，是一种包含非血缘的制度。在对日本的家进行说明时，有贺最为重视的是家与劳动组织以及村落之间的关系。

最初，有贺（1935b）曾使用过村落中的“一轩前”（译者注：独立户）的家、村落的“株”（股）、村落的“权利与义务”等词汇。这是作为“村之子”的有贺的原体验的家与村的关系。在执笔《名子的赋役》时，大家族制下的劳动组织成了理解家、村的中心。家从发生史上看，是作为参加亲方的劳动组织的分家表现出来的。正如有贺（1933—1934：219）认为在以本家亲方为中心的村落中“村和大家族的差异只是程度上的差异”那样，他将村落和大家族放在同一条延长线上予以整体的把握。

有贺在代表作中主要论述了具有地缘性以及与生活关联密切相关的村中的家、家与家结合中的家，认为这种结合使同族结合显现出来，或者潜在有形成这种结合的可能性的民族性格（请特别参考代表作第一章第三节）。他认为家和同族“拥有共通的性格”（1943：114），并将两者作为一体来理解。而在代表作之后的理论化过程中，有贺逐渐将村中之家的结合概念化，开始重视“集落的家联合”中的家。这时他已经超越了个别的家，而从家联合与集落中来对家进行说明。对他而言，在对家的把握上，大家族、家联合、村落必不可少。

1947 年，在①《关于家》中有贺（1947b：132）论述到日本的家庭 = 家是“以婚姻为基础的生活共同体”，其作为社会中的"生活单位"、"概括地说就是具有生活保障功能"的机构，是寄希望以"永久长存下去的"。在这里有贺首次不是从家联合或村落而是从独立的家、个别的家的基本功能和独立功能来解释家。当然，因为大家族制的劳动组织已经崩溃，所以也就不能再从那里去说明家了。这些主张虽然一直贯穿了下来，但有理论上的变化和深化。

第一，在 1949 年执笔的②《日本的家》中，有贺（1952：287—290）仍然强调同族、组的"集落的家联合"和"被集落组织所规定"这一点。但是，在中村研究发表、其本人对村落的整合性开始怀疑之后，有贺就不再使用集落的家联合这一概念了。他去掉了"集落的"家联合中的"集落的"的限定，仅称其为家联合（在 1956d 中经常出现）。而且他不再从集落或是与集落一体的关系上来说明家，而是从家的角度出发，来说明缺乏自立性的、作为个别的家的联合的村落组织或村落。另外，有贺（1965：47）还用到了"家单位的联合（互助组织）"等说法，在村落方面，他也转而使用"家联合的复合"（1956d）这一含糊的概念来说明村落。

第二，有贺亲眼目睹了第二次世界大战后家的变化，再次感受到了政治和社会整体条件对家的强大限制。他曾感慨地说道，思考这个问题后所写的第一篇论文就是 1955 年的《家制度与社会福祉》（参考第 IX 卷的序）。他从家作为社会整体的社会生活单位，同时还担负着家庭的生活保障要求的双重规定对家进行了说明。由于生活保障的缘故，就要求家能够长期延续下去，这样就得重视家的谱系和家督等特殊观念。由于保障家庭成员生活的"社会政策极度欠缺的政治条件"（1955b：132），故家不得不全力以赴来守卫自己。因此，没有实力的家就以有实力的家为中心（同族）或是在平等对等的家与家之间形成了家联合体。

有贺晚年（特别是⑧、⑨）还把外部社会的限制和家的接点放在了因为家是"经营家产、家业的集团"，所以"出现了受外部社会强烈限制的一面”上（1968：66）。他最初曾用“生业”（参考②）一词，后来换用了“家业”一词，这可能是想把都市的商家也纳入到视线之内的缘故。

第三，“家的存续要求”在有贺的代表作中就有所涉及（1943：699），第二次世界大战后他也一直都在使用。但是在1955年的③《公与私》中，由于有贺强调这是日本人最重要的道德规范，所以变成了有贺“家”理论的核心主张。家制度把“效力于家长代表的家的长久存续义务作为最高的道德之一”（1955：224）。在这篇论文之后，他在⑥《村落共同体与家》（1956年）中也作了同样的论述。1960年，有贺为了明确区分家的继承和存续所要求的继承人以及除此以外的成员，提出了嫡系和旁系的概念（⑦《家庭与家》）。虽然有贺一直就对直系与旁系加以区分、所主张的内容也是一样的，但概念上却有一些含糊之处。有贺此前所使用的直系概念与以户主为中心包括所有子女在内的一般性观念很容易混淆，所以最终采用了不是户主个人中心而是以家的继承为中心的“嫡系”概念（参考森冈清美提出的概念，有贺，1960：24）。这更加突出了家具有“存续要求”的有贺家理论的特色。可以说逐渐接近了从行为规范来论述家制度的户田的立场。在1956年的论著⑤中，有贺认识到由于第二次世界大战后的变革和变化，使得“直系（嫡系）成员和旁系成员之间的不平等迅速消除”，他在世界社会学会议上发表报告，承认了家的质变。但是，之后有贺所强调的却仅仅是在传统意义上的家的变化。

第四，有贺在晚年时候写的《家的历史》（1965）中指出，“施政者对人民的政策中缺乏社会政策的要素”。“人民的反抗都是以内讧的形式爆发的”，“作为其中的一种”，家就成了一个“自卫集团”，“全面担负着保障其成员的生活的职责”（有贺，1960：39）。相对于政治而言，有贺对家给予了积极评价。这里可以看出有贺似乎想恢复自己曾经忽视了的农民、庶民的立场。

第五，不能自立的自卫集团——家通过组成互助组织从而完善了其生活保障的功能。而这又分为两种与家有关的形态：以有实力的本家为中心的同族组织内的保障以及“同等势力”的其他的家之间互助组织中的保障（有贺，1965：52）。另一个就是虽然被当作“行政的最下级单位”，但却包含着“与行政区划无关的、以家为单位的自治组织”在内的“涵盖村落整体的互助组织”（同上引：50）。就像有贺将集落的家联合中的“集落的”删去所表明的那样，曾经一度退下舞台的村落又被重新作为生活保障的补充性互助组织予以重新定位，加以使用。

有贺后来曾回顾道，“我研究的根基说到底还是我的村落生活。我在人们对农村生活还不那么关注的时代，心里就已经无意识地把生活涵盖了进来”（1969 年著作集 VIII 序文）。有贺晚年一方面真实地感觉到自己是村的孩子，一方面就像上面所说的那样，希望重新找回庶民和村落这些概念。

2. 对家、村的重新把握

历史学家永原庆二年轻的时候曾与安良城盛昭一起在有贺的陪同下访问了石神村。与有贺从从属关系中观察得出亲子关系这一结论不同，永原（1998）则认为这是中世纪奴隶制关系的残余，“原封不动地反映了中世纪有势力百姓的形态”，“受到很大刺激”。保立道久（2001）解说道，“他向奴隶制论的理论倾斜”和“拘泥于奴隶制论、家长制性质的奴隶制论”可以看作是与有贺、安良城盛昭等“一起进行第二次世界大战后农村调查”的“经验的基础上得出的”。

第二次世界大战后中世纪史研究的领军人物安良城、永原否定了中世纪农民横向联合形成村落的假设，而是认为村落首领性亲方地主掌握着农村。前面也曾讲到，有贺在代表作中对清水三男展开了执着的批判。清水将中世纪合议性质的村落自治的出现作为村落自治来看待，而有贺认为这是统率乡民的同族亲方阶层的结合。

然而，历史学的研究成果却朝着承认村落形成和村落自治的方向发展。在近世小农自立化的趋向中，那些即使没有传统的村落里“也存在着被官（下属）想要切断与庄屋（庄头）的从属关系的自立斗争，而其中起支柱作用的是‘小百姓’的地区性结合，即所谓的地缘秩序”，“甚至按照政府条文设立的庄头、名主也受到‘村落整体’的制约，出现被重新定位的情况”（籔田，1991：64）。

水本邦彦为了转变对近世村落的否定性评价，主张将受幕府支配的村落和农民掌控的村落结合起来把握。村落由庄头管理的土地上的人组成的村落这种古老的形式逐渐开始向管理农民形成的村落的方向发展。以“农民的村落为前提”，向“承认承包者自立性的”村落承包制的变化、向村落“同伙团体性性格”的倾斜以及归属于村落的生活中，可以看到单个百姓的家庭已经凸现了出来（水本，1987）。

历史地理学家木村础（1978）早期曾认为近世的村落是政治上“没有锋利牙齿的村落”，但是之后他也重新认识到：“我们也应该牢记近世农民将领主制的框框改编成了自己的生活场所。”（木村，1983：211）以上两个的观点是一致的。

永原庆二晚年时也有如下观点。虽然村落的共同成员间也存在“殷实农民”、“普通农民”或是“小农民”的身份阶层差异，并且他们的权利也不平等，但即使是“殷实者”，其门第也不固定。

> 普通农民和小农民在村落集会上也有发言权，尽管在村落自治的运营上殷实农民掌握着主导权，但是殷实农民却不能让各个普通农民像家长制那样服从于自己，不得不在双方共同商量的基础上决定一切事务。（永原，1998：283）

永原认为，“全员参与型”村落形成的背景中，能够看到以生产力的提高作为基础的“内乱和民众的世纪”的到来。在这一点上，永原（1992）与对农民暴动持否定意见的有贺明显不同。从内乱与民众力量中去探寻产生自治的动力根源的这种方法是有贺和柳田所欠缺的。

本来，有贺早期的基本视角如下所述，是通过对生活组织的重新认识而得出的创造性理论。“不管你认为农民有多么愚蠢还是其他什么的”，“但是由他们创造的生活组织正日益彰显出来，我认为据此去把握其运营的形态是很重要的”（《村落的生活组织》旧版的后记，1948a）。

他不提庶民的创造性这一用语。但他认为生活不只是施政者、政治权力所创造的，主张应该注重观察“隐藏在村落生活内部的动力”（有贺，1943：608），或是从子方农民的分家独立是“通过子方的努力实现的”（同上引：610）等视角来论述自己的观点。他当然不会忽视作为这些的根据的实证。虽然否定村落整合性的中村吉治的共同体论对有贺产生了很深刻的影响，但是地理学家水津一郎的反证批判了中村关于村落的见解，意味着有必要对中村的理论进行进一步的考察。

中村的调查地松之木隶属于大字烟山，在幕末的时候只有6户居民；明治以后范围有所扩大，发展到27户。水津在中村大作出版的第二年，也就是1957年访问过这个地方。他发现江户时代藩政上的统一性并不存在于松之木，而是在烟山，宗门改账、土地所有、贡租等都是以烟山为单位进行的。当地人所说的部落指的就是烟山。劳动、水利及共同组织在松之木是不充足的，但在烟山范围内则基本上能够完全满足。水津认为烟山就是他所说的那种在任何地区都能看见的基础地区的统一体。村落的整合一致性存在于烟山，而不是中村用来否定村落整合性的小地区松之木

（水津，1980［1965］）。

上面的事实说明了判定现实村落的难度。根据不同的判断方法，松之木和烟山都属于村落。很多村落具有多重性，不能从一个方面来判断。但如果认为水津的议论有一定的妥当性，那么有贺就没有必要舍弃他的集落家联合这一核心概念中的集落一词了。

然而，从他舍弃集落的家联合、生活意识、庶民这些用语中我们可以看出，有贺已经渐渐地脱离了村落。对此的反省，我们在本文前面的“家理论的转换”中已经谈到了。这再次确认了他是村之子的基本立场。

有贺最终回到了原点，再次思考、主张村落的相关理论。有贺所采用的新理论是，为了保障家的生活，家、家集合体、村落具备了自卫集团的特点，这是为了自卫而重新把握权力和政治的理论。前面我们已经讨论过有贺相当激进地论述过作为自卫集团的家的这一现象。

有关民族传统起源的古代的论述，更明确地反映出他的一些新的理论。他坦率地承认，随着一般研究的推进，认为大家族制下的家和古代的乡户、房户是不同的假说变得更为有力。“户（或者是乡户）和房户是由于征税根据法律设定的，这与家不是一回事的说法变得更为有力。”（有贺，1965：185）

这样，有贺在其大家族的生活组织论受到批判的情况下，提出了将依据权力、法律而设定的乡户房户作为自卫集团来重新定位的主张。“人民为了应对以苛刻的劳役为主要形式的掠夺，有必要通过家的集合体来强化自卫集团的形成。而这只有依据律令的户制来实现。”“在政府看来，户只是班田和征税的基准，而人民却赋予了其作为对政府强权掠夺的极力反抗的自卫集团的功能。”（同上引：186）与“躲避劳役、逃亡”等“公然的反叛”不同，这是“更隐蔽的反抗”，是“为了保护自身免受政府的租税体系剥削而形成的家的集合体或是村落”（同上引：187）。

笔者认为，有贺的这些观点和理论是合情合理的。正如上述文章的结尾部分所看到的那样，这个理论一直延续到了村落的形成上。

“我并不认为村落只是根据政治的规制才形成的，我在此想写的是必须从居民创造了村落生活这方面来考虑。”（有贺，1970：2）但是，应该说还没有返回到就中世纪的村落形成、村落自治、村落整合性对清水三男进行批评的代表作中来重新考虑村落的地步。

从村落飞跃到对日本整体进行思考的有贺对于自己偏离村落感到很苦恼。可以看出，他希望通过强调生活保障要求这个新理论，重新回到原点，唤起已经被忽视了的具有整合性的村落的把握。

3. 民族文化圈

有贺晚年的主要精力放在了以家为中心的日本文化论上，而这个文化论的核心概念就是民族文化圈。

民族文化圈这一概念首次出现在昭和二十二年的《社会关系的基础结构与类型的意义》（1947a）中。有贺（1947a：109）对其作了如下的说明：“如果能够把握到民族所具有的特质在文化上的表现，那么我们就可以承认民族文化圈的存在”，“它具有将种种社会关系并以此为单位在各自的群体中加以整合的倾向”。同族和组等类型能够相互转换的条件是“这些类型都属于同一个民族文化圈，并且这个文化圈拥有属于自己独自的特质所存续的期间”（同上引：123）。因此，类型反映的是“超越社会关系的一次性”和“时代变化的东西”（同上引：123）。

有贺将同族和组看作是这种类型性概念，认为如果其中产生了上下关系，就会变成同族性系谱，并从中发现了民族的性格。这一用语虽然也可以和“民族的特质”相交换使用，但当时只在1949 年前使用过。战前，后者在1935 年的《年青群体与婚姻》中也被使用过一次，但是第二次世界大战后出版时被删掉了。

有贺认为“民族文化圈独自特质的存续期间”是从古代到现代的一个漫长的时期。例如，他在代表作中说道，将“同族结合的阶统上升”的“最上方是天皇看作是虚壳的话，那么它的存续时间也太长了”（同上引：703）。正因为如此，他才去论述不易变化的民族性格。

有贺于 1979 年去世，享年 81 岁。1977 年他还写了《关于民族文化圈》、《共同体与现代》，1979 年写了《外国文明与日本文化》（这三篇都收在其去世后出版的著作集第 XII 卷中）。《关于民族文化圈》是一篇文如其名的论文，除了这篇论文以外，该时期的其他论著中又重新使用了“民族的特质”一词（例如，1977b）。对民族的关注是有贺作为研究者的出发点，也是其研究生涯中的初衷，尽管其民族性格论遭到挫折，但是一直到其生命的最后阶段，他仍在不停地思考与民族相关的问题。

在访问有贺的座谈会上，他谈到了自己有想超过同样作文化论研究的柳田的想法。“柳田先生没有再继续深入地探究传统，柳田先生的学术在这些方面是不是有一些基本的缺陷呢？”（柳田国男研究编集委员会，1973）

有贺把民族文化圈与文化变迁论、文化交流传播论一起进行了考察。他认为，虽然在传统上实现了日本式的政治体制（比如封建制度），并且将外来文化（比如佛教或儒教）日本化并加以吸收同化，但是将这些传统保藏起来的正是民族文化圈。所以民族文化圈内的文化并不像代表作中所说的那样是不变的，而是根据传统不断修正、在传统的基础上不断变化的东西。

在这一点上有贺强调了他和柳田的区别。柳田提倡一国民俗学，“虽然他也承认外国文明的重要性，但是为了了解日本文化传统，就特别重视不受外国文明影响的日本现象”（有贺，1975：

139）。之前有贺也与柳田一样，强调民族性格论，主要考察没有发生变化的日本。这之后他就逐渐开始重视日本文化传统上的文化交流、传播和嬗变。

自完成代表作后一直到第二次世界大战后初期，有贺一边关注自耕地主、大家族制和同族劳动组织的解体；一边主张相互转换论，论述民族的性格。而对第二次世界大战后的变化，他也不得不予以承认。然而，他虽然承认社会文化的变动，却还在民族传统的基础上去论述变动的形态。有贺摆脱固定的民族性格论，找到了以民族文化和传统为基础的新的文化变动论的途径，在完成论文的时候也迎来了自己生命的终结。

三、结语

1953 年，以社会学学者为主、各个领域的村落研究者 157 人参加的“村落社会研究会”成立了，有贺在其中起到了主导性的作用。现在的名称为“日本村落研究学会”，并于 2008 年召开了第 56 次大会，会员超过 450 人，创历史最高纪录。有贺在学会创立的第二年发行的年报第一辑《村落研究的成果与课题》追记中叙述了学会成立的经过。他介绍了 1928 年设立的村落社会学会编辑（有贺记载为 1931 年实则记忆错误）的、本文开始部分已经介绍过的《村落社会的研究法》（1938 年）、户田、铃木编《家庭与村落》（1—2 集，1939 年，1942 年）以及户田、有贺、西冈和和田主管的东亚社会研究会编《东亚社会研究》第一辑《东亚的村落》（1943 年）的谱系，强调了该学会是在继承其中的“实证研究”传统的基础上成立的。

建立以实证研究为中心的村落学会是有贺留给村落研究者们的

最宝贵的遗产。笔者认为有必要深入探讨有贺对实证研究意义的看法。有贺在实证研究与日本文化论之间往返踱步，也曾多次自我反省，讨论过研究方法论的问题，改变过自己的主张或不断加以深化。这里我想通过本文的探讨，从其与实证研究的关系方面，就从有贺那里得到的正反两方面的教训，谈以下三点看法。

一，有贺通过向民族性格论、日本文化论倾斜，成功地从新渡户提倡的“地方学”的地域研究、实证研究中脱离了出来。小野武夫（1948：43）认为，“地方”是“统治地方的政治方法”，从这个意义上来说与今天的“地方”是不同的。现在提倡所谓地方自治、地方分权，但如果农村研究失去了地方学的性格，也就失去了与现代地域研究、农村研究的连接点。再者，当把日本描绘成一个日本文化时，那么日本地域所具有的多样性以及考察地域多样化个性化发展的地域研究就会被忽略。笔者作了很长一段时间的冲绳研究，从我的经验来看，将冲绳压制在一个统一的日本文化框架内的这种做法是错误的。应该在考虑共通性的同时，还要考察地域的多样性，这难道不是现代地域研究所需要的吗？地域调查才是村落研究的基础。

二，“重新把握”理论的深化。有贺在《农村社会的研究》中所说的“庶民的创造性”意味着他将注意力集中在了农村的内发式形成上。但是，同族论、纵式社会论、民族性格论等理论形成以后，使得本来就含糊不清的庶民或是民间这些词汇消失，农村形成的主体越发变得不明确了。他总是强调本家、亲方、地主主导的纵式社会的农村，对村落自治、村落全体成员的集会以及合议制的重要性的关注较弱。到了晚年，他一改之前对纵式社会关系的偏重，把自卫集团的家的生活保障要求和对其进行补充的村落整体以及作为家的集合体的互助组织当作重新把握政治的主体。他是想从这样的“重新把握”理论出发，来探索农村村落的内发式形成的主体。这时候，我认为有贺应该深化其早期论文中论述过、之后却不再使用的“集团生活的创造性”与庶民的关联性这个课题（有贺，1935c：33）。

三，所谓民族文化圈到底是什么，这是留给我们的需要更深一层研究的课题。比如关于西方，有贺就没有详细叙述过超出以个人信仰为基础的基督教文化圈以外的东西。将西方作为一个文化圈概括起来似乎有些不太合理。光是日本一个国家都还应该从西和东、冲绳、北海道和内地等多种视角来分析和观察。如果要考虑世界各个民族的民族文化圈的话，就有必要积极地对民族文化圈进行定义。另外，即使不使用容易与不变性挂钩的民族这个词汇，理解日本的特质对我们来说也是很重要的。这也可以看作是传统和嬗变的问题。在这种情况下，有贺强调的是在传统基础上的变化和传统制约下的变化，但我们还必须探索伴随着传统本身的变化而出现的创造。笔者认为，在对这些现象进行实证研究的现场，在地域的多样性中进行考察，就是对有贺遗产的继承。

参考书目（按照五十音图排序）

有賀喜左衛門 2000—2001『有賀喜左衛門著作集』Ⅰ卷－Ⅻ卷 東京：未来社

有賀喜左衛門 1933—1934「名子の賦役」『有賀喜左衛門著作集』Ⅷ卷

有賀喜左衛門 1935a 「若者仲間と婚姻」『有賀喜左衛門著作集』Ⅵ卷

有賀喜左衛門 1935b 「村の家」『有賀喜左衛門著作集』Ⅹ卷

有賀喜左衛門 1935c 「生活資料の採集について」『有賀喜左

衛門著作集』Ⅷ巻

有賀喜左衛門 1940 「家族制度と労働組織」『有賀喜左衛門著作集』IX 巻

有賀喜左衛門 1943 「日本家族制度と小作制度」『有賀喜左衛門著作集』Ⅰ，Ⅱ巻

有賀喜左衛門 1944 「大家族制度と名子制度——南部二戸郡石神村における」『有賀喜左衛門著作集』Ⅲ巻

有賀喜左衛門 1946 「同族と親族」『有賀喜左衛門著作集』X巻

有賀喜左衛門 1947a「社会関係の基礎構造と類型の意味」『有賀喜左衛門著作集』Ⅷ巻

有賀喜左衛門 1947b 「家について」『有賀喜左衛門著作集』Ⅸ巻

有賀喜左衛門 1948a 「村落生活——村の生活組織」『有賀喜左衛門著作集』Ⅴ巻

有賀喜左衛門 1948b「日本婚姻史論」『有賀喜左衛門著作集』Ⅵ巻

有賀喜左衛門 1948c 「都市社会学の課題」『有賀喜左衛門著作集』Ⅷ巻

有賀喜左衛門 1952 「日本の家」『有賀喜左衛門著作集』Ⅶ巻

有賀喜左衛門 1953 「民俗資料の意味」『有賀喜左衛門著作集』Ⅷ巻。

有賀喜左衛門 1954 「民俗学に於ける村落研究の理論」『有賀喜左衛門著作集』Ⅷ

有賀喜左衛門 1955a「公と私——義理と人情」『有賀喜左衛門著作集』Ⅳ巻

有賀喜左衛門 1955b 「家制度と社会福祉」『有賀喜左衛門著

作集』Ⅷ巻

有賀喜左衛門 1956［1938］「農村社会の研究」農山漁村文化協会による復刻版

有賀喜左衛門 1956a「村落共同体の構造分析」『有賀喜左衛門著作集』Ⅹ巻

有賀喜左衛門 1956b「村のいろいろ——明治以後の村の変遷」『有賀喜左衛門著作集』Ⅹ巻

有賀喜左衛門 1956c「現代日本における家族の変化」『有賀喜左衛門著作集』Ⅸ巻

有賀喜左衛門 1956d「村落共同体と家」『有賀喜左衛門著作集』Ⅹ巻

有賀喜左衛門 1958「村落の概念について」『有賀喜左衛門著作集』Ⅴ巻

有賀喜左衛門 1960「家族と家」『有賀喜左衛門著作集』Ⅸ巻

有賀喜左衛門 1962「同族団とその変化」『有賀喜左衛門著作集』Ⅹ巻

有賀喜左衛門 1965「日本の家族」改題「家の歴史」『有賀喜左衛門著作集』Ⅺ巻

有賀喜左衛門 1968「家族理論の家への適用」『有賀喜左衛門著作集』Ⅸ巻

有賀喜左衛門 1970「同族と村落 序」『有賀喜左衛門著作集』Ⅹ巻

有賀喜左衛門 1975「柳田国男の一国民俗学」『有賀喜左衛門著作集』Ⅻ巻

有賀喜左衛門 1977a「民族文化圏について」『有賀喜左衛門著作集』Ⅻ巻

有賀喜左衛門 1977b「共同体と現代」『有賀喜左衛門著作集』

Ⅻ巻

有賀喜左衛門 1979「外国文明と日本文化」『有賀喜左衛門著作集』Ⅻ巻

有賀喜左衛門口述・北川隆吉（代表質問）2000「有賀喜左衛門先生最後の講話」『有賀喜左衛門研究』北川隆吉編 1-112 東京：東信堂

池上隆祐 1974 インタビュー「柳田国男との出会い」『柳田国男研究』4：117-144

池田善長 1938『農村社会学研究』東京：刀江書院

井森陸平 1929『農村社会学』東京：目黒書店

——1943『農村の社会と生活』東京：時代社

岩本由輝 2000「有賀喜左衛門と柳田国男」『有賀喜左衛門研究』北川隆吉編 113-145 東京：東信堂

及川宏 1967［1940］「同族組織と婚姻及び葬送の儀礼」『同族組織と村落生活』49-85 東京：未来社

小河原忠三郎 1917『農村社会学』東京：洛陽堂

小田内通敏 1930「村落社会研究の一基準」『村落社会の研究』：4-10 東京：村落社会学会

小野武夫 1948『日本村落史考』東京：穂高書房

柿崎京一 1988「村落理論における有賀理論の視座」『有賀喜左衛門研究』柿崎・黒崎・間編 129-163 東京：御茶の水書房

笠森傳繁 1930『農村社会学』東京：日本評論社

河村望・蓮見音彦 1958a「近代日本に於ける村落構造の展開過程 上」『思想』407：55-71

河村望・蓮見音彦 1958b「近代日本に於ける村落構造の展開過程 下」『思想』408：87-103

喜多野清一 1938（書評）早川孝太郎著「農村社会における

部落と家」『民族学研究』4（3）：88-191

喜多野清一 1976[1965] 「日本の家と家族」『家と同族の基礎理論』85-167 東京：未来社。

Giddens，Anthony1992［1982］『社会学』松尾精文ほか訳 東京：而立書房

木村礎 1978『日本村落史』東京：弘文堂

木村礎 1983『村の語る日本の歴史』京都：ソシエテ

清水三男 1996［1948］『日本中世の村落』東京：岩波書店

鈴木栄太郎 1932「農村社会学上の一研究」『季刊社会学』4：156-163

鈴木栄太郎 1936 「日本の村の分類について」『都市と農村年報社会学』第四輯日本社会学会編 19-44 東京：岩波書店

鈴木栄太郎 1940『日本農村社会学原理』東京：時潮社

竹内利美 1959 「近隣関係と『家』」『家ーその構造分析』喜多野清一・岡田謙編，119-141 東京：創文社

竹内利美 1962「同族団とその変化」『社会学評論』46.：8-22

竹内利美 1971 「探求の道程」『鈴木栄太郎著作集』 Ⅲ巻 333-362 東京：未来社

竹内利美 1988 「初期研究の発足点」『有賀喜左衛門研究』柿崎・黒崎・間編 3-26 東京：御茶の水書房

竹内利美ほか 1975 [1938]『南伊那農村誌』東京：慶友社

谷川健一 1974 「編集後記」『季刊柳田国男研究』4：168

土田杏村 1928『農村問題の社会学的基礎』東京：ロゴス書院

戸田貞三 1926『家族の研究』東京：弘文堂

戸田貞三 1944『家と家族制度』東京：大空社

戸田貞三 1970［1937］『家族構成』東京：新泉社

戸田貞三 1993［1937］「社会生活」『戸田貞三著作集』第

9 巻 1–39 東京：大空社

戸田貞三・鈴木栄太郎編 1939・1942『家族と村落』1－2 集 東京：日光書院

中根千枝 1967［1964］『タテ社会の人間関係』東京：講談社現代新書

永原慶二 1992『内乱と民衆の世紀』東京：小学館

永原慶二 1998『荘園』東京：吉川弘文館

永原慶二 2001[1958]『新装版 日本封建社会論』東京：東京大学出版会

中村吉治編 1956『村落構造の史的分析』東京：日本評論新社

那須皓 1931『農村問題と社会理想』東京：岩波書店

橋川文三 1968『近代日本政治思想の諸相』東京：未来社

早川孝太郎 1938「農村社会における部落と家」『村落社会の研究法』村落社会学会編 151–241 東京：刀江書店

福田アジオ 1984『日本民俗学方法序説』東京：弘文堂

藤田五郎 1970［1948］「日本近代産業の生成」『藤田五郎著作集』第 1 巻 1–366 東京：御茶の水書房

保立道久 2001「解題」『日本封建社会論』永原慶二 306–332 東京：東京大学出版会

水津一朗 1980［1965］『新訂 社会地理学の基本問題』東京：大明堂

水本邦彦 1987『近世の村社会と国家』東京：東大出版会

宮田登 1985『新版 日本の民俗学』東京：講談社学術文庫

Mauss，M 1962［1924］『贈与論』有地亨訳 東京：勁草書房

最上孝俊 1938「同族結合」『家族制度全集』第一部四巻「家」271－348 東京：河出書房

森賢隆 1919『農村社会政策』東京：敬文館

薬師寺健良 1929『農村社会学』東京：泰文館書店

藪田貫 1991「村方出入りと百姓一揆」『日本村落史講座 政治Ⅱ』日本村落史講座編集委員会編 59–78 東京：雄山閣出版

柳田国男 1969a[1910]「時代と農政」『柳田国男集』16 巻 1–160 東京：筑摩書房

柳田国男 1969 b[1920]「赤子塚の話」『柳田国男集』12 巻 214–251 東京：筑摩書房

柳田国男 1969c [1926]「日本農民史」『柳田国男集』16 巻 161–236 東京：筑摩書房

柳田国男 1969d［1927–1928］「農村家族制度と慣習」『柳田国男集 15 巻』343–369 東京：筑摩書房

柳田国男 1969e [1929]「オヤと労働」『柳田国男集』15 巻 234–252 東京：筑摩書房

柳田国男 1969f [1929]「都市と農村」『柳田国男集』16 巻 237–391 東京：筑摩書房

柳田国男 1970a [1934]「民間伝承論」『柳田国男集』25 巻 329–357 東京：筑摩書房

柳田国男 1970b[1935]「郷土生活の研究法」『柳田国男集』25 巻 261–328 東京：筑摩書房

柳田国男 1975 [1937]『山村生活の研究 復刻』東京：国書刊行会

柳田国男編 1935『日本民俗学研究』東京：岩波書店

柳田国男 1975 [1937]『山村生活の研究 復刻』東京：国書刊行会

柳田国男研究編集委員会 1973「柳田国男と柳宗悦」『柳田国男研究』3：2–82 東京：白鯨社

中国的家庭·亲属

家族、社会与国家
——传统中国“家国”意识的形成及其超克

陈其南（台北艺术大学传统艺术研究所专任教授）

一、前言

“家族”（family）作为一种亲属制度（kinship system）在以简单初级社会为主要研究对象的人类学领域中有其自主的知识兴趣，因为这些社会往往除了亲属制度之外就难以找到更复杂的社群组织。像中国这样的古文明在久远的历史中已发展出相当庞杂的帝国政治体制，社会形态复杂到一定的程度，家族或亲属早已不再是唯一的或主宰性的政治或社会组织形态。因此家族或亲属领域在这些复杂文明社会的研究中始终居于相当边缘的地位，似乎也不是人类学亲属研究可以贡献的课题。

但是中国和日本似乎是个例外。第二次世界大战后就有相当多杰出的人类学和社会学研究都以“家社会”(ie society) 这样的用语来描述日本社会的特征（中根，1967：281-363；村上、公文、佐藤，1982），分析日本传统“家”意识对日本社会形态和日本人行为模式的决定性作用，甚至包括与天皇制的关系（伊藤，1982）。中国虽然早已是一个复杂的文明社会，但向来在西方人眼中一直以牢固的古老传统闻名，尤其是与土地与家族根深蒂固的连结，像许烺光（Francis Hsu）和费孝通等出身中国的人类学家也把家族视为中国社会的一项重要构成法则。费孝通（1947）在他的中文著作中，特别以“差序格局”来形容中国人以个人和家族为中心向外扩展的社会关系法则，以此对比西方人的“团体格局”。而许烺光尝试更大范围的比较，相对于美国社会的俱乐部（club）、印度人的castec种姓制度），他用clan来作为中国社会的特征，其实就是“家族”，只是为了在英文上与club和caste对应，而用了clan（氏族）这个词（Hsu，1963，1981）。对于日本，许氏则是以“家元”（iemoto）作为其社会构成法则和特征（Hsu，1975）。家族的总体性作用一直被视为是中国汉人社会与其他文明和社会最大的不同所在。法国人类学家托德（Todd，2001［1985］）更具雄心地将全世界的家族结构与社会制度作了更全面的比较，并用以解释各社会的意识形态之差异。为了讨论上的方便，在这里我把这种研究观点和社会现象称之为“总体性的家族主义”。

不过，上述这些文献大部分是20世纪80年代之前的作品，更多是20世纪60年代前后的作品。随着家族与亲属研究本身在人类学领域逐渐失去中心地位，有关家族、社会与国家的课题在中国和日本研究的领域似乎也已缺乏活力。事实上，这个课题仍有相当多有意义的问题尚未被解决。笔者过去也曾以人类学理论的立场讨论过有关中国汉民族的家族或亲属制度的原理（陈其南，1988）。本文则想在过去的研究基础上，综合地探讨这种具有总体性作用的家族亲属主题在中国历史上是如何被传统知识分子，尤其是儒学者，所认识、论述、发展、实践和反思的。应该说，这是一篇以历史上的儒学者之著作和思想为素材，分析他们对总体性的家族与社会/国家关系形态的看法和想象，尤其是在其意识形态、政治和社会实践等几个方面的有机关系。所以，这是有关家族“思想”，或家族“言语”（discourse）的文化意识研究，而不是传统的经验性人类学家族研究。

汉人家族和亲属制度问题能够在这样长远的历史中一直受到传统中国主流社会阶层和读书人绵密的注意、重视和立论，这在其他地方恐怕也是罕见的，甚至是唯一的。家族议题不仅构成传统儒家学者著作的主题，也是儒家思想理论的核心，更是许多传统文人仕绅的社会伦理实践内涵。在这总体化过程中，家族亲属制度与价值发展成为一种世界观（cosmological）层次的终极关怀，而对中国式历史社会和国家政体发生主导性的作用和影响，以至于被认为是束缚汉人社会和中国文明摆脱过去往前发展的绊脚石。尤其到了19世纪中叶的清代中国，势不可当的西方优势文明摧枯拉朽一样撼动了传统中国社会的一切价值，家族思想及其所延伸的文化和社会特质普遍被视为是阻扰当时中国现代化进步的包袱，而首当其冲地成为忧国知识分子极力批判的对象，欲早日去之而后快。对家族思想的批判成为这一时期进步儒学知识分子最重要的思想战斗主题，尤其是从社“群”和“民族”等这些新思想观点出发，探讨如何走出传统总体性的家族意理或儒家“仁学”思想，我称之为从“仁学”到“群学”的轨迹（陈其南，1990）。

在总体性的架构中，家族与社会/国家彼此之间在理念层次、伦理层次、体制层次和生活实践层次都具有相当细腻的辩证接合关系。因此，这些讨论一方面使我们可以了解到传统中国社会的家族问题在传统文人思维中的图像和价值如何被转换过来；另一方面也在理念思辨的层次让我们更清楚认识到，传统汉人家族课题的内部逻辑如何在儒学者的思想脉络中进行反思性的讨论。但本文并没有要延续这些儒学者的现实关怀立场，或试图要去解决他们所关心的问题本身，在这里只是想去探索这些问题发展的思想轨迹，并由此反思至目前仍然主导中国人类学研究典范（paradigm）

的经验实证主义模式之问题。[1]

二、传统儒家“仁学”中的家族意理与社会国家观

总体性的家族意理在中国的发生与儒家思想的建立有不可分的关系，时间上可以追溯到春秋战国时期，也就是被认为是人类历史上所谓的“轴心”时代（Axial Age）。这个时期代表西方文化巅峰的希腊哲学家之一亚里士多德（Aristotlēs）正在从事有关政治共同体和公民伦理的探讨。而中国历史上也正值诸子百家对于国家、政治、社会和家族的各种观点论辩彼此竞逐之际。但是在有关家族与社会国家之间的关系思维，亚里士多德在他的《政治学》（*Politics*）一书中即认为人类群体生活的最高级形式是“城邦”（*polis*），而“城邦”一语即带有今天我们所说的“政治”、“社会”和“国家”的意涵，明示了“市民社会”、“城邦”和“国家政治体”的同一性和共通性。近代以来所流行的“市民社会”和“国家”对立的二分法，在亚里士多德当时的理念中不但不存在，反而是同一的。亚里士多德对人类群集形态的这种二分法，乃是在于区别“城邦”（*polis*）和“家庭”（*oikos*）。前者是市民政治生活的中心，是政治学的范畴；后者则是个别私人经济生活的中心，是家计学和经济学的起源。最近二三十年来在学术上获得新动力的“市民社会”观念，已从早期与“城邦”同义的阶段脱离出来，逐渐成为专指与国家政体观念相对的、基于经济生活领域以及根据私有财产制和自由市场原理所建构出来的社会型态。此种理念

[1] 可参见最近有关中国家族与亲属人类学研究的概观评论（Santos，2006：275–333）。

的转移也反映出历史发展的事实。即个人基本生活的需求在早期主要是透过"家居社会"（domestic society）来完成，到了近代这些都逐渐被"市民社会"（civil society）所取代。所以"市民社会"也就跟"政治社会"分离，其指涉内容几乎就等于所谓"资产阶级社会"了。

由于历史的原因，西文的"市民"一语早在希腊"城邦"国家形态的时代就已经含有"公民"的意思。弗里敦邦或共和国的组织在中世纪和封建时代的欧洲社会从未中断过，甚至成为近代民主国家的"原型"基础，直到"民族国家"的成立，也可视为城邦共和国的扩大。在19世纪欧洲"民族主义国家"的极盛时期，国家社会的建立也仍然是以希腊罗马时代以来的"市民共和国"为其基础原型，只不过是在关于"市民"或"公民"的成员资格和"国家忠诚"的问题上有所更张而已。换句话说，这些"想象出来的民族共同体"（Anderson，2006）还是延续了"公民国家"的传统，并强化了国家共同体的组织形态。希腊城邦"市民"的理念仍然被保留下来，并强化其国家成员的身份，而成为今天我们中文所谓的"公民"。

亚里士多德的政治学对我们要讨论的传统中国问题就像是一面镜子，有了这面镜子作为对照，我们就更清楚地看到传统中国家族社会或家族国家的特殊性。同样那个时代，传统中国的哲学家似乎已把家族与政治秩序混同，最典型的论述可见于最普遍被传诵的《孝经》。其首章开头即云"先王有至德"，而"孝"乃"德之本"；接着更明言"夫孝，始于事亲，中于事君，终于立身"。《大学》里更如此说："古之欲明明德于天下者，先治其国；欲治其国者，先齐其家；欲齐其家者，先修其身……身修而后家齐，家齐而后国治，国治而后天下平。"这些说法都意含从个人到家族，从家族以至于国家，其最高的伦理法则皆同。

《孝经》的其他各章分别论天子、诸侯、卿大夫、士和庶人等不同阶层的孝道。关于天子之孝，孔子说："爱亲者，不敢恶于人，敬亲者，不敢慢于人。**爱敬尽于事亲，而德教加于百姓，刑于四海**。"于诸侯之孝，则要求"在上不骄，高而不危，制节谨度，满而不溢"，如此方可"保其社稷而和其民人"。于卿大夫则谓"非先王之法服不敢服，非先王之法言不敢道，非先王之德行不敢行"，如此方可"守其宗庙"。至于"士"之孝，则有"**以孝事君则忠**"的说法，将父子之孝直接转换为君臣之忠，而所谓忠即是臣对君之"孝"矣。如此，士方可"忠顺不失，以事其上"，然后可"保其禄位，而首其祭祀"。如上所述，天子之于百姓四海，诸侯之于社稷，卿大夫之于宗庙，士之于禄位祭祀，皆可由孝道来涵括。只有庶人之孝，纯粹是以"养父母"为范围。

这是一个有趣的分类。如果"孝"只是个人家庭内亲属之间的伦理道德，因为家族的形成是建立在生育的生物学基础上，所有人皆同，其间的人伦实践不因个人社会阶级而有所不同。这里既然明言"孝"在不同等级的人身上有不同的表现，也即清楚地确定了"孝"不是单纯的亲子之间的伦理道德原则，而是与社会甚至国家的政治秩序有密切关联的德行。这里明确地将天子和诸侯之间、诸侯和卿大夫之间，以及卿大夫和士之间的君臣关系，建立在宗法制度所隐含的家族伦理之基础上，而形成所谓"宗统"和"君统"的合一，也即是"亲属伦理"和"政治伦理"的合一。只是在这一套家国思想体系中，政治的伦理被化约为亲属的伦理了。这一个在历史上的枢轴时代所建立的政治社会典范，经过原始儒家在理论上的精炼和标准化以及后来者的继承强化，成为支配中国人的社会和政治生活的重心。《孝经》论政治秩序和政治伦理多于家庭亲子关系，基本上应视为一种政治学，而非单纯关于家族伦理关系之著作。

儒家的人伦教化思想以此架构为基础，讲究如何通过个人修炼，沿着“修齐治平”的思想轴线最后达到治国平天下的理想世界。也就是说，一方面以“修齐”的一端为基础，往内省的方向讲求“正心、诚意、致知、格物”等心性理欲之学，宋明理学将这套逻辑发展到另一个高峰；另一方面则以“治国平天下”的理想为鹄的，塑造了君臣之道和经世之学的最终目标。值得注意的是，两者关怀的范围在私的一端是家族，公的一端是国，在“家”和“国”之间留下一个很大的空隙，好像这中间没有任何实体存在，因此也没有必要建立一个不同的伦理规范。而这中间的空隙就是我们后来称之为“社群”或“社会”的范畴，这个可能的道德项目就是“公德”、“公共领域”或“社会意识”。实际上，“社会”一语在传统中国典籍中，与 society 并无直接关系。严格地说，中国人开始有清晰的“社会”观念，乃是晚清接触西方思想之后的事。梁启超就曾经指出中国道德的发达虽然很早，但多沦于“私德”：“《论语》、《孟子》诸书，吾国民之木铎，而道德之所从出者。其中所教，私德居十之九，而公德不及其一焉”。[1]

对中国社会略有了解的学者都会发现，中国人的家庭关系模式几乎就是所有人际关系的全部。凡是家庭外的关系都可以也都应该化约成家庭内部的关系。即使“朋友”一伦也可视为“兄弟”的延伸，所以《论语》说：“四海之内皆兄弟。”《中庸》则说：“君子之道，造端乎夫妇；及其至也，察乎天地。”《礼记》要人们“不独亲其亲，不独子其子”。《孟子》则谓：“老吾老以及人之老，幼吾幼以及人之幼。”这些话都是叫人把天下当作一个大家庭，用

[1] 其他的例子，又如《皋陶谟》有“九德”；《洪范》有“三德”；《论语》有“温、良、恭、俭、让”，“克己复礼”，“忠信笃敬”，“寡尤寡悔”，“刚毅木讷”，“知命知言”，等等。《大学》有“知止慎独，戒欺求谦”，《中庸》有“好学、力行、知耻”，“戒慎恐惧”，“致曲”。《孟子》有“存心养性”，“反身强恕”。

家族的伦理去涵盖天下。类似的说法尚有："所谓治国必先齐其家者，其家不可教而能教人者，无之。故君子不出家而成教于国。孝者，所以事君也；弟者，所以事长也；慈者，所以使众也……一家仁，一国兴仁；一家让，一国兴让。"即使是讲"兼爱"的墨子也是一样："视人之国，若视其国；视人之家，若视其家；视人之身，若视其身。"**政治伦理是作为一种家族伦理来看待的**。

社会的基本单位是家族，而家族之间又根据宗法制度联合起来，组成一个拟似家族的社会。在这种"家族主义"的社会中，个人也缺乏独立自主性，个人与家族关系不能分割，只能通过家庭与其他"外人"产生关系或参与到社会关系中。个人、社会、国家以至于天下的政治完全为家族意理所浸透。超过了家族，包含治国平天下在内，中国人就缺乏独立的伦理价值体系来处理了。

而家族作为一种儒家哲学伦理的基础，最具代表性的就是所谓"三纲五常"和"修身养性"的伦理教条。套用谭嗣同的书名，这个伦理思想传统可以归纳称之为"仁学"。仁是什么？费孝通曾说过："论语中对于仁的解释最多，但也最难捉摸。"但是他也给了一个说法："仁这个观念只是逻辑上的总合，一切私人关系中道德要素的共相。"代表原始儒家思想经典的《论语》和《孟子》，探讨的中心课题即是"仁"，包括仁的含义、仁的价值、仁的内容、仁的情境、行仁的方法和仁的延伸扩充，等等。"仁"被视为是道德的中心，在儒家哲学的思想体系内就像是永远取之不竭用之不尽的水源一样。但是，"孝弟也者，其为仁之本与"。这句话更说明了家族伦理在儒家仁学中的角色。孝是实践"仁"的最重要德目，[1]"仁"的伦理哲学基本上还是在于家族道德的实践，然后以

---

[1] 李泽厚曾经把"仁"的结构分成四个因素：血缘基础、心理原则、人道主义、个人人格。见李泽厚（1985：16）。

“修（身）齐（家）治（国）平（天下）”的全般价值体系，支配传统中国人的政治与社会生活理念。

由“孝道”出发，自然衍生宗法制度与“三纲五伦”的伦理规范。这就是原始儒家所建立的总体性家族意理逻辑，传统“仁学”思想的精髓乃是通过家族道德的实践。

这一套意识形态不但没有随着中国政治社会形态的演变而消退，反而是随着儒学的发展而更为普及和巩固。尤其是到了宋代再经由新儒家和理学传统的精炼化，这一套伦理思想一方面在哲学思辨的层面发展为更精致的体系，同时也在社会生活的实践和教化方面达到空前的阶段，由此奠定了近代中国传统社会的基盘。

三、家族意理在世俗社会中的实践化

通过原始儒学的论述，我们所得到的绝大部分是有关家族和国家政治伦理的论述，若不是有关理想社会或伦理行为的描绘，就是用以劝说教化的规范，而非具体的社会“事实”之描绘。在儒家思想形成的春秋战国时代，我们对当时的家庭组织型态虽非完全无知，但要深入而具体地了解当时社会在有关家族伦理的行为模式，目前研究仍然相当不足。究竟真实的社会个人和家族对于上述原始儒家教条的认知状态和实践程度如何，几乎是要到12、13世纪的宋代之后，我们才看得比较清楚。这一时期的中国社会已随着市场经济的转型，以及思想上理学或新儒学的崛起而迈入了一个新阶段。我们在近代中国所见到的传统社会制度，差不多都可以追溯到这个时期。虽然像孝顺、祖先崇拜、光宗耀祖这些价值观早已在儒家思想建立之后成为传统中国社会一项延续性的特质，但围绕在家族制度周边的族产制度、族谱编纂、以房派为核心的家族制度以及大规模的宗族组织等这些宗族体系的丛结（traits complex），其实并不见于周初以来的时代。只有到了宋代之后，这些制度性的家族型态才有了普遍性的发展而成为中国社会的独特形式，一路持续发展到清末时期西方影响进来为止。

换句话说，是经过宋代的转折才使得“家族”意理从一个只是可欲的、被追求和规范的伦理价值观在真实的社会生活中被实践出来，甚至这些价值不再只局限于仕绅政治的范畴，也影响到传统商人的商业经济活动动力，而发挥了类似韦伯讨论西方新教伦理的神召（calling）信仰，如徽州商人的家族意识。[1] 家族的价值及其信念俨然成为一种生活和生命的终极关怀，更与牵制个人自主思想的中国传统科举制度产生紧密的结合。科举入仕成为实现这种人生终极关怀的通道和工具，而且两者彼此加强。明清之后江南地区特别兴盛的宗族乡村聚落和大规模宗族祠堂的建立，甚至族谱的编纂，都是这种信仰的实际社会力量之展现。

宋代儒学者提倡家族宗族制度，原来或许只是在于延续和强化传统儒家教化的理想，即视家族伦理为政治和社会伦理的基础。但其思想底层可能有一种倾向，即在儒学思想力量所及的社会范围，通过民间家族制度和家族伦理的复兴，实现其改造社会和政治秩序的理念。宋代的儒学者经常在他们的论说中，要根据周初制度和原始儒家经典中的理念来重建士庶社会的宗法、庙制、丧礼和家族伦理。

但是受到这些新儒家影响而逐渐在民间广为发展的家族和宗族组织，其形态则与此理想有相当的距离。宋代的儒学者显然对于后来的中国家族宗族制度之形成有相当的影响和促进作用，但传统的家族宗族制度的内涵主要是根据实际的历史社会情况而发展

[1] 参见陈其南（1989, 1991,1994a,1994b)。

出不同的模式。严格根据大小宗的理念来规定嫡庶、亲等和庙制的《朱子家礼》，并未真正展现于中国乡村中的族制。原来为慈善救济性的族产，被祭祖用的祀产所取代。周代大小宗和嫡庶之分，为后来均等原则的房派制度所取代。传说中的昭穆等级庙制，也为阶层性的房支祠堂所取代。宋以后所说的"宗法"，其意义与周初已大为不同，其他如族谱的形式和族规的制约也是独特的发展。

宋儒苏轼（1037—1101）所写的一篇策对文章颇能说明这种看法："嗟乎，秦汉以下，天下何其多故而难治也！此无他，民不爱其身，则轻犯法。轻犯法，则王政不行。**欲民之爱其身，则莫若使其父子亲、兄弟和、妻子相好**……三代之政，莫尚于此矣。"他认为要达到这个目的，"**其道必始于宗族**"。但是苏轼主张要恢复的宗族形态，并不是周初的宗法："自秦汉以来，天下无世卿。大宗之法，不可以复立。而其可以收合天下之亲者，有小宗之法存，而莫之行，此甚可惜也。"

他提出的办法是建立士庶族人之宗子（即族长）地位，以统率全族，以防"有亲未尽而不相往来，冠婚不相告，死不相赴，而无知之民，遂至于父子异居，而兄弟相讼"。宋代儒学思想在社会和政治层面所产生的影响过程是颇为曲折的。表面看来，其思想源流是继承了原始儒家家族与政治伦理不分的架构，但是落实在实际的社会政治情境时，儒学者的家族理念却加深了民间社会的私有性、组织性和独立性。

后来盛行于江南地区的宗族组织，的确对中国的帝国官僚体系在社会秩序的控制方面产生了互补的作用；但同时在许多地方也形成一个与国家政权对立抗衡的力量。国家与宗族的关系变得有点矛盾。传统的朝廷政权在意识形态和统治架构上，是通过科举官僚的系统来发挥影响力，但政令往往只及于县的层次，无法更往下达到乡里的末端，因此在社会控制方面不得不依赖和鼓励宗族乡党的自治，让族内的事务由族人自理。宗族组织乃成为政府力量的民间触角。连带在实际传统乡村政治中，族制延伸为一种治安力量，以一种民间的力量扮演与官僚政治之间的依存关系。这样的题材后来乃成为弗里德曼（Freedman，1958,1966）这位英国人类学者发展其主导中国宗族社会研究的基础，而制约了后来有关中国人类学研究的课题兴趣和理论。

一般而言，县级的政府官吏都避免干扰或涉入乡村地区的社会事务。同时，除了乡村宗族本身的组织和权威体制之外，由于国家科举和官僚体制的运作，许多宗族组织的建立者和领导者均有担任官职或参与科举考试的经历，而扮演了中央政权与地方社会之间的中介角色。有时候他们代表中央政权担负维护地方秩序安宁的责任，有时候也代表地方利益结合其他宗族，抗拒外来的威胁和地方不肖官吏的干扰。当中央政权对地方的控制力趋于薄弱，而地方官僚愈加腐败时，这些民间社会的组织力量相对的也就获得更大的合法性基础，而对地方事务发挥更大的影响力，甚至有时候回过头来威胁到中央政权的权威性。[1]

从另一个角度来看，自宋代开始发展出来的家族制度可视为儒家意理的社会实践，这正好开启了民间社会的新页。关于宋代以前的民间社会形态我们知道得很少，缺乏历史材料固然是其中一个重要因素，但更重要的是当时的乡村民间社会尚难看出有像宋明以来的那种已经具体化和组织化的共同体社会。自主性的民间社会在宋以后才有相当明显的发展。虽说是民间性的社会组织，但是以血缘关系为基础的此种组织性社会仍无法等同于西方思想家所谓的“市民社会”。在有关中国研究的文献尚十分缺乏的

[1] 类似的研究也见于美国学界的中国历史研究领域。见库恩（1990［1980］），魏克曼（1997［1988］）。

时代，韦伯（Weber，1922［1905］，1951［1915］）已充分掌握了中国社会的此种特性，进而论断传统中国社会与资本主义发展的负向关系。他明白地指出传统中国的家族宗族组织太过于发达，已经能够满足个人大部分的经济和社会生活需要，以致个人主义无从发生，也限制了市场的发展。他的诸多观点，今天看起来仍然相当具有说服力。

韦伯强调中国的城市缺乏“市民共同体”的性格，因为这些城市往往是县城或省城、府城所在地，完全在正式官僚的直接统治底下。在经济和社会结构上，这些城市不过是乡村的延伸，它从来就不是独立发展的。住在城市的人都是离开家乡的“客居者”，他们把城居的生活说成是“作客他乡”。传统城市的居民对于城市本身无法产生归属感，因此就不可能发生类似西欧的“城邦共和国”和“市民”意识。在历史较久的城市地区，我们也可以看到宗族组织的发展。但是城市是作为官僚行政中心和商贾流寓寄居的社会而存在的，宗族组织在乡村社会所扮演的角色并不能完全满足城市社会的需求，因此另一种传统的民间组织乃应运而生，那就是向来颇受学者所注意的“会馆”；出现于中国各地城市的会馆，主要有两类：一种是“同乡”会馆，一种是“行业”会馆。由于在某些城市的某些行业的从业者也多来自同一个特定地区，这两种会馆的差别有时并不那么清楚。不论何者，会馆的组织原理和运作形态，基本上仍然受制于传统的地缘族群意识和封建规约。韦伯认为中国的会馆组织尚缺乏西方城市行会组织的一些重要特质，这些特质包括来自政府公认的法律保护，以保障工商业组织的自由合作关系。相反，“会馆”就像“宗族”一样，是民间社会用来自我保护的封闭性传统社会机制，与西方城市的行会组织有截然不同的个性与发展。

韦伯对中国社会的分析在很多方面成为后来中国研究的重要课

题。这个趋势有一项重要的意涵，即宋代之后有关家族宗族的议题不再像早期只局限于概念性、理想性和伦理性的内涵，如上所述家族宗族已经是一种社会现象，是一种社会制度，也是一种人群组织形态，无可避免地带有现实性的物质性功能。相应于库恩（Kuhn）意义的社会科学典范之转移（库恩，1962），这种社会性和功能性的家族宗族现象构成了第二次世界大战后西方人类学和历史学在中国研究领域中的显学，继而造就了弗里德曼和施坚雅（G. W. Skinner）等学者的理论模型；而有关儒家思想层次或庶民想象世界的家族论述就在这些流行典范霸权中被边缘化了。第二次世界大战后，在英美实证主义社会科学的主宰下，我们看到的世界和问题也不同了。这或许是当代学术思想中的另一种“东方主义”（Orientalism）的现象，意思是说有关中国社会的家族理论是以居于学术霸权地位的西方学界对这个问题的想象和兴趣为主轴的[1]，而真正是本土社会最关键性的（relevant）议题和思想模式却被有意无意地忽略、矮化或边缘化。社会科学本土人类学或社会科学研究者也受限于这种趋势的霸权影响，成为西方学界“东方想象”的助力和扩散者。

四、来自传统儒学内部对家族意识的颠覆

具有总体性作用的汉人“家族”意理，经过古典时期原始儒家的系统化以及宋代之后的社会实践化过程，最终发展为一般性的社会构成法则。家庭关系模式常被直接或间接引用到其他人际和

[1] 最近虽有一些研究尝试反思这个问题，但似乎并未成功。见 Santos（2006：275–333）。

社会关系的领域。凡是家族外的“社会”关系都可以，也应该化约成家族内部的关系。所以，中国社会也就变成了一个“有家族而无社会”，或“家族即社会”的状况。社会的基本单位是家族，而家族之间又根据宗法制度联合起来，组成一个类似家族的社群。在这种“家族至上主义”的社会中，个人往往缺乏独立自主性。个人与家族关系不能分割，只能通过家族与他人发生关系，或参与到社会关系中。

在西方人的东方主义视野下，这样的中国家族问题只是学术理论的兴趣；但对于中国社会本身而言，总体性的家族意理是一个深刻的现实问题，是一个走向保守或改革的立场问题。在讨论家族伦理时，儒家和知识分子不同人总是会显现出不同的保守传统或激进改革的倾向。经验事实的家族现象固然值得重视，但这样的取向有其局限性和偏颇，就像当代的学术发展状况，经验性和实证性的机能主义研究风格在文化研究与想象性（imagination）的课题成为显学之后，这类型的中国家族和社会研究也趋于式微。我们是否可以从新的角度来探讨传统知识分子对传统家族的言说和想象？这里试举明末时期一位被视为“异端”的儒学者——何心隐——为例，他对传统中国家族伦理的激进批判观点来看家族思想底层的一些矛盾性和可能的解放途径。而且他这个思想倾向的转移并非像晚清知识分子那样是缘于外来的压力，而纯粹是建立在对儒学思想本身内部思辨的结果，这一点更具有特别的意义。

事实上明末儒学史上已出现不少对理学传统富于批判性的伦理思想家，例如李贽（1527—1602）、黄宗羲（1610—1695）、顾炎武（1613—1682）、王夫之（1619—1692）、唐甄（1630—1704）、颜元（1635—1704）等人；但这些人物的关怀仍然未超出传统儒学的主流问题，诸如义利与理欲之辨、君臣和天下的平等之道或功利实学的讲求，等等。处于明末清初满人入主中国的巨变时代，这些满怀“民族”气节的大儒，与后来所谓“社群主义”式的民族主义比较，毋宁仍是文化性而非社群性的指向。其中的“反清复明”思想仍然是沿着汉族文化中心主义或是传统忠君伦理的基础所衍生出来的，而非源于对社会民生与群体矛盾的关怀。独树一帜的何心隐虽被视为儒学“异端”，但在他为数有限的著作中已经颇为清晰而系统地启其先端。由身家以至国天下之间，儒家学说向来都未曾探索其间是否有中介性的社会群体之存在，以及其存在是基于何种形式和机制的问题。除了提出一个“无”父“无”君的社会思想，何心隐可能是第一位在传统时期的历史和思想情境下提出这种具有突破性见解的社会思想家。

何心隐（1517—1579），原名梁汝元，号夫山，江西吉安永丰县人。在儒学史上，他与同籍之颜山农（钧）同为泰州学派创始人王艮（心斋，1483—1541）的传人。王艮的泰州学派是阳明学诸派中最受重视的一支，力主格物说，思想“平易近人，朴实无华，传播面广，可以普及到平民阶层”（容肇祖整理，1960：26）。何心隐虽然年三十岁即中郡试第一名，但旋即放弃科举仕途，从学于颜山农而深受王艮学说的影响，后来成为泰州学派的代表人物。但何心隐的著作并不多，主要收在容肇祖整理的《何心隐集》一册（1960）中。以下本文的引述均出自该书，为行文方便不再个别附注出处。读者将看到何心隐的文字和逻辑论述有其独特的风格，不易阅读和理解，但在这里也不容许逐字逐句引述、翻译和分析，这应是另外一本专著才可能做得到。为弥补此缺憾，本文只能以附注方式将原文尽量摘录，一方面便于阅读本文，另一方面有需要时可进一步参照。

如同当代的其他儒学者一样，何心隐一开始也是从“仁”和“义”探讨人性的本质。在《原人》一篇中，他如此论述人与仁义的关系：“人则仁义，仁义则人。不人不仁，不人不义。不仁不人，不义不人，人亦禽兽也。”换句话说，人必为仁义之人，无仁义者非人，因此为人必行仁与义。这似乎与其他宋明理学思想家并没有很大的差别，但他进一步在《仁义》一篇中界定何为“仁”与“义”时，其思想便开始大异于前儒。

关于行“仁”所“亲”之对象，他说：“**仁无有不亲也，惟亲亲之为大，非徒父子之亲亲已也。**”接着他说：“亦惟亲其所可亲，以至凡有血气之莫不亲，则亲又莫大于斯。亲斯足以广其居，以覆天下之居，斯足以象仁也。”同样，关于行“义”所“尊”之对象，他也用这样的说法：“**义无有不尊也，惟尊贤之为大，非徒君臣之尊贤已也。**”而“亦惟尊其所可尊，以至凡有血气之莫不尊，则尊又莫大于斯。尊斯足以正其路，以达天下之路，斯足以象义也”。

论及亲亲之对象，他认为不应只限于父子，而尊贤之对象也应不限于君臣。故“凡有血气之莫不亲莫不尊”，如此才能“**广其居，以覆天下之居**”，“**正其路，以达天下之路**”。后人看来，何心隐之思想“这就超越了君臣、父子、兄弟和夫妇这些旧的伦理关系，打破到上下、尊卑、贵贱的界限”（蒙登进，1989：291）。

然而这是不是说不要父母了呢？在《辩无父无君非弑父弑君》一文中，何心隐相当雄辩地论证了这个“**无父无君**”思想的深层意涵。首先他说“无父无君”不是指不孝者和不忠者[1]，认为人必须像禽兽之互相反哺跪乳一样，“**莫知其为父……莫知其为子，莫知其为孝，莫知其为不孝**”，“**自相忘于无子无父，而后可以当无父无子也**”。君臣之理也是如此，要能“**自相忘于无君无臣，而后可以当无君之无也**”。相反，之所以会有不孝不忠和弑父弑君，乃

[1] “是故无父之无，非不孝者可以当其无也，亦非不孝至于弑父者，可以当其无也。无君之无，非不忠者可以当其无也，亦非不忠至于弑君者可以当其无也。”

是“尤未忘情于父于君”之故。[1] 他从积极的角度把佛老和杨墨的无、太极和禽兽之说融入了这种“无父无君”的观念，而达于“乾坤其君臣、乾坤其父子”的境界。[2]

有一篇标题为《答作主》的部分把这种思想作了更为系统的发挥。他说每一个人都是自己的主人，无须“凭人之议论，凭人之求”。在农工、商贾、士和圣贤这种传统社会等级之间，也不应有高下主从之分。[3] 这里我们看到了何心隐初步凸显了人间社会的平等性和个人主体性的思想。

人的理想既是做个仁义之人，而仁义又超乎君臣父子关系，同时农工商贾士圣贤皆可自作其主[4]，相互为主体（inter-subjectivity）这样的社会关系形态究竟又以什么作为基础呢？没有了君臣父子，又该以什么伦理来取代？何心隐提出了“友”、“师”和“会”的理念。在《伦友》一文中，以“交”来说明人际关系的性质，所以天地、昆弟、夫妇、父子、君臣之间都有“交”，但

---

[1] “且如不孝至于弑父者，必欲自父其父而后必弑其父，以父其父乃得以自父也。如不忠至于弑君者亦然，乃得以自君也。然则弑父者犹有父，弑君者犹有君尔。况徒尔不孝不忠者，尤未忘情于父于君者也，能无父乎？能无君乎？”

[2] “必墨必杨，必禽必兽，乃煦煦若亲亲而爱相兼爱，卒若禽禽兽兽，莫不有爱有亲而似仁以父父，乃无父也。乃孑孑若尊尊，而我独为我，卒若禽禽兽兽，莫不有我有尊而似义以君君，乃无君也……又必易有太极，乃不墜于弑父弑君，乃不流于无父无君，乃乾坤其君臣也，乃乾坤其父子也，乃凡有血气其尊亲也。不尽不尽。”

[3] “不落比比也，自可交昆弟；不落匹也，自可交夫妇；不落昵也，自可交父子；不落陵也，不落援也，自可交君臣。天地此法象也，交也，交尽于友也。友秉交也。”

[4] “然人之所谓主者则知之矣。为农工则主于农工，商贾之议之论之求不得以人之矣。其竟也农工而已矣。为商贾则主于商贾，士之议之论之求不得以人之矣。其竟也商贾而已矣。为士则主于士，圣贤之议之论之求不得以人之矣。其竟也士而已矣。”

所有的各种“交”都以朋友之“交”为至极。[1] 这让我们想起近人哈贝马斯（Habermas）的“沟通理性”(communicative rationality)与“公共领域”(public sphere) 的论述。

这样，何心隐把“朋友”一伦从其他四伦中抽离出来，当作是五伦中的主轴来看待，这是前儒所未曾有过的理念。在《师说》一节，他特别论及师徒之“交”，并视为“友交”之范畴。[2] 何心隐在这里所揭示的师友之道，并不局限于真正的朋友，而是企图将君臣、父子、夫妇和昆弟也都化约为师友关系。在《宗旨》一节中，他即主张“君臣相师，君臣相友”，“父子相师，父子相友”，“兄弟相师，兄弟相友”。他试图用一个更具普遍意义的沟通理性把传统的人伦社会关系逻辑从家族意理中解放出来。

在《与艾冷溪书》中，何心隐清晰地铺陈了“五伦”之间的阶层关系：

> 中庸，象棋子也。大学，象棋盘也。对着是棋，于上惟君臣，尧舜以之。对着是棋，于下惟友朋，仲尼以之。故达道始属于君臣，以其上也。终属于朋友，以其下也。下交于上，**而父子、昆弟、夫妇之道自统于上下而达之矣**。夫父子、昆弟、夫妇，固天下之达道也，而难统乎天下。惟君臣而后可以聚天下之

---

[1] “天地交曰泰，交尽于友也。友秉交也道而学尽于友之交也。昆弟非不交也，交而比也，未可拟天地之交也。能不骄而泰乎？夫妇也，父子也，君臣也，非不交也，或交而匹，或交而昵，或交而陵，而援。八口之天地也，百姓之天地也，非不交也，小乎其交者也。”

[2] “师非道也，道非师不转。师非学也，学非师不约。不转不约则不交。不交亦天地也，不往不来之天地也。革也，汤武之所以革天而后天，革地而后地。否也，未尽善也，未尽道也。友其道于师以学而交乾坤乎？……师也，至善也。非道而尽道，道之至也。非学而尽学，学之至也。可以相交而友，不落于友也。可以相友而师，不落于师也。此天地之所以为大也。惟大为泰也，师其至乎！”

> 豪杰，以仁出政，仁自复天下矣。天下非统于君臣而何？故唐虞以道统统于尧舜。惟友朋可以聚天下之英才，以仁设教，而天下自归仁矣。天下非统于友朋而何？故春秋以道统统于仲尼。

据他的这种见解，父子、昆弟和夫妇三伦，虽为天下达道，但毕竟不能用以统合天下。首先必须还要依赖君臣之道来聚合天下之豪杰以行仁政，统合天下。但是要聚合天下之豪杰又必须求之于友朋之道。而代表君臣之道之极的是尧禹，代表友朋之道之极的则是孔子仲尼。何心隐在这里所说的友朋之道，即是师友之道。不论如何，君臣和友朋乃“相为表里”，彼此支援，故曰：“君臣之道，不有友朋设教于下，不明。友朋之道，不有君臣出政于上，不行。”

君臣师友或五伦的其他项目基本上都属于两者对偶（dyad）的关系形态，只能算是组成社会关系网或社会结构体的“个体”单位。个别存在的对偶性的人伦关系不能构成一个社会团体，社会团体通常包含了好几种对偶关系在内，例如“家庭”团体内就至少包括五伦中的父子、夫妇和兄弟这三种基本的对偶人伦。何心隐显然也意识到“社会团体”的本质，当他对于传统的对偶伦理关系进行批判的工作，企图超越传统的社会伦理价值观念时，也就不得不涉及经由这些不同对偶伦理的组合所构成的团体形式。

在《论中》一节中，他把“君”看作是“中”与“心”，进而衍出“惟中为均，均者，君也”之论，“**以君像中，以位尊君**，而共保乎心之不危不微”。何心隐在这里所说的君，并不是君王之“君”，而只是将之当作一种阶层性的地位关系，是存在于每一个组织化结构化的社会和个体中的“位相”。用今天的语言来说，这是指一个人所占据的位置（position）。是因为这个位置，所以我们尊敬占有这个位置的人，我们所尊敬的是这个位置，而不是这个人本身。这个概念可以继续延伸到“人治”或“法治”的区别。[1]

继而他用谐音联绵法将“君”引申为“群”：

天位乎上，地位乎下，人位乎中。人必君，则也。君必位，则君也。臣君亦君也，君者，均也，君者，群也，臣民莫非君之群也，**必君而后可以群而均也**。一身，则心为君也。君呈象于四体百骸，则元首为君也。若臣若民莫不有身也，莫不有四体百骸；莫不有四体百骸，则莫不有元首也。莫不有身，则莫不有心也。莫不有元首，莫不有心，则莫不有君也。君莫非中也。

在此种结构性的组织体系下，何心隐乃得以进一步论述五伦及其对偶个体如何贯穿起来而形成“群”与“均”之象，并以群和均作为人伦的终极关怀。

尧之所以必于中而允执之者，欲人人之透心也。透心则心有主，而于四体百骸可以贯也。不惟贯乎己，贯乎人也；君臣、父子、夫妇、昆弟、朋友，莫非人也；贯乎人，所贯乎君臣、父子、夫妇、昆弟、朋友。人心而道心也；道心，道其心于君也。

---

[1] 关于人治与法治，可用何心隐在《矩》一文的论述来说明其想法，他认为“心、身”与“家、国、天下”这两个系列之间，通过“身”与“家”，在“形”与“象”的连续中有逻辑的关联性：“象物而象，形物而形者，身也，家也。心、意、知，莫非身也，本也，厚也。天下、国，莫非家也，厚也，本也。莫非物也，莫非形象也。是故，心、意、知，身乎身，身身乎家，家身乎国，国身乎天下者也。莫非身也，莫非物也，莫非形象也。天下家乎国，国家乎家，家家乎身，身家乎心、意、知者也。莫非家也，莫非物也，莫非形象也。”身和家在物之事理和法则（矩）上有其统一性。“物即是理，即是事”，三者是一样的。凡是物都一定有“矩”，有了矩，才有物，才有身，也才有家。“不有矩，则不有物也，不有身也，不有家也，不容不有者也。”身家是“矩”的主要内涵。根据孔子“至于七十而始，从心所欲不逾矩矣”的说法，何心隐认为“夫圣如仲尼，自十五而七十，**莫非以矩乎其学，学以学乎其矩**。矩也者，不容不有者也”。

君其心于君臣可以群君臣，而君臣可均也。不然，则君不君，臣不臣，不群不均矣。**君其心于父子，可以群父子，而父子可均也**。不然则父不父，子不子，不群，不均矣。至于可以群夫妇而夫妇均，**可以群昆弟而昆弟均，可以群朋友而朋友均者，莫非君其心于道也，中也**。

在下一节中我们将看到“群”的概念如何成为晚清知识分子在思考中国社会文化变革时的主题。在这里，何心隐从五伦中的“朋友”一伦出发，建立了他对于社会上士农工商各阶层自主性的看法；然后通过身家与国天下的论述，他的思考又再往前推进提出关于“会”这种社群形态的观念。在《语会》这一节中，何心隐明确地指出“会”与身和家的“取象”关系，君子如何“以显以藏乎士农工商其身其家于会”，如何“仲尼其君子而身而家于国于天下，以显以藏以会”。[1]

关于何心隐所讲的“会”，近人蒙登进认为他是“企图以师友关系联结起来的‘会’来取代以父子、昆弟、夫妇作维系的‘家’，力图冲淡封建伦理纲常的罗网”（蒙登进，1989）。他的白话说明值得在这里引述：

何心隐所讲的“会”，既是一种讲学的组织形式，又是他设

[1] “夫会，则取象于家，以藏乎其身；而相与以主会者，则取象于身，以显乎其家者也。不然，身其身者，视会无补于身也。家其家者，视会无补于家也。何也？视会无所显无所藏也。乃若天下国之身之家之，可以显可以藏乎其身其家者也。会岂小补于身于家已乎？不然，身其身者，身于士农工商其身已也。家其家者，家于士农工商其家已也。小补于身于家已也，可象天下国之身之家之所显所藏者乎？必身以主会而家以会，乃君子其身其家也，乃君子以显以藏乎士农工商其身其家于会也。乃仲尼其君子而身而家于国于天下，以显以藏以会也。会将成象而成形矣。又岂惟取象于身于家以显以藏，而小补以会已乎？”

> 计的理想社会的细胞。他按照《大学》修身、齐家、治国、平天下的原则，认为“会”要先从一宗一族做起，然后逐步广及全国，遍于天下。因此，“会”也是他的理想社会的缩影。“会”取象于家，但不是以父子、昆弟、夫妇关系维系的家，而是“君子其身其家”，是“君子以显以藏乎士农工商其身其家”。虽然士农工商“必身以主会而家以会”，但“不溷身家于莫不有之身家，而身家于生民以来未有之身之家”……已经不是原来意义上的士农工商之家了，而是一种新的“生民以来未有之身之家”了。……在“会”的统一联系下，士农工商只有分工的不同，而无等级的差别，彼此相恤、相翕、相睦、相助相认、相亲相爱，“会”广及全国，遍于天下。“君子而身而家于国于天下”，天下便是君子之天下，国就是君子之国了。（蒙登进，1989）

为了“要先从一宗一族做起，然后逐步广及全国，遍于天下”的理想，何心隐一方面在自已家乡建立一个称为“聚和堂”的小区性共同体组织；另一方面则致力于讲学，并建立讲学组织。“聚和堂”就是何心隐在1553年（明嘉靖三十二年）于其家乡江西吉安永丰县瑶田梁坊所创办的“会”。据邹元标撰梁天山“何心隐之号”传所记：

> 爰谋诸族众，捐赀千金，建学堂于“聚和堂”之傍，设率教、率养、辅教、辅养之人，延师礼贤，族之文学以兴。计亩收租，会计度支，以辅国赋。凡冠婚丧祭，以迨孤独鳏寡失所者，悉裁以义。彬彬然礼教信义之风，数年之间，几一方之三代矣。

瑶田梁坊显然是梁氏宗族聚居之地。何心隐在《聚和率教谕族俚语》中提到，其本族乡学之制度行之已经有好几个世代，但大多只聚于各房派的私馆中，房舍卑隘，师徒五六人相聚嫌少，但如数十相聚则又扰攘不堪，难以施教和学习。故何心隐乃将全部总聚于大祠中。除了因为空间的舒畅之外，也可以除去就学子弟之私念。他认为这些子弟如果聚于上族私馆，便只知有上族之亲；若只聚于中族私馆，便只知有中族之亲；若只聚于下族私馆，便只知有下族之亲。以此“总教于祠”为基础，何心隐又要所有子弟“总馔于祠”和“总宿于祠”，俨然一个“会所”形态的组织。而且在此种集体性的会所生活中，尚有许多禁例“常条”，不能随意擅离归家或出外，“冠婚衣食皆在祠内配处”。但聚和堂组织并不只是一个宗族内的青年会所或学堂而已，它所处理的几乎涵盖了一个小区的宗族团体的各项事务。黄宗羲在《明儒学案》中，也提到何心隐“谓大学先齐家，乃构萃‘聚和堂’以合族，身理一族之政。冠、婚、丧、祭、赋、役，一切通其有无，行之有成”。

这显然是一个庞大的宗族组织，并非只靠何心隐一人之总理，在教养方面即另设有率教、率养各一人，辅教、辅养各三人，维教维养四人，均实际列有人名负责。于田粮之征则“另设一十二人总管粮于四季，二十四人分催粮于八节。七十二人各征粮于各候”。由此看来，这个宗族团体具有相当大的规模。这个宗族组织的功能也与学者向来所熟悉的个案颇为不同：它不单纯是个为周济族人所设的族产组织，如范仲淹首创之义田；它不是单纯以祭祀祖先为目的的祖尝祭田团体；它不单纯只是一个利用祠堂做为一般“学堂”的附属设施；它不是常见的经由官府推动的保甲或都图系统；它不是严格的宗族血缘组织，因为上述的小区性功能不只限于何心隐所属的梁姓族人，实际上也包括了该地区的外姓居民和子弟。基于这几项因素，我们不能把“聚和堂”当作是传统的宗族团体组织，而应该从小区整体性的特质来了解何心隐所组合成的这个社群团体。

从他的论述中我们可以看出两个方向：一个是由传统家族聚居社群所扩大普遍化的社群组织；一个是建立在师友关系上的“学会”及其在士农工商阶层的“取象”。用今天的术语来说，前者属地域性或小区性社群，后者为职业性社群。何心隐在16世纪中叶的中国，曾经往这两个方向实践迈进。可惜何心隐的这个社会实验只进行了6年，在1559年（嘉靖三十八年）即因与当时官僚系统冲突而被迫停止。主要起因于聚和堂族人反抗邑令征收新杂税而杀伤来者致死，何心隐因此遭到牵累被捕入狱，后来定罪绞刑，又改充军贵州，得胡宗宪调用乃出狱。一说因粤寇近城是否应毁民居之事与邑令缙绅意见相左而开罪，或说因“邑令有赋外之征，心隐贻书以诮之。令怒，诬之当道，下狱中”。不论如何，聚和堂的兴起与结束在某种程度上不过是传统中国乡村自发性自治性的社群组织在与帝国官僚统治系统之间长久存在的矛盾消长关系中所展现出来的另一个例子。即使没有上述的导火线，传统的专制帝国可能也不会容许此种自发性的地方组织之发展。从另一个角度来看，何心隐在思想上已经具备超克“家族主义”的条件，但一落实到实践的层次，也不得不像“聚和堂”的例子那样迁就于那么普遍化而强韧的传统社会结构形态的制约。

何心隐在1579年于祁门不幸被捕，受谄媚当时宰相张居正者之加害而死于狱中。何心隐之得罪于张居正，乃因反对其毁书院禁讲学之故。[1] 何心隐之不见容于当道，主要是由于其思想和行为的“异端”性格所致。李卓吾（贽）在其《何心隐论》中谈到一

[1] 冯肇楠在《梁夫山先生集》说道：“吾谓夫山之死非学之能死夫山也。夫山之自死于学也。夫山之死于学，亦人之借学之死夫山，而夫山实未尝死于学也。夫山幸矣！夫山之人得死而传，夫山之学得死而著，则夫山之死在一日，而夫山之不死在千百年也。”

般世人对于何心隐的看法有赞誉有批评。赞赏者有三点：何心隐不肯随世逐流自厚而生，包括生活与生命；一般人诵法孔子之道多拣其易法者学之，何心隐独择其难者而法，“孔子之道其难在以天下为家而不有其家，以群贤为命而不以田宅为命”；何心隐在思想上独来独往，不肯效颦学步于前贤。批评者也有三点：“人伦有五，公舍其四，而独置身于师友圣贤之间，则偏枯不可以为训。”“危言危行，自贻厥咎，则明哲不可以保身。”“道本乎人情，学贵乎平易。”但心隐“绳人以太难”、“责人于道路”、“聚人以货财”，因此“畔者众”、“居者不安”、“贪者竞起”。由此可见在传统中国要有突破性的思想和行动之困难。时人与后世对何心隐的了解则显然集中在他所受的政治迫害与特立独行的风格，对于他极具开创性的社会思想内涵却碍于传统而忽略。

晚明何心隐从传统“仁学”的阵营内部开拓出“群学”的雏形，试图超克传统的家族思想，这个过程到了晚清又再重复了一次。两个时代与环境有极大的不同，何心隐是内发孤立发展出来的成果，可以视为儒学发展的异数；而清代的群学批判则是为了抗拒帝国主义侵略或为了救亡图存而被动驱策出来。但是也由于时代环境的限制，何心隐的群学思想在当时和后来的学术传统中似乎没有发生任何撼动力，但他在有关中国家族和社会构成逻辑的尖锐论述，让人想起本文一开头所引述的亚里士多德对于家户与城邦的对照论述。

五、晚清“群学”诸家对家族主义的超克

晚清时期中国面临“千古未有之巨变”，影响所及已不单纯是外在政治社会体制全面崩溃的危机，甚至内在的文化价值观念

和伦理思想也到了难以赓续的绝境。对当时的知识分子而言，不仅政治的革命已经不可避免，社会伦理的重构也已如箭在弦。当时处于传统和西化十字路口的知识分子都不得不将中国和西方的政治与社会体制作严苛的比较与反思。在这个过程中，晚清知识分子对伦理思想的反思开始脱离以文化主义和家族主义为核心的“仁学”传统，而转向以民族、国家和社会的道理为主要关怀，许多言论几乎都集中于建立新的民族精神和新的社会伦理。不论是谭嗣同的新“仁学”、康有为的“大同书”、梁启超的“新民说”或严复的“群学”，几乎都毫无例外地试图建立一个以“国群”或“社群”为目标的伦理体系，以取代过去个别化的“三纲五伦”或“修身养性”的“仁学”传统。这时候我们才看到一种类似古希腊时期的论述，要以城邦或市民社会的公共伦理来取代或压制传统家族血缘伦理的倾向。这几乎是要完全倒转颠覆在传统儒家伦理意识下的中国社会逻辑，其困难可想而知，也可见两者矛盾之尖锐。

谭嗣同（1865—1898）在1897年写成《仁学》一书，抨击传统“三纲五伦”之酷烈，他说：“数千年来，三纲五伦之惨祸烈毒，由是酷焉矣。君以名桎臣，官以名轭民，父以名压子，夫以名困妻，兄弟朋友各挟一名以相抗拒，而仁尚有少存焉者得乎？”1901年康有为在《大同书》中指出中国因族制而生分疏之害，行仁不如欧美之广大，孝为空义，罕有行孝，家人多受强合之苦，有家则有私以害性害种，欲至太平大同必在“去家”。“家族”几乎成为中国所有积弱不振的问题根源。

事实上，1884年康有为在其《实理公法全书》一书中即提出解放中国家族伦理的思想，主张“人有自主之权。以平等之意，用人立之法”（“人类”门），甚至主张男女相悦者，立约有期，久暂听其自便（“夫妇”门），开始否定传统伦理关系，认为“质是天地所有，非父母所生”，“公法于父母不得责子女以孝，子女不得责父母以慈”（“父母子女”门）。这些都彻底颠覆了传统儒学的观点。同样的说法也见于谭嗣同：“夫妇者，嗣为兄弟，可合可离，故孔氏不讳出妻，夫妇朋友也；至兄弟之为友于，更无论矣”；“夫妇择偶判妻，皆由两情自愿，而成婚于教堂，夫妇朋友也；至于兄弟，更无论矣”。

这里谭嗣同独尊“朋友”一伦，将夫妇、兄弟关系都“朋友化”了。他说：“五伦于人生最无弊而有益，无纤毫之苦，有淡水之乐，其惟朋乎。”其理由乃是朋友之交完全建立在平等、自由和“节宣惟意”的基础上。至于“兄弟”一伦则差近于朋友，可算其次。其余，君臣父子夫妇三伦“皆为三纲所蒙蔽，如地狱矣”。他认为如果五伦不变，那么“举凡至理要道，悉无从起点，又况于三纲哉”！因此，他认为朋友一伦应置于其他四伦之首。“夫朋友岂真贵于余四伦而已，将为四伦之圭臬。而四伦咸以朋友之道贯之，是四伦可废也。”只要独尊朋友之伦，“然后彼四伦不废自废”。

康有为的想法则试图跳脱五伦之序，甚至舍去“朋友”一伦，乃因“时有友朋，则以利害患难而易心，不可凭借”。这个观点与其试图建立的“实理公法”或“大同世界”观思想一致，要将传统儒家所谓的“仁”推大为“博爱”，要由“父子夫妇兄弟的相亲相爱”直接扩展到“去国界合大地，去（贵贱）级界平民族，去种界同人类，共（男女）形界保独立，去家界为天民，去产界公生业”，以达到“去乱界治太平，去类界爱众生，去苦界至极乐”的境地。

梁启超将五伦分成三个范畴：“关于家族伦理者三：父子也、兄弟也、夫妇也。关于社会伦理者一，朋友也。关于国家伦理者一，君臣也。”君臣、父子、兄弟、夫妇和朋友等五伦是旧伦理思维，而新伦理则分为家族伦理、社会（人群）伦理和国家伦理三个范畴。这三范畴中在中国“**惟于家族伦理稍为完整，至社会国家伦理不备滋多**”。这中间他认为即使朋友一伦，也决不足以尽社会伦理。而君臣一伦，尤不足以尽国家伦理。[1] 人必须具备此三伦理之义务，然后人格乃成。

与此相对，谭嗣同不只要以“朋友”一伦去转化夫妇和兄弟关系，且推衍到一般性的社会团体关系。他举了孔、耶、佛三个的例子来说明，“先儒牧师所以为牧，所以为学，莫不倡学会，联大群，动辄合数千万人以为朋友。盖匪是即不有教，不有学，亦不有国，不有人”。在这三“教”中，都要把君臣、父子、夫妇和兄弟当作朋友来看待。

这里我们看到何心隐的影子，对朋友之伦的重视意味着对家族亲属血缘关系的压制，试图寻找血缘之外的人伦关系组成基础，最后导致以“会”和“群”来取代超越“家族”或“宗族”。1895年康有为公车上书，主张设议院，认为要开新政之风气，“非合大群不可”，而要合群则非“开会”不可，乃积极筹组“强学会”，出版报刊。他为上海强学会所写之序云：“挽世变在人才，成人才在学术，讲学术在合群，累合什百之群，不如累合千万之群，其成就尤速，转移尤巨也。”在后序中也说道：“夫物单则弱，兼则强，至累重什百千万亿兆京陔之则益强。”并引述古人荀子之言，“物不能群，惟人能群”作根据，说“象马牛驼不能群，故人得制焉”。甚至其他动物若能“群”，像“至微之蝗，群飞蔽天，天下畏焉”。所以，一人独学，不如群人共学；群人共学，不如合什百亿兆人共学。“学则强，群则强。累万亿兆皆智人，则强莫与京。”

---

[1] “凡人对于社会之义务，不徒在相知之朋友而已，即绝迹不与人相交者，仍于社会上有不可不尽之责任。至国家者，尤非君臣所能专有。若仅言君臣之义，则使以礼，事以忠，全属两个私人感恩效力之事耳，于大体无关也。将所谓逸民不事王侯者，岂不在此伦理范围之外乎？”

康有为是晚清志士中首次如此强调“群”的重要性，而荀子“物不能群，惟人能群”这一句后来也不断为群学论者所引用。

同样，试图“冲破罗网”的谭嗣同在1989年一篇《群萌学会叙》的文章中也强调“联群通力”的重要，并说明成立这个“群萌学会”乃“志在群”。“夫群者学会之体，而智者学会之用。”“不有学会，吾谁与言群，复谁与言智哉？”其章程的第一条更明言“合群”之旨：“本会以群萌为名，盖因群学可由以而萌也，他日合群既广，即竟称为群学会。”当时有志治新学者已纷纷成立各种学会和组织，他说：“万事万物，莫不以群而强，以孤而败，类有然也。”文中举了一些典型的比喻：“今夫有物百钧，一人举之不足，数人、数十人举之，斯举之矣。有草一莛，孺子折之有余，束数十、数百万莛，壮夫莫谁何焉。有书万卷，十年读之，莫能通其义，数十人、数百人分任之，可计日而毕业矣。”“群”的目标是通过组织“学会”来达成的，谭嗣同特别提倡组织学会，甚至认为如果大家都组织成各种各样的会，那么实际上就已经造成了“变法”的事实。

1898年谭嗣同在一篇题为《群学》的文章提倡各行各业都应建立各式各样的“会”，包括儒、释、农、工、商、矿等各业，甚至要多办各种聚会以及“赛珍”、记念、戒鸦片、戒缠足等活动：

> 儒而入会，于是无变书院之名而有变书院之实；释老而入会，于是无变寺观之名而有变寺观之实；农而入会，于是无农部之名而有农部之实；商而入会，于是无商部之名而有商部之实；工而入会，于是无劝工之名而有劝工之实；矿而入会，于是无办矿之名而有办矿之实；赛珍有会，则物不窳敝矣；记念有会，则人思自奋矣；戒鸦片有会，针膏肓也；戒缠足有会，起废疾也；戒时文有会，发墨守也。大哉学会乎！所谓无变法之名而有变法

之实者，此也。

这时有关西方社会的经验已点点滴滴引介进来。严复在 1896 年译成赫胥黎（Thomas H. Huxley, 1825—1896）的《天演论》(*Evolution and Ethics and Other Essays*)，可能是第一次提到“群道”、“群治”、“群学”这一些术语（卷上，页 18)。接着 1889 年译斯宾赛（Herbert Spencer, 1820—1903）的 *The Study of Sociology*（1873)，即名为《群学肄言》。同年也译约翰·穆勒（John Mill）的 *On Liberty*（1859)，名为《群己权界论》。而在 1903 年译成甄克斯（E. Jenks, 1861—1939）的 *A History of Politics*（1900)，则名为《社会通诠》。经过他的译著，“群学”已成为中国知识界耳熟能详的显学。

但著书立说影响最大的恐怕要算梁启超（1873—1929)，他在其丰富的著作中企图进行一场所谓“道德革命”，建立一个富于公德和善群伦理的“新民”社会。

他一开始就引“西儒亚里士多德之言”：“人也者，善群之动物也。”如果人而不群，那么与禽兽何异？后来也在其《变法通议》（1896）的长文中“论学会”，强调“群”的重要性：

> 道莫善于群，莫不善于独。独故塞，塞故愚，愚故弱。群故通，通故智，智故强……数人群而成家，千百人群而成族，亿万人群而成国，兆京垓秭壤人群而成天下。无群焉，曰鳏寡孤独，是谓无告之民。

他说非洲人、印度人、大洋洲人所占之地虽广，但受欧人之奴役，乃“因不能群之故”。要讲群，就要以“群心智”为上，而非“群形质”。像蜂蚁之群，乃是“群形质”，是“非人道之群”。他认为欧洲人有三种方式来达到“群心智”的目标：一个是“国群”，即议院；一个是“商群”，即公司；一个是“士群”，即学会。而学会又是前两者之母。因为不管议院或公司，其见识议论或职业技艺，都来自于学。欧洲人之所以能以心智雄于天下，即由于百年来皆以学为重之故。

梁氏引用《易经》、《论语》等证明中国二千多年前已有类似“学会”的观念和实践，例如：

> 易曰：“君子以朋友讲习。”论语曰：“有朋友自远方来。”又曰：“百工居肆以成其事，君子君学以致其道。”孔子养徒三千，孟子从者数百，子夏西河，曾子武城，荀卿祭酒于楚宋，史公讲业于齐鲁，楼次子著录九千，徐遵明之会讲逾万，鹅湖鹿洞之盛集，东林几复之大观。凡兹前模，具为左证。先圣之道，所以不绝于地，而中国种类，不至夷于蛮越，曰惟学会之故。

他把“学会”在中国之衰亡归罪于清代的汉学家[1]。

1986年《说群》一文，梁启超也像何心隐一样，把“君”和“群”的关系做了一番论证，认为“能群焉谓之君”，不能群之君谓之孤、寡人、予一人，意即“独夫”。为君者“以群术治群，群乃成。以独术治群，群乃败。己群之败，他群之利也”。所谓的“群术”就是指治国者应知群之所以然之理，所行之事应使群“合而不离，聚而不涣”。泰西各国皆着于群术，但目前都只施之于

[1] “学会之亡，起于何也？曰国朝汉学家之罪，而纪昀为之魁也。汉学家之言曰：‘今人但当著书，不当讲学。’纪昀之言曰：‘汉亡于党锢，宋亡于伪学，明亡于东林。’呜呼！此何言耶？……吾不知小人无忌惮之纪昀，果何恶于李范诸贤，而甘心为十常侍蔡京、韩侂胄、魏忠贤、阮大铖之奴隶也？而举天下缀学之士，犹群焉宗之，伈俔低首，为奴隶之奴隶，疾党如仇，视会为贼。是以佥壬有党，而君子反无党。匪类有会，而正业反无会。是率人以食君子之肉，驱天下之人而为鳏寡孤独。”

"国群"，而尚未及"天下群"。因此中国也只能讲"国群"，不能自作聪明讲"天下群"。在试图建立群学的理论基础的"群理"一文中，他说，群即是"天下之理"，"万物之公性"，并撷取《天演论》的思想，认为兽类之群不敌人类之群，野蛮之群不敌文明之群。由此建立一种动态的群理机制论："凡世界中具有二种力：一曰吸力，一曰拒力。惟彼二力在世界中不增不减，迭为正负，此增则彼减，彼正则此负。"引用到群的关系，"有群之力甚大者，必有群力甚轻者。则不能群者必为能群者所摧坏，力轻者必为力大者所兼并"。故"欲灭其家之者，灭其家之群可矣……欲灭人之国者，灭其国之群可矣。使之上下不相通，彼此不相恤，虽天府之壤可立亡矣"。

1900年在《一种德性相反相成义》一文"独立与合群"一节，梁氏提到传统中国并非无"群"，例如经数千年聚族而居者，地方自治之发达也颇早，而同业联盟之组织颇密，四民中所含小群无数。但"然终不免一盘散沙之诮者，则以**无合群之德**故也"。所谓"合群之德"，是要能"以一身对于一群，常肯绌身而就群；以小群对于大群，常肯绌小群而就大群。夫然后能合内部固有之群，以敌外部来侵之群"。但中国之现状有异于是，常是"甲地设一会，乙徒立一党。始也互相轻，继也互相妒，终也互相残。其力薄者旋起旋灭，等于无有，其力强者且将酿成内讧，为世道忧"。即使号称求新之士，日日以"合群"呼号于天下者也不例外。这并不一定是出于私心，而是国民未有合群之德，所以今日最当讲求者，乃在于"养群德"之一事。

"人群之所以为群，国家之所以为国，赖此（公）德焉以成立者也。"梁氏认为中国人之所以不群，最大的原因乃是"公共观念缺乏"。他所谓"公共观念"实即"公德"。"夫所谓**公德**云者，就其本体言之，谓一团体中人**公共之德性**也。就其构成此本体之作用言之，谓个人对于本团体公共观念所发之德性也。”为了达到“善群”之目的，“必有一物焉，贯注而联络之，然后群之实乃举，若此者谓之公德”。

梁启超最为人所知的是他的“新民说”，他认为要使国家“安富尊荣”，就不得不讲“新民”之道。中国国民要成为一“新民”，最缺者乃是“公德”。他说只有私德，并不能算是一个完全的人格。要提倡公德，建立新伦理，他称之为“道德革命”。“静察吾族之所宜，而发明一种新道德，以求所以固吾群、善吾群、进吾群之道……知有公德，而新道德出焉矣，而新民出焉矣。”除了提倡“公德”伦理，梁启超也从群学的理念讨论“国家”意识，明确地指出“国家”是相对于个人、朝廷（政府）、外族（国）和世界的群体观念。他甚至把国家比喻成“公司”。在概念上，梁启超已认识到“国家”作为一个“法人共同体”（corporation）的性质。

六、结语

从古典儒家建立“家国”伦理典范的时期，经过宋代的世俗实践化形成具体的家族宗族社会实态；这种总体性的家族意理从明代开始受到反思性的儒学者之批判，试图超越克服这种意理，转向非血缘性公共领域和非家族宗族群体的建立；到了清末因为西方世界所带来的冲击使得这种批判超越和社会典范之转向成为知识分子的迫切关怀。但就如 state 的汉语翻译，“国家”，这两个字仍然摆脱不了“家”一样，即使有像梁启超这样雄辩的思想著作，仍然未能建立公共领域、市民社会和民主国家观念在中国型社会的主导性。家族意理并未随着汉人社会和政治体制的西化或现代化而消失，甚至也未随着功能性的家庭规模及家庭外在社会环境的改变而消失，就像梁启超的“新民公德”说一样，以另一种私（domestic）和公（public）的辩证形态发生总体性的作用（陈其南，1986）。

即使不从规范性的儒家文本来看，而从“实然”的社会事实分析，我们也会发现在传统中国型乡民社会中总体性的家族意理所发挥的作用，虽然形式不同，但其深度和广度并不亚于这里所检视的儒家文本。作者从台湾的田野经验中所建立有关当地汉人家族亲属制度的研究，特别是“房/家族”系谱模式的文化设计，透露出这种家族或亲属意理可视为一种底层结构的存在，一种行为文法（陈其南，1988）。就像结构主义语言学的比喻，现实社会现象是这个文法的应用或展现（performance）。与此相对，西方的中国人类学研究主流常是关于这些结构或文法在社会生活实践中的展现，并试图从这些表象中去归纳寻找中国家族亲属制度的通则或模式。这些社会事实的背后在我的研究中说明了是有一套更为一致性的“房/家族”社会文化逻辑存在，它们之间不一定是因果的决定性关系，而是互相以接合（articulation）的动态形式彼此制约和修正。

如文本符号的多层反复指涉，在这汉人家族的系谱模式中，社会实践也可看作是底层观念的再现（representation），例如家户的组成、族产的建立，甚至祠堂的修建，都更像是是一种符号“能指”（signifier），意指另外一种“所指”（signified），这个所指是汉人的系谱逻辑或信仰本身。所指才是真实的存在，能指只是论述符号。由于能指的局限性，它始终无法正确意表那被假定是客观存在的所指实物，尤其当这个“实物”只是一种观念逻辑时。在实际的社会生活场域中，这种纯粹的观念设计经常受到现实功能的修正改变，有时甚至是两种不同原则的交错使用。只有如此看待，有些看起来很奇怪的亲属关系安排才能合理地、有一致性地被了解和解释，例如兄弟之间没有收养事实却有收养意义的“过房”，或为已经死亡者举行婚礼的“冥婚”仪式。这些都只是汉人文化系谱意识的仪式性动作之操作（operation），它缺乏某些社会现实意义，却具有汉人社会信仰或家族意理的象征和想象意义。

传统乡民社会的家族意理是一种深层的文化系谱设计，一种乡民生活的终极价值和关怀所在，以不同的方式反映了传统精英儒士阶层的家族意理。总体性的中国汉人家族意理是这样的价值和关怀的存在，如上所述，经常是突出地表现在一些只有象征和仪式性意义的地方，或甚至是存在于世界观层次的想象和言说。它会以无意识的形式出现在任何社会生活的实践中，因此是难以面对和超克的，甚至要遗忘都很难。这或许是晚清知识分子虽然努力要在意识的层次将家族意理转化成民族、国家、社会或公共群性的领域，却经常遭到失败的原因。

何心隐在他的论述中曾经一再地提到“自相忘于无子无父，而后可以当无父无子也”，“自相忘于无君无臣，而后可以当无君之无也”。这种“遗忘”也发生在古典希腊人的城邦思想中。最近一位日本学者稻叶稔（2002：94-95）在其著作《家族与国家》中，从希腊神话《安提戈涅》开头，讨论到希腊人如何从家族精神跨越到国家公共的精神。悲剧的主角安提戈涅基于亲情而违背国法，替背叛她国家的兄弟收尸，却遭到以国家义理为名的国君之处刑。作者花了很多篇幅讨论从家族精神跨越到国家公共的精神中间所存在的一条“忘却之河”。他说，在希腊城邦共同体中，要成为这共同体成员的青年都要通过一个共同体的加入仪式，那就是要喝掉忘却之河的水，作为城邦所公认的仪式。在这个通过仪礼中，已长大的青年象征性地离开了他所生育长大的家族空间，忘记家族的立场，家族的立场已经死亡。忘却之河即位在家族和城邦之间，为了要走出家族精神，送进城邦共同体之中，人伦意识就不得不通过这忘却之河。家族立场已死，然后才能产生新的城邦共同体之生命。加入了城邦共同体，无非是加入了战士团。市民即是战士，在概念上不是战士就不可能是市民。

在实际和象征的意义上，国家共同体与家族共同体的矛盾早在古希腊既已存在，当时希腊人的思想除了将这两种伦理作区别之外，更进一步将国家城邦社会定位为优于家族的位阶，要求市民公民成员跨越家族忘却家族，以国家共同体为其生命所系。虽然晚明的何心隐有同样的“忘却”说，但与古希腊人同一时代的中国原始儒家思想则是要在家族和国家之间建立许多桥梁通道，甚至要在概念和伦理上把两者合一，不仅不可以忘却，而且还必须时时为念。传统儒家曾经有过“忠孝不能两全”的说法，就像前述古希腊人的矛盾，甚至有“移孝作忠”的规训，但家族和国家伦理的矛盾似乎从未被解消。近人费孝通（1947）相当传神地说出了中国传统伦理观的这种吊诡之处，他说《大学》虽然说“古之欲明明德于天下者，先治其国；欲治其国者，先齐其家；欲齐其家者，先修其身”，然而，他却常常觉得“中国人为了自己可以牺牲家，为了家可以牺牲党，为了党可以牺牲国，为了国可以牺牲天下”。这个包藏着家族意理模块的所指客体，似乎是以文化基因符码的形式潜藏在中国汉人身上，不时地以能指行为作为一种言说和展现的文本在俗世的汉人世界中出现，未被完全忘却或压制，而在表象上已经西化的现代性社会公共领域和国家政治中经常仍会经常出现公德与私德的矛盾，个人家族与国家社会的冲突。

参考书目

一、 中文（按照拼音字母表排序）

陈其南,1986:《婚姻、家族与社会－文化的轨迹》，台北，允晨。

陈其南，1988 ：《房与传统中国家族制度——兼论西方人类学的中国家族研究》,《汉学研究》3(1)：127-184。

陈其南，1994b ：《传统中国的国家型态、家族意理与民间社会》,《认同与国家——近代中西历史比较》，“中研院”近代史研究所编，页 185 — 200，南港：“中研院”。

费孝通，1947 ：《乡土中国》，上海：上海观察社。

库恩（Philip Kuhn），1990［1980］ ：《中华帝国晚期的叛乱及其敌人，1796—1864 年的军事化与地方结构》，谢亮生等译，北京：中国社会科学出版社。

李泽厚，1985 ：《中国古代思想史论》，北京：人民出版社。

蒙登进，1989 ：《何心隐反封建的异端思想》,《明清实学思潮史》，陈鼓应等主编，山东济南：齐鲁书社。

容肇祖整理，1960 ：《何心隐集》，北京：中华书局。

魏克曼（Frederic Wakeman），1997［1988］:《大门口的陌生人：1839—1861 年间华南的社会动乱》，王小荷译，北京：中国社会科学出版社。

二、 日文（按照五十音图排序）

伊藤幹治 1982 『家族国家観の人類学』京都：ミネルヴァ書房

稲葉稔 2002 『家族と国家』京都：晃洋書房

陳其南 1989 「東アジアの家族イデオローギと企業の経済倫理」『東アジア地域の経済発展と文化背景』日本経済調査協議会

194–206 東京：第一法規出版当代（台北）4：57–65

陳其南 1991 「日本、中国、西洋社会の比較」『中国図書』3(4)：2–83(5)：7–12

陳其南 1994a 「伝統中国の国家型態と民間社会」『社会と国家』溝口雄三編 15–36 東京：東京大学出版会

Todd，Emmanuel 2001［1985］『世界像革命：家族人類学の挑戦』東京：藤原書店

中根千枝 1967 『タテ社会の人間関係：単一社会の理論』東京：講談社

村上泰亮・公文俊平・佐藤誠三郎 1982 『文明としてのイエ社会』東京：中央公論社

三、西文（按英文字母表排序）

Anderson, Benedict 2006. *Imagined Communities: Reflections on the Origin and Spread of Nationalism*. London: Verso.

Freedman, Maurice 1958. *Lineage Organization in Southeastern China*. London: The Athlone Press.

Freedman, Maurice1966. *Chinese Lineage and Society: Fukien and Kwangtung*. London: The Athlone Press.

Hsu, Francis L K 1963. *Clan, caste and club*. Princeton, N.J.: D. van Nostrand.

Hsu, Francis L K 1975. *Iemoto*. New York: John Wiley and Sons.

Hsu, Francis L K 1981. *Americans and Chinese: Passages to Differences*. Honolulu: University of Hawaii Press.

Kuhn, Thomas 1962. *The Structure of Scientific Revolutions*. Chicago: University of Chicago Press.

Murakami, Yasusuke1984. *Ie Society as a Pattern of Civilization.*

Journal of Japanese Studies, 10(2):281–363。

Santos, G. D.2006. *The Anthropology of Chinese Kinship: A Critical Overview. European Journal of East Asian Studies* 5(2):275–333.

Todd, Emmanuel 1985. *The Explanation of Ideology: Family Structures and Social Systems*. New York: Blakcwell.

Weber, Max 1922 [1905]. "Die protestantische Ethik und der Geist des Kapitalismus"(*The Protestant Ethics and the Spirit of Capitalism.*) in: ders., Gesammelte Aufsätze zur Religionssoziologie Ⅰ, Tübingen: J.C.B.Mohr, 17–206.

Weber, Max 1951 [1915]. *The Religion of China*. New York: Free Press.

亲属关系和台湾的性与性行为语言论述的相关性——回归亲属研究的必要性

王向华（香港大学现代语言及文化学院全球创意产业课程主任）
邱恺欣 (筑波大学人文社会科学研究科副教授)
翻译：韦玮　周凌枫

前言

我们试图在这篇文章里重申有关中国社会亲属研究的重要性。当笔者们在21世纪初进行有关中国亲属的研究时，发现近年来有关该主题的研究文章少之又少。自人类学诞生以来，亲属研究已在该领域占有中心地位。它在中国社会人类学研究的范畴里更为重要。莫里斯·弗里德曼（Maurice Freedman）著有两部关于帝国后期或共产前期的中国东南宗族组织的开创性专著——《中国东南的宗族组织》和《中国宗族与社会：福建和广东》。它们常被誉为中国社会人类学研究领域的重要突破。从它们确立了中国为现代人类学的研究对象这个层面而言，此看法是成立的。在中国还处于封闭的时期里，弗里德曼的著作也引发了一系列针对探讨他的“世系群理论”在其他中国社会如香港和台湾所进行的研究。不久之后，很多本土中国人类学家也走进中国亲属研究这块学术研究领域。他们倾向于反对把由非洲社会衍生而来的宗族理论应用于中国社会上。陈其南（Chen Chi-nan，1986）为其中比较出名的例子。他们套用一些本土概念，例如房/家族（父子间的世系状态）和族（clan），去理解和探讨中国亲属与家庭。最新有关中国亲属的研究成果来自林玮嫔（Lin Wei-pin，1998）。她套用骨和肉这些本土概念来理解在台湾地区的中国亲属。在人类学卷入后现代与后殖民地的反对浪潮中，以及中国在后毛泽东时期的再开放这个双重背景下，或许不难理解为何亲属研究的重要性和受欢迎度会渐次递减（Santos, 2006：278）。越来越多的中国人类学家转向研究中国社会时事和流行文化。中国亲属的研究不但被研究生视为“不入流”的主题，某种程度上，就连中国社会人类学研究的学者也抱有同样心态。更重要的是，这种从亲属到流行文化的核心转移，意味着在中国社会进行亲属研究已不能帮助我们进一步了解当地人的社会常规了。

本文意在呼吁亲属研究回归到中国社会人类学研究的领域中。我们在台湾进行的田野成果，展示了当地性与性行为的语言论述与亲属系统之间有着强烈的相映性。更确切来说，该亲属系统可谓是台湾地区社会所设计的。因此它的面貌可以通过当地其他的社会生活方面，包括台湾的性与性行为的语言论述而得到定位认知。学术界有关中国社会性与性相的讨论是由两个主要特征支配的。首先，很大程度上是受到福柯《性史》(Michel Foucault，1990[1978]）一书的影响，人们不再把性看成是生物性及普世性地决定的。性的意义，反而是通过在分析各种塑造对性的文化理解的框架与界限的过程中所猎取的。于是，性研究从生理学与医学的局限性背景中抽离，被放到了更广义的背景中。因而使得性文化被视为是在特定的历史与文化框架中，被话语性地建构出来。

其次，有关中国社会性与性相的这类研究因为不断徘徊在两套解说之间而显得突出。有一些学者主张中国社会的性与性相与和道教有着莫大的关系。性，从本质上来说是关于长生与养生的。而其他的学者则倾向于把性与性相和特定的政治环境挂钩。换而言之，宗教与政治为两套塑造中国社会对性的文化理解的框架。

本文就是建基于这些学术方向发展而成的。首先，先前的学者所识别的语言论述是由检阅书面材料、古代文本、官方与非官方文献、流行读物、国家文化政策等文本去间接构成的。本文旨在通过考察在台湾人们是如何在他们的日常生活中谈论性，来勾画现代台湾的性语言论述。更重要的是，我们将会扩展我们的分析，以考察人们是如何谈论他们的性行为的。在这个学术范畴里，很少研究是专门探索性行为本身的。我们深信，通过研究受访人是如何谈论性和性行为的这种直接确立性语言论述的方式，与其他阐述人们是如何诠释他们作为性存在的广泛语言论述有着同样的重要性。

其次，虽然这些作者所识别的语言论述看似不同，但我们将会指出其实它们都是围绕着一个相似的核心模型——男性主动/女性被动的。尽管他们的观察是具有重要性的，但这些作者却未能触及一个更核心的问题，那就是性在中国社会中的文化意义。当笔者开始试图阐述性在现代台湾的意义时，我们是着眼于性别与性相系统的范畴。可是，当深入探查这些系统后，笔者发现在台湾地区性的意义与中国亲属系统有着强烈的相映性；而中国亲属系统又为我们称作当地民间宇宙哲学的框架所影响。

因此，本文的目标乃参照中国亲属系统及台湾地区的宇宙哲学来阐述性在台湾中国社会里的文化意义。我们将会通过考察台湾地区的受访人是如何谈论性及他们的性行为，来验证他们谈论性的方式不但涉及主导及被主导（例如，男性主动/女性被动）；同时亦与由“人类”女性到“动物”男性的转化相关。此可谓为台湾地区性语言论述的核心，指的是性是一种让女性由“人类”转化为”动物”的手段。正如我们将会指出的，性转化的本质与中国亲属系统有着强烈的相映性。更重要的是，我们会证明这种亲属关系同时也受到了本土民间宇宙论所影响。换句话说，在台湾地区的民间宇宙哲学、亲属系统及性语言论述间是有极强的相映性的。深入探讨台湾地区的中国亲属系统及宇宙哲学也可以为中国社会的男性主动 / 女性被动模型的来源提供一些解答。

中国社会的性研究

中国社会性与性相的研究主要有两套解说。第一套解说主张中国社会的性与性相是受到宗教信仰，特别是道教所影响的。例如，高罗佩所著的《中国古代房内考》(Robert Hans van Gulik，1961)，则为第一部系统性收纳中国古代性生活的学术著作，主要介绍了道教及房中术（即性手册）所固有的性习惯。

紧接着便是一系列专门探讨”道教性学”的研究，比方说，有探讨中国古代道家学说在现代性技巧上的应用；介绍各种使性伴欢悦的方式、女性高潮的九种程度、不射精代替射精，以及有助健康及性快感度的性体位；而谢明德和韦恩（Mantak Chia and Michael Winn，1984）更探索了道家提升男性性能力的性秘密。与此相似，亦探索了道家是如何通过提升女性性能力来治愈恋爱。另外 Hsi Lai （2001）总结了一本 1748 年的指南内容给“女白虎”——“女白虎”是古代道家怛特罗传统中，以进行规律的性行为及灵修来保持年青美貌、实现女性潜能、且变得“长生”的女性。这些著作整体来说皆认为道教信徒通过进行这些性术可以养生，如果加上其他的灵修或炼丹术，到最后则可达到

"长生"。总之，这些研究似乎都把中国社会的性及性学与道教连在一起。

另一套主要的解说是从政治的角度去理解中国的性与性相。例如，通过探索中国古代书面文化的语言论述，指出交配的画面其实指涉君臣的关系。他更指出，此指涉在秦汉时代更被广为采用。非法的性行为往往被联想为，或被建构为非法政治活动的象征。戈尔丁（Goldin）推论出性相乃个人政治取向的最有力指标。

性与政治的联系在当代中国社会的性研究里更为显著。例如，识别出自从1949年开始，在中国不断转变的各种性语言论述。此语言论述在中国的转变可以概括为：由50年代的"科学权威"的语言论述开始，到60—70年代对女性婚姻与性关系、性欢愉的"零建议"语言论述，再到80年代的"女性性欢愉"语言论述。性与性相的概念的转变被视为政权转移的一种直接结果。而多年来不断转化的语言论述可被视为特定的政治议程的结果。此外，莎拉·弗雷德曼（Sara Friedman，2001)同样视中国社会的性与性相为特定的政治机体的结果。弗雷德曼钻研了在中国东南部一个小县里的性语言论述，她指出，当地对婚姻习俗的憧憬是与国家人口政策的生殖核心息息相关的。该核心创立了一套以婚姻和生殖为方针的官方"生殖性相"语言论述。在盖尔·赫夏特（Gail Hershatter，1996)的著作里，性与政治的关联来得更直接。他将中国的性与性相语言论述分为三阶段：共和时期的性语言论述、社会时期的性语言论述以及当代的语言论述。在台湾地区亦可见政治对性的塑造的重要性。通过分析官方警察及新闻文献，探究了由已废除的违警罚法所支撑的"良好风俗"管控政体是如何造成当地主流社会/性秩序的一道特别界线：政府对淫秽及卖淫的禁令。

受到福柯的启迪，笔者跟大部分学者一样，都认为研究性的其中一种主要方法就是探究语言论述。福柯的语言论述可大致被理解为“由思想、态度、行动、信仰及惯例所组成的*思维体系*，有系统性地建构主体及他们所谈论的世界”（Lessa，2006：285；斜体为笔者所加）。我们刚才评论的著作都是通过检阅官方/政府文献、流行杂志及古文献等被认为提及了各种思维体系的文本，间接识别了中国的各种性语言论述，例如长生、科学权威、生殖性相、反淫秽及卖淫，等等。这些被学者们识别出的语言论述的核心是伊万斯（Evans，1996）所称为“男性主动女性被动”的模型。伊万斯（1996）虽然承认中国的性语言论述在1949年后经历了不同的变更，但她却指出“这些转变并没有多少能够真正挑战到男性主动/女性被动”这个用自然生物结构去解释的模型。先前学者所识别的语言论述中也反映了这个核心模型。例如，在弗雷德曼所指出的生殖性相语言论述中隐含的是一种女性不应公开谈论性，尤其是性快感的性相。同样，在台湾地区，反淫秽及卖淫语言论述是基于一个被建构出来的“良家妇女”的类别（Huang，2004：239），意指遵守社会及性规范的女性。就算是在中国古代有关长生的语言论述也并无例外。尽管长生可以让女性享受到性欢愉，但它毕竟是根据男性通过让女性得到快感，从而获得她的精华以达至他自身长生的一套性技（van Gulick，1979）。由此可见，诸多性语言论述的本质乃“男性主动/女性被动”的模型，因为说到底，女性在性方面都被迫采取一种被动的态度。

诚然，“男性主动/女性被动”这核心模型是中国社会性研究的一个重要观察结果；然而，笔者同时也认为学者们都未能阐述性的文化意义。笔者觉得此意义在理解中国社会的性的时候更为重要。在提及性的文化意义时，笔者所指的是人们作为一个群组，该如何去理解性及性行为。人们多半不能解释他们为何会以某特定的方式去看待性及做出不同的性行为。而笔者对香港及台湾这两个中国区域社会的性与性相及色情电影的持续研究，促使我们在其他的范畴里寻找答案。笔者认为性的文化意义若是以中国亲属系统的角度来诠释，会更容易被理解。而这亲属系统又被我们称为“中国宇宙哲学”的框架所影响。接下来，笔者会探究在台湾地区中国宇宙哲学里的主要参数——气和形。更重要的是，我们将证明这些参数是如何影响台湾地区的中国亲属架构的。

著名的中国法学日本学者滋贺秀三在其英文著作（1978）中指出，对于中国人而言生命是由两种重要元素构成的，那就是气和形。形指的是肉体；而气则是生命的本质，或“无形态”的生命，包含了将儿子、父亲、祖父等连在一起的生殖能力的意蕴。因此，滋贺主张，中国人相信只有儿子才能同时继承父亲的气和母亲的形；而女儿则只能继承母亲的形。换而言之，只有儿子才能成为完整的人；而女儿则因为没有获得父亲的气，在出生时是不会被认为是“完整”的人的。

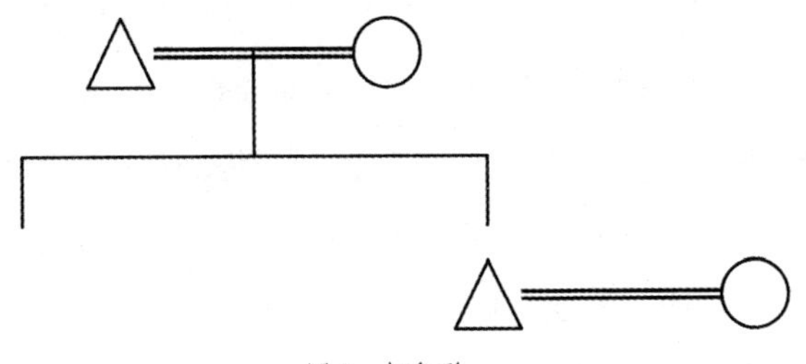

图 1：气和形

由气这一概念可观察到四项有关中国生命宇宙哲学的原则。首先，父与子以同一个体的形式存在，或如滋贺（1978：119）所说的“父子一体”。按所述，通典（一部中国政书）里的一句说法充分地描绘了气的最原始本质：“The father and the son are the closet;though they exist in two different forms,they share one essence.”也就是说，父子之间虽有肉体之分，却有共同的气。认为父亲和儿子其实拥有的是同一个生命——父亲是儿子生命的源头，而儿子则为父亲生命的延续。他认为这是中国民间宇宙哲学的核心。

其次，兄弟也为同一个体。如果父亲与儿子为同一个体，那么按照此逻辑，同一父亲所生的兄弟应该互相为同一个体（滋贺，1981：35）。这就是为什么推论，父子为单一个体的原则包含了兄弟间的平等性。事实上，中国人以往会称拥有同一气的兄弟为“手足”，即兄弟是由同一身体所构成的。

再者，兄弟是可分隔或分开的。尽管兄弟拥有共同的气，他们会尽量避免参与到他们的兄弟与其儿子间“独有”的关系里。也就是说，就同一父亲而言，兄弟会被认为是拥有共同的气的。但当考虑到他们自己的妻子和孩子时，他们就变成分开或分隔的（滋贺，1981：35）。

最后，也是对笔者当前的讨论最为重要的，丈夫与妻子是以同一个体存在的，或“夫妻一体”（滋贺，1978：120）。之前提到，中国的女儿不能从她们父亲那里继承气，因此她们不被承认为完整的社会存在。这从而解释了为什么杀女婴的行为远比杀男婴的普遍——单纯因为女婴不被认为是一种社会存在，因此杀掉女儿在某程度上来说并不等于杀了人。然而，女性可通过婚姻而变为一社会存在。通过婚姻，她们会与丈夫融合，因而共享他们的气。就如滋贺所解释的：

> ……当女性变成妻子，她们会跟丈夫融合。由于她们为丈夫的群组的生命构成贡献了不可或缺的部分，因此她们的存在被赋予了意义，从而变成了丈夫家庭的一员，且她们的社会地位也得到保证。夫妻间的融合乃一个个体的共享。（滋贺，2003：31）

滋贺提到，夫妻间的融合从无子嗣的丈夫死后家产管理的例子中可见一斑：“所有过往属于丈夫的东西都会交由寡妇保管”（滋贺，1978：120）。从这点我们可以得知，中国妇女已经变为一个完整的人（滋贺，1981：35）。

虽然背景不同，但相似的宇宙哲学在台湾地区的社会中也可观察到。林玮嫔在分析台湾西南部台南县一条福佬小村庄时，探究了当地有关骨和肉的身体概念。林提到，村民倾向于认为人的生命是由两个部分组成的——从父亲处继承而来的骨，以及从母亲处继承得来的肉（林，2000：7）。换言之，台湾村民跟滋贺研究的中国人一样，相信人的生命是由一男性部分及一女性部分组成的。更重要的是，骨跟气一样，是从父亲那边继承而来的，与男性的生殖与延续能力相关联。村民认为父亲传下来的骨，是可以通过祖父、曾祖父追溯到其祖先的（林，2000：7）。这意味着所有的男性成员，跟他们的妻子一起，同属于一个父系体系及共有相同的骨（林，2000：7）。

骨与男性后裔间的相似性彰显于台湾地区一系列的婚礼仪式上。例如，台湾新娘出嫁时，其父亲会给她一盘鸡作为送行，但新娘只允许享用鸡肉，而不能把鸡骨头啃掉（林，2000：11）。

这个礼仪背后再一次表明了台湾的女儿是不会从父亲那里继承到骨的，只能从母亲那里继承肉；而且她们亦只可把肉而不是骨带到她们丈夫的家庭里。虽然林并未在她的文章里提及，但按逻辑推论，台湾的女性是可以通过婚姻，从她们的丈夫处获取骨的。然而，我们必须注意到，肉（或形）绝非是完全不重要的。因为只有同时结合了从母亲那边取得的肉，一个包含父亲的气的新生命才能诞生。在林调查的村庄里，出生礼仪也反映了来自母亲的肉的重要性。例如，如果一个已婚妇女流产了，习俗上她可以要求其娘家给她一锅鸡。但她依旧是只可以吃掉肉，而不可吃骨头。或者该妇女的母亲会准备一道猪肚的菜，带到她女儿那边去。这个仪式被称为“换肚”（林，2000：12）。这隐藏的概念是把该女性的肚或肉给换掉，因为流产意味着之前来自母亲娘家的肉是有问题的（林，2000：12）。由此可见，女性的肉不仅被附加到父系的房上，同时也是父系房/家族的延续中不可或缺的一部分。换而言之，台湾的男性同样需要其女性伴侣的肉来延续他们自身的家庭。

由于在本文的后半部分，笔者会阐述中国社会生活的宇宙哲学是如何影响中国亲属系统的结构的，因此我们现在先探讨一下中国亲属系统的主要原则。台湾著名地区人类学家陈其南（1986）在其于台湾南部进行的博士田野研究中提出，中国的家庭体系是受“房”与“家族”两个概念所影响的。在当地来说，房是指一个已婚的儿子与其妻子的睡房。房因而隐讳地表达了儿子相对于其父亲的谱系地位的意义。家族是家和族的混合。家指一个共住共生的群组；而族则代表着一组祖父系亲属与他们的妻子——无论他们本身的机能层面为何——的谱系概念（1986：64）。家族，从整体来说则是代表了父亲相对于儿子之间的谱系地位。

房/家族关系的核心有四大原则。第一，只有儿子才能取得谱系地位，继而变为“房”（1986：68）。尽管习俗规定，儿子只有在结婚后才能被称为房，但儿子与生俱来就是房的一员（1986：117）。如果有一个以上的儿子，他们就会按照出生的时序而被命名，如大房（年长的房）、二房（第二房），等等（1986：91）。

第二，在孝道及祭祖的意识形态的影响下，虽然家族中的每一个房会联合在一起，然而，每一组特定的父子关系都会与其他旁系的父子关系区分开来（1986：87）。这种房的谱系性分裂或许有点抽象，但是当它遇上家产分配、兄弟间的竞争与他们妻子之间的争吵的时候，就会完完全全地显现出来。

第三，如陈（1986：80）所指出的，房/家族的延续是中国家庭中最重要的责任。家的血脉是由作为家族的父亲流向作为房的儿子的。当儿子继承了父亲的地位后（作为家族），此血脉继而会传于其儿子（作为房）——他也会再继续一脉相传给自己的儿子。中国家庭就是以这相承的父子关系达至永恒。需要注意的是房为家族的亚类。只要一家族群的其中一房脉被延存下来，那这个家族也可以一直被延存；但反之并不成立。家族的持续并不能保证每一房的延续。就算其中一房脉灭绝了，一个家族还是可以由其他房脉去延存与扩展。然而，房的文化建构本身就是要保证任何一个房脉都能得以持续。一个男人如果没有任何子嗣，也可以通过过继其兄弟的儿子来拯救其濒临灭绝的房脉。

最后一个相关的是，女儿永远都不能在其父亲的家族里建立一房。在结婚前，她是从属于她父亲家族的一员；婚后，她则变为其丈夫的房/家族的一员。就算她行的是入赘婚，她也不可能继承其父亲的房脉，且没有拥有房的财产的资格（1986：68）。不管她是嫁出去或是行入赘婚的，她都不能拜祭其父亲。而在她死后，也不能在其父亲家族的祠堂里被拜祭（1986：68，69，80）。她唯一能获取房/家族地位的途径就是婚姻（1986：69）。

女性后裔，不论已婚与否，都不会被视为其父亲的房/家族里的一员（1986：68，69）。然而，在结婚后，她们就会被完全融入其丈夫的房/家族里，成为正式的成员（1986：118）。既然是身为她们丈夫的房/家族，她们则自动与她们丈夫一起享有财产权。正如前文所述，如果她们的丈夫逝世了，她们便会掌管该房的财产（1986：118）。她们死后也可以在祠堂里被其丈夫家庭的后代拜祭。林（2000：11）还指出，在她台湾的考察地里，一旦新娘在拜公妈的仪式上向她的祖先拜别后，她就不再获得其祖先的庇护；而她的祖先亦不能要求获得她的拜祭。与此相反，男性后代不论已婚与否，死后都会被供奉在祠堂里，获得家庭后代的拜祭。然而，未婚且早逝的女儿并不会获得同等待遇。被禁止进入父亲房/家族祠堂的未婚女儿将会变成孤魂野鬼——这是被中国人视为最悲惨的结局。这些未婚女儿只能通过“冥婚”来获得拜祭（陈，1986：69—70）。可见，女性不论生死，都只能通过婚姻去获得她们房成员的身份及社会生存的地位。

气/形 与 房/家族

笔者认为，所有房 / 家族的主要原则其实都可以用气和形来理解。首先，尽管房 / 家族的延续是中国家庭最重要的责任，却并不是很多中国人都知道房是如何延续的及为何如此重要。用上述气的概念，我们便能马上领悟到房的延续之所以被维系，是因为父子共拥相同的气。正是因为这个原因，房的永恒可以通过无数的父子关系来达到。又或者，我们可以说只有通过房 / 家族的延续，一个男人的气才能得以延续，从而达到永生。也就是说房的延续的最终原因就是确保气的延续。

同出一脉的男性后代因为与生俱来就拥有与其父亲和祖先相同的气（和骨），可以自动成为房 / 家族的成员。而女性后代则只可以在婚后才能成为其丈夫的房 / 家族的成员——因为通过婚姻，她们从丈夫处获得了气（和骨）。事实上，婚姻有时会被认为是中国女性用来获取她们无法得到的房的地位及社会成员身份的一种手段（王，1995：152）。既然男性与生俱来就拥有房的成员身份，那么冥婚背后的整套文化逻辑就是为了让未婚女性能够获取房的成员身份。

然而必须强调的是，对中国男性来说，把女性变为他们房 / 家族的成员以使其夫妇的儿子合法地属于该房也是同等重要的。一个不是由合法夫妇所生的儿子永远不会被“认可”为一房。当不被认可为房的时候，该儿子便不能延续其父亲房 / 家族的一脉，这对该父亲来说自然是一个问题。由此可见，在台湾地区，男性同样渴求获得妻子的形或肉，去繁衍一个隶属于该房的儿子。因此，在此亲属体系下，台湾男性意图通过婚姻把女性变为他们房 / 家族的成员（那就是提供她们气和骨）；而女性则试图通过婚姻去成为其丈夫的房 / 家族（也就是获取他们的气和骨）。可以看到，气和形这套宇宙哲学是有助于阐述房 / 家族的亲属原则的。我们可以由此推论，事实上气和形这套宇宙观念主宰了台湾地区的中国亲属系统。

由此，我们也可窥探到婚姻所衍生的文化意义在中国社会的重要性。就中国宇宙哲学而言，婚姻将女性由一种非存在转化为与男性一样的完整人类，以使男性与女性最后都成为同样的存在。而就亲属体系而言，婚姻将女性由非成员转化为男性的房 / 家族的成员，以使男性与女性最后都成为同样的社会存在。在笔者即将展示的数据中，可以看到性在台湾地区的文化意义就是把女性转化为与男性一样的存在。

研究方法

本文的数据是从其中一位作者在台湾地区进行有关情色电影的使用及性的人类学田野研究中拣选出来的。该笔者在 2002 年 10 月至 2005 年 8 月期间住在台北，并进行田野采访。受访人是以滚雪球抽样的形式来征集的——前提是他们都有看过情色电影，即美国色情电影或日本成人电影的经验。接受深度采访的受访人数为 44 位，其中 22 人为男性，22 人为女性。受访人主要为本省人，还有一些是外省人和少数民族。采访进行时，他们的年龄为 20 多岁至 50 多岁之间。访问主要以国语进行的，而所有的录音都由笔者转录为 300 多页的民族志资料。

为方便分析，我们把这份民族志数据按 7 个主题分类；其中两项分类“性”与“性行为”与本章的讨论尤为相关。我们的索引包含识别了一部分直接或简接呼应这两个主题的对话。这些对话的长度会因不同的例子而异，由一个段落到一页纸不等。不管对话的长短，它都会被作为一项条目。

显然，主题与数据间一致的编索对我们的研究是至关重要的。当主题设计完毕并完成了索引后，笔者把索引的标准交给一位熟悉数据索引、但并不清楚本次研究议题的同事，并请他为这些数据进行随机编码。而我们的索引在 94% 的例子中相配；也就是说，笔者从他那边得到的结果与我们自己所做的索引可谓一致。

从这些资料中，我们收集到被编为“性”与”性行为”的数据分别有 56 项、128 项。经过分析、比较及重核这些条目后，我们识别出 6 组有关台湾人是如何谈论性的二元对立项，以及 5 个关于他们是如何谈论其应履行的性行为。值得注意的是，由于空间有限，我们不能把所有相关的数据都在此罗列出来。而此限制则意味着我们必须选择性地展示最能代表这些主题的数据。为了让读者能体验我们的田野访谈，并从我们与受访人的对话中得出他们自己的推论或诠释，我们选择将部分田野对话复制于此，而非将访问的数据释义。接下来我们会先探究台湾的受访人，不论男女，是如何以 6 组有趣的二元对立项来谈论性爱的。

台湾人的性语言论述

第一组有趣的二元对立例子是生物本质与文化二分法。沛涵是一个现年 35 岁左右的台湾女性。她在描述其第一次性爱经验时所谈到的，让我们明白，她和许多其他的台湾女生一样，习惯性地把性作为对其男人的爱的象征，从而使性变成了一个文化性的概念。

研究者：你提到过你第一次的性行为是在 16 岁的时候，和你的第一个男朋友，对吧？你能描述一下你的第一次性经验吗？

沛涵：那是在卡拉 ok 包厢里发生的……那时可以说是喝醉了吧……

研究者：哦，我明白了。所以你们基本上对性事是做好准备的？

沛涵：嗯……也不是。我觉得他刚开始应该只是玩玩而已……他可能觉得我是那种不良少女，所以没有关系……但是他那次并没有成功……

研究者：嗯嗯嗯…… 因为你不想要？

沛涵：因为我觉得好疼，除了疼就是疼……所以我说不要……后来，大概是一或两个星期之后……还是在卡拉 ok 的包厢里，我们做了。

研究者：那你感觉怎么样？你想要吗？还是只是他想要？

沛涵：我觉得男性喜欢做爱就像有了饥饿感一般……他们觉得饿了，所以就想要了……

研究者：那你呢？

沛涵：我当时很害怕……害怕我妈妈知道了我做这种事情会骂我。但……我喜欢他；我爱他；所以我愿意给他我所有的……尽管我现在常常在想那是不是爱。但在那个时候，我觉得我是爱他的，那么好吧，我们就做（做爱）吧。我猜女生都更愿意倾向于把（第一次的）性行为当作爱的体现吧。

我们可以看到，沛涵之所以愿意把她的第一次献给其男朋友，是因为那个时候的她是“爱着”其男朋友的，因而愿意给他自己的所有。换句话来说，她对于性的渴求并不是来自生理层面的需要，而是有关联性的，从而是具文化性的。相反，她告诉我们，她的男朋友和她发生性关系并不是因为爱她，而是因为，与平常的男性一样，认为性是生理需求的满足，因而和恰好在身边的她发生性关系。这种生物本质的/文化的二分在三十出头的忠育的身上更为明显：

研究者：总的来说，你喜欢做爱或者看色情电影吗？

忠育：*当然*喜欢……

研究者：为什么呢？

忠育：这（性）是人的天性！！！你不应该问一个人他是否喜欢吃东西，而是应该问他你喜欢吃什么，对吧？！色情电影和性也是这样的。你最好问我我喜欢看哪种类型的……

研究者：但好像并不是永远都这样……有的人可能不喜欢性……根据到目前为止我所做的访问来看……

忠育：嗯……对！……那应该也是真的……我的（前）女朋友就不是特别热衷于性事。色情电影并不能挑动她的性欲。我必须在做爱前制造一个场合，你知道吗，营造浪漫的气氛。她需要知道我是爱她的（这样才能做爱）！

这里我们可以发现，在问及忠育总的来说是否喜欢看色情电影或做爱的时候，他不但直截了当地回答他喜欢，更矫正了我们的问法，认为我们应该问他喜欢哪种类型的女性——具体来说，就是他会想和哪种类型的女性做爱——就像我们应该问他喜欢吃什么，而不是问他是否喜欢吃东西。对他来说，色情电影和性，就如饥饿是天生欲望一样，是生理性的，从而是不容置辩的。然而，他也指出色情电影“并不能”挑动其女朋友的欲望；取而代之，他需要制造一个“浪漫的气氛”来挑动她的性致，因为“她需要知道（他）是爱着她”。换而言之，尽管他把性看成是人的生理本能，他却相信对于女性来说，性更应该是“关联性的”；同时也是“文化性”的，因为女性需要知道她们是被爱着的。只有这样她们才会想要做爱。

和生物本质的/文化的二分相似，但又不尽相同的另一组二元对立项是身体的/心灵上的。正如45岁左右的雯茜在谈及性幻想的时候，告诉我们性爱是如何被划分为身体的和心灵的：

研究者：一些男性声称他们可以通过性幻想来射精……

雯茜：我觉得男性并不需要想象太多，相反他们可以通过动作（性交）来达到……我觉得是这样的，我经常问我的丈夫（前夫），我觉得他们（男性）是生来便如此的（原文如此），兴奋是来自生理的那部分。当他们在看AV的时候，他们想要做爱。但是我觉得对女性来说，兴奋是来自于她们的心灵，来自于幻想。我觉得是这样的。我告诉他我并不是真的需要做爱：性交，我可以通过幻想而感到兴奋……

研究者：你是这样告诉他的？

雯茜：是的，这就是为什么我跟他说*男性是动物*；他们的兴奋是来自于生理，而不是源自心灵，（但）只是因为生理。我告诉他，比起性交，他若能给我一个温暖的拥抱或轻柔的爱抚，反而更能让我感到性满足。这是一种心灵的交流，通过这种交流，我能感到兴奋和满足。但是对于他来说，性事是插入，射精和高潮。

在和雯茜的对话里，可以看到，她把生理的和心灵的，来自生理的快感和来自心灵的快感绝对地对立了起来。她对其前夫无法理解她的想法而感到无奈。作为一个女性，能够有一个“温暖的拥抱”或是“轻柔的爱抚”，是会和阴道性交一样，有时候甚至会比阴道性交更能令女性感到性满足。因为对于她的前夫来说，性事明显是生理性的。我们可以发现，性爱被整齐划分为生理的和心灵的——前者注重的是身体或肉体的满足，而后者则看重心灵的交流。

第三组常见的二元对立项是一般的 / 非一般的。30 出头的学魁和铭传在描述他们的童年时，都指出性和色情杂志在他们的生活里皆属于极为平常的东西。就算是现在，只要一有机会，他们就会看色情电影；而学魁则是每天都看。同样也是 30 出头的贯达甚至说道，当台湾男性进入一个全是男性的环境时，如五专[1] 或军营里，性爱话题和色情电影就是他们的日常生活。

贯达：在我五专第四年的时候，我十分沉迷于色情电影。我和我最好的同学租了一个公寓，里面装了四台设备。[2] 我们一起看 A 片，讨论性事。同样的，在服兵役的时候，我们一有空就会和军中的兄弟一起看 A 片、谈论性事。这就像是吃饭、洗澡或者睡觉一样。在那儿，性就只是我们的日常生活的一部分。

研究者：为什么只是在五专或在军营里谈论性或看色情电影呢?

贯达：因为所有的男性都喜欢，或至少是对性感兴趣；性是我们与生俱来的。但女生不喜欢性。这不是她们生活的一部分。

[1] 在台湾地区，五专是针对初中毕业生而设计的五年制职业培训课程。五专的毕业生等同大学二年级的学历。

[2] 即早期的非法有线电视。

这就是为什么她们不像我们一样，不喜欢总是看色情电影或谈论性。

由此可见，贯达把性划分为一般的生活事件和非一般的生活事件这两种完全没有中间过渡的极端对立项。对于男性来说，性仅仅是他们日常生活的一部分。不管是在五专还是军营里，男性看色情电影或者谈论性，就和吃饭、洗澡或睡觉一样平常。相反的，他认为女性不喜欢谈论性或看色情电影是因为性并不是她们生活里的一部分。也就是说，对于女性来说，性是一个非一般的东西。

把性二分为一般的/非一般的常常是基于另一对二元对立观点：必需的/非必需的。因为只有当性被看成是（非）必需的时候，它才可能转而被描述成（非）一般的。比如沛涵所说的，就能告诉我们性/是如何被划分为必需的和非必需的。

研究者：你喜欢做爱吗？你觉得怎么样？

沛涵：我觉得我的回答应该是很正常的吧……

研究者：正常的回答？你能稍微解释一下吗？

沛涵：我觉得我是“普通”的，我可以做爱，但是如果没有性我也没关系……

研究者：所以这说明你并不是真的喜欢或享受性？我这么说对吗？

沛涵：我不会说我不喜欢性，但是我觉得性对于我来说是可有可无的……

研究者：我明白了，可有可无！所以你不会特别渴望做爱，这样说对吧？

沛涵：我觉得这样说比较好吧，比方说，男性会有欲望，当他们无法做爱或没有女朋友的时候，他们需要DIY（自己动手做，即手淫)。但是对于我来说，如果我有男朋友的话，我应该会想要做爱。然而，如果我男朋友不在身边或者我没有男朋友的话，我可能会想到做爱，但之后我就会忘记了这件事。我猜我不会尝试去做些什么。我不能说我热衷于性，但我喜欢。我觉得(性)这件事，对我或者对其他女性来说都一样，是可有可无的。

当问到她是否享受做爱的时候，沛涵回答说性并不是必需的——对女性来说，它只是个“可有可无”的东西。有趣的是，许多其他的女性受访人有着和她一样的观点。碗蓉告诉我们，除了在来例假前会有“较强”的性欲外，其他的时候她并不想费心去做爱。玫枫告诉我们，她或许有时候会有性欲，但是总的来说，她对性并“不感兴趣”，以至于她经常试图想逃离其“性欲旺盛”的丈夫。但是，有趣的是，性同时也被描述为“必需”的。就像沛涵所认为的那样，性对男性来说是十分重要的——在无法有性事的时候，他们需要以手淫来解决需要。与此相似，尽管碗蓉对于男性“滥用”色情电影——滥用是指男性在有女朋友，并有固定发生性行为的情况下仍然继续看A片——极度反感，但她还是认同如果男性没有女朋友，从而无法有性爱时，他是可以使用色情电影的，因为“他的身体需要性爱”。

当谈到性是必需的/非必需的时，无可避免地会引进另一组二元对立项——不可控制的/可控制的。比方说玫枫对其丈夫“性欲旺盛”的惊讶——在他醒来的时候，阴茎常常是勃起的。就像我们的对话所显示的：

玫枫：我觉得有的时候我只是跟他更亲近一点，他就兴奋得像“被电击”一般。他给我的感觉就是他真的需要性。只要是一点点的身体接触就能挑动他的性致……

研究者：哈哈……电击？！所以你的意思是他很有性欲喽？

玫枫：嗯，我想是的。某种程度上来说，这并不是他可以控制的！他醒的时候，阴茎经常是勃起着的（吃惊地说道）！！

研究者：我明白了，但据我所知，这并不是不正常的……

玫枫：嗯嗯嗯……他会尝试亲近你，触碰，爱抚和亲吻你。我觉得他早上会特别想要做爱。但是早上是不可能做爱的。因为我们的小孩会醒的——他们和我们睡同一张床。有一次早上，当他尝试碰我和亲我的时候，我的小女儿醒了，瞪着我们看我们在干什么！

玫枫的惊叹明显源于她所理解的性应该为“可控制的”。相似的，雯茜则抱怨男性经常无法“控制”他们的欲望，因为他们总是盯着女性的胸部看。而这也是为什么她认为世界上是“没有高尚的男性”的原因。此外，碗蓉也对男性不能跟女性一样控制性欲，而且当他们想要做爱的时候，总是要借助色情电影以泄欲的事实感到异常恼人。她气冲冲地质问男性为什么不能看书或看电视，而总是要看色情电影。

以上所有提及到的二元对立项都可被总括为雯茜所称为动物的/人类的二分。生物本质的/文化的、身体的/心灵上的、一般的/非一般的、必需的/非必需的和不可控制的/可控制的的对比恰好是传统上动物与人之间的分野。如雯茜所指出的，动物满是本能冲动和倾向，以使它们的性欲成为一种凶残的力量，会要不惜任何代价、任何手段都使之得到满足。相比之下，人类是比较文雅、有文化且有教养的，因而能够把他们的性欲控制在适当的地方和时间。我们可以发现，受访人就像结构主义者一样，根据六组二元对立项来谈论性。我们将这六组二元对立项总括在表1：

生物本质的	vs.	文化的的
身体的	vs.	心灵上的
一般的	vs.	非一般的
必需的	vs.	非必需的
不可控制的	vs.	可控制的
动物	vs.	人类
男性	vs.	女性

表1：性的六组二元对立

更有趣的是，台湾的受访人最终把这些对立项和男女之间的差别联想到了一起。正如我们在以上的对话所见，一半的对立项，也就是生物本质的、身体的、一般的、必需的、不可控制的和动物，总是跟男性联想在一起；而另外一半，即文化的、心灵上的、非一般的、非必需的、可控制的、人类，则会与女性联想到一块。因此，受访人不仅以 6 组具体化的二元对立项来谈论性，还将这些对立项与当地的性别对立联系起来。这就是说，他们理解性的方式不但是文化性的，也是性别性的。这里我们指的是“性总是受性别的社会规范所掌控”（Chambers，2007：47）。

性是性别化这一想法并不新颖，也不是我们的发现。在朱迪斯·巴特勒那具影响力的著作《性别麻烦》里，她重新检视了具有性征的身体，指出这所谓生物的身体其实是由性别规范所构成的；而性别规范本身则是由语言论述所建构的。性之所以看起来先于语言论述或者文化影响是纯粹为性别运作的效果。也就是说，性与性别都是被文化建构而成的。在巴特勒看来，性别可以被视为语言论述的效果，而性则是性别的效果。

然而，在台湾的这个例子里，性别不但影响了人们谈论性的方式，也影响他们谈论他们的性行为的方式。现在让我们看看台湾的受访人是如何谈论他们在性事上应有的行为的。

性行为语言论述

接下来，笔者将会介绍台湾受访人在提及他们使用色情电影和性生活时，是如何论述他们自己的性行为的。就我们的男性受访人来说，我们发现他们的性行为遵循了5个必须履行的社会规范。第一个规范是采取性主动。就像现年55岁，马上就要退休的德叔在以下谈话中告诉我们的那样：

研究者：您是否介意谈论一下您和您妻子的性生活？

德叔：没问题，你可以随便问……

研究者：谢谢您，德叔。您可以稍微描述一下您的性生活吗？我是指，通常来说，谁会主动提出性交，等等。我猜测大概是您，对吧？

德叔：对，是我。我们或许是老式或者落伍了吧。但是我们相信在性爱中应该是男性采取主动的。

研究者：为什么采取性主动对您来说这么重要？

德叔：因为我们是男性，我们应该要主动……

研究者：您的妻子在性事里有没有尝试过主动呢？

德叔：非常非常少。我觉得我可以数得出在过去三十年里她主动提出性交的次数！我觉得她这样做应该会觉得很难堪……

研究者：您的妻子采取主动的时候，您会有什么感觉呢？

德叔：嗯……我想，应该没什么吧……但是会有点怪……因为我们会认为这是我们该做的事情……哈哈

和第一个社会规范——主动采取性行为相似，第二个规范为在性爱过程中始终带领女性。就像德叔在继续解释他和他妻子的性事时所说的：

德叔：我希望你不会觉得我们是那种大男人（指的是那种有着男性至上的思想的男性）。

研究者：不会。但为什么您会这么说呢？

德叔：因为我觉得在性爱过程中带领（她）会更重要……

研究者：您指的是主导和带领整个性爱过程？

德叔：嗯，是的……

研究者：您的妻子会在性事中带领您吗？

德叔：不会……从来都不会……

研究者：为什么？

德叔：大概她会觉得尴尬难堪吧。但我觉得就应该是由我来主导……没什么特别的原因……

除了要采取性主动和在性爱过程中全程带领女性之外，男性还认为他们在性爱过程中需要变换不同的性体位：

研究者：你会怎样描述你和你（前）女朋友的性爱呢？

谆宏：嗯嗯……总体来说是不错的……因为她也有享受到……

研究者：（性爱中）你们通常的性体位是什么？

谆宏：传教士式或侧入式……

研究者：那你们会尝试其他的性体位吗？

谆宏：有试过。我们试过很多性体位。

研究者：很多？有哪些？

谆宏：后入式、侧入式、站立式、坐式，等等。

研究者：为什么这么多的性体位？

谆宏：因为换不同的性体位对我来说是很重要的。这样能够让她开心和得到性满足。我想要（在性爱中）多照顾一下她的。

研究者：在性爱方面照顾她？

谆宏：是啊……在性爱方面照顾女性是男性应有的责任。

和谆宏的对话也指向了台湾男性的另一个必要的性规范，那就是男性要能确保性爱过程的持久性，正如我们的谈话继续进行时所提到的：

研究者：我发现你说要在性爱上照顾女性这个想法很有趣！

谆宏：哦？真的吗？我觉得对于台湾男性来说，这是很平常的……就好像我们会以给我们的女人钱花这种方式来照顾她们一样……

研究者：我懂了。所以换不同的性体位是你在性爱上照顾你女朋友的一种方式？

谆宏：是的。但只是很多方式里的一种。我也会通过保持性的持久性来表现我对她的照顾……我指的是持续插入更长的时间……比方说20分钟到半个小时……

研究者：这样啊。所以你觉得换不同的性体位和保持性的持久性是一样重要吧。

谆宏：是的……基本上是的……

而最后，且应该是最重要的一个必要规范，是让他们的女人达到高潮。就像当时33岁的已婚男性，一个有着2岁大儿子的父亲唯谦提到的：

研究者：你和你妻子的性生活怎么样？

唯谦：以前挺不错的……但最近我们刚有了个儿子，所以我们都有点忙得没时间做爱了。

研究者：所以你的妻子是真的享受性爱的？

唯谦：嗯，她对做爱没什么意见的。

研究者：她做爱的时候，会经常有性高潮吗？

唯谦：噢，她几乎每次都能达到……

研究者：但是我的大多数女性受访人告诉我她们不会每次都来高潮。

唯谦：是的，我也听说过这个说法。但是我每次都尽我所能让我妻子达到高潮。我觉得在性爱中让她达到高潮是一件非常重要的事情。

研究者：为什么这对你来说如此重要？

唯谦：因为让她达到了高潮会让你觉得很爽……

研究者：所以你认为让她达到高潮其实能够满足你的男性自尊吗？

唯谦：嗯，你可以这样说……

这五个必须的规范——采取性主动，引导性爱过程，更替性体位，确保性的持久性和带给女性高潮——是由我们通过对男性受访人的性习惯和行为的观察总结所得的；然而在女性的案例中，我们也得到了印证，尽管这种印证恰恰是从否定的方式得来的。也就是说，女性认为她们应该等着男性主动提出性交，在性爱过程中被带领，被爱抚，被带领作不同的动作和被带达性高潮。就好像碗蓉是这样说的：

研究者：你会主动提出性交吗？

碗蓉：不！！！当然不（高八度的语调）。

研究者：那是为什么呢？因为根据现在的标准，这种做法不常见吗？

碗蓉：我不知道，但我觉得应该是男性采取性主动的……我只是这样觉得……

研究者：所以你也不会在性爱中带领你的男朋友……

碗蓉：当然不会。我怎么会这样做？男性应该主动并且在做爱时应该引导整个过程……

研究者：我懂你的意思。

碗蓉：我觉得我们女生在性爱里应该更克制一些，而男生则应该是主动的……

在性事中，碗蓉看起来仿佛蛮保守，甚至有点过分顺从的感觉。然而其他的女受访人却和她一样有着相似的看法。就像沛涵提到：

研究者：你会主动提出和你的男朋友（们）做爱吗？

沛涵：不会……

研究者：为什么不会？

沛涵：不知道……如果你真要问我……

研究者：你不知道为什么？

沛涵：嗯……我就只是这样子认为；性爱应该由男性主动，并且由他们主导……

我们可以看到，受访人这种具性别化的性行为语言论述和上面所列的6组关于性的二元对立项的逻辑有着高度相似。如果说男性的性爱本质是动物的、生物本质的、身体的、一般的，从而是必需的、不可控制的，那么男性必然会主动寻求性爱。因为性如果被男性看成是必需的且不可控制的话，男性一定会积极地去寻求性爱，就像他们会尽其所能去找食物来解决饥饿的问题一样。更重要的是，“积极地寻求性爱”通常并不仅仅是指追求性爱本身，还会影响男性在真实的性事里的表现。在真实的性事里，因为男性“需要”性，因此他们必须通过采取性主动并对性行为负责来主导性事。自然而然就变成是他们主动提出性交并引导性爱过程，而非女性。为了能够主导性爱，男性也必须尽早学习有关性爱的技巧，让自己能够了解其他相关的性爱知识。

相比之下，如果女性的性是人类的、文化的、心灵上的、非一般的，因而非必需的和可控制的，那女性就必定是性的受领者而非提出者。即女性不需主动地追求性，因为性对她们来说不是必需的或一般的东西。在女性不“需要”性的前提下，她们也就无需在真实的性事中主动。相反，她们一般都会被主导和被带领。作为性的受领者，女性也无须寻求性知识或消费色情电影。

显然，男性主动/女性被动的模型在台湾的性语言论述中也普遍存在，只是这模型在台湾的例子中变得复杂得多。如果台湾男性理应主动提出性交、在性爱过程中引导他们的女人、变换不同的性体位、确保性的持久性和带给女性高潮，那我们可以推论，他们是不会喜欢一开始已在性事上表现得非常积极和主动的女性的。如果女性从一开始就表现出强烈的性欲，那么男性根本无空间去采取性主动，或在性事中引领那些女性。这正是为什么谆宏跟其他男性受访人一样，不喜欢性欲强或性经验丰富的女人的原因——因为他们无法在性事上照顾那些女性。

为了掩饰他们的恐惧或为他们的无能辩护，我们的男受访人则会以那些女人为“不成熟”、“淫乱”或纯粹是“贱”来拒绝她们。但如果女性在整个性爱过程中都保持着被动也是不行的。因为如果女性由始至终都从性爱的过程中抽离，男性就无法将她们带到高潮。把女性带到高潮的责任，意味着女性在性爱过程的最后应该与其男伴侣同样地投入。如前文所述，在男性例子中出现的5

项责任同样也出现在女性的例子中，尽管女性被认为是需要等待男性采取性主动、在性事中被主导和引领，最后被带到高潮。在这情况下，我们可以再推论出，台湾女性是不会喜欢那些未能成功扮演性主动者和领导者的角色，以及未能为她们带来高潮的男性的。

把这一切放回之前我们已经识别出来的6组二元对立项中，我们可以马上意识到，通过把性欲为文化的、心灵上的、非一般的及非必需的“人类女人”转化为性欲为生物本质的、身体的、一般的、因而为必需的”动物男人”，性的论述式意义其实就是要“超越”男性与女性之间的对立。换言之，男性试图把二元对立项里的一边全部挪至另外一边，把人类女人纳入动物男人中，以至最后只有他，即动物男人，独立地存在。

生物本质的	←	文化的
身体的	←	心灵上的
一般的	←	非一般的
必需的	←	非必需的
不可控制的	←	可控制的
动物	←	人类
男性	←	女性

表2：性在台湾地区的论述式意义

台湾地区性的论述式意义或许可因此被视为一个将女性由“人类”转化为“动物”，以使到最后男性女性变为一样的过程。这可说是台湾性相的核心逻辑。但问题是，为什么性在台湾就其本身而言会是关于把人类女性转化为动物男性呢?

我们马上能想到，在台湾地区的性的转化性本质与先前所识别的中国亲属系统及宇宙概念是相互呼应的。就如一个台湾男性，通过婚姻把他的女人转化为一个人类（给予气）及社会存在（给予房的成员资格）；他在性事中把她由人类女人转化为变得跟他一样享受性的动物男人。同样，就如一个台湾女性，通过婚姻去获取她作为人（获取气）和社会存在（获取房的成员资格）的地位；她在性事中被从一人类女人转化为一动物男人，以使她与其丈夫变为同类。

需要强调的是，我们并不是说6组二元对立项的每一项内容都与亲属系统以及气和形相呼应。相互呼应的是三者背后那根本的逻辑。就如我们之前所提到的，气和形的宇宙概念下，只有男系才可与生俱来获得气，女系则需要通过婚姻从丈夫那边获得气。房/家族的亲属系统同样确定了只有男系才是与生俱来为房，女系需通过婚姻从她丈夫那边获得房的社会地位。在我们刚才所识别的性与性行为语言论述中可见，台湾的性与性行为语言论述的根本逻辑是要把一个女人从人类转化为动物，最后以使男和女均为同类。在中国人生活中的这3项社会圈里（宇宙哲学、家庭和性），女性都是从一种类型被转化为另一种类型，以使她们最后跟男性变为同类的。就此层面而言，我们认为台湾的性与性行为语言论述事实上是跟亲属系统和宇宙哲学相应的。

结语

在本文中，我们论证了在台湾地区人们是根据6组二元对立项——生物本质的/文化的、身体的/心灵上的、一般的/非一般的、必需的/非必需的、不可控制的/可控制的及动物/人类来谈论性的。接着我们说明了受访人是如何谈论在真实的性事里应有的性表现。就如我们所展示的那样，台湾男性被认为是应该采取性主动、在性爱过程中引导他们的女人、变换不同的性体位、确保性的持久性和让女性达到高潮的。台湾女性也有这种性行为语言论述，但它是以反面的方式呈现的。她们被认为应该等男性主动提出性交、在性事中被引导、被爱抚、被带进不同的姿势和被带达高潮。

正如我们所见，台湾男性与女性在性爱上应有的行为显然是上述男性主动女性被动这一模型的象征。但台湾这种性语言论述的最终意义不只是关于主导和被主导，而是把一个人类女人转化为一个动物男人，使这个女性跟她的男性伴侣一样地渴求及享受性。由此推断，性在台湾的语言论述性意义变相为将女性由人类转化为动物的一种过程。

我们接着论证了性的语言论述性意义与台湾地区的宇宙哲学是有强烈的相映性的。同时，这宇宙哲学又跟身体乃至台湾的中国亲属系统有着莫大的关系。在台湾地区，人们倾向于认为人的生命是由骨（气）和肉（形）两种元素组成的。第一种元素乃男性的本质和生命的起源，男性出生的时候就可从其父亲那里获得此元素。然而女性却不能借出生来获得骨或气。她们需要通过婚姻，从其丈夫处获取气或骨。

第二种元素乃女性的本质。虽然它没有骨或气那么重要，但在制造新生命的过程中仍然担当了不可或缺的角色。因此男性还是需要它来创造其后裔。总而言之，在亲属系统里，男性试图通过婚姻把其女人转化为他们房 / 家族的成员；而女性则试图被转化为其丈夫的房 / 家族里的一员。这些逻辑强烈地呼应了性与性行为在台湾的性别化语言论述。当台湾男性试图通过婚姻把女性变成他们房 / 家族的成员时，他们其实也试图在性事中把女性从人类女人转化为动物男人，以使她们最后变成他们的同类。当台湾女性试图被纳为她们丈夫的房 / 家族中的一员的时候，她们实际上则是试图在性事中从人类女人被转化为动物男人，以至最后她们可以变为其丈夫的同类。

我们这里所指出的台湾的性与性行为语言论述及亲属系统间的

强烈相映性对中国社会人类研究学是有重要启示的。之前提到过，有关中国亲属的人类学研究自21世纪早期起就已丧失了它的重要性及地位。中国社会的文化、政治及经济的变迁，抑或流行文化则成为了更热门的题材。我们并不是认为当代社会议题及流行文化这些研究在中国人类学的领域中并不重要或是无价值。只是，由于亲属系统是主宰中国人社交生活的中心逻辑，因此我们认为亲属研究不应被边缘化。在本文中，我们证明了台湾人谈论性和他们的性行为的方式与亲戚系统中的逻辑有着强烈的相映性。事实上，我们深信台湾人消费与认知色情电影的方式也是跟亲属系统有密切的关系的。当然，这需要用另一篇文章来进行阐释。本文的目标只是旨在引证亲属研究与了解中国人的社交生活还是非常有相关性的。因此我们呼吁亲属研究回归到中国人类学研究的范畴里。

参考书目

一、中文

林玮嫔，2000 :《汉人“亲属”概念重探——以一个台湾西南农村为例》，“中研院”民族学研究所集刊，第90期：1-38页。

二、日文

王向华 1995 「中国婚姻の本質」『民族学研究』 60 (2): 148-156

三、英文（按英文字母表排序）

Ahern, E.1976. *Segmentation in Chinese Lineages: A View through*

Written Genealogies, *American Ethnologist*, vol. 3, pp.1–15.

Baker, H.1965. *A Study of a Single-lineage Village in the New Territories of Hong Kong*s.l.: s.n., 1965.

Baker, H.1968. *A Chinese Village: Sheung Shui*, Stanford, University Press Stanford. Brim, J.A.

Brim, J.A.1970. *Local Systems and Modernizing Changes in the New Territories of Hong Kong*, PhD dissertation, Stanford University.

Butler, J.1990. *Gender Trouble: Feminism and the Subversion of Identity*, Routledge, New York.

Chamber, S.A. 2007. "'Sex' and the Problem of the Body: Reconstructing Judith Butler's Theory of Sex/Gender", *Body & Society*, vol.13, no.4, pp.47–75.

Chang, J.1977. *The Tao of Love and Sex: the Ancient Chinese Way to Ecstasy, Foreword and Postscript by Joseph Needham,* Dutton, New York.

Chang, Stephen T.1986. *The Tao of Sexology: The Book of Infinite Wisdom*. Tao Longevity LLC. .

Chen, C.N.1986. *Fang and Chia-tsu: The Chinese Kinship System in Rural Taiwan*, PhD dissertation, University Microfilms International, Ann Arbor, Mich.

Chia, M. and M. Winn1984. *Taoist Secrets of Love: Cultivating Male Sexual Energy*, Aurora, Santa Fe.

Chia, M. and M. Chia1986. *The Multi-Orgasmic Couple Sexual Secrets Every Couple Should Know*, Harper Collins, New York.

Chun, A.1995. *Land is to live: a Study of the Concept of 'Tsu 'in a Hakka Chinese village*, New Territories, Hong Kong, PhD dissertation, U.M.I., Ann Arbor, Mich.

Chun, A. 2000. *Unstructuring Chinese Society: the Fictions of*

Colonial Practice and the Changing Realities of'Land' in the New Territories of Hong Kong, Harwood Academic Publishers, Amsterdam, Netherlands.

Cohen, M.1976. *House United, House Divided: the Chinese Family in Taiwan*, Columbia University Press, New York.

Dikötter, F.1995. *Sex, Culture and Modernity in China: Medical Science and the Construction of Sexual Identities in the Early Republican Period*, Hong Kong University Press, Hong Kong.

Evans, H.1997. *Women and Sexuality in China: Dominant Discourses of Female Sexuality and Gender since 1949*, Polity Press, Cambridge.

Freedman, M.1965[1958]. *Lineage Organization in Southeastern China*, University of London, Athlone Press, London.

Freedman, M.1966. *Chinese lineage and Society: Fukien and Kwangtung*, Athlone Press, London.

Friedman, S. 2000. "Spoken Pleasures and Dangerous Desires: Sexuality, Marriage, and the State in Rural Southeastern China", *East Asia: An International* Quarterly, vol.18, no.4, pp.13–39.

Foucault, M.1990[1978]. *The History of Sexuality*; translated from the French by Robert Hurley, Vintage Books, New York.

Gallin, B.1966. *Hsin Hsing: Taiwan: A Chinese Village in Chang*, University of California Press, Berkeley.

Goldin, P. R.2002. *The Culture of Sex in Ancient China*, University of Hawai' i Press, Honolulu.

Greenhalgh, Susan1985. "Sexual Stratification: the Other Side of 'Growth with Equity' in East Asia", *Population and Development Review*, vo. 11, no.2, pp.265–314.

Harrell, S.1982. *Ploughshare Village: Culture and Context in Taiwan*,

University of Washington Press, Seattle.

Hershatter, G.1996. “Sexing Modern China”, in *Remapping China: Fissures in Historical Terrain*, eds. G. Hershatter, E. Honig, J. N. Lipman, & R. Stross, Stanford University Press, Stanford, California.

Huang, H. T.M. 2004. “State Power, Prostitution and Sexual Order in Taiwan: Towards a Genealogical Critique of ‘Virtuous Customs’”, *Inter-Asia Cultural Studies*, vol. 5, no. 2, pp.237−262.

Kuhn, P.1970. *Rebellion and Its Enemies in Late Imperial China: Militarization and Social Structure*, 1796−1864, Harvard University Press, Cambridge.

Lai, H. 2001. *The Sexual Teachings of the White Tigress: Secrets of the Female Taoist Masters*, Destiny Books, U.S.

Lessa, I. 2006. “Discursive Struggles within Social Welfare: Restaging Teen Motherhood”, *British Journal of Social Work*, vol. 36, pp.283−298.

Lin, W. P.1998. *Kinship and the Concept of the House in a Taiwanese Village*, PhD thesis, Department of Anthropology, University of Cambridge.

Hsieh, J.C. and Y.C. Chuang (eds.)1985. *The Chinese Family and its Ritual Behavior*, Academia Sinica, Taipei.

Morris, R.C.1995. “All Made Up: Performance Theory and the New Anthro pology of Sex and Gender”, *Annual Review of Anthropology*, vol.24, pp.567−592.

Pan, Sunming 2006. “Transformation in the Primary Life Cycle: the Origins and Nature of China’s Sexual Revolution”, in *Sex and Sexuality in China*, ed. E. Jeffreys, Routledge, London and New York, pp.21−42.

Pasternak, B.1972. *Kinship and Community in Two Chinese Villages*, Stanford University Press, Stanford.

Potter, J.1970. “Land and Lineage in Traditional China”, in *Family and Kinship in Chinese Society*, ed. M. Freedman, Stanford University Press, Stanford.

Santos, Goncalo Duro Dos 2006. "The Anthropology of Chinese Kinship: A Critical Review" , *European Journal of East Asian Studies*, vol. 5, no.2, pp.275–333.

Shiga, S.1978. "Family Property and the Law of Inheritance in Traditional China" , *Chinese Family Law and Social Change*, ed. D.C. Buxbaum, University of Washington Press, Seattle and London, pp.109–130.

Shiga, S.1981. *The Principle of Chinese Family Law*, Sōbunsha, Tokyo (in Japanese).

Strauch, J.1983. "Community and Kinship in Southeastern China: the View from Multi–lineage Villages of Hong Kong", *Journal of Asian Studies*, vol.43, no.1, pp.21– Ward, B.

Ward, B.1985. *Through Other eyes: Essays in Understanding* "Conscious Models" – *mostly in Hong Kong*, Hong Kong: Westview Press.

Watson, J. L. 1975. *Emigration and the Chinese Lineage: the Mans in Hong Kong and London,* University of California, Berkeley.

Wolf, A.1974. *Religion and Ritual in Chinese Society*, Stanford University Press, Stanford, Calif.

Wolf, M.1968. *The House of Lim: A Study of a Chinese Farm Family*, Appleton–Century–Grofts, New York.

Wolf, M.1972. *Women and the Family in Rural Taiwan*, Stanford University Press, Stanford, Calif.

van Gulik, Robert 1961. *Sexual life in Ancient China: a Preliminary Survey of Chinese Sex and Society from ca. 1500 B.C. till 1644 A.D.*, E.J. Brill, Leiden.

汉人亲属概念重探
——台湾农村的例子

林玮嫔（台湾大学人类学系专任教授）

一、引言

人类学的亲属研究在90年代以后已迈向这个分枝发展的另一个契机。[1] 自从1984年施耐德（Schneider）指出，过去亲属研究基础乃根植于西方人类学家赋予生殖概念的优先性，进而否认有所谓“亲属”范畴存在后，90年代一系列的有关亲属研究的作品转而从被研究者的观点来思考究竟什么是“亲属”（Carsten，1995a、1997、2000；Gow，1991、1995；Schmizu，1991；Weismantel，1995）。此外，90年代的亲属研究尚有一个特色是过去亲属理论所

---

[1] 本文曾发表于台北“中研院”民族学研究所集刊90: 1-38 (2001)。部分资料来自作者博士论文 *Kinship and the Concept of the House in a Taiwanese Village* (1998,《台湾乡村的亲属与家屋概念》)。该论文的田野工作于1995-1997年间进行，为期14个月。田野工作期间，承蒙台北“中研院”民族学研究所提供多方的协助。部分研究经费由英国理查德基金（Richard Fund）、怀斯基金（Wyse Fund）与黄应贵田野基金赞助。笔者也由衷地感谢玛莉莲·史查森 (Marilyn Strathern) 和查尔斯·斯塔福德（Charles Stafford）两位教授在论文写作期间的指导。本文写成后曾于1999年10月与12月分别在“中研院”民族所“台湾汉人社会研究群专题讨论会”与台湾“清华大学”人类学研究所宣读，非常感谢与会者提供的意见。“中研院”民族所集刊两位匿名评审对本文亦提出了非常宝贵的建议。黄郁茜同学最后为本文润稿，在此一并致谢。

看不到的，那就是强调与日常生活的结合。这两个特色丰富了 90 年代的亲属研究。由于卡斯特（Carsten，1995,1997) 的兰卡威马来人研究不但相当能呈现这个研究取向的特质，而且也有较清楚的民族志叙述，因此以下以她的研究来作进一步的说明。

卡斯特指出，对兰卡威马来人而言，亲属是一个不断转变的过程。亲属的关联（relatedness）建立在“共享的物质”（shared substance）的概念上，此物质首先来自母血，然后是母奶与食物。而血与母奶由母亲而来、手足所共享以及食物由女人在家屋炉灶上烹调的过程，使得“共享的物质”的概念在象征上与女人、手足、家与炉灶互相结合。如此的象征整体成为兰卡威马来人认知与体验“亲属”的方式。此外，卡斯特也强调在亲属形成的过程中，兰卡威马来人也在“变成完全的人”（becoming complete persons）。所以，她的研究提出以一种“过程性”（processual）的观点来理解马来人的亲属与人观。

整体而言，卡斯特（Carsten，1997：285）的研究企图从当地人的“特殊的文化风格”(cultural specialidioms）来说明当地人对“亲属”的理解。但是对于“文化风格”的内涵，她的研究却没有清楚的说明。例如，卡斯特虽然强调人的观念对于理解兰卡威马来人的亲属概念有其根本的重要性，但是从她的文章中，我们并不甚明白她所指的人观是什么，以及究竟马来人如何在亲属形成的过程中也同时“becoming complete persons”（变成完全的人）的。再者，有关家屋的分析一直是卡斯特关注的中心，她与休·琼斯（Hugh-Jones）在 *About the House*（《关于家屋》)（一书中曾提出从家屋结构的象征分析可以超越列维－斯特劳斯（Levi-Strauss）从社会结构或组织的观点来研究家屋的问题，但在她自己的研究中（Carsten，1995b：127），我们反而看不到家屋如何可以衔接或协调不兼容亲属原则的特质（见 Levi-Strauss，1982 [1979]：184）。

本文将以 20 世纪 90 年代以来的亲属理论发展为基础来重新探索汉人"亲属"的特质。相对于卡斯特对兰卡威马来人人观与亲属的关系之模糊的叙述，本文则指出人观的探讨——这里包含了人的构成与"道德人"的概念——是厘清汉人"亲属"概念的关键。此外，有关"房"的概念与家屋的讨论也体现出，家屋不但结合了不同的亲属原则，而且家屋的人体意象也提供了一个象征转换的机制，可调解不同亲属原则运作过程中产生的矛盾。

二、汉人亲属研究回顾

从弗里德曼（Freedman）以来，亲属就被视为汉人社会结构的基础，以理解经济活动、祖先崇拜与政治联盟关系。弗里德曼（1958,1966）将非洲"世系群理论"（lineage theory）用来分析广泛分布于中国东南的宗族。他认为宗族成员之间的关系建立在父系继嗣的基础上，呈现在系谱上是一种金字塔的形式（Freedman，1966：14）。宗族同时是"一个法人财产拥有团体"（a corporate estate–owning–group）（Freedman，1958：11），以及政治与宗教活动运作的单位。宗族之间的关系则经由通婚建立，因此，女人在父系团体之间被视为是重要的联系。

在弗里德曼理论框架中，中国的宗族几乎是塔伦西（Tallensi）世系群的复制，二者的相似性可与以下科达斯（Fortes）对塔伦西世系群的叙述对照得知："（塔伦西人的）经济、法律、政治与宗教组织都互相连接且相互决定。它们之所以会如此运作是因为它们建立在系谱结构的共同基础上。"（Fortes，1970 [1943–4]：49）

同样，在弗里德曼的模式中，与母方的关系被视为与父系继嗣关系具有功能上的不同。这也超不出科达斯（Fortes，1970 [1959]）

从"complementary tiliation"（补充性的亲子关系）(1970 [1959]) 的角度来理解与母方关系的性质的范围。因此，我们不难理解为何汉人亲属研究长久以来一直被视为"另一个继嗣理论的征服点"（R. Watson，1985：5）。

弗里德曼的模式被大量应用到台湾与香港的研究中（见陈奕麟，1984；Chun，1996；黄应贵，1983,1995；庄英章，1978；庄英章、陈其南，1982）。在香港，虽然近来的研究指出氏族出现在中国东南部有其地方经济与政治的渊源（Faure and Siu，1995），但早期的研究显示许多大规模的宗族组织事实上符合弗里德曼的理论（Baker，1968；Potter，1970）。同样，弗里德曼的理论在台湾也被广泛运用。这确实与他的理论提供了一个解释汉人社会结构的模式相关（黄应贵，1995：297）。然而通过民族志的检验，学者也提出了不同的历史、社会背景如何影响宗族组织与其发展过程（Pasternak，1972；庄英章，1973），或以祭祀关系取代亲属联系作为形成社会群体的法则（林美容，1988；施振民，1973；许嘉明，1973）。在J. 沃特森（J.Watson，1982）一篇对中国亲属的一般性讨论中，土地拥有已不再被视为界定氏族的重要因素。

上述的研究固有其不可泯灭的价值，但是，正如杜赞奇（Hallgren，1979：7）的评论指出，以上的研究并未构成对弗里德曼致命的批评。换言之，以上人类学者指出的是在继嗣理论模式中，某些元素因时间或空间的不同而变得特别重要，或者是其他的关系取代了继嗣关系，但是这些学者所使用的仍然是弗里德曼的世系群模式，讨论的仍是"法人团体"、成员资格或是土地拥有情形。按照陈亦麟（Chun 1990：246）的评论，最后的结果是继续复制了世系群理论。

另一个对中国亲属分析的取向是由 R. 沃特森（R.Watson）所代表的马克思论。在她的著作 *Inequality among Brothers*（1985，《兄弟间的不平等》）中，沃森不再强调宗族之整体性；相反，她指出世系群中阶级的区分：地主－商人与小农－佃农阶级。地主阶级更进一步通过策略性婚姻以及姻亲关系来巩固他们的地位（同上引：117）。R. 沃特森的研究从对土地控制的角度呈现氏宗族成员之间不平等的关系。然而，她所讨论的焦点仍然是宗族组织的运作，更进一步而言，她对宗族成员如何通过婚姻、姻亲关系来维持政治或经济上的秩序仍走不出科达斯以"补充性的亲子关系"（complementary filiation）之功能性概念来解释与母方亲属的关联的范围。最后一点值得提出的是，在沃特森（R. Watson，1985：135）的叙述中，女人被视为是"独立于父系继嗣体系之外"。类似的概念也出现于其他著作。如，女人被排除在男性意识形态之外（J.Watson，1982:615；M.Wolf，1972:387）或者她们与其娘家的关系被视为是"在父系亲属关系之外"（Judd，1994:187）。

以上所讨论的汉人亲属研究中，主要的问题在于它建立在研究者理论本身的预设上而没有根据被研究者本身的观念来探讨亲属（Chun，1996:431）。事实上，自从影响世系群理论至深的人类学家拉德克里夫－布朗（Radcliffe-Brown，1952 [1935]）以来，继嗣关系的确认就被视为维持社会秩序以及规范权利、义务与继承的方式。如此，在汉人研究中也造成了父系继嗣关系被理所当然地赋予一种分析上的优先性。一些本质性的问题，例如，究竟汉人的父系继嗣关系建立在什么基础上，以及与此相关的问题，如与母方的关系，皆缺乏进一步的分析。此外，权利、义务与行为模式，对拉德克里夫－布朗（同上引：52）而言，也只被视为"附属于继嗣关系之上"，本身不具有重要性。施奈德（Schneider，1984：72）更指出在后来许多亲属研究中，继嗣关系被视为"固有的本质"（inherent quality），永久不变；而权利、义务、与行为模式只是由继嗣关系衍生而来（同上引：188），因此可有可无（同上引：127－32）。

针对以上的问题，本文希望能够通过如前述 90 年代亲属研究的取向，以一个位于台湾西南的聚落——万年村来重新检讨：第一，父系继嗣以及与母方关系的本质。[1] 笔者认为这些关系的本质须通过“人体构成物质”（bodily substances）以及它们在生命仪礼中的“象征性流动”（symbolic flow）来理解。此外，笔者也将讨论“人体构成物质”与汉人亲属单位“房”的关系。

第二，笔者认为对万年村民而言，“亲属”不仅是由生育而来的关系，它更必须通过日常生活中亲子之间持续的互惠交换——其中又以衣物、金钱与同居共食为主要象征——而具有更深刻的意义。这种互惠交换对理解汉人亲属的重要性已由斯塔福德（Stafford，1995，2000）在他的绿岛与中国研究中提出。从万年村的例子中，我们将可以进一步看到实践亲子义务与权利的重要性。它们主要包括了完成个人本身的婚姻、拥有传承父系的男嗣、抚养子女长大并为他们完成婚事、奉养父母、年老时由子女奉养以及最后有一个合宜的死亡。这些亲子的义务与权利一方面支持了父系的意识形态，但另一方面它们本身也被赋予一种独特的文化价值，即“好命”的理想。此理想不但强调了父系传承，而且更是一种“道德人”(moral person) 的概念。在过去的亲属研究中，由于焦点被放在继嗣关系的探讨上，因而只将这些父母与子女在不同生命阶段中的义务与权利视为父系意识形态的呈现与加强（如，Fortes，[1958:4−7]；Freedman，[1970:179]）。这样反而窄化了我们对汉人亲属的理解。

第三，对于这一多重之“亲属”的社会文化建构，笔者最后将通过家屋的讨论来说明家屋不但是亲属关系实践的场域，其象征

---

[1] 笔者基本上同意陈奕麟（1996）强调从“土著观点”探讨汉人亲属概念的方式，但笔者在本文中更希望以实际的民族志来铺陈这个想法。

的结构一方面结合了以上我们所讨论的多重之亲属文化概念；另一方面则具有调解其不一致之处的可能。

如本节一开始就提到的，汉人亲属概念的重要性一直与探讨汉人社会结构原则密不可分。这一前提无疑是汉人亲属研究背后源源不断的动力。虽然本文尚无法真正处理这个议题，不过希望通过亲属概念的重新探索可以有助于未来对汉人社会性质进一步的厘清。

三、万年村与父系继嗣关系

万年村位于台南县盐水镇。[1]目前的经济活动以栽种高粱与玉米为主，但由于农业活动收入不高，许多村民亦经常外出打零工。1960 年台湾工业化之后，许多人口逐渐外移，目前村中人口以 50 岁以上的老人居多。现居于村中约有 70 户人口，其中以高姓、王姓与李姓三姓为村中主要的姓氏。虽然他们皆肯定地表示他们的祖先来自福建泉州，但确切地点则无人知晓。

从传统亲属研究的观点来看，万年村民在某些方面的确有符合父系意识形态之处。父系继嗣的原则决定了居处法则、家户组成与认养制。从夫居的习俗使得传统家户由父母、未婚子女、已婚儿子与其妻子以及他们所生的后代构成；已婚的女儿搬至其夫住处，生子为其夫家传嗣。因此，缺乏男嗣便成为对父系传承的威胁。解决的方法通常通过招赘、认养儿子或“媳妇仔”以保证其子结婚无虑。目前，由于经济变迁的影响，已婚之子通常不同住

[1] 为保护村民的隐私，本文所提到的村名、姓氏与村民姓名皆非原名。另外，关于万年村在台湾地区汉人聚落代表性的问题，目前尚无法回答。这必须等到未来对台湾地区汉人有更整体的认识后才有可能进一步探讨。

在一屋檐下。[1] 招赘婚也不再施行，再加上生育率锐减，因此，现在解决无嗣的问题已改由女儿的儿子来继承。[2]

父系的概念也应用在村民认知亲属关系的亲密性与否上。有一次笔者听到一群人在讨论村中一个无男嗣（但有女儿）的人是否应把他的财产留给续弦与前夫所生的儿子时，他们说“同父自己，同母别人”（*ts'o pe ka ti;ts'o bo pa lan*）[3] 而否定了将财产传与续弦与他人所生之子的看法。过去，凡是同一父系祖先的后代皆禁止通婚，因为他们永远被视为是“亲堂”（*ts'in ton*）。当隔村有这类情形发生时，村民极力反对，最后此二人只好到法院公证结婚，取消婚宴。同理，村民认为“姑是内，姨是外”，因此，与父亲姊妹的女儿结婚，称为“倒调牛”，并不容易被一般人接受。但娶母亲兄弟的女儿并不被禁止，反而被视为是带来财富的征兆，所以村民说“那麦‘哺’（*pu*），就要姑孙住同厝”[4]（这句俗谚是从嫁出去的女人的观点来看的，一个女人与她的姑姑“住共厝”是指一个男人娶其舅之女）。同样的原则也应用在祖父母的姊妹上，村民说“姑婆是亲，姨婆是外人”，因此，比起姨婆来，姑婆（或其后代）更常是在婚宴中被邀请的对象。而且，宴后她们也经常留下来参与“喝茶”仪式。在该仪式中新娘被介绍给夫家主要亲人认识，同时也被教导未来应如何正确称呼这些长辈。

父系继嗣法则的重要性更呈现在它本身是其他社会关系的骨架（skeleton）上。例如祖先崇拜或以男嗣为主的财产分配。在这两方面，万年村的表现与过去台湾汉人研究有诸多类同之处（见

---

[1] 见林（Lin，1998），第四章讨论经济变迁影响下的分家问题。

[2] 村中有两个个案是如此。在村民的理解中，由女儿的儿子来继承是一变通方式，与过去的招赘婚是类似的。

[3] 文中的闽南语罗马拼音是依照国际音标协会 (IPA) 所制定的拼音法写成。

[4] “哺”(pu) 通常有富裕与多子多孙等意。这句俗谚也见王崧兴，1967：78。

陈祥水，1973）。因此，若以传统亲属研究的观点来思考汉人“亲属”，我们看到汉人的亲属、宗教与经济的关系，与科达斯在论证塔伦西的情形一样，三者之间都是互相支持，相辅相成。

虽然如此传统的描述方式或许对汉人社会结构提供了一个思考的方向，但是却没有告诉我们究竟对被研究者本身而言“亲属”到底是什么。也就是说，当地人如何理解“亲属”？如果父系继嗣原则有其支配性，那么当地人如何认知父系继嗣的关系？与此相关，与母方的关系又是什么呢？笔者认为理解这些概念要从汉人本身对人体构成物质的讨论着手。

汉人对人体构成的认识相当复杂，这里的讨论只以一般人的理解为主而不涉及中医或其他专家的知识。村民认为在一个人初生之时的身体构成物质中，骨来自其父，肉来自其母。[1] 因此我们可知一个人的身体构成有男性与女性的成分。不过骨有显著的系性传承特质，因为居民提到由父亲所传承下来的骨，又可追溯到祖父、高祖，一直到始祖。因此，我们可得知同一父系的成员之间有“共骨”（*kan ku*）的关系。不过，除了骨与肉之外，村民对人体的构成还常提到“血脉”（*hue me*），且血脉与骨一样也都有父系传承的特质。因此“共骨”与“共血脉”（*kan hue me*）同样都表达了父系传承的概念。因此我们可以说父系继嗣的关系在根本上是建立在此“血脉相连”或“共骨”的基础上。[2]

由于血脉或骨是通过男性（父系）而追溯的，因此在汉人的概

---

[1] 村民常以太子爷“剃骨还父，剃肉还母”的典故来解释这个概念。J.沃特森（J. Watson，1982b）与 汤普森（Thompson，1988）也都提到过这个概念。另外，依照村民的说法，骨与肉更进一步由父精母血所形成。西曼（Seaman，1981）提到在母亲的葬礼时儿子必须在“破血盆”仪式中喝下血盆内如血般的酒以使其母免于在阴间受血池内之苦，但是他并没有进一步讨论血的象征意义。

[2] 这里的“血脉”不同于注七所提到的母 “血”。当村民提到与父系的关联时，所使用的词汇一定是“血脉”而不是“血”。

念中父亲与儿子之间的联系形成了独特的亲属单位，称为“房”。陈其南对“房”的概念，基本上将它直接视为纯粹系谱概念，较少探讨其象征意蕴（1991[1985]）。他认为一个儿子相对其父亲即成一“房”。因此，长子、次子又可称为“大房”、“二房”。但是“房”的使用弹性很大：它既可指称一个男子、他的妻子及其所有后代[1]，也可扩及一个共祖之下各分枝的所有男性后代与其嫁进来的妻子，其深度可及数十代（同上引：132）。因此我们看到一个宗族可由数个层次较大的“房”组成。在各大“房”之下又可细分为更小单位的“房”。“房”这种可大可小的概念以及与之相对应之更大单位——家族或宗族[2]——对陈其南而言是汉人父系亲属团体的结构法则（同上引：137），也是他认为汉人社会强调父子联系而特异于其他父系社会的根本特质。[3]

然而如果我们更进一步从当地人的观点来思考房或汉人父子联系的性质，我们可以知道“房”是汉人血脉或骨传承的重要单位，而不只是所谓的系谱关系。在万年村最明显的例子就是“房”的延续、“血脉”传承以及 “共骨”之间常有互换的词汇，例如，以“倒房”表示绝脉或绝嗣；“过房”来代表过继兄弟之子而产生的收养关系。同样，在陈其南文中也提到当地人对“倒房”与“过房”以骨头“断节”与“接骨”作为比喻（同上引：139）。

事实上，“房”不只是概念中的亲属单位，也是实际生活中家庭成员的基础。例如，无论是配偶家庭（一对夫妻与其子女）、主干家庭（年老夫妇、其子媳与孙子女）或扩展家庭（老夫妇、多

---

[1] 在万年村民的看法中，这里的后代包括男子与未嫁出的女子，这与陈其南排除未嫁出的女子的看法是不同的。

[2] 陈其南并没有提到宗族，但事实上宗族亦由“房”所形成。

[3] 但是石磊（1992）在比较经典中的叙述以及对他的家乡河南洛阳地区的说明表示这种对父子联系的强调在台湾汉人社会似乎特别凸显。

对子媳与孙子女)，都是“房”在不同概念层次的展现。而对于关系较远的父系亲属，也倾向从较大层次的“房”来称呼以拉近彼此的距离。因此，一个人按照不同“房”的范畴可能同时有很多个“三叔”。称呼他们时，会加上“仔”这样的尾语词来区别他们。在万年村也有很多人不以父亲称其父，而根据父亲兄弟的排行来称谓自己的父亲：假设自己的父亲排行老二，那么就称他为“阿二”；老三就是“三仔”，或称“伯仔”、“叔仔”。[1]

“房”的存在也与财产分配密切相关。财产基本上是依照“房”而分配。由于房的形成是依男性的血脉而定，因此男性一生下来便自然而然地形成了一房，即使早夭之子亦同。因此有时某个儿子继承了比其他兄弟更多的财产，原因通常在他将他自己的次子“过房”给他死去的兄弟以延续它的血脉，他或他的次子因而有权继承死去兄弟的财产。[2] 各房的男子承继了父亲或祖先的财产之后，也有义务要祭拜他们。不过，财产与祖先崇拜并不能简单地化约为“没有产业，没有神主”的功利性关系上(Ahern，1973)。笔者将在触及祖先崇拜时讨论这个主题。

这样一个小范围的“房”之财产继承与祖先崇拜的关系又复制在较大层次的“房”中。以万年村高姓宗族为例，高姓宗族共有四大房，每房在早期各有自己由祖先留下来的祭祀公业，由每房内一户人家负责耕作。[3] 祖先牌位便在这四户人家中轮流奉祀。等到收成之后，这四房耕作者会将收成的一半分到房内各户，各

---

[1] 这种(直接)称谓的使用另一方面也是为了回避亲子之间因八字“相克”而有发生不幸的可能。较详细的讨论见林玮嫔(2000)。

[2] 长子必须留作传承自己的“房”。但是也有因无次子，而由长子以“兼祧”的方式得到“倒房”者的财产的情况。“兼祧”的意义将在本文最后有关家屋的部分说明。

[3] 不过，公业地在日据时被日人划归到高姓二人名下管理，其中一人在1945年后因急需钱用，偷偷将其“房”下的公业地卖出。现在这仍是高姓未决的悬案。

户年终再一起到该年奉祀共祖牌位的家中举行“拜大祖”的仪式。因此我们可以看到较大层次的“房”与较小范围的“房”之间有种模拟的关系。[1]

至此我们可知汉人的父系继嗣原则是建立在父系血脉或共骨的概念上的。父亲与儿子之间的联系形成了独特的亲属单位，称为“房”。“房”在范围运用上可大可小，不但是概念上的也是实际生活上的单位。

不过，通过共骨或血脉的联系来理解房的概念本身隐含了一个矛盾：一个人的血脉并不会因婚嫁而改变，但是由于一个“房”包括了嫁进来的不同血脉的女子，因此实际上共一“房”或同一宗族的人并没有真正的“共血脉”，这个矛盾必须通过“房”的另一个象征概念才能理解。本文的最后将对此作进一步的论述。

与母方亲属的关系则与父系血脉强调的传承性相反，它会随着时间的流逝而逐渐淡化。我们从前面提到的俚语可知母方的亲人往往被视为“外人”或“别人”。即使是嫁出的女人与原家的关系亦面临相同的处境。虽然父亲的姊妹被视为比母亲的姊妹更亲密，但其亲密的程度无疑仍低于父亲的兄弟。这种与表亲关系淡化的过程，村民最常用一句俗谚来描述：“一代亲，二代表，三代‘束’（sua，结束之意）了了！”然而以上所谈的只是一般关系疏远的过程，若要对母方关系的性质有更多的理解，并区分它与父方关系的异同，我们可以进一步从生命仪礼中探讨。

[1] 其他两个主要姓氏，王姓与李姓，也都有类似的公业田。王姓因由隔村渡河迁移而来，因此将其原有的公业田留给了原村中的亲属耕作。收成归其所有，也由其负责祭拜。因此，王姓虽每年仍在万年村“拜大祖”，但并不是每户都参加。李姓宗族则说原有的公业田在很早以前就分给了大房与二房，本来也有“拜大祖”，但是后来逐渐由耕种者负责祭拜。

四、生命仪礼

台湾汉人的生命仪礼已经有相当多的文献记载。[1] 虽然地区性的变异的确存在，但仪式的主题仍有其普遍性。以下的叙述将以笔者在万年村（闽籍福佬人）的田野资料为主，以其他相关的研究为辅。仪式内容的描述以目前仍普遍为村民接受、实行的为主。若有特例，行文中将特别说明。此外，笔者并无意详论仪式的细节，而将重点放在分析仪式中象征父方与母方的身体物质——骨与肉——以及它们在仪式中的象征性流动。此外，仪式中所呈现的亲属义务也是讨论的重点。其重要性在第五部分将有进一步的论述。

婚礼

在婚礼的第一个仪式——完聘礼——中，除了“挂手指”（*kua ts'iu tsi*）之外，两家的礼物交换也是其中重要的一环。在众多交换的礼物中，值得注意的是新郎送来的猪肉，新娘家人会退回一条腿。据说以前，他们甚至会割下腿肉，只退还腿骨。如此的习俗称为“吃你的肉，不啃你的骨”（从新娘家人的角度）或“肉给你吃，骨不给人啃”（从新郎家人的观点）。[2] 以前长者哄小孩入睡的童谣也有这么一段：“摇阿摇，猪脚双边镠”（*io a io, ti k'a siang pin lio*，意为，只将猪脚双边的肉割下来）。新娘家人留下猪肉而退还猪骨似乎意含着新郎家的“肉”会被新娘“吃”了，但“骨”却保持完整。这种人的肉与骨与猪的肉与骨之间的象征关系，在接

[1] 中英文数据众多不及备载，大致上，中文见朱锋（1959, 1960）、余光弘（1980）、董复莲（1987：57–112）、林明义（1987）。英文资料见 Ahern（1974）、Aijmer（1984）、Cohen（1976：149–192）、J. Watson（1982）、R. Watson（1985：118–125）、Thompson（1988）、J. Watson and Rawski（1988）。

[2] 类似说法亦见于台北婚俗（董复莲 [1987：65]）。

下来的出生礼与丧礼中，会有进一步的呈现。虽然目前送猪肉不如从前普遍，但是，没有送猪肉的新郎家人，通常会以一笔数目的金钱来代替。也有一户人家把一笔钱放入红包袋中，在红包袋上写着“猪屏（边）”（*ti pin*），送往新娘家。

完聘后，两家也就积极开始准备婚礼了。不过婚礼前一天，还要隆重地杀一头猪和一只羊来“拜天公”。这个仪式主要由新郎的父母执行来答谢天公保护其子平安“长大”（长成，*tiong-sing*），让他们可为其完成婚事（即完成父母“成养”[*ts'ia iong*] 的任务）。无疑，在此仪式中，新郎的父母是主要的人物。他们不但准备贡品，而且负责整个祭拜的过程，从婚礼的前一夜直到隔日黎明。新娘的家人并不行此仪式，因为他们事实上将失去一位成员。

“*ts'ia*”——扶养子女至为其完成婚事的过程——对万年村村民而言是一大责任，当村民与陌生人聊天时，笔者常听他们不只问起“你有几个小孩”，接下来自然而然地他们会问：“你 *ts'ia* 几个了？”（*li ts'ia kui e a*，意即你为几个子女完成婚事了）笔者在万年村经过访问一段期间之后，亦发现几乎每家在神明厅或客厅都悬挂着子女婚礼的照片。而且，他们都非常乐意谈论这个问题，仿佛这是他们的一大成就！

由于“拜天公”代表父母完成村子女的义务，城市中逐渐兴起不结婚而同居的现象也造成了对万年村民的困扰。例如，有一村民的儿子在台北与一女子同居，但一直无意结婚。这位村民虽然非常生气，但却拿儿子没办法，于是在这位同居女子产下一子之后，这位村民就趁他孙子满月时，杀猪宰羊，祭拜天公。

拜完天公就等着迎娶了。婚礼当天，新娘除了嫁妆之外，另会带着两片猪肉[1]（*to kun ba*，肚裙肉）、两个蛋和两个橘子。这些项

[1] 笔者也听村民提及有人带两片猪肝，或猪心。

目据说以前都放在“肚裙”[1]的口袋中，但现在则另放在手提包中，带到夫家与夫婿分享。

有一个女人告诉我，她并没有带猪肉到她夫家，但在前往夫家之前，她的父亲喂了她鸡肉。她吃了鸡肉，但留下鸡骨。从上述可推知，无论是新娘带着猪肉到其夫家，或是她在娘家先吃了鸡肉，新娘都在象征上成了“肉”，由其娘家送到夫家去。

汤普森（Thompson，1988:100-1）也记录了在云林地区相同的猪肉／骨的交换。[2]前面笔者曾提到在完聘时，新郎家人送猪肉到新娘家，新娘家人收下猪肉，但退还骨头；这里，当新娘带着肉到她夫家时，我们可以推论原有的“肉”已被新的肉（由新娘所表征）取代，且由新娘家流向新郎家。

婚礼对新娘而言，更是一明显的身份转换仪式。当新郎来迎娶时，新娘必须在“辞公妈”（拜别祖先）之后，才往夫家出发。俗信在此仪式之后，她不再归其父系祖先保护，但其祖先也不能干扰她。在此，我们看到在汉人的亲属关系中，女人一旦嫁出，她与她原父系祖先的关系便暂告结束。

婚礼隔日（或二三日后），新婚夫妇会回到新娘的娘家，俗称“回门”。由于这个仪式又称为“作客”，其名已意指新娘已成为其娘家的“客人”。当这对新人要回夫家时，娘家的人会准备一对公母鸡，两根带叶与根的甘蔗与糕饼让他们带回。村民解释，两根带叶与根的甘蔗象征二人的婚姻会“有头有尾”，且像甘蔗一样甜蜜。一对公母鸡惯称为“带路鸡”（*ts'a lo ke*），意为这对鸡会带着嫁出的新娘回到娘家，他们之间的关系并不是完全中断。此

[1] “肚裙”是以前新娘在婚礼中围在腰际的裙子。等到生产后就将“肚裙”给小孩做“虾仔裳”。

[2] 汤普森的民族志（云林县）与笔者在台南县的调查结果有非常多类似之处。

外村民提到这对公母鸡，不同于新娘出嫁时所带去给其婆婆吃的那一对，必须保留着生小鸡。它们的繁育力亦代表夫家未来的繁衍的能力。俗信从这对鸡所生的第一只小鸡可知新人未来小孩的性别。

由这对鸡的意含看来，我们可以推论：对男方而言，女方是繁衍能力的源泉。正如以上对婚礼所作的分析所示，女方家人通过新娘，所贡献的是“新的肉”，与男方的骨结合而产生新的子女。以下所要谈的出生礼将在骨／肉这个主题上有进一步的呈现。

出生礼

笔者在前面提到婚姻的一个主要的课题是繁衍后代，所以“生育”与否便成为婚后关心的焦点。女方的家人在这一方面再度扮演重要的角色。假如一个女人流产，她可要求她的娘家为她煮一锅鸡。当她回到娘家去吃的时候，她必须横跨在门坎两边，一脚在内一脚在外。[1] 与出嫁时相同的是她只能将肉吃掉，鸡骨必须留下来。[2] 另外一个治疗流产的方式是由她的母亲准备一个猪肚，然后带到她的住处让她吃，这种习俗称为“换肚”（*wang to*）。

现在，由于医疗质量普遍提升，这两种习俗已经很少施行了，但是笔者仍然时而听到村民提起这个习俗。这些治疗流产的方式更呈现出女方所提供的“肉”——由无骨的（鸡／猪）肉所象征——会不断地流向夫家直到她生育为止。

---

[1] 没有村民可以解释为何嫁出的女儿回到娘家吃肉必须采取此一站姿。笔者认为，它可能与女儿已嫁出相关；一方面娘家已在婚礼时提供肉了；但另一方面新娘的流产又代表此娘家而来的“肉”似乎有问题，因而又须再回到娘家要求新的肉。所以嫁出的女儿以一脚在内，一脚在外吃肉，正象征这种矛盾的关系。

[2] 以前鸡骨通常会抛置在竹林内，现在则只是丢在垃圾桶中。而且，吃完鸡肉后，女方家人会为她摘下头上的花，换上娘家的花，并诵念“好花插上头，歹花放水流”。

从前面讨论的婚礼与出生礼中猪肉／骨（人之肉／骨的隐喻）的交换呈现出父系成员本身仍然包含其母方家人的一部分。这一女性的成份——“肉”——来自于母亲，但从以上对完聘，婚礼或流产的治疗仪式的探讨中，我们可看出它进一步又得自于其娘家亲人（以猪／鸡肉作为隐喻）。因此，由母方传递而来的女性成分不但添加在父系群体（Strathern，1988：263）[1]，维持了父方的延续，而且成为父方未来成长与延展的一部分。

因此我们才可以理解一句村民的俗谚——“头胎、二胎，吃外家，穿外家”（*taut t'e dzi t'e, tsa gua ke, ts'ing gua ke*）——的意义。字义上来说，就是当第一个男孩与第一个女孩出生时，母方的亲属必须支持小孩的吃与穿。以下将进一步探讨第一个男孩与女孩的出生礼。

小孩出生后 12 日，母亲的娘家会送来鸡、鸡蛋、中药、米酒、面线与麻油等补品。蛋是给父家分送左邻右舍与亲人以通知他们小孩的出生。其他的项目是让刚生完小孩的母亲补身体用。同一天，娘家的人——通常是小孩的外祖母——会来为小孩“剃头”，虽然这种“剃头”通常只是象征性的比划比划。剃完头后的洗发精内会放置两颗小石头与一些药草，以祝福小孩的头会如石头般坚硬。

小孩出生一个月后，母亲的娘家也会送来以糯米做成，代表圆满的“红圆”（*ang i*）给父家分送到全村的每一户。分送至每一家红圆的数目依小孩的性别而定：男孩 4 个，女孩 2 个。不过，若是

[1] 这里所讨论的骨与肉的交换现象无疑与一个非常不同的世界——美拉尼西亚——有许多相似点，见 Wagner（1977）、A. Weiner（1980）、Mosko（1983）、Strathern（1988）、 Foster（1990）。笔者应用美拉尼西亚的模式到汉人的研究，一方面是因为资料本身已提供这种可能性；另一方面，正如利奇（Leach）曾广泛比较特里布里恩德（Trobriand），克钦（Kachin）与 塔伦西（Tallensi）三个民族之 “身体物质的构成”(the constitution of physical substance)。因此，从美拉尼西亚模式重新检讨台湾地区的民族志数据，或许可以给我们一个新的视野。

新生儿为第一个男孩，父亲家人必须祭拜村中神明以求保护以及扫墓祭祖。另外也会准备油饭分送其父系氏族与其他亲友，以及举办一个满月酒宴。酒宴后，小孩父母带着油饭与红圆回到母方家里过夜，当他们隔日离开时，母方家人再度准备一份与“回门”时相同的礼物：一对公鸡与母鸡以及二枝带头尾的甘蔗。父方的亲属通常不轻易宰杀这对鸡，因为它们生的小鸡象征了父方的繁衍力。

当小孩 4 个月大了，母方亲属再度送来糕饼让小孩串起悬在胸前到邻居拜访，请他们为小孩“收涎”（*siu nua*）。小孩满周岁那天，母方的家人再度送来代表长生的“红龟”（*ang ku*）给父方家人分送至村落的每一户。送至每户的“红龟”之数目仍依小孩性别而有不同：男孩 2 个，女孩 1 个。现在，为了省事，许多母方的亲人给父方一笔钱，直接由后者采买“红龟”分赠村人；也有人用较受小朋友欢迎的西式糕点取代“红龟”。

父方与母方对小孩关注角度的不同可从仪式内容来理解。母方所准备的仪式食物，如鸡蛋、红圆、红龟，主要是分给邻居或村落的每一户人家。因此，礼物的分送告知了村人婴儿诞生与成长。进一步来说，由婴儿母方家人提供这些食物给村人，也有使母方家人对这个小孩的贡献让众人知晓的可能。由于母方亲人只在生第一胎男孩与女孩时送来这些仪式食物，我们更可推论这些仪式食物本身也是一种对母方已成功传送 bodily substance（身体物质）[1]，而使

---

[1] 艾默（Aijmer，1984）以亚赫恩（Ahern）在溪南以及加林（Gallin）在新兴的研究为例，也指出在出生礼中母方送来的礼物以及父方对母方祖先的祭拜呈现了母方家与新生儿的一种特殊关联。不过，由于在万年村父方成员并不前往祭拜母方家祖先，因此这种与新生儿与母方家的关联很可能在北台湾与南台湾有些不同，尚待更多资料来澄清。

得婴儿能顺利孕育与生下的一种见证。[1]

父方家人在出生礼中所强调的则与母方有所不同，他们着重的是父系的传承。因此，获得第一个男嗣必须拜神、祭祖并举行满月酒宴。而且，由男方所准备的油饭以男方父系亲属为主，并不分给全村。

总之，通过以上对男女头胎出生礼的分析我们可看出，这些仪式内容所呈现的一方面是父系的传承，另一方面则也强调母方亲属的贡献。但是由于在仪式食物中，并没有如同婚礼中之肉或骨的交换，因此仪式本身并没有清楚的数据可让我们进一步推断新生儿在一年的成长过程中父母双方亲属的贡献。无论如何，假如我们将所有的生命仪礼视为是一个整体，而将出生礼视为是其中一环的话，那么我们可以说出生礼所呈现的是母方家人的“女性部分”（肉）已成功地经由他们的女儿即小孩的母亲传送到男方，并且与父亲的“男性部分”（骨）结合而形成一个小孩。

丧礼

在我们进一步讨论丧礼之前，必须先说明当地人的灵魂观。万年村的居民认为每个人的身体都有十二条“元神”（*guan-sin*）。村民认为当一人过世后，十二条元神会分为三部分，在理想的状况下，前往不同地方：一到阴间，另一个在坟墓，第三条则依附到祖先牌位回到家中。这灵魂三分的概念将有助于理解以下丧礼的内含。

当一人将至断气之时，其子孙有义务回来送终。一般而言，将

[1] 母舅在外甥的婚礼中是非常重要的宾客。他所送来的喜幛称为“母舅帘”，悬在公厅内的左边或其他最显眼的地方。母舅也会被安排在宴席主桌中重要的位置，称为“母舅坐大位”。这可能与母舅在生命仪礼中通常是母方亲人的代表有关。在外甥的婚礼中给予此荣誉的地位未尝不是意含着纪念母方亲属对此小孩成长的贡献。

逝者会被移至神明厅，由其子孙围绕在侧而合眼（即所谓“寿终正寝”）。在入棺之前，死者的子女（或请来处理尸体的土公仔或婆仔）必须为死者净身穿寿衣。一个人可以穿几层寿衣根据以下的原则：假如死者是小孩，他 / 她大概就是直接被抱出屋外，草草埋在村外的荒地，没有更换衣服的必要；假如死者已经长大，但未婚也没有子女，他 / 她可以穿两层“私衣”（*su i*）；只有当死者已婚，他 / 她才有资格可以穿着正式的“寿衣”。

寿衣又有更进一步的区分。假如一人死得早（少于 40 岁），未照顾其年幼的子女，也未尽到奉养其父母的责任，他（她）只能穿三层寿衣。[1] 假如死者已当祖父母，他 / 她可穿到五层；当一人已当到曾祖父母，他 / 她可以穿到七层寿衣。不过，村民又强调，即使一人已经有资格穿到七层，假如他 / 她的父母或公婆尚未过逝，即使其子孙为他 / 她穿了第七层，等他 / 她到了阴间，祖先仍然会将它脱掉。

因此，寿衣的层次与入敛时衣服的种类事实上是一种“最后的裁决”（Strathern，1988：104）——裁决其一生中完成亲属义务的多寡。这个最后的裁决也呈现在棺木摆放的位置上。假如一人早于其父母而逝，未尽奉养父母之责，他的棺木只能放在神明厅的右边[2]——位阶较低的位置。当他（她）的棺木被抬出时，其父母还必须“扛棺材头”来表示斥责其子（媳）遗弃父、母、妻、与子之过。[3] 如果是小孩未成年过逝，他 / 她甚至根本不允许被放在神明厅内。

---

[1] 以上叙述是根据一位土公仔的叙述。另一位师公则告知，无论娶或未娶都穿可 3 件。

[2] 左右之分是根据当地居民分辨的方式：辨识者必需站在厅堂，由内往外看。

[3] 另一说是由于早死而未尽奉养父母扶养儿女之责是大罪，在地府会受到严惩，所以父母以击棺的方式来瞒骗阎王，让他认为死者是被父母打死，从而令死者的罪减轻一些。

葬礼当天，死者的亲人必须前来悼祭。在这悼祭仪式中，值得注意的还有不同亲人提供的供品。在众多供品中，有一份是由出嫁女儿所送的猪头与猪尾。[1] 此份祭礼惯称为 “查某子头”（ts'a bo kia t'au）。一般而言，万年村民通常认为葬礼中的猪头与尾所代表的是“一只猪”，此外，又有嫁出女儿对父母的恩情回报“有头有尾”的意含。对此习俗，沃森与汤普森（Thompson，1988）已经有相当多的讨论：他们视此猪头与猪尾为女儿偿还嫁出时从娘家带走的猪肉，以提供死者后代所需之再繁衍的能力（fertility）。J. 沃特森（J.Watson，1982b：175）提到，在香港女儿所提供的猪头与猪尾只能在葬礼之后由死者直系的后代与媳妇共享。

在万年村，女儿所献之猪头与尾并没有特定归谁所有，且在食用时也没有区分猪骨或肉，因此使得如上述在婚礼中的骨 / 肉象征关系在丧礼中并不清楚。但是从另一个角度来看，这种象征关系似乎以另一种方式呈现。一位来万年村做法事的道士说以前死者的家人到棺木入土之前都不可吃肉。如果吃了，别人会说那像是在“吃死人的肉”！即使是现在，丧家到死者入敛之前也都不会吃肉。因此，如果我们从只有嫁出的女儿才回来送猪头尾（即使嫁出女儿先其父母而死，夫家仍需代她回来敬献）来看，我们仍可推测由此猪头尾所代表的“一只猪”带有由嫁出的女儿回来还献猪肉，以补充其父母逐渐腐朽的肉之意图。

除了嫁出的女儿外，死者媳妇的娘家也会派人来参加。除了准备祭品之外，他们在丧礼中主要的工作是“顾房”（*ko pan*）。在举行告别式之前，丧家须依照死者有多少个结婚的儿子而准备相同数目之米斗（现以铅桶取代）。其中放置生米、红圆发糕（象征团圆兴隆）、韭菜（以韭与九同音来象征长寿）及其他共十二项。

---

[1] 有时在作法事的“头旬”，女儿就先送来了。

然后以一支大的香插在米中。当棺木移出神明厅，香即点燃，这些米先被集中到原棺木放置处，然后再由媳妇的娘家代表提到各已婚儿子房间“压房”（*te pan*）。村民说这些娘家代表必须保持香继续点燃。米斗内的物品在丧礼结束后，便由死者的儿子各别带回煮食。从将所有的米斗放置于死者原置棺木处，然后再由各媳妇的娘家代表分别提到各房内“压房”，我们可以推知死者对子孙而言，已象征性地转化成生命维续与未来繁盛的物质[1]（见 Block and Parry，1982：8）。死者转化成子孙之生命维续物质的概念在描述棺材入土之后将再进一步讨论。这里要先说明的是，由于这些物质已被分为几个部分而分配给各儿子，这也意含着已婚儿子各家的分离与独立。这种看法进一步由各米桶分别为媳妇的娘家代表提回自己房中的事实而加强。因此，虽然维续生命的物质由死者传递下来，但对已婚儿子各家未来的延续、繁盛，尚需其妻子之娘家来“顾房”，看顾各儿子之房以持续各房之“香火”。

在最后的悼祭结束后，师公执“幢幡”（*ton huang*，之后由长子手执）以引导死者的灵魂、棺木与哀悼者前往坟场。死者的祖先牌位和五谷（象征谷物丰收）、钉子（与“丁”谐音，意为男丁）以及硬币（象征财富）放置在一斗中，由长孙捧住此斗（称为“捧斗”，*p'an tau*）。在这出发的队伍中，我们所明确感觉到的是对父系传承的重视。当他们到达坟地，将棺木放入事先挖好的洞中之后，师公立即执行“点主”（*tiam tsu*）仪式。师公拿起红珠笔诵念经文，以红笔指向天地与跪在地上之子，最后点在死者牌位上。经过此举，牌位不再只是一片木头，而是有死者之灵（元神）附于其中。

---

[1] “压房”（te pan）之“te”一字，有“压注”之意，所以也隐含“压房”之米斗为死者化为子孙的“本钱”，让子孙可以“压注”，未来得到更多的福分。

在送葬者准备回去之时，师公会指示送丧者要绕坟三圈并同时对棺木中的死者轻呼“起来喔”，希望死者的灵魂与他们一同回去。点主后的牌位，成为死者的灵魂栖息之处，带回家中放置在神明桌上供奉。最后，由专人所制的纸厝与死者的衣物也一起与纸人烧去，据言是让死者在地府不愁没衣服穿、没房屋住。由以上的叙述，我们可知死者的灵魂分别位于三个地点（坟地、牌位、地府）：首先，死者牌位象征死者的身体。这是得自民间故事中目连之母救投河自尽，儿子救母不成，将河里捞起的木头视为其母神主祭拜，以及后来这块神主如何在食物供养后逐渐如人一样有血筋脉络的传说。[1]这个故事呈现出村民如何思考祖先牌位以及解释了为何死者的后代必须提供食物给牌位——牌位本身被视为是死者的“身体”。它是一个有（死者）灵魂附着于上的身体，且此身体与活人一样：有血流于其中，也有吃的需要。因此，事实上当

[1] 万年村许多人这样告诉笔者设立祖先牌位的由来：

“从前有一个人叫目连。他的脾气很坏，对他的母亲很不好。因为他喜欢吃热的食物，她必须每天带着午饭到田里给他吃。假如她来得晚，他会斥责或甚至殴打她。有一天当目连要到田里去工作时，他看见一只小羊跪在地上吃奶，他非常感动且为自己的行为感到十分羞愧，因此决定从此之后要好好孝顺他的母亲。当天他的母亲提饭到田里时，又延迟了一些时间，当目连远远看见他母亲流着汗、气喘吁吁地前来，他马上跑去要向她为他粗鲁的行为致歉，没想到他的母亲看到目连急急赶来，想必她又要因延误而挨一阵打，索性丢下午饭转身而逃。目连跟着挥手大叫：‘别跑！别跑！是我的不对！’

但他母亲因惊慌而认为是他追打而来，最后便跳入河中。虽然目连也跟着跳入河中要救她，无奈水势汹猛而不见她的人影，最后只捞到一块木头。他悲伤地带着这块木头回家，将它雕为其母的牌位，每天以食物供奉，希望他的母亲能再活过来。”

村中的两个女人跟着说：

“目连娶妻之后，供奉其母食物的责任便落到她的身上，每日对着木头供奉食物逐渐使她觉得非常不耐烦。有一天，一只鸡跳上供桌去偷吃食物，目连之妻看到了非常生气，便对着牌位大骂：‘柴头 ta-ke（婆婆），柴头 ta-ke，会吃不会管家（e tsia be kuan ke）!’，说着便拿起一支针向木头牌位刺去，没想到木头牌位竟流出血来，原来是木头牌位经过了每日食物的供奉，已经逐渐‘牵血筋’（kan hue kin），要活过来了!

不过经目连之妻这么一刺，血流了出来便不可再活过来了，这就是我们现在为何要‘点主’的缘故——死人才不会再活过来！”

子孙供奉祖先牌位食物时，他们仍然在尽他们的亲属义务：死亡并没有终止子孙的责任。换句话说，死亡本身是另一种生命的延续。这也呈现在子孙不仅需祭拜祖先牌位，同时也需看顾死者的另外两个“生命”：留在坟地的第二条灵魂与前往阴间的第三条灵魂。

总之，从以上的分析看来，丧礼至少呈现以下几个主题。首先是父系继嗣的观念，如仪式的参与者以父系亲属为主，长子与长孙在丧礼中的重要性，以及以“钉”（男丁的谐音）象征死者的延续。第二是骨与肉的象征性流动。如同 J. 沃特森（J.Watson，1982）与汤普森（Thompson，1988）已提到的，嫁出的女儿（或是姻亲）在丧礼时带回来的猪头与尾是对她（他们）在结婚时父母所赠之猪肉的一种偿还。所偿还的猪肉，象征着补充死者逐渐腐朽的肉。然而，虽然死者进一步被转换成后代子孙生命延续与繁盛的物质（由米斗与十二项所呈现），但“压房”的仪式又将这些物质分给不同的儿子，且由媳妇的娘家代表分别来“顾房”。因此，更显示已婚儿子之间的分隔独立以及媳妇（家）对未来传承繁衍的重要性。第三是元神的概念。子孙对牌位的祭拜、坟墓的清理以及葬礼中烧去给死者在阴间使用的纸厝，不但是元神三分概念的具体呈现，也是一种亲属义务的履行。这又与第四点即“好命”的观念相衔接。是否“好命”有寿衣穿着、寿衣层别、棺木摆置以及有无“击棺”显示。如笔者前面所述，丧礼本身就是“好命”与否的“最后裁决”，万年的村民常说：“若不等到四支钉子钉下，哪知一人（是否）‘好命’呢？”

生命仪礼中“性别物质”（gendered substance）的意义

从以上所描述的生命仪礼中，首先我们看到的是与传统汉人亲属研究一致的父系继嗣概念。父系继嗣被视为是建立在“共骨”或“共血脉”的基础上。由于骨或血脉只通过男人而传承，所以在婚礼中，新娘被祝福能多生男嗣，也唯有长子有满月酒宴。同样，我们也看到死者的长子与长孙因其在父系继承中重要的位置，在丧礼中也被赋予明显的角色。因此，即使是死亡本身也无法终止此父系之传承。

不过，从生命仪礼的分析中我们也看到性别物质——肉／骨——的流动。当一个男婴出生时，他有从父亲而来的骨（或血脉），与从母亲而来的肉，由父所得之骨（血脉）更进一步是承传自男系的祖先。因此，所有的父系氏族成员在意识形态上享有共同的骨／血脉。当男孩长大，准备要结婚时，他的家人送给新娘家人半头或一头猪；新娘家人收下猪肉，但象征性地退还猪骨。此举呈现了新郎家的肉被送走或被取代，但骨始终维持完整。当他结婚后，新的肉——由新娘家而来，以新娘本身为代表——加入新郎家中。小孩的诞生便是原有的骨与新的肉结合的成果。新婚夫妇日后负起扶养子女与照顾年迈父母的责任，当他的儿子长大结婚，同样肉／骨的交换再度重复：骨不变，但肉更新。因此，在不同世代的演进，我们看到骨始终保持完整，但肉不断更新。

假如是他的女儿结婚，其婿之亲人送来半头或一头猪，他通过他的女儿回赠以“无骨的猪肉”，也就是他的“女性部分”，所以他“男性部分”仍维持不变。当他死了之后，他的女儿回来以猪头与尾所象征的一头猪回报。虽然他的肉在他死后已逐渐腐朽，但是象征上由他女儿所送还的肉补充。因此骨始终维持不变，但肉不断被取代或重新加入。

一个女婴与男婴有同样身体组成。通过婚礼，她的父系成员身份改变。不过，她将她（或她的娘家亲人）的“肉”传递给下一代，但是此“肉”在她子女的婚姻中，又被取代或送走。当她的父母过逝，她回去偿还她在婚礼或是其他仪礼所得之猪肉。

从生命仪礼中身体构成物质的分析，我们可知父系的持续象征性的由“男性物质”即骨而呈现；其扩展则在不同生命阶段由来自不同父系群体的“女性物质”即肉，通过嫁入的女人传递而完成。因此，与母方的关系并不只是一种“complementary filiation”（补充性的亲子关系），它具有繁衍更新父系群体的意义。

“好命”：汉人的“道德人”观念

生命仪礼中也同时呈现了另一个重要的主题，即通过亲子义务与权利的实践而达到“好命”[1]的理想。“好命”是一般人经常使用的词汇，它可包含儿孙满堂、高官厚禄与长命百岁等含义。虽然在一般用法上它所指涉的范围很广，然而亲子的义务关系在万年村也有清楚的界定。从婚礼前一天的“拜天公”中我们看到，婚礼并不只是为了完成父系继嗣的传递，它同时也是新郎的父母借以用来拜谢天公保护其子，使其能够完成他们的义务——将子女“*ts'ia iong tua han*”（扶养长大并完成婚事）——的仪式。在丧礼中，我们也看到，村人希望在家中在子孙环绕下合上眼睛，如此表示终其一生，死者有得到合宜的照顾。另一方面，能穿寿衣与否、寿衣的层别、棺材摆置的位置与被击棺与否也是对死者亲属责任完成的“最终裁决”。万年村村民更以“正头走”(*tsia t'au kia*)来描述一个人完成对子女应尽之义务，同时也享受到他们的回报然后才过世者；相反，若一人早死未尽扶养子女或奉养父母之责，或是子、媳早死，因而未能享有为其奉养的权利，则是“倒头行”(*to t'au kia*)。

这种亲子之间的义务常被人类学家称为“行为模式”或“模

[1] 这里的“好命”与一般面相八字“命”学有所不同，不过它们之间却可互相结合。由于牵涉的讨论与本文主旨直接相关的程度不大，在此不多作叙述。相关分析参见笔者博士论文 (Lin，1998) 第 7 章。

范”(norms)，而被认为是衍伸自生物的或继嗣的关系。其存在通常被视为表现或建构了由生育而来的生物关系或继嗣关系，因此在过去人类学研究中通常也被看作可有可无（同上引：127–32）。然而从以上汉人生命仪礼中对这些亲属义务的强调，并赋予它独特的文化价值即“好命”来看，我们可以理解通过这些亲子义务的实践，汉人的“亲属”所蕴含的不仅是父系传承的意识，且包含了另一个文化价值——“好命”—— 的完成。这理想是“道德人”的概念（the concept of the moral person），有其根本的价值，而不能单纯化约在父系继嗣的概念之下。[1] 它们之间有一种互补的关系，但各有其价值。

因此，我们可以说汉人“亲属”的概念，不只是一种文化的生育概念所衍生出来的关系，它同时也含括了借由亲子义务实践而完成“道德人”的文化价值。我们从汉人的例子中看到的是：亲属义务的实践与否并不会如人一样中断了由生育而来的亲属关联（Schneider，1984；Schmizu，1991），亲属义务的实践本身反而是要完成另一个“好命”的文化价值。

以下我将进一步说明这种仪式所蕴含之“好命”的文化价值如何在日常生活中呈现。

五、“好命”与生活中的实践

如前所述，“好命”在万年村民较严格的界定中，基本上包含

[1] 这里“道德人”的概念采用哈里斯（Harris，1989）、黄应贵（1993：6）的看法。黄应贵并没有区辨“道德人”与“社会人”二者。本文认为前者指涉的倾向道德义务的实践，后者则包含了社会声誉的获得。

了完成个人的婚事、生育子女并奉养父母、扶养子女长大并助其完成婚事、老了之后为子女所奉养以及一个合宜的死亡（在家中，由子女的陪伴下合上双眼）。

这个概念所强调的是行为层面——亲子之间互惠养育的义务与权利。但由于这些亲子义务与权利的细节通常与日常生活结合，反而不易具体说明。不过，已有学者强调它的重要性。如，斯塔福德提出“与父系继嗣体系并行的另有一个同样有力、有吸纳性的汉人关联（Chinese relatedness）体系”，也就是他所说的“*the cycle of yang*（养）”（暂译为“养的循环”）。他认为：“汉人父母与小孩的互惠关系，虽然相当复杂，但仍由最基本的公式发展而来：首先，父母扶养小孩，然后小孩奉养父母。”（Stafford，1995：80）“养的循环”是一个介于亲子之间非常全面性的关系，其中最重要的就是金钱与食物的交换。祖先崇拜也是这个养的循环的一部分，因为祖先同样由其后代供养食物与金钱（Stafford，2000：42）。

要进一步理解这种亲子之间全面性的互惠养育行为，笔者以几个例子来说明。在万年村如果一个小孩常常生病不好养，小孩的父母亲可以行一个“拜契”的仪式把小孩给他人[1]做“契子”。[2]仪式当天小孩的父母亲必须代替小孩准备贡品、几套衣服、鞋帽与红包，一起和小孩到契父母家去。到了契父母家后，首先必须以贡品祭拜他们的祖先以昭告他们小孩从今以后已成为他们的后代，然后把带来的衣服、鞋帽与红包赠送给契父母，契父母也准备相同的礼物回送给小孩。当天中午两家在契父母家一起吃饭。等到下午启程回去之前，契父母会另外准备一包米与一瓶水给小

[1] 通常也是会选择“好命”人。

[2] 也见游谦 (1994)。

孩亲生父母带回去。回到家之后小孩的母亲会将米倒入自家的米缸中与自家的米混合，再以带回来的那瓶水煮饭给家人与喂小孩吃。从此之后小孩要称契父母为父母，而改称自己的亲生父母为“阿叔”与“阿婶”（或其他非父母的称谓），以表示现在已经是契父母的小孩了。两家不但关系更为密切，也有义务须参与彼此的生命仪礼。

若是拜契的对象不是人而是神明，小孩的父母亲则只需准备小孩的衣物鞋帽带到庙里等祭过神，烧完金纸之后，在衣服上盖过神印即可，这是象征这些衣物由神所赠与。其他需准备物品或之后的喂食行为，则与拜契人的方式相同。此后每一年在神明生日时，父母都要带着小孩回到庙里祭拜以及准备一套新衣好重新盖神明印章[1]，如此一直到 16 岁“*tiong tua*”（长大）[2] 为止。

不过，一餐饭或一套衣物当然是无法取代小孩与亲生父母日积月累同居共食所培养出来的情感，这也可从万年村中小孩与其契父母的亲密性远逊于他们与亲生父母的关系看出。然而，笔者通过这个仪式反而是要说明“亲属”的意含并不仅由生育的关系而来，更因亲子之间长期持续的“衣物与金钱交换以及共食同居”所凝聚的情感而更加丰富。我们可以说拜契仪式中“衣物”与“金钱”交换以及“同居共食”不但是以象征的方式来呈现“亲属”如何由父母与子女在日常生活中建构，也是二者长期互惠养育关系的具体呈现。

同居共食的象征也可被用来治疗被狗咬伤的意外。村人认为如果被他人的狗咬伤，很容易发炎不易治好。这时如果狗主人请被咬伤者到他家与他家人吃一顿饭或是拿一碗家里灶上（现在电饭

[1] 如果小孩不住在村里，则可只是带着小孩衣物回庙里盖神明印。

[2] 等到结婚时一个人就是“tiong sing”（长成），是“大人”了。

锅中）煮的饭，放一些家人吃过的菜来给被咬到的人吃，那么伤就很快会痊愈了。村人解释这是因为无论到狗主人家吃饭或吃了狗主人家中煮的饭，伤者就好像变成狗主人家中的一分子，因此，“被自家的狗咬到，伤口不会发炎”（*kat ti e gau ka bo hon*）！

以上无论是通过长期同居共食所建立的亲属关系或者借由吃一碗他人灶上（锅里）的饭菜所形成之短暂的拟亲关联，都呈现了养育对亲属关系形成的重要性。我们可从村民对认养的概念进一步来探讨养育的意含。一般台湾汉人在膝下无子时，为了父系的传承通常会以认养的方式来弥补无子之憾。

过去的研究对认养者与被认养者所形成的亲属关系常以“骨皮”来解释。也就是说，假如一个姓李的人认养了一个姓陈的小孩，那么小孩仍保有生父陈家的骨，但皮肉的成长却是李家养育之功。不过，根据笔者的观察，“陈骨李皮”的说法往往是用来说明骨之与生俱来、不可改变的性质，后天的养育则被视为外在、肉眼可见的皮。不过，在万年村，养育的重要性却也经常在其他的情境中被强调，万年村民视认养者与被认养者的关系为“饭碗亲”，其关系性质甚至“比血亲更亲”。因此，村人王来发是小时候由他村抱来养的，但是村民并没有隐瞒他是认养的事实。当他的生父过世时，虽然他仍然回去参加葬礼，但是他并不披麻戴孝。村人更认为王来发回不回去送葬都没关系，因为“生的放一边，养育的功劳卡大天”（*si e pan tsi pi, ts'i e kong lo k'a ta t'i*）。可见养育对界定汉人亲属概念的重要性。[1]

当子女逐渐长大后，父母的照顾也继续表现在为子女寻找与安排工作上。在过去农业社会，由于通常是继续务农而没有寻找工

[1] “媳妇仔”的情形亦同，回不回去为她们的生父母送终依个人而定，没有任何义务。

作的问题，然而在工业化后迫使年轻一辈必须外出谋生时，父母通过亲友的引介为子女安排工作，在万年村非常普遍。

等儿女适婚年龄到了，婚姻的安排更是父母的大事。过去婚姻纯粹是“父母之命”，然而父母也须为聘礼而四处筹措。过去为结婚而负债的家庭不在少数。万年村民赐仔（约 60 岁）告诉笔者，现在他与他的家人都会去帮波仔（村中的有钱人）收成，原因是当年赐仔要结婚时，筹不到钱布置“新房”，最后是波仔的母亲借给赐仔的母亲一笔钱去买新床与新被，这个恩情一直被感念至今。现在万年村中有些较富裕的人家在小孩离家工作时，就会开始为他们投资买房子做将来结婚的准备；一般人则鼓励儿女将部分工资寄回让父母为他们储蓄作为未来结婚成家立业之用。

虽然现在“父母之命”已不如过去一般具有权威性，然而若是子女在外没有找到合适对象，父母仍会视儿女的婚事为己任而积极地为子女觅偶。村中充满了父母如何辛苦为（或逼迫）子女相亲的故事，以笔者的邻居为例：他已吃斋，而且时常对笔者表示：“出家是一种福气！”但是当他的儿子表示想要结婚但却找不到对象时，他还是非常积极地介入，前后总共为他安排了 19 次相亲！由于没有一次成功，还帮他儿子改名以求好运，最后终于娶了一位大陆媳妇。也有一对夫妇花了 80 万台币为其不良于行的儿子选来印度尼西亚新娘。另外村中也曾发生一极端的例子。有一个父亲因好赌散尽家财无法筹措出幼子结婚的费用，结果只好由他的长子与次子来负担。不料二人讨论婚礼事宜时，起了口角，父亲劝架的结果反遭其子恶言相向，并且讥笑他没有当父亲的本事。父亲在羞愧之余，便跑出村外投入溪中，幸好最后仍被救了起来。

除了为子女完婚外，为求其子有一安稳的家庭生活，帮助其子在都市贷款购屋在万年村非常普遍，其他资助项目也包括生意上的急需、购买车子等。有时一对老夫妇辛苦一年的收成或几年省吃俭用的积蓄，就在一通电话或一次儿子回家探访中全部告罄。由此我们也可以理解儿女不肯结婚对父母所造成的冲击。村中有一年轻人出家做和尚，据说他回来探视父母希望得到他们的谅解时，其母不但不承认他是她的儿子，还剪破他的袈裟，将他逐出家门。村人来旺在路上遇到他也不愿意与他说话，认为他“不愿有所担当”（“担当”，根据来旺解释，为结婚生子奉养父母）而不谅解他的行为。

等到父母年老后，儿媳便需负起奉养之责。最理想的方式是兄弟合力奉养父母，直到他们过世才分家。然而依据日据时与工业化之前的户籍资料以及笔者所收集的数据，这种情形并不普遍。[1] 但是当初的记录却显示出分家时间通常在兄弟婚后。这与村人认为当“理想”无法达成时，他们多少可以接受儿子在父母已为儿女完成婚事后提出分家的要求有关。然而这情形在工业化开始后又有不同。年轻人相继迁往都市，父母之命也渐渐失去效用，适婚而未婚的情形逐渐出现。此时若家庭中大部分成员都已成家且经济上已可完全独立，因而要求分家时，在万年村有几种因应的方式出现。有的父母仍然坚持要等到所有的儿女成婚才分家；有的父母知道要所有的小孩在近期之内完成婚事并不可能时，会特别为未婚儿子另准备一份产业作为“娶某本”（*ts'a bo pun*）或留一些钱给女儿当嫁妆，以表示他们已尽了为人父母的责任。也有的家财产不多，无法分给未婚者更多产业时，就与成家立业的儿子说好：在他们得了父母财产之后，有义务在未来要支付未婚弟妹结婚时的支出。

分家后，对父母的照顾方式有几种：有的是由儿子轮流奉养父

[1] 本段讨论详见笔者论文 (Lin1998), 第 4 章。

母，即俗称之“轮伙头”（*lun hue t'au*）；也有由居住在村中的儿媳负责生活照应，所需的金钱由外地儿媳轮流供应。除此之外，经常性的探视、带食物回来给父母吃或给父母红包也是儿女回报父母的方式。当父母过世后，葬礼的费用则由所有的兄弟一起分摊。最后，如前所述，对去世父母或祖先的祭拜——包括每日早晚的“烧香点火”、提供他们在阴间所需的衣食、金钱（纸钱）与房子（葬礼中烧去的纸厝）——也是子孙履行亲属义务的呈现。

总而言之，我们可知汉人的“亲属”概念有多重意含。首先，从与父方的关系我们看到对血脉传承的强调，“房”即是据此父系血脉为基础而形成的亲属单位。与母方的关联则是着重在其拓展繁衍的意含。然而“亲属”的关系不仅是由生育而来，这关系更必须通过日常生活中亲子之间持续的互惠养育——其中又以衣物、金钱与同居共食为主要象征——以及对祖先的看顾祭拜而具有更深刻的意义。因此我们也才能了解为何汉人重视亲子义务的实践，而且在生命仪礼中赋予它独特的文化价值——“好命”。它不仅强调父系传承概念，更以完成“道德人”为“亲属”的终极文化价值所在。

对于这一多重之亲属的文化建构，笔者最后将通过家屋的讨论来说明家屋不但是亲属关系实践的场域，其象征的结构更衔接并传递了以上我们所讨论的多重之亲属文化的概念。

前面已讨论过“房”的概念，但那时基本上是将它视为结构性的父子关系，即长子、次子相对于父亲是大房、二房。不过这样的看法忽视了“房”的另一个意含：我们知道“大房”、“二房”所指的不只是长子、次子，它同时也是汉人家屋中特定的房间。因此下一节将就人、亲属与家屋的关系进一步讨论。

六、家屋

在万年村，传统家屋的建构通常由“三间”——公厅、大房与二房——开始。然后再建大房与二房两侧的“五间”（或称“五间尾”）。这五间称为“大厝身”。几年后当建立这栋房子的夫妻已经有了小孩或孙子，而使得房间不敷使用时，通常就会再建“两翼”，称为“伸手”或“护龙”（图 1）。[1]

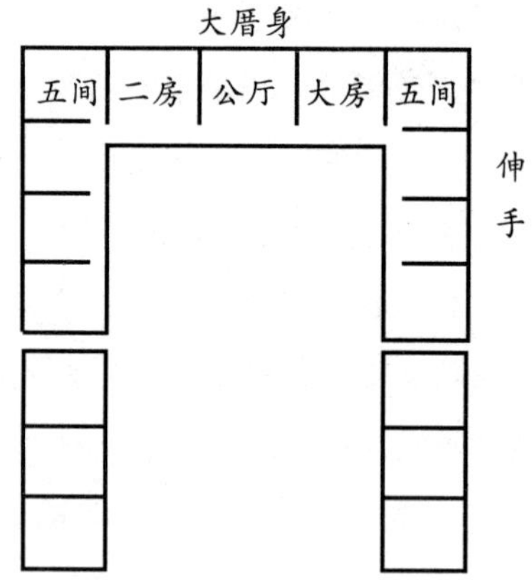

图1：家屋空间结构

万年村的村民要盖房子之前都会找风水先生来看地。不过，一般村民对风水仍有他们的理解。那么这个理解是什呢？这要从他们自己的解释谈起。

当笔者问及村民风水是什么时，很多人都提到“气”。当笔者继续问什么是“气”时，他们通常会回答：“气就是空气。”有的人进一步解释：“气很重要，因为房子就像人一样需要空气。”气是如此的重要，因此混浊的空气常被视为疾病与不幸的根源。例

[1] 参见 Wang (1974) 与关华山 (1980) 二文有关于一般台湾汉人的家屋的讨论。

如笔者的邻居就认为他与他哥哥的儿子在几年内相继过世，是因为他前面邻居的猪舍中猪的排泄物污染他家的空气所导致。相反的，笔者的房东认为他家的风水很好，所以他就在他的前庭筑了一道矮土墙以防止气的散失。

除了气之外，光线和水也常是村民用来解释风水好坏的因素。家屋以人体作为表征在此就很清楚了。村民说："要分别风水的好坏，你要看这间房子'吃到'水与光没有。"村民的叙述透露出房子就如同人的身体一样，需要水与光。进入房子的光还不可太强或太弱，例如村民李仙家告诉我，他家因直接面对村集水池，水池前又马上是一大片农地无东西遮挡，导致他家太"*hia* 白"（太亮）。请教过乩童之后，他在他家悬了一面镜子，以将过多的光线折射出去。假如光线太弱，这种屋子就不适合人居住。许多人也提到村外那种"三片壁"——也就是鬼魂栖身的有应公庙——过去就是建在阴暗的地方。人住的房子与湿冷的有应公庙不同，前者可从居住者的人气中得到温暖。所以没人住的屋子据说久了就会有"歹物"（*p'ai mi*）聚集，不再适合居住。

一个好的风水不仅能提供如人体般的家屋生命力，同时也要能让家屋稳固无虑。村民说家屋应有"靠山"或"椅背"在其后，这样房子如人一样才能坐得稳。所以有的村民在后院栽水果，有的将后院用土填高，为的就是如此。此外，从这个说法我们也可知道家屋的人体意像是采坐姿，而非站姿。

对于一个身体来说，水的重要性也不可忽视。村民认为一个房子理想上要"后面有果子，前面有鱼池"。水代表财富，所以，家屋内的废水应好好安排规划到一水路流出。如果水四散流出，就意味这家的金钱终会散尽。正如当地人所说的，"人体只从一处排泄，那么房子怎能有不同的排水道"？相同的，由外而来的水也不能忽视。流动的水据说可以带来兴旺与财富。村里以前有一个富有人家就在屋前筑了一个池塘来增加他的财富，但是他最后仍失败了，只好将土地卖掉离开万年村。

从以上这些当地人用来解释风水好坏的因素——空气、光线、水与靠山等——我们可以发现事实上他们将家屋视为一个人体，这些判断风水好坏的因素，便如同卡斯特与休·琼斯在 *About the House*（《关于家屋》）一书的前言所提到的提供人体生命力的元素。接下来我们可以继续通过家屋的构造来讨论这个人体象征如何与其他家屋的概念相连。

家屋的身体意象[1]

前面已提到村民对风水的看法是来自它们视家屋为人体的观念。家屋内部构造的名称更说明了身体各部位所在的位置。如，最先建的五间“大厝身”是身体，两旁是“伸手”。家屋的房间又有更仔细的区分。公厅是眼睛所在，所以会妨碍视线的电线杆不可立于公厅之前。假如他人房屋的厝角的对角线，斜对到公厅，这就像眼睛被尖锐的东西刺入一样，会带给这家人不幸。

位于公厅两边的房间，像是眼睛两旁的耳朵一样，所以又称“耳间”。[2] 至于伸手，村民说如果要多加房间，也要依照人体骨骼的架构，也就是说，如同手臂有关节相连，附加于原伸手的房间也要有一个空隙分隔。并且，如同人的手臂有一定的长度，附加的房间也不宜太多，否则手就会没力气。

只有具有正常基本结构的房子才能“安神位”。安神位据说可以增进家户成员的气力。但是家屋如何给予成员气力的方式则各

---

[1] 视家屋为身体的隐喻在人类学文献中已有广泛的记载，以其中几个为例，如 Blier（1987）、Lawence and Law（1990:473–474）、Jacobson–Widding（1991）、Waterson（1990）。有关台湾汉人与少数民族见黄应贵（1995），汉人则见陈文尚（1993）。

[2] 关华山 (1980) 则说“五间尾”才是“耳间”。

有不同，健康、财富与子孙都有可能。有一个常到笔者房东家来拜访的隔壁村民说他家风水很好，但可惜他的女儿不小心在他家生产，又生儿子，所以把他房子的气力都吸走了，结果他的媳妇都生女儿。这就是俗谚所说的："（房子）要借人生不借人死，借人死，有保庇，借人生，*bue*（带走）福气。"前面笔者提到家屋需人气来给予温暖，现在也看到他将其气力给其成员，因此我们可以知道人与家屋之间，如同 K. 巴硕（K.Basso，1996：55）在他编的论文集 *The Senses of Place*（《地方感》）所提到的，有一种"相互给予气力"的关系。

家屋与灵魂

如果家屋被喻为是身体，那么它是谁的身体呢？以下我要从家屋成员的身体、灵魂与家屋的关系来看。

家屋作为成员身体的象征呈现在它与其成员灵魂的关系上：成员灵魂依附在家屋的方式与附着在身体有许多相似的地方。当一个女人怀孕后，胎神就会在家屋四周移动，从黄历上可得知它可能一日占灶，另日占床、占厕或占门等。虽然村民并无法确定胎神是否就是胎儿的灵魂，但是它们之间的确有很多相似之处。例如，如果有人不小心毁坏当日胎神占位的地方，它就有可能毁坏胎儿的身体。村民常说流产或兔唇常是在怀孕期间家人忘了看黄历就修灶或筑墙而造成的。从胎神在怀孕期就不断移动于家屋各部分以及损坏家屋就有可能损坏胎儿的身体等禁忌来看，我们可以推测，在生产前，家屋与即将到来的成员身体几乎是被视为同一。这种家屋与胎儿身体同一的关系甚至持续到孩童时期。例如，如果有人在家屋四周挖水道或设电线杆，小孩就很容易受惊吓而啼哭不止或生病。事实上修路工人也都很清楚这一点，在修筑之前都会先告知附近有婴幼儿的家庭，要去"摔盐米"压煞。

虽然家屋整体上是成员共有的身体，但是屋内的各房间却更与居住在其内的成员身体结合。如，家屋成员若是受惊而失去了元神，而需以“叫元神”的仪式将失去的元神唤回时，若这失去的元神被唤回，会被带到屋内，然后带到受惊者的房间，受惊者须尽量待在房里三天，为的是让元神与他的身体以及房间结合。

家户成员的灵魂与家屋的关系如此密切，以致假如一人的灵魂尚未属于任一家，他就是处于一个身份不明的情况。婚礼中，当新娘拜别娘家祖先后踏出家门时，她就不再受娘家祖先庇佑了。[1] 此时，她会被用一个筛子或雨伞遮住不能见天；当她来到夫家时，她也不能立即拜见其夫之祖先，成为夫婿家的一员。以前她须留在房内三天，现在则是要等到宴客以后。婚礼过后，新婚夫妇更必须留在家中一段时间，以前是一个月，现在则在一个星期左右。

同样，在葬礼上我们也看到，当棺材被抬出公厅向坟地出发时，棺材也不能见天，而需以一布覆盖。葬礼后，死者的灵魂再度被引回家屋，接下来的一年，家中成员不能打扫（或修建）房子，否则据说灰尘会沾到死者的眼睛。也不能蒸年糕或包粽子。包粽子由于需要缠绕更是被严禁不可做，据说缠绕的时候会“绑到死人的脚”。如此看来，家屋成为死者另一个身体，死者的灵魂如同婴儿的胎神一样，在家屋四周移动而重新与家屋结合。由此我们可推知，在万年村，家屋与其成员不但如卡斯特与休 · 琼斯在 *About the House*（《关于家屋》）所叙述的那样在生命过程中互相隐含，而且在死后亦是如此。

前段曾经提到家屋与其成员之间相互给予气力，在说明家屋是所有成员共享的身体之后，也就不难理解这个关联。不过，这关

---

[1] 这是理想中的情形。但是也有娘家的祖先因没有后代而作祟于嫁出的女人（也见陈祥水 [1973]）。

联的基础更涉及了家屋以人体作为比喻中所蕴含的另一个象征：即，家屋作为一个人体也如人体一样有“血脉”相接，且家屋的“血脉”也由家屋的成员所共享。那么，这里就牵涉了一个我们一直尚未讨论的议题——家屋的成员是哪些人呢？村民认为嫁出的女儿在婚礼中“辞公妈”踏出门后，就不是娘家的成员了；因此她便不与娘家成员共家屋的血脉，娘家风水好坏并不会影响到她。祭拜过夫婿的祖先后就是夫婿家的成员，与夫家成员共家屋血脉。由此，我们可知共享家屋血脉的人不一定在继嗣关系上是共血脉的，它反而可以排除嫁出而包含嫁入的成员。这点会牵涉到家屋的探讨可以处理的亲属议题，笔者将在最后再来讨论这个议题。

父系继嗣、“好命”的观念与家屋

建立在身体象征上的家屋进一步又与一系列二元对立的空间关系——大 / 小，高 / 低，阴 / 暗与繁丽 / 简单——结合来呈现家屋中心的重要性。大厝身中的“三间”作为家屋基本的结构，是最大、最高以及设计最富丽的部分。由三间走向五间尾再到伸手，房子逐渐变小、变低、且设计简单。在三间之中的公厅又是最大最亮与最讲究的部分，这样的结构又复制在伸手部分。

二元对立组另外包含了左 / 右、前 / 后和内 / 外，进一步来呈现家屋的阶序关系，例如，男 / 女、长 / 幼、神圣与较不神圣等。这里特别值得注意的是村民如何界定左 / 右与前 / 后。当村民提及这些空间的关系时，他们将房子视为一个人体，从房子的角度即由内往外来分辨这些关系。也就是说他们以站在家屋的中心——公厅——由内往外来看。左边也就是太阳升起的方向是较神圣代表长者与男性的方向，右边则是年幼者与女性的方向。

公厅左边的房间称为大房，左翼称为“大边”(tua pin)。长子结婚后移入大房，未来分家通常大边也是归他。公厅右边是二房，右翼称“小边”(sio pin),一般分给次子。由于左边代表神圣、年长与男性且比右边重要,所以家屋也可只建左边伸手不须建右边,但最理想的家屋则仍以左右平衡为上。也就是神圣/较不神圣,长/幼与男/女都处在平衡的情况之下。

以上的二元关系显示了家屋中以父系传承为基础的观念。然而这种二元的架构却往往给我们一个错误的印象,那就是家屋成员总是固定居住于某些房间,因而忽略了成员会根据生命的过程中亲属义务的实践而动态地更换房间的事实。当一个房间盖好了之后,主要的夫妇通常住于大房,没有什么规定来分配小孩子的房间。一直等到长子结婚后,大房分给新婚夫妇,其他儿子的房间也可能在这个时候定下来,原夫妇便移至五间。如果年轻的夫妇生小孩或孙子要结婚了,那么老夫妇就再移到尾间,或另建一小房子在伸手尾或外护龙居住。最后当老夫妇逝世,他们则成了祖先,牌位摆在公厅。因此我们可以说房间的分配反映父系继嗣的原则,但一个人根据亲属义务的实践而更换房间的事实则使家屋与完成一个“道德人”的过程、达到“好命”的理想相互隐含。我们看到一个人从没有固定所属房间到婚后迁到屋中最重要的房间,然后再慢慢移往次要,以及最后住在家屋的边缘的过程与他或她生命过程中童蒙时期被父母扶养长大,到结婚并开始承担家计,一直到年老被子女奉养的经历是一致的。

接下来我将从家屋中特别重要的两个地点——公厅与厨房来讨论家屋中两性的意蕴。

公厅如上所显示,公厅在家屋中具有独特的位置。事实上根据它的使用也有不同的名称。首先,“公厅”(*kong t'ia*)是较常被使用的称谓,“公”可能与其不可分割性有关;另一方面公厅过去亦是接待客人举行仪式的地点,其仪式上的特质也呈现在他第二个名称即神明厅之上。它的神圣性也表现于当住在大房与二房的人睡觉时，不可将脚朝向它。其他的名称尚有“大厅”(*tua t'ia*)，以其大小与在“伸手”的客厅——“间仔厅”(*king a t'ia*)作一区分。

虽然公厅具有许多仪式性的意义，但在不久的过去，它仍与日常生活不可分：它同时是家人吃饭的地方，男人聊天休息以及小孩做功课的地方。节日用来祭拜祖先神明的八仙桌，也是平时家人用来吃饭的桌子。

公厅在很多方面也具有男性的象征的意义。刚才提到，过去公厅是男人聊天休息的地方。除此之外，家中最重要且富含父系传承讯息的两根梁柱——中脊与灯梁——也位于此。过去这些梁柱在破土之日就要“剪料”(*tsin liau*)，并且要放在安全的地点以防止女人跨过。上梁与安神位都要择时，不能冲犯到男主人的生辰。中脊是屋中最大且最耐用的木材，选好后以红色上漆。上梁之日，另需准备两个“出丁袋”(*ts'up tin te*)系于上。“出丁袋”是以细长的红袋子内装种子、铁钉、钱币与一块钝头锡以象征五谷丰收、代代出丁和钱财不尽。上梁的工作由男人负责，当时辰一到，中脊由屋顶后方逐步往上推至房子的最高点，然后再安装灯梁。上梁的工作结束后，家屋成员需以象征“完满”的十二项物品祭拜土地公与好兄弟。

以上的仪式与梁柱显示了公厅男性的象征意含，但是“入厝”(新屋落成的仪式)却呈现了公厅的另一个意义。家屋兴建完成之后，“入厝”是公开宣布搬入居住的仪式。入厝的仪式中，安神位是一项重要的内容。因为如我前面已提到的，安神位可增加家屋成员的气力。在安神位之前供桌与祭品置于公厅的右侧或大门外。仪式本身就是在吉时将这些物品放在它们应放置的位置，特别是安置神像的红格桌。安神位所需的物品分别来自丈夫与妻子的娘家。妻子的父亲或兄弟要买两个供桌——“红柜桌”(*ang ke to*)与“八仙桌”(*pat sian to*)(又称顶、下桌)——与其他十二项的礼物。此十二项中，较重要的是一对公鸡与母鸡。“鸡”的福佬话与“家”同音，而一对公鸡与母鸡又分别代表这家的男女主人。这可从这对鸡通常不会很快被杀，反而留着要让它们生小鸡来代表期盼这家人丁兴旺观察得知。其他蕴含丰盛、财富与男丁的礼物，在下一段会有更仔细的讨论。至于男方家人则负责买神明彩、祖先牌位、烛台与香炉。

男方与女方家人所赠送的物品象征了男女双方对家屋的贡献。祖先牌位、烛台与香炉呈现了父系的传承，而女方娘家的礼物——八仙桌与红格桌——就较不易理解，因为即使村民也无法提出具体的解释。只有一个女人告诉笔者“那是对妻子娘家的一种纪念”。不过其他礼物就有较清楚的象征意义。

一对鸡同时具有一个家与一对夫妇的意含，指出了这对夫妻对这个新家的重要性。因此一个家屋的完成并不只是父系或男性的传承，同时也是一对夫妇新的发展与独立的表征，其中所蕴含的女性意义是不可忽视的。这又可进一步从女方家送来的八仙桌与厨具看出。八仙桌在日常生活中主要是家人用来吃饭的。兄弟分家时，有一个仪式是兄弟最后一同吃完中餐后，父母会将一锅饭分为二，由兄弟各自带回去，以此表示兄弟从此不再一起天天同桌吃饭。此时，各兄弟妻子的娘家就要送新的八仙桌与厨具等来“撑灶”。“撑”有支持的意思，“撑灶”无疑是妻子娘家对新家成立最实际的支持。

灶、女人与家

家的独立由新灶的设立呈现。未分家的兄弟通常共享一灶，分家后则另建新灶。当地人常以“共一口灶”来指涉家户成员。分家在闽南语中其实也就是“分吃”（*pun tsia*）。日常生活中我也很少看到村民在他人家吃饭的例子。

灶是厨房中最重要的一部分，事实上厨房就叫“灶下”(*tsau k'a*)——灶下面的地方。未分家前灶也只能建在家屋的“大边”（左侧），灶建好之后要拜灶君。灶君据村民说是天公的弟弟，因为贪恋女色而被贬到凡间看守灶，每天与女人一起。在这个故事中，灶与女人是相连的。女人与灶的密切相连也表现在早期婚礼中。村中60岁左右的女人说她们以前结婚拜完祖先以后，就会被带到厨房去行一些与灶相关的仪式。女人与灶或厨房的关系如此密切，所以当五六十岁的女人互访时，她们通常会直接走到厨房去。

在日常生活中，妇女的工作通常使她们与家的关系更密切。每天下午村民工作结束回到村里后，男人都会出去与邻居朋友泡茶聊天，所以在傍晚五六点时就会看到一群群男人聚在一起，而女人却都赶快赶回家里洗衣煮饭。

即使晚上她们会有一些时间拜访邻居，聊天看电视，但是时间都不久就回家了。

女人与灶之间的象征关联、灶所具有的家的意含以及女人与家日常生活的结合促使我们必须进一步探讨家屋的女性意蕴。

家屋的女性意蕴进一步体现在入厝仪式或兄弟分家时妻子娘家提供的礼物上，除了以上讨论过的供桌与鸡之外，最后这里要讨论的是“姜母米”（*kio bo bi*）。“姜母米”是把姜藏在生米中，以“姜母”延展与繁衍的象征来代表粮食无缺。在新屋落成或分家发生时由妻子娘家送来，意味着妻子娘家之提供生命延续物质给这个新家的角色。“姜母米”在日常生活中被提起时，有“本钱”的意义，它通常是分家后所得或自己赚得的第一笔钱或一块地。所以在“入厝”或“撑灶”仪式中，娘家所送的礼物更有支持这个家未来发展的深远意含。这与夫家自己准备的物品所代表之父系传承的意义是不同的。

通过以上公厅、入厝礼、灶与女人的讨论，我们得以理解家屋由男性具有父系传承概念与女性具有繁衍拓展意含的物质所建构。这又与人体构成得自父亲的骨与母亲的肉有十分相似的意义：其中父亲的骨因承继自父系的祖先，而具有父系传承的意义。母亲的肉并不传承到第三代，因此，它的贡献是在拓展与繁衍上。

总结以上的分析，对万年村民而言，汉人家屋的意象首先建立在一个人体的象征上，它不但具有眼、耳、手，并采坐姿稳定的姿态。第二，通过人体以身体为中心，四肢为末梢的概念，以及上下、左右、前后等一般性的空间观念，家屋呈现出父系继嗣原则并与实践亲属义务以完成“好命”的道德人观念结合。第三，家不但由灶所象征，也是成员在日常生活中以同居共食建立亲属关系与情感的场所。第四，如同一个人的身体是由父亲的骨与母亲的肉组成，在以上有关家屋“入厝”礼的讨论中，我们也看到汉人的家屋的形成也由父方与母方合力贡献，从他们贡献的礼物中也蕴含男方所具有的父系传承与母（女）方繁衍拓展的性质。因此我们可以说汉人的家屋与汉人的亲属概念不可分，家结合并传递了汉人亲属多意的文化价值。

然而，家的意象又为我们提供了一个可以超越前述“亲属”概念内在矛盾的可能。先前提到“房”是建立在父系血脉基础之上的。但是“房”或由数个“房”所形成的宗族的成员，因加上嫁入的女子之故，并不一定具有相同的血脉。我们应如何来了解这一矛盾呢？我认为可以从另一个角度，也就是从家屋的人体意象来理解“房”的另一个意含。

万年村民常说同一宗族或家族的人“共血脉”，但事实上，一个宗族或家族的成员包括不同血脉的媳妇而排除嫁出的女儿。因此，其成员事实上并不共血脉。或许我们可以把这种不一致性归诸于“宗族或家族成员共血脉”的说法只是一种意识形态上而非真实的叙述。但是如果我们从不同的角度，也就是将宗族或家族的形成，由父系血脉单位上的数个“房”转换成构成家屋基础的“房”，那么宗族本身就是一个家屋的隐喻，宗族成了一个“metaphorical house”（隐喻性的房）。通过家屋之人体意象中共血脉的象征，所有宗族或家族成员便共享有这个家屋的血脉。换句话说，原本具有不同血脉之嫁入的女子，通过家屋所具之人体意象的转换，就与男性成员共血脉了！笔者在文章开始也提到有关宗族或家族分枝在当地词汇中都与家屋相关，除了“房”之外，尚有以“兼祧”（*kiam t'iau*）来描述一个人同时承继了自己父母与其他绝嗣亲人。“祧”（*tìau*）是闽南语，意即“柱子”。[1] 又有以共“梁”（*nio*）来指称“房”中较小的单位，如一对夫妻与他们的子女。甚至父亲训诫儿子或婆婆斥责媳妇时也可附加一句：“二梁还想要高过中脊！”（*dzi nio ko sium be kuan kue tiong tsit*）这种以家屋作为宗族成员隐喻的方式，是否如上所说有其转换的用意所在实待深思。

七、结论

人类学的学科特质在于通过不同区域的研究来反思或质疑原有理论预设。以亲属研究而言，无论是继嗣或联姻理论的提出，有一部分原因都牵涉到研究区域的特质。然而汉人亲属研究长久以来却一直被视为另一个继嗣理论的征服点，而忽略了汉人亲
质的探讨。针对这个问题，本文试图从人体构成物质、“
文化价值与家屋三者来重新思考汉人亲属概念
是厘清汉人是否认为由生育而来的关系

[1] “房”内分支以“柱”称之者也

如果是，那么他们又如何理解这些关系？二、除了生育的文化理解之外，亲属是否包含了后天（亲子关系）的实践？最后，有关家屋的探讨则说明家屋不但是亲属关系实践的场域，同时家屋的象征也衔接、传递了前二者所讨论的亲属文化概念。

如此之探讨亲属的方式无疑引借自当今其他区域研究的成果，并以此来指出过去单纯以父系继嗣或世系群理论来理解汉人亲属的不足之处。然而，本文更企图通过被研究者的观点，特别是人观的讨论，来重新探索汉人“亲属”的意含，以期能对汉人亲属提供一新的视野。相对于 卡斯特对兰卡威马来人人观与亲属二者关系的模糊叙述，本文指出了汉人人观中人的构成与“道德人”的概念是厘清汉人亲属概念的关键。此外，有关“房”或家屋讨论也呈现了家屋如何可以衔接不同亲属原则。家屋之人体意象更提供了象征转换的机制，具有调解不同亲属原则之矛盾的可能。

参考书目

一、中文

陈其南，1991[1985]：《“房”与传统中国家族制度：兼论西方人类学的中国家族研究》，《家族与社会》，陈其南著，台北：联经。

陈文尚，1993：《台湾传统三合院世家屋的身体意象》，文化
地理研究所与地理系。

，1973：《“公妈牌”的祭祀——承继财富与祖先地位之
族学研究所集刊 36：141-164。

思考 Lineage theory 与中国社会》，《汉

” 探讨汉人亲属关系和组织》，

《“中研院”民族学研究所集刊》81：1−18。

董复莲，1987：《台北婚俗》，《民俗曲艺》45：57−58。

关华山，1979：《台湾传统民宅与民间空间的观念》，《“中研院”民族学研究所集刊》49：175−215。

关丽文，1987：《澎湖传统聚落发展之研究》，《台湾大学建筑与城乡研究学报》3(1)：57−85。

黄应贵，1983：《“光复”后台湾地区人类学研究的发展》，《“中研院”民族学研究所集刊》55：105−146

黄应贵，1992：《导论人观、意义与社会》，《人观、意义与社会》黄应贵编，“中研院”民族所。

黄应贵，1995：《导论空间、力与社会》，《空间、力与社会》，黄应贵编，页1−38，“中研院”民族所。

黄应贵，1998：《人类学与台湾社会》，《社会学、人类学在中国的发展》，新亚学术集刊16：287−342。

林明义，1987：《台湾冠婚葬祭家礼全书》，台北：武林。

林玮嫔，2000：《风水是什么？一般人的观点》，《仪式、亲属与社群小型学术研讨会》，“中研院”民族所与“清华大学”人类学研究所合办。（未出版）。

林玮嫔，2000：《人的观念、空间实践与治病仪式：以一台湾西南农村为例》，台大《考古人类学刊》56：44−76。

施振民，1973：《祭祀圈与社会组织：彰化平原聚落发展模式的探讨》，《“中研院”民族学研究所集刊》36：191−208。

石磊，1992：《房与宗：两种不同结构类型的汉人继嗣体系》，《陈奇录院士七秩荣庆论文集》，页377−391。

王崧兴，1967：《龟山岛——汉人渔村社会之研究》，台北：“中研院”民族所。

许嘉明，1973：《彰化平原福佬客的地域组织》，《“中研院”

民族学研究所集刊》36：165-190。

游谦，1993：《宿命与非宿命：以宜兰地区神明收契子的习俗为例》，《台湾与福建社会文化论文集》(二)，庄英章与潘英海主编。

余光弘，1979：《绿岛汉人的丧葬仪式》，《"中研院"民族学研究所集刊》49：149-173。

余光弘，1978：《台湾汉人宗族发展的研究评述》，《中华文化复兴月刊》11(6)：49-58。

朱锋，1959：《台湾的古昔丧礼》，台北文物 8(4)：1-13。

朱锋，1960：《台湾古昔的事情》，台北文物 9(2/3)：1-12。

庄英章，1973：《台湾汉人宗族发展的若干问题：寺庙宗祠与竹山的垦殖型态》，《"中研院"民族学研究所集刊》36：113-140。

庄英章、陈其南，1982：《中国社会结构的探讨：台湾研究的启示》，《社会及行为科学的中国化》，杨国枢、文崇一合编，页281-310，台北："中研院"民族所。

二、英文(按照英文字母表排序)

Ahern, E.1973. *The Cult of The Dead*. Stanford: Stanford University Press.

Ahern, E.1974. *Affines and Rituals of Kinship*. In *Religion and ritual in a Chinese society*, Wolf, A. ed., Stanford: Stanford University Press.

Aijmer, G.1984. *Birth and Death in China：Musings on a Taiwan Corpus*. Ethnos 49(1/2): 5-42.

Baker, H.1968. *A Chinese Lineage Village：Sheung Shui*. Stanford: Stanford University Press.

Basso, K.1996. *Wisdom Sits in Places*. In *Senses of places*, Feld, S. & K. Basso eds, Santa Fe: American School of Social Research.

Blier, S.1987. *The Anatomy of Architecture：Ontology and Metaphor in Batammaliba Architectural Expression*. Cambridge: Cambridge University Press.

Bloch, M. and J. Parry1982. *Death and The Regeneration of Life*. Cambridge: Cambridge University Press.

Carsten, J.1995a. *The Substance of Kinship and The Heat of The Hearth: Feeding, Personhood, and Relatedness Among Malays in Pulau Langkawi. American Ethnologist* 22(2):223–241.

Carsten, J.1995b. *Houses in Langkawi: Stable Structures or Mobile Homes?* In *About the House: Levi-Strauss and Beyond*, Carsten, J. & S. Hugh–Jones eds., Cambridge: Cambridge University Press.

Carsten, J.1997. *The Heat of The Hearth: The Process of Kinship in A Malay Fishing Community*. Oxford: Oxford University Press.

Carsten, J.2000. *Introduction: Cultures of Relatedness*. Cultures of Relatedness, Casten, J. ed, Cambridge: Cambridge University Press.

Carsten, J. and S. Hugh–Jones1995. *Introduction: About the House*. Carsten, J. and S. Hugh–Jones eds., Cambridge: Cambridge University Press.

Carsten, J. and S. Hugh–Jones, eds.1995. *About the House: Levi–Strauss and Beyond*. Cambridge: Cambridge University Press.

Chun, A.1990. *Is There A Structure of Chinese Rural Society*? A Review Article. *Journal of The Hong Kong Branch of The Royal Asiatic Society* 28:240–261.

Chun, A.1996. *The Lineage-village Complex in Southeastern China. Current Anthropology* 37(3):429–450.

Cohen, M.1976. *House United, House Divided*. Columbia University Press.

Faure, D. and Siu, H. eds.1995. *Down to Earth: The Territorial*

Bond in South China. Stanford: Stanford University Press.

Fortes, M.1949. *The Web of Kinship Among The Tallensi*. London : Oxford University Press.

Fortes, M.1958. *Introduction: The Developmental Cycle in Domestic Groups*, Goody, J. ed., Cambridge: Cambridge University Press.

Fortes, M.1970 [1943–4]. *The Significance of Descent in Tale Structure*. In *Time and Social Structure and Other Essays*, M.Fortes, London: The Athlone Press.

Fortes, M.1970 [1959]. *Descent, Filiation and Affinity*. In *Time and Social Structure and Other Essays*, M. Fortes, London: The Athlone Press.

Foster, R.1990. *Nurture and Force-feeding : Mortuary Feasting and The Construction of Collective Individuals in A New Ireland Society*. *American Ethnologist* 17:431–448.

Fox, J.1987. *The House As A Type of Social Organisation on the Island of 31 Roti*. In *De La Hutte Au Palais*, Macdonald, C. ed., Paris: CNRS.

Freedman, M.1958. *Lineage Organisation in Southern China*. London: LSE.

Freedman, M.1966. *Chinese Lineage and Society: Fukien and Kwangtung*. London: LSE.

Freedman, M.1970. *Ritual Aspects of Chinese Kinship and Marriage*. *In Family and Kinship in Chinese Society*, Freedman, M. ed., Stanford: Stanford University Press.

Gow, P.1990. *Of Mixed Blood: Kinship and History in Peruvian Amazonia*.Oxford: Clarendon Press.

Gow, P.1995. *Land, People, and Paper in Western Amazonia*. In *The Anthropology of Landscape*. Oxford: Clarendon Press.

Hallgren, C.1979. *The Code of Chinese Kinship*: *A Critique of The work of Maurice Freedman*. Ethnos 44(1–2): 7–33.

Harris, G. G.1989. *Concepts of Individual, Self, and Person in Description and Analysis. American Anthropologist* 91(3): 599–612.

Jacobson–Widding, A.1991. *Body and Space*: *Symbolic Models of Unity and Division in African Cosmology and Experience*. Acta Universitatis Upsaliensis, Uppsala Studies in Cultural Anthropology.

Judd, E.1994. *Gender and Power in Rural North China*. Stanford: Stanford University Press.Lawrence,

D. L. and S. M. Low 1990. *The Built Environment and Spatial Form. Annual Review of Anthropology* 1990: 453–505.

Leach, E.R.1959. *Rethinking Anthropology*. In *Rethinking Anthropology*. London: The Athlone Press.

Levi–Strauss, C.1982 [1979]. *The Way of The Masks*. S. Modelski, trans. University of Washington Press.

Lin, W.P.1998. *Kinship and The Concept of The House in A Taiwanese Village*. PhD Dissertation. Cambridge University.

Mosko, M.1983. *Conception, De-conception and Social Structure in Bush Mekeo Culture*. Mankind 14: 24–32.

Pasternak, B.1972. *Kinship and Community in Two Chinese Villages*. Stanford University Press.

Potter, J.1970. *Land and Lineage in Traditional China*. In *Family and Kinship in Chinese Society*. Stanford University Press.

Radcliffe–Brown, A.1952 [1935]. *Patrilineal and Matrilineal Succession*. In *Structure and Function in Primitive Society. Illinois*: The Free Press.

Radcliffe–Brown, A.1952 [1941]. *The Study of Kinship Systems*. In

Structure and Function in Primitive Society. Illinois: The Free Press.

Schneider, D.1984. *A Critique of The Study of Kinship*. University of Michigan Press.

Seaman, G.1990. *The Sexual Politics of Karmic Retribution*. In *The Anthropology of Taiwanese Society*. Pp. 381–396. Stanford: Stanford University Press.

Shimizu, A.1991. *On The Notion of Kinship*. *Man* 26(3):377–404.

Stafford, C.1995. *The Road of Chinese Childhood*. Cambridge University Press.

Stafford, C.2000. *Chinese Patriliny and The Cycles of Yang and Laiwang*. In *Cultures of Relatedness*, Carsten, J. ed., Cambridge University Press.

Strathern, M.1988. *The Gender of The Gift*. Berkeley: University of California Press.

Thompson, S.1988. *Death, Food, and Fertility*. In *Death Ritual in Late Imperial and Modern China*, Watson, J., and E. S. Rawski eds., Berkeley: University of California Press.

Wagner, R.1977. *Analogic Kinship: A Daribi Example. American ethnologist* 4:623–642.

Wang, Sung–Hsing 1973. *Taiwanese Architecture and Supernatural. In Religion and Ritual in Chinese Society*. Pp. 183–192. Stanford: Stanford University Press.

Waterson, R.1990. *The Living House: An Anthropology of Architecture in Southeast Asia*. Kuala Lumpur : Oxford University Press.

Watson, J.1982a. *Chinese Kinship Reconsidered: Anthropological Perspectives on Historical Research*. China Quarterly 92:589–622.

Watson, J.1982b. *Of Flesh and Bones: The Management of Death*

Pollution in Cantonese Society. In Death and The Regeneration of life, Bloch, M. & J. Parry eds., Cambridge: Cambridge University Press.

Watson, J. and E. Rawski, eds.1987. *Death Ritual in Late Imperial and Modern China*. Stanford: Stanford University Press.

Watson, R.1985. *Inequality Among Brothers*. Cambridge: Cambridge University Press.

Weiner, A.1990. *Reproduction: A Replacement For Reciprocity. American Ethnologist* 7:71–85.

Weismantel, M.1995. *Making Kin: Kinship Theory and Zumbagua Adoptions. American Ethnologist* 22(4):685–709.

Wolf, M.1972. *Women and the Family in Rural Taiwan*. Stanford: Stanford University Press.

日本的家与同族·中国的家族与宗族

日中家族制度比较研究
——亲密圈的再思考与再构想

首藤明和（兵库教育大学大学院学校教育研究科准教授）

在本章中，笔者将对日本与中国的家族制度进行比较研究，从而为我们重新思考、重新构想“亲密圈”这一概念提供必要的基础资料。关于日本的家族制度，笔者着眼于近世江户初期至昭和初期农民的“家”、“同族”来进行研究。关于中国的家族制度，则侧重于“房”、“宗族”来进行研究。从“统治”与“生活”的双重性角度，通过历史的视角，对日中两国的谱系观念和继承制度进行比较分析。

这里所谓的“亲密圈”，是指对在关注“具体的他人”的生活和生命上具有重要意义的空间。“具体的他人”是指具有人称性和身体性的他人（斋藤，2000：92）。“具体的他人”与统治理论中所形成的工具性、匿名性的他人的含义不同。

一、家、同族的“对内关系（生活）——对外关系（统治）”的考察

关于家与同族论，长谷川善计（1991）把重视“生活”的视

点和重视“统治”的视点两种不同的观点进行了区分。前者试图从家与同族的“对内关系”即作为家族、亲族（喜多野清一）以及经营体、生活体（有贺喜左卫门）等角度出发，说明家与同族的特质。后者试图从家与同族的“对外关系”即从领主权利、村落制度等侧面出发，阐明家与同族的特质。

（一）作为经营体、生活体的家与同族（有贺喜左卫门）——对内关系的阐明

有贺喜左卫门是从经营单位和家业的角度对家进行分析的代表，其研究有以下三个特点（长谷川等，1991：27，59-62）。

第一，关于这一问题，有贺的兴趣点的核心是建立在“生活”之上的，因此有贺致力于阐明内在于生活中的社会关系。这表现在“生活关联”、“生活组织”等概念中。有贺之所以将昭和初期残存下来的家与同族方式作为民俗资料来把握，并试图从中追溯家与同族的原像，也是出于其对于“生活”的强烈关心。

第二，有贺研究家的出发点是对佃农制度（名子制度）的研究。这也是他把亲子间的庇护与侍奉的相互给付关系，即主从关系作为内在于生活的社会关系进行把握的依据。名子（子方）为地主（亲方百姓）的自耕经营提供赋役。在生活上，亲方与子方也处于各种各样的庇护与侍奉的相互给付关系中，他将这种主从关系作为以农业经营为中心的生活组织——家的本质来把握。

第三，有贺在其早期的著作中，将包括亲方百姓以及各从属农民的家庭在内的一个集团看作是一个家，并称之为“分居制大家族”。但是有贺在《日本家族制度与佃农制度》中，开始将从属农民的家族看作是一个家，并将它们的集合称为“同族团”。有贺在其后期的研究中，则进一步将家定义为“以夫妇为中心的经营家业、家产的集团”，更加重视作为经营体的家的特质。有贺认为如

果家内部共同经营家业，那么非亲族也是家的成员。同时，有贺将主从关系这一家的内部结构特征扩大到了同族中的本家和分家之间的关系中，由此同族被认为是基于主从关系的、处于本家统治之下的集团。

（二）作为家族、亲族的家与同族（喜多野清一）——“对内关系”的阐明

喜多野清一在家研究中所强调的关于家族与亲族的观点，是由把家看作是经营体和生活组织的有贺喜左卫门的批判而构成的。喜多野认为经营体和生活组织在家以外的其他社会集团中也同样存在，据此批判了有贺将经营和生活组织作为家的本质的解释。喜多野认为，家是以家庭结合为基础的，是家庭的历史形态中的一种类型——“家长制家族”（同上引：55）。与有贺通过以主从关系为基础的生活组织来把握家与同族的社会关系相对，喜多野则从家族、亲族制度出发来把握家与同族，认为它们的社会关系是基于分家对家长权威和本家谱系权威的服从，是一种家长制的关系。而且，基于这种关系的家与同族具有抚养组织的性质。

喜多野的立场继承了将日本的家定义为家长制家庭的户田贞三（1937）的家庭论。按照户田的小家庭论，将家庭定义为以夫妇结合为中心的、联结其直系亲族的小的集合，这种“核心小家庭”在日本的家中或多或少地存在着。这里所说的家庭结合的基本特征是家庭成员间相互的感情融合、基于人格信赖的一体化、生活安全的相互保障等“心的态度”和“内部的结合”（同上引：56−57）。

（三）作为社会单位（权利义务主体）的家与同族——立足于“对外关系”的阐明

有贺喜左卫门、喜多野清一等阐明了家与同族的“对内关系”，而长谷川善计等则着眼于从“对内关系”和“对外关系”所描述的家与同族的特征的偏差，通过引入继承制度的演变这一历史视点，试图从“生活”与“统治”两个方面来把握家与同族。有贺、喜多野的分析侧重于“对内关系”，而长谷川的研究方法则带有从“对外关系”出发进行阐释的色彩。

长谷川曾这样论述其关于家研究的问题意识。近世中期以后，很多地方的家演变成了大体上与家族、经营体相近的单位。但是在近世初期，一个家中曾包含着两个以上的家庭和经营体。作为社会单位的家并不完全与作为家庭、经营体的单位相一致。这种近世初期的家的形态直到昭和初期仍有遗留，有贺在其早期的著作中称之为“分居制大家族制度”。因为这种家之中也包含非亲族关系，所以其构造原理和纽带不能只依靠家族制度来说明。因此尽管日本的家包含家族和经营体并受其制约，但仍可以认为日本的家本身是一种超越家族和经营体的制度、社会单位。因此我们要阐明“日本的家是什么”这一问题时，就有必要追溯到近世初期进行说明（同上引：4）。

关于有贺喜左卫门的家与同族论中存在的问题，长谷川善计提出了以下几点（同上引：62-67）：一，虽然有贺强调了亲方百姓的家和名子等从属农民的家之间存在着主从关系和亲方子方关系，但是否就可以据此将亲方百姓和从属农民的家庭整体地看作是一个家呢？或者说，从属农民的家庭在生计上、住宅上、（佃耕）经营上也构成了一个单位，是否因此也应该将其看作是一个家呢？二，有贺将作为本百姓的分家以及在住宅、生计、经营上分立的从属农民统称分家，但这两种分家在本质上是相同的吗？三，有贺对家中的亲族关系没有重视，家、同族中的“继承”被轻视。亲族分家与非亲族分家之间在继承、分家后的经营、生活条件、同族关系方面应该是存在着差异的。四，对江户时代存在的很多具有纳粮责任的百姓（本百姓）身份的从属农民，或者没有从属农民的自耕农以及具有本百姓身份的佃农的情况又该作何解释？五，从石神村调查中可知，对从属农民的“身份关系”来说，与本百姓身份之间进行的田地借贷关系，即地主——佃农关系相比，宅基地的借贷的关系更加具有决定性意义。但是关于这一点有贺所作的考察尚不充分。六，有贺将村落用家的联合来把握，但是特别是在近世的家与村的关系中，村落并不仅停留在家联合的范围中，而是带有强烈的作为村制度、领主的农民统治制度的色彩。

另外，关于喜多野清一的家与同族论分析的界限和不足，长谷川指出了以下几点（同上引：32，57-59）：一，为了将家、同族作为家族关系、亲族组织来理解，应该超越家族结合的本质论，从各自在家族关系和亲族关系中所处地位不同而具有的不同权利与义务的观点，去分析家族制度和同族关系。二，由于把日本的家定义为家长制家庭，所以把家与同族中的各种关系理论化时，几乎都是通过家长（家长权）和家庭成员之间的关系进行理论化的。这种关系是家长对家庭成员的庇护和抚养，以及家庭成员对家长的虔诚服从。例如，将家产分给分家，喜多野将这种行为也解释为是本家的家长权的任意行使，是为了显示本家的权威。

但是我们有必要从父权、夫权、亲权等方面来理解日本的家，而不能将其简单概括为家长权。如果这样理解的话，那么在考察分家的设立时，由亲权决定的通过分割继承设立的亲族分家与由主人权决定的被提升为分家的非亲族分家二者所具有的本质性差异不就能更加清晰地展现在我们面前了吗？三，关于家与同族所包含的非亲族成员，喜多野从非亲族成员也受到家长的抚养并服从于家长的权威的角度，将非亲族成员也作为家庭成员进行了说明。但是考察同族的亲族性质，应该限定在本家与亲族分家的范围内，并将问题限定在与“继承”相关的父子关系和亲族分家的问题上。因为日本的家被定义为家长制家庭，所以亲族与非亲族都被概括到设立分家这一概念中，并将作为家长权的行使加以理论化。这样一方面错误地将所有本家分家关系都规定为家长制的统治服从关系，一方面又堵塞了阐明同族关系与亲族关系的关联性的道路。

长谷川善计在指出有贺喜左卫门、喜多野清一的家与同族论中所存在的问题的基础之上，通过“统治”与“生活”的双重性含义，提出了关于家与同族的新认识（同上引：4-13）。

第一，家（以本百姓为名义代表人的“一轩前之家”）是对领主和村落具有一定权利和义务的社会单位。对于领主来说，家是以村落为媒介（“村请制”，村民共同承担纳税、赋役、开垦农田等责任的一种制度）来负担劳役、地租的单位。对村落来说，家享有参加村民合议会的公民权、入会权、水利权、捞渔权、宫座权；同时负担村的运营费用，履行维持村落内部治安的义务。

第二，家具有“株”的性质。“家株”在大多数情况下通过父子之间的继承而取得，但也有少数情况可以通过取得他人的“绝家株”而成为“一轩前之家”即本家，因此家的继承并没有局限在亲族关系内部。

第三，近世初期要获得本百姓的身份和资格，需要在检地账上登记自己的宅基地并得到领主的公认才能成为“一轩前之家”。“宅基地的登记”=“劳役负担”与“田地登记”=“地租负担”是不同的制度。劳役原本就是对人的统治，因此劳役的征用需要用到户籍。而在律令制度瓦解、领主制度成立后，徭役的征收便不再以个人为单位，而是以宅基地为单位了。本百姓向领主提供劳役是在领主与本百姓的“家的主从关系”中处于从属地位的本百姓侍奉领主的行为。劳役与“纳粮份额”（日语叫“持高”，江户时代，“高持”百姓即本百姓所承担的官定米谷收获量）无关，是以家为单位征收的。因没有宅基地登记而不被认可为“一轩前之家”的从属农民（各地有不同的称呼，如名子、被官、抱、家抱、门屋、添屋等），不算劳役的征税单位。而地租是以田地为征收对象的，因此在检地账上有田地登记的从属农民也要按照其田地的“持高”纳贡，他们的贡租是通过作为领主和村落的“公共”单位的“一轩前之家”来交纳的。

第四，在近世初期，有很多从属农民与本百姓具有父系近亲关系。父母在世时进行分割继承，均分继承也很常见。隐居制度也在很多地区实行。与本百姓具有亲族关系的从属百姓大多是本百姓的儿子或兄弟，并会得到本百姓分给的土地。隐居者也是从属身份。但即使身份上是从属农民，如果父母是高持较大的百姓（本百姓），也有通过分割继承而成为地主自耕经营者的。所谓从属身份是指在住宅、生计、经营上从本百姓中分立出来，但由于没有在检地账上进行宅基地登记而不被公认为“一轩前之家”。因此从属农民住在本百姓所持有的宅基地内，是本百姓的“一轩前之家”的一员。对本百姓之家的“从属”，有“主从关系”和“伙伴关系”两种形式。从属农民通过借用本百姓的宅基地与本百姓建立主从关系，并基于这种主从关系而承担赋役。而亲族从属农民，特别是在实行男子均分继承制的情况下，即使在身份上有“本百姓”与“从属农民”之分，但事实上他们是平等的或者说是“伙伴关系”。

第五，近世初期，由本百姓的家庭和从属农民的家庭（包括非亲族）所构成的复合家庭结构并不少见，这也是以从属身份制度为纽带的。由于兄弟之间是在父母生前进行析产分家，父母实行隐居制度，因此大家庭在住宅、生计、经营、家产上分裂成小家庭，最终形成核心家庭。男性诸子继承家产而分立的新家庭能否成为一个家这取决于村和领主的判断。如果没有被认可为“一轩前之家”，分立新设的家庭则只能从属于分立前其所属的家。因此家有时具有复合的家庭结构。

第六，村的构成单位是以本百姓为名义代表人的“一轩前之家”。村民都从属于村落中某个本百姓的家。非亲族的人通过两种方式成为本百姓的家庭成员：一是成为本百姓的下人、谱代、佣工；二是成为本百姓家的从属农民。二者的不同之处在于，前者在生计上、经营上没有与其雇主分离，没有单独构成单位。

第七，“一轩前之家”参与的“村事项”=“公共”事项的认定权限在村落，这由作为行政末端组织的代官所来认定。因为家不能脱离其上级集团=村落而独立存在，所以同族的范围也不会超过一村的范围。家作为“公共”社会单位将所有的村民包含其中，并将其“私人”生活都统合到村落中，通过村落进而被纳入到领主所统治的统治结构中。

第八，正如中田薰（1938 [1920]）所指出的，近世的村落是具有法人人格的权利义务主体。村落负责各种法律行为，例如负担公税，处理诉讼，拥有财产所有权等。村落不单是家的联合，而且还具有以家为下级单位的独特的理论。

第九，家不仅是行政村的构成单位，还是以入会、水利为中心的各种村落共同关系和共同组织的权利义务单位。

二、受家制度制约的继承制度

研究日本法制史的大竹秀男（1962）指出，江户时代前期很多地方通过男性诸子均分继承设立分家，存在着伙伴型的本家分家关系。关于家与同族的继承制度，长谷川善计在大竹理论的基础上提出了以下几个论点。

第一，有贺喜左卫门和喜多野清一的研究是以一子继承和长子单独继承为前提的。但是在江户时代，亲族分家原则上是通过分割继承设立的。例如，在及川宏（1967）对原仙台藩泽村的调查中就有很多幕府末期以前均分继承的事例。有贺在石神村调查中也报告了亲族的分割继承。江马三枝子（1975）也主张在江户前期，岐阜白川村曾实行分割继承。因此可以说极端的不均等继承和长子单独继承是到明治时代才广为实行的（长谷川等，1991：29-30）。

第二，本家与亲族分家之间的关系常常具有父系亲族的性质（世代相传的家产和诸权利的分有）。因此两种分家，即通过均分继承和分割继承而成立的分家和主要是出于生产经营上的需要而被提拔为分家的从属农民所成立的分家，与本家的关系有着很大的不同。例如亲族的从属农民即"血缘名子"与本家的本百姓之间很难认为是从属关系。另外，从持高较大的父亲那里均分继承而得到分地的儿子们，即使在身份上是从属农民，但在经营上却是自耕农或从事地主自耕经营。而隐居者在身份上是从属农民，将家督权让给了本家的本百姓（儿子），但仍保持着亲权，并且在住宅、生计、经营、家产的所有等方面都自成一个独立的单位，所以事实上其与本家的关系并不一定就是主从关系。而非亲族分家与本家本百姓的关系却是主从的身份关系（同上引：30-35,95-97）。

第三，近世中期以后新农田开垦的停滞以及幕府、延宝元年（1673）诸藩开始实施的分地限制令大大减少了均分继承，普及了不均等继承和长子单独继承，增大了设立分家的难度。多数情况下“家株”由父子传承，但“家株”的继承并不仅限于亲族关系。如果出现了因无法交纳地租而沦落为“溃百姓”的“家株”，领主会积极地命令某人重振家业（同上引：5-6,10）。这种情形在重视谱系观念、彻底实行男性诸子析产制的中国社会是不会发生的。在传统的中国社会，无论农民如何地穷困，都会贯彻诸子析产制度（中国农村惯行调查刊行会编）。

第四，同族的初期形态是内在于近世初期的本百姓即“一轩前之家”之中的结构的扩大和重组，同时也继承了近世初期本百姓对领主和村的权利与义务。同族是以家为单位，依靠本家与分家之间的谱系关系而结成的家的集团，当原本属于本百姓的家的一部分的从属农民独立成为一个家时，本百姓和原从属农民（包括非亲族）的家就形成了一个同族团。同族按份占有在检地账上登记过的先祖（近世初期的本百姓）的田地，并对纳贡、各种赋役承担连带责任（竹内，1969），同时也继承了入会权和水利权等。因此，同族结合归根结底是建立在村落的正式构成单位即家的结合之上的。正如中根千枝（1970）所指出的，中国的宗族以及韩国、朝鲜的门中的发展都超出了村落的范围，而日本的同族并没有超出村落而扩展（长谷川等，1991：106,127,140）。

三、从包含非亲族的家、同族到以家庭为中心的家、同族

从日本的家族史来看，随着家制度的解体，家的家庭性质外显，同族的亲族组织性质也愈发强烈。尤其是随着从属农民制度的解体而成立的同族，其亲族性质逐渐增强。现在，即使是在被称作同族型村落的地方，同族的构成单位也不再是以前那样的家，而是家庭。有一种倾向是，即使举家迁到遥远的城市，凡参加同

族墓地和祭祖仪式的人就被认为是同族。在这样的现代化过程中，喜多野清一和正冈宽司（1975）、光吉利之（1966）等将同族作为亲族组织来把握，并运用“亲戚”这一概念来阐明现代日本的亲族体系（长谷川等，1991：141）。

原型产生于近世初期的家、同族逐渐变成了“以家庭为中心的家”、“以亲族为中心的同族”。自此以后，家的特征不再是受“统治”的社会单位即“一轩前之家”的性质，而出于“生活”上的需要所产生的“生活组织”的性质凸显了出来。在历史演变中，家更加突出了其与生活相关联的各种意义。同时研究者们也出于其各自的问题意识，从不同角度阐明了家的意义。

例如，平井晶子（2008）以东北地区的近世村落为研究对象，分析了150年间的“人别改账”（江户时代的户籍调查簿），并结合家、生活周期的实态，得出了以下结论：具有直系家庭结构并具备永存性、单独继承、家产维持等特征的家是在19世纪初确立的；这种家的确立，与人们应对接连发生的饥荒、人口减少、村落荒废等危机，为了生存而作出的“生存战略”选择相关；这种家的确立不但造成了家庭结构的变化，还带来了生活周期的均质化。这种家的状态被认为提供了“向近代起飞”的基础条件而被赋予了积极的意义。

如上所述，到近世后期，由于新设立分家变得困难以及长子单独继承制的普及，家的结构转向直系家庭结构。在这种状况下，在明治以后的“近代化”过程中，行政当局和文化人将“解体后”的家所应有的形态作为一种“意识形态”而加以强调。

例如，永野由纪子（2008）整理了前田卓（1976）、坂根嘉宏（1996）的先行研究，作了如下论述。明治民法（1898年实施）所倡导的“家制度”反映了当时民法起草委员的“百姓旧习不得作为习俗”的观点，于是将强调父系谱系观念的长子单独继承作为“醇风美俗”而在全国推行。然而，事实上在“庶民的家”中，由于地域、阶层、职业的不同存在着不同的继承习俗。比如，一般倾向是与性别和年龄等次序相比，家更重视其内部劳动力的充实，因此除长子之外，很多婿养子被选为继承人。这种倾向广泛分布在实行“大姐家督”的地方，特别是在东北地区一年一作水田地带，不分男女由“初生子继承”的习俗尤为明显。而在鹿儿岛地区的白沙台地旱作地带，由于农业生产效率的低下和脆弱的农业基础、自然灾害的多发、萨摩藩所实行的耕地交换制度等，该地区长期存在着没有固定形式的分割继承制度。但是，正由于明治民法的施行，随着农业雇佣劳动的发展和劳动集约型的明治农法的渗透，继承习俗的一元化得到了推广。事实上“大姐家督”等习俗，已经从“庶民的家”中消失了。

明治民法给家带来的向一元化规范制约转变的压力，在祖先祭祀方面体现得尤为明显。森本一彦（2006）阐明了进入近代后庶民中间所普及的家在家的成立、渗透、普及的过程与祖先祭祀方式有着怎样的关联性。即所谓近世初期的“半檀家”是指与儿媳的娘家保持着联系、同时祭祀两个以上谱系的祭祖形式。但是，之后随着“带入型半檀家”转向“随家型半檀家”，以及“一家一寺”的演变，再加上明治民法的制定，一家祭祖的形式才最终得以完成。

时代变迁，到20世纪的战后，细谷昂（1998：147-148）主张家与村经过高速经济增长已经将“无偿劳动组织”的性质一扫而光，家与村的现代课题与“个人如何脱离家而自立”、“个人或个别经营如何脱离村落而自立”、“个人及个别经营如何才能获得共同性”等问题相关。细谷所说的现代日本农村的“个体与集体”的问题，就是指在推进社会的民主化过程中个人怎样才能赋予家以意义的问题。

永野由纪子（2005）认为，作为生活体系的家的本质存在于可以灵活处理各种生产生活问题的伸缩性和弹性的“柔结构”中。永野从女性在家中的地位和角色、农业作为家业存在的现实基础、农业作为家产的现实依据等方面阐明了家所具有的“柔结构”并对其进行了具体分析。

四、从房与宗族看中国的谱系观念和继承制度

下面来看一下中国的家族制度。关于房的原则陈其南（1985，1990：34）总结了六点：一，“男系的原则”：只有男系子孙及其配偶可以称为房，未婚女子不能形成房；二，“世代的原则”：儿子与父亲形成房的关系；三，“兄弟分化的原则”：兄弟分化，一个儿子形成一个房；四，“从属的原则”：因为各个儿子所形成的房都从属于其父亲，所以房永远是“家族”的下级单位；五，“扩展的原则”：房在谱系上的扩大性是连续的，房既可以指一个儿子，也可以指由同一祖先的男系子孙及其配偶们所组成的父系集团；六，“分房的原则”：每一父系集团的各个世代都依照兄弟均分原则，在谱系上不断分裂形成房。

关于“家族”与房在观念上的关联，陈其南（同上引：32-37）作了如下整理：一，“家族与房的相对性”：一个男子对其父亲来说是一个房，对其儿子来说则是家族的主人；二，“嵌入结构”：男子与其妻子、男系子孙及男系子孙的妻子形成一个房，而同世代房则以其父亲为始祖形成一个家族。在房和家族的这种“嵌入结构”的不断发展中，谱系规模不断扩大；三，“根据情况灵活区分”：当强调家族内部的区别时则强调房的概念，当强调房之间的同一性时则强调家族的概念；四，“房的从属性”：房按照

出生顺序称为“顶房”、“二房”、“下房”等，也可根据谱系关系的远近称为“远房”、“近房”等。由谱系最高位置的始祖所统领的全体“家族”不能称为房。另外，“家族”没有顶/下，远/近等接头词；五，“谱系范围的不确定性”：房与“家族”在谱系上的世代范围没有被明确地界定，而是根据具体情况确定。房不同于英语中的家庭（family）、氏族（clan）、宗族（lineage）等具有明确的谱系范围界线的集团（group）。

关于谱系观念和继承制度，陈其南将其内容整理如下：

一，“分房”与“宗祧”：“分房”与“分家”（分与财产）不同。“分房”是家族在谱系上的内部分化状态，分房后原来的家族依然存在。而分家意味着财产、家庭等生活单位的功能性分化，一旦分家，原来的生活单位就会被新成立的单位所取代。“分房”以汉族人特有的宗祧观念为基础。“宗祧”是“父子联系而贯穿起来的连续”；“宗祧观念”是指男子必须通过父子关系来建立自己的体系并不断延续的义务观念，及由于履行这种义务而产生的权利观念。以宗祧观念为基础的同一世代的“分房”法则作为“房数分配”规定了家族的权利与义务，决定人们在日常生活中的身份和继承资格。具体地说，家族财产的分割、族产利益的分配、轮流赡养年老父母、按年轮流管理族产、祭祀义务的分担等都反映了“分房”的法则。房之间的关系在谱系上不存在嫡出子和庶子的身份差别（同上引：38—43）。

二，“分房的原则”：汉人家族的土地所有关系建立在“分房原则”的基础之上。儿子从出生或被收养的那天起，就具有房的地位，同时也享有按照“各房均分继承原则”拥有父亲家产的权利。我们可以从在谱系观念上处于同等地位并形成房的兄弟之间来看财产的共有关系。同时，财产向从属于家族的各房的转移与作为家族代表的父亲的去世时间并没有关系。无论父亲是否在世，他不过是名义上的所有者，事实上是具有房的成员资格的人按照“分房原则”规定的权利（财产的使用权和受益权）拥有财产。因此即使没有关于财产处理的遗嘱也不会产生纠纷。在财产处理上，父亲既不能剥夺儿子所形成的房的财产权，也不能变更“各房均分继承的原则”（同上引：50-57）。

三，“女性在房中的地位”：女性不能在其生父的家族中形成房，没有继承其生父家产的权利，只有在得到家族同意的情况下，可以得到一些赠与的家产。女性没有祭祀生父的资格，死后也没有受娘家祭祀的权利。女性结婚后，成为丈夫的房的一员或是丈夫的父亲的家族成员，并享有在死后得到自己的男系子孙祭祀的权利。如果女性尚未结婚就去世的话，便没有受到祭祀的权利。未婚先亡的女性获得在家族、房中的地位的一个方法是冥婚。冥婚就是找一个男性对象（不管是否尚在世）与未婚先亡的女性结婚的习俗（同上引：64-66）。

四，“招婿婚”与“宗祧”：如果没有儿子继承宗祧，而有女儿的话，就会招婿，进行“招婿婚”。“招婿婚”不是“妻方居住婚”，纯粹是为了延续谱系上的宗祧继承的婚姻制度。赘婿和其妻子、继承了赘婿家宗祧的婿子，不是成为妻子的父亲的家族、房的成员，而是成为赘婿的家族、房的成员。继承了赘婿方的宗祧的儿子对于赘婿方的家族所有的财产享有“房数分配”的权利。招婿婚最重要的意义是，让赘婿的儿子当中一人继承其母亲的家族的宗祧，成为其家族或房的成员。继承其母亲一方的家产的儿子，不继承其父亲一方的家产（同上引：64-75）。

五，“过房养取”与“宗祧”：为了防止房的宗祧断绝即“绝嗣”，可以采用招婿婚，但进行招婿婚需要有女儿。于是当没有子女的夫妇或未婚男子需要延续宗祧时，就要从异姓人家收养“螟蛉子”或是从同宗男子那里收养“过房子”。因为“螟蛉子”改变了宗祧和家族关系，所以事实上是"adoption"。而"过房子"只是在谱系上改变了房的关系，并没有改变家族关系。虽然"过房子"不在户籍上登记，但是会记载到记录宗祧关系的族谱上（族谱是谱系关系的记录，原父子关系的记载较为粗略）。如果被收养者是独生子，也可以"兼祧"即继承生父和养父双方的房（同上引：75–79）。

五、从房和宗族看中国的谱系观念和继承制度

陈其南试图用"谱系模型"将民俗观念模型化，这也包含了对弗里德曼（Freedman）用 lineage 构建的"功能模型"，始终使用功能集团对宗族进行分析的批判。下面我们来看一看在"谱系模型"中被舍弃的历史性要素，即从"统治"和"生活"两个角度考察谱系观念和继承制度是如何被制度化的。

（一）从"统治"与"生活"的历史角度看谱系观念的制度化

有意思的是，当我们考察由宗法实践所形成的宗族与国家礼制的关联时，会受到"统治"与"生活"的关系的启发。井上彻（2000：4–5）援引清水盛光的《支那家族的结构》提示了一个理解宗族变迁阶段的参考框架。即：一，殷周时代，宗法（统制亲族的原理）被封建诸侯的始祖嫡系子孙（宗子）用以通过祭祀祖先统合与其拥有共同祖先的旁系亲族。二，春秋时代以后，随着封建制度的衰落，宗法制度也衰微，但从秦汉直到唐代，族人都依附于有权者和富豪，并接受有权者和富豪的救济。此外共同自卫的需要也促进了宗族的统合。但这些宗族是自然发生的，与宗法组织相比是"无组织"、"无秩序"的。三，宋代复活了周代的

宗法，并据此理念设计出了很多以维持和加强宗族结合为目的的新方法，如编纂族谱、选拔族长、设置义田、祭祀先祖等。

井上彻（2000）论述的中心是宋代以后的新动向、以“宗法主义”为基础的宗族的历史特质及其展开。

第一，宋代希求复活宗法的是由科举制度的确立所诞生的知识分子（士大夫）。他们倡导“宗法主义”是为了对抗开放的官僚制度和析产习俗所带来的流动性，试图建立永远与科举制度保持联系的、以宗族为单位的新名门（世臣）。

第二，关于国家对“宗法主义”的态度，井上的理解如下：尽管士大夫阶层有复活宗法主义的愿望并付诸实践，但在明朝的国家礼制（特别家庙制度）中，最初是不承认“大宗”（始祖嫡系子孙进行的祖先祭祀）的。即以“小宗”（高祖以下四代的祖先）为祭祀对象，不允许对宗祠的单独所有，以士大夫个人作为设立宗祠、祭祀祖先的主体，士大夫的子孙不得继承其权利。另一方面，在明朝后期的 1536 年，当时的礼部尚书夏言提出了家庙制度改革（有意复活三品以上官僚的宗祠的大宗制）的奏章，成为了以后的“宗族形成运动”的嚆矢。为了依靠宗法实践以组织、维持理想的父系亲族集团，出现了设置共有地（义田、祭田等族田）、祠堂（宗祠）、族谱等新动向。

第三，清朝对“宗法主义”的态度。清朝在国家制度上和明朝同样地否定“宗法主义”，但在礼制之外，事实上采取了容许的态度。例如，雍正帝在《圣谕广训》中，劝诱万民设立家庙、义田、家塾、族谱等，以促进宗族和谐。乾隆年间，国家则将祠产、义田、宗祠作为宗族共有财产加以保护，并立法禁止子孙私自买卖。在清朝，历史上第一次观察到了在湖广和江南的广大地区以宗祠为中心的亲族聚居习俗。虽然像义庄那样拥有持久经济基础的宗族所占比例不大，但重视父系祖先和父系亲族的观念不断渗透，设置宗祠，出现了宗族组织不断扩展的动向。

当然，在不同的时代状况中，一方面“统治”者不断地对宗法作出新解释；另一方面民众也从“生活”的角度不断地对宗法进行重新认识。井上彻（同上引：439）认为，清朝后期即19世纪中后期进入近代后，王朝秩序的动摇加速了宗族组织的形成。宗族原本是士大夫用来建立名门家系的工具，但在其普及过程中，逐渐演变成了对人们的生产、生活来说必不可少的，具有防卫、相互扶助等功能的社会组织。

例如，除扬杰（1995）介绍了清朝与宗族的自治和自卫相关的任务分配、规范、罚则等载入家法族规的情况。聚居在寨、堡、栅、岩、围、圩等被城墙、城壕围起来的集落中的同一宗族的族人们，共同防卫来自官军的骚扰、贼匪的来袭、与其他宗族的械斗、起义农民或是发生纷争的农民的袭击等。而且，一族中如果有人做了小偷、贼匪，其同一家族、房的近亲属必须告知“董事”等家族的统帅人，否则就要连坐受罚。家法族规详细规定了治安、巡夜等劳役分配、应对贼匪袭击等共同防卫的方法和规则。关于宗族间的共同防卫则会超出家法族规的范围而订立“乡约”。这是“生活”者以宗族为媒介重新认识宋朝、清朝的“统治”者以维持治安为目的而导入的保甲法（清水，1949）的典型事例。家法族规中所反映的宗法是人们在纳税、生产、财产管理、教育、祭祀、婚姻等日常生活中的诸多方面对宗法的重新认识（费成康主编，1998）。

清朝，谱系观念在民众中制度化程度的提高、宗族越来越组织化，这与当时的人口增加和活跃的人口迁移有关。濑川昌久（1982）认为，像华南珠江三角洲那样的移居目的地的最前线，其开发初期的村落是以杂姓村为开端的。由于移居者需要共同防卫、共同劳动以建立生业基础以及交通不便等原因，杂姓村在初期具有向心力。但随着地区开发的推进，治安、交通等得到保障后，同姓族人就会离开村子住到耕地附近的新村中，以积累建立宗族的必要财产。在这一过程中原来的杂性村解体，单姓村成立。山田贤（1986）则分析了17 世纪末至18 世纪末的四川、湖北、陕西三省交界处的山岳地带的移居。湖广平原地带的过剩人口是这一地区的移民来源，移居从清朝初期开始，在乾隆年间迎来高潮。这些移民最初只是季节性的只身行商，在获得土地之后就和家人一起定居下来，至乾隆年间形成了杂姓的“同乡村落”。清末，拥有族人和财产的同姓集团通过整理宗祠、祭田、族谱，组织同族建立了宗族。

片山刚（1982a，1982b）从清末广东省珠江三角洲地区的图甲（里甲）制及其粮税缴纳方式考察了广东的宗族与国家的关系，其方法与长谷川善计考察日本的家、同族的视点很相近，对日中家族制度的比较研究富有启发性。片山指出，里甲制是在明初1381年作为征收租税的组织而在全国范围内施行的。珠江三角洲地区的图甲制一直延续到清末。一图名义上是10 甲，一甲名义上是11 户，但现实中会有偏差。粮税不是以实际的土地所有者为单位，而是以图为单位向官府缴纳。甲由一个“总户”和数目不定的“子户”（名义上是10 户）构成。大多数子户与总户是同姓，并且很多总户的姓名几百年都不变。甲通常是由同一宗族或加上其分支的族人构成的。官府的籍册上记载的粮税负担者就是纳粮户（总户、子户、爪等），但记载的并不一定是真实姓名。总户是籍册上记载的粮税缴纳责任人，同时管制着同属一个甲的族人。即使由于土地买卖实际的土地所有者发生了变化，也不会变更籍册上记载的粮税缴纳责任人即总户的名子。国家并不掌握土地所有者的姓名和粮税额，而是通过总户征收粮税。珠江三角洲地区的图甲制不仅是负责粮税收缴的官制组织，还是基于“总户、老户、绅耆”的族人统治的宗族组织的基础。与租税征收和户籍相关的“统治”形态和“生活”的实际状态存在着偏差，着眼于这种偏差去考察华南地区的大规模宗族的存在基础，应该会有重大发现。

（二）从“统治”与“生活”的历史角度看继承制度的生成和演变

牧野巽（牧野 1985[1974]：49–70）通过《史记 · 商君列传》和《汉书 · 贾谊传》等史书分析了商鞅（死于公元前 338 年）的家族立法。牧野着眼于《史记》和《汉书》对商鞅变法的相反评价，在比较两者后，提出商鞅变法对促进作为汉族家族传统的诸子析产制的成立发挥了重大作用。

首先是对《史记 · 商君列传》的分析。商鞅是卫国（都城位于今河南省最北部黄河沿岸的濮阳县）人，在魏国（当时中原文化的中心）为官。后来到秦国服侍秦孝公。秦国传统的家庭是父子和兄弟们聚集到一起集中居住。于是，为了促使大家庭向小家庭分化，增强个体的经济活力，商鞅首先将人头税导入到租税政策中，并且如果一个家中有两个以上儿子的话，则从第二个儿子开始加倍征税；其次借用了当时流行的中原的道德观，立法禁止亲子的同室居住和同室就寝等习俗。

牧野巽认为商鞅在秦国推行分裂大家庭的制度与其家乡卫国的习俗有关。即卫国有不通过媒妁而自由恋爱结婚的习俗以及在父母生前析产分家的习俗（另外，牧野巽也指出商鞅特别强调“男女有别”，因此没有将卫国的音乐和歌垣引入秦国）。

其次，牧野巽通过对《汉书 · 贾谊传》的分析，对商鞅的家族立法的结果作了如下整理。商鞅的家族立法最初旨在只留一个儿子在家中，但后来却演变为所有的儿子都在父母生前分得家产并与父母分居，没有儿子留在家中承担赡养义务了。与此同时，无论是否同住，亲子间的礼节规矩都发生了整体性的变化，《汉书》中对商鞅变法所带来的“结果”进行了批判。

而且牧野认为，正是《孝经》等广为人知的汉族家族传统书籍中的主张才引发了人们对上述世代趋势的激烈反抗。从战国末期到汉代编撰的《孝经》、《吕氏春秋》、《韩非子》等书中也明显有类似的观点。

牧野（1979 [1932]：267–325）认为，关于汉族家族的传统制度——即诸子均分原则——至少在西汉初期就已经存在了，其源流是秦国的商鞅变法以及不经过媒妁而自由恋爱结婚的习俗。如上所述，诸子析产制度并不是儒家思想的产物，儒家思想不过是在当时对不断走向混乱的均分继承制度的追问。

关于商鞅的家族立法促进父母生前的诸子析产制的原因，邢铁（2000：4–5）作了如下说明。商鞅的租税政策促进了大家庭向小家庭的分化，户籍法的实施则开辟了将所有人都载入户籍簿的道路。这给人们带来了从宗法制度中解放出去的机会和成为户主的可能性。另外，通过实行连坐制发挥监视功能，如果一个家中有两个以上成年男子，则促使他们与父母分居。如果儿子们在父亲生前独立，各自就会成为新的户主并承担纳税和赋役等义务。纳税和赋役的量由法律平等地规定，因此自立的儿子们之间的负担是相同的，再加上儿子们所需要的生产、消费的物质基础也是一样的，所以爱护儿子的父母便将家产平均分配给成年儿子。商鞅的家族立法是父母生前的诸子析产制度的母体。

然而，当我们把牧野巽的主张和江守五夫（1998）的主张结合起来看时，可以说父母生前的诸子析产制与“短期走访婚”制度是密切联系的。

“短期走访婚”是指“刚结婚的一段时间，夫妻分居，以夫妻中的一方访问另一方的形式进行婚姻生活，之后妻子搬到夫家居住的婚姻形式”。结婚初期夫妻居住形式的多样性一直备受关注，并有很多不同名称，如“出嫁婚文化”、“入足婚”、“女方走婚”、“寝宿婚”等，但它们在本质上是相同的（江守 1998：6）。即：一，通过成年男女的自由交游选择配偶；二，婚前交游的机会通过青年组、姑娘组和他们的“寝宿”得以保障；三，按年龄阶梯制分成青年、中老、长老等作为社会的基础；四，亲族交往在父母双系的范围内进行；五，这更适于说明南方系即居住在中国江南（长江以南）至印度支那一带各民族的婚姻形态的特征（同上引：7）。

另一方面，与“短期走访婚”相比，“出嫁婚文化”的特点是：一，实行性别隔离，禁止男女接触，“男女七岁不同席”；二，家庭成员的配偶完全由家长决定；三，媒妁受家长的委托为家庭成员选择配偶；四，家长制家族；五，父系亲族集团的组织化；六，更适于说明北方系即中国北部和西伯利亚东北部诸民族的婚姻形态（同上引）。

一般认为汉族家族的特征是“出嫁婚文化”。但是如牧野巽所提示的那样，“短期走访婚”才是汉族家族的诸子析产制度的源流。这看似有些矛盾，但是可以说儒教的规范就是以“短期走访婚”所带来的均分继承制为基础发展起来的意识形态。如上所述，牧野主张黄河流域也存在“短期走访婚”习俗。在中国历史上，尽管在道德上受到批判，但父母生前的继承从来没有被立法禁止过（牧野［1942a］：165）。

综上所述，汉族家庭传统的诸子析产制度不是植根于孝道的儒家思想的产物，而可以理解为是以未婚男女的交游、对歌等为特征的基于自由恋爱的婚姻民俗的派生物。现代中国社会所实行的父母生前的分割继承，当然有其作为中国现代化产物的一面，但决非仅仅如此，其与中国社会的基础观念和结构也有关联性。

汉族家族的谱系观念和继承制度的一体性可以理解为宋代“宗

法主义”及其以后“宗法形成运动”的产物。牧野巽（同上引：16）认为，中国的家族（相当于陈其南的模型中的房的最基本部分）和宗族是“上下重层并平行存在的两个性质不同的团体”，而且“宗族结合在宋代以后采用了与以前不同的形态，不但没有衰弱反而继续发展壮大”。因此，在宋代以后的“宗族形成运动”中，借助孝道这种公共道德的力量将宗族与家族连接起来的谱系观念，在吸收更早在家庭中被制度化的继承制度的基础上得到展开。

六、亲密圈的再思考与再构想

日本的家与同族的谱系观念包含在家与同族的构成原理中。与中国的谱系观念所具有的影响力相比，日本的谱系观念对人们的影响并不大。位于“统治”末端的日本近世村落具有的独特公共性质，这在很大程度上决定了家与同族的性质，并在家制度中分化了谱系观念。与中国的宗族结合相比，很显然日本的同族结合无论是“主从式”还是“伙伴式”的，其谱系关系所具有的无限扩展能力都受到了限制。家分化了谱系观念，因此家族和亲戚也分化了。这种“生活”的状态给现代日本的亲密圈带来了负面的影响。

而在中国，执政者的“统治”则促进了谱系观念向房和宗族的渗透，“生活”者也要求宗族成为以谱系观念为支撑的“生活组织”。这种谱系观念也与人们的生死观和生育观相关，并产生了与女性的社会圈既对立又互补的动态流变（首藤，2009）。从结果上看，这种谱系观念所带来的社会网络能够灵活变动以适应不同的生活需要。至少可以说与日本的家与同族所提供的社会网络相比，更富有灵活性，更能够随机应变。说起来，包含谱系观念的“差序格局”（费孝通，1998[1947]）本来就具有突出的作为汉人家族的“家族圈”的性质（首藤，2008）。

落合惠美子（2007：1-26）等人通过对亚洲家庭的比较研究作了如下论述。日本的家庭具有显著的封闭性和两性关系的不对称性，比如家庭内部空间与公共空间的分离、性别分工规范的确立、护理角色向母亲的集中等。这是从近世江户时代开始的“广义的近代化”的结果，而绝非是说家族、夫妻关系滞后于近代化。从围绕家庭的社会关系（亲族、职场、地域社会、民间组织等）、国家和地方政府推行的家族和福利政策来看，日本的家庭与“超近代家庭”、“后现代”相去甚远。“近代家庭”规范成了人们“成家”的枷锁，“晚婚化”、“非婚化”、“少子化”、“育儿不安”、“护理疲劳”等都反映了个性的生活方式（包括个人的职业意识和对自立营生的重视）和“近代家庭”规范难以两立。此外，她还指出了日本家庭的成员在其各自的立场和生活舞台上依生活需要而建立的社会网络很贫乏等问题。

这些现代日本的亲密圈中所存在的问题，与近世初期成型的家与同族的形态及其带来的亲族的分节化绝非毫无关系。年迈双亲的赡养和护理，在中国家庭中可以由兄弟姐妹轮流承担，但在日本这是 “对父母的不负责任”，尤其是长子夫妇会受到社会规范的强烈责难。从结果上看，日本亲族的分节化降低了“个人在与家族的关联中生活”的可能性。

另一方面，当代中国的问题是作为亲密圈的家庭、亲族承担着重要功能，所以家庭、亲族的动摇给人们带来的影响也就非常大。例如，中国现在每年有 2 亿多农民从农村到城市打工，由此“隔代家庭”（只有祖父母和孙子女的家庭）、“空巢家庭”（只有老年人的家庭）等大量增加并产生了各种社会问题。如何在不损害亲密圈的价值观的前提下，推进家庭功能、亲族功能的外部化、社会化是当今中国社会面临的紧急课题。

参考书目

一、中文

陈其南，1990[1985]：《房与传统中国家族制度》，《汉学研究》，第三卷第一期。「房と伝統的中国家族制度」小熊誠訳『現代中国の底流』橋本滿・深尾葉子編 23–106 京都：行路社

徐扬杰，1995：《宋明家族制度史论》，北京：中华书局。

费成康 主编，1998：《中国的家法族规》，上海：上海社会科学院出版社。

费孝通，1998[1947]：《乡土中国 生育制度》，北京：北京大学出版社。

邢铁，2000：《家产继承史论》，昆明：云南大学出版社。

二、日文（按照五十音图排序）

有賀喜左衛門 1966 [1943] 「日本家族制度と小作制度」『有賀喜左衛門著作集』Ⅰ，Ⅱ 東京：未来社

有賀喜左衛門 1967 [1939] 「南部二戸郡石神村に於ける大家族制度と名子制度」アチック・ミューゼアム彙報 43『有賀喜左衛門著作集』Ⅲ 1–526 東京：未来社

有賀喜左衛門 1967 [1958] 「大家族制度崩壊以後」信濃 10 巻第 5 号『有賀喜左衛門著作集』Ⅲ 353–526 東京：未来社

有賀喜左衛門 1969 [1933–4] 「名子の賦役〈上・下〉」社会経済史学第 3 巻 7 号・10 号『有賀喜左衛門著作集』Ⅷ 209 —

303 東京：未来社

有賀喜左衛門 1970 [1947] 「家について」社会学論集——理論編日高六郎編『有賀喜左衛門著作集』Ⅸ 121 — 126 東京：未来社

有賀喜左衛門 1970 [1968] 「家族理論の家への適用」社会学評論第 19 巻第 2 号『有賀喜左衛門著作集』Ⅸ 52–69 東京：未来社

井上徹 2000『中国の宗族と国家の礼制』東京：研文出版

江馬三枝子 1975『飛騨白川村』東京：未来社

江守五夫 1998『婚姻の民俗』東京：吉川弘文館

及川宏 1967『同族組織と村落生活』東京：未来社

大竹秀男 1962『封建社会の農民家族』東京：創文社

落合恵美子・山根真理・宮坂靖子編 2007『アジアの家族とジェンダー』東京：勁草書房

片山剛 1982a「清代広東省珠江デルタの図甲表とそれをめぐる諸問題」『史学雑誌』91– 4 464–503 556–555

片山剛 1982b「清末広東省珠江デルタの図甲制について」『東洋学報』63–3・4 233–266

喜多野清一 1976『家と同族の基礎理論』東京：未来社

喜多野清一，正岡寛司編 1975『「家」と親族組織』東京：早稲田大学出版部

齋藤純一 2000『公共性』東京：岩波書店

坂根嘉弘 1996『分割相続と農村社会』福岡：九州大学出版会

清水盛光 1942『支那家族の構造』東京：岩波書店

清水盛光 1949『中国の郷村統治と村落』東京：日本評論社

首藤明和 2008「漢人家族の個人と家族の再考に向けて」『分岐する現代中国家族』首藤明和・落合恵美子・小林一穂編

32−63 東京：明石書店

瀬川昌久 1982「村のかたち——華南村落の特色」『民族学研究』47−1 31−50

瀬川昌久 2009「中国家族の関係的・実践的側面と女性の社会圏子」『からみる地域社会近きに在りて』第 55 号 71−81

竹内利美 1969『家族慣行と家制度』東京：恒星社厚生閣

中国農村慣行調査刊行会編 1952−1957『中国農村慣行調査』（全 6 巻）東京：岩波書店

戸田貞三 1937『家族構成』東京：弘文堂

中田薫 1938 [1920]「徳川時代に於ける村の人格」『中田薫法制史論集』第二巻 東京：岩波書店

中根千枝 1970『家族の構造』東京：東京大学出版会

永野由紀子 2005『現代農村における「家」と女性』東京：刀水書房

永野由紀子 2008「姉家督と家」『ヘスティアとクリオ』(7), 61−82

長谷川善計・竹内隆夫・藤井勝・野崎敏郎 1991『日本社会の基層構造』京都：法律文化社

平井晶子 2008『日本の家族とライフコース』京都：ミネルヴァ書房

Freedman, Maurice 1991 [1958]『東南中国の宗族組織』（*Lineage Organization in Southeastern China*）末成道男・西沢治彦・小熊誠訳 東京：弘文堂

Freedman, Maurice 1995 [1966]『中国の宗族と社会』（*Chinese Lineage and Society*）田村克己・瀬川昌久訳 東京：弘文堂

細谷昂 1998『現代と日本農村社会学』仙台：東北大学出版会

前田卓 1976『姉家督』大阪：関西大学出版部

牧野巽 1979 [1932] 「西漢の封建相続法」『東方学報』東京第三冊『中国家族研究 (上) 牧野巽著作集』第一巻 267−325 東京：御茶の水書房

牧野巽 1979 [1942a] 「漢代の家族形態」『東亜学』4−5『中国家族研究 (上) 牧野巽著作集』第一巻 143−266 東京：御茶の水書房

牧野巽 1979 [1942b] 「中国家族制度概説」『支那問題辞典』中央公論社『中国家族研究 (上) 牧野巽著作集』第一巻 3−31 東京：御茶の水書房

牧野巽 1985 [1974] 「商鞅の家族立法」『目加田誠博士古稀記念中国文学論集』目加田誠博士古稀記念中国文学論集編集委員会編『家族論・書評他，牧野巽著作集』第七巻 49−70 東京：御茶の水書房

光吉利之 1966 「同族組織と親類関係」『社会学評論』17(1)

森本一彦 2006『先祖祭祀と家の確立』京都：ミネルヴァ書房

山田賢 1986 「清代の移住民社会」『史林』69−6 854−893

以“器皿”论家庭
——来自东亚、日本对家庭概念的疑问

中村则弘（爱媛大学法文学部综合政策学科教授）

翻译：黄莹莹

前言

最近几年，笔者有机会接触到西藏自治区和青海省的藏族、土族以及回族的生活，并领略到藏族的“走婚制”、“一妻多夫制”，土族的“联手”，回族的“结婚合约”等习俗（中村，2009：25-29）。另一方面，我们还能看到一种直击要害的观点：“家庭多样化往往被理解成‘家庭的瓦解’。而这种理解反而更容易促使人们去主张通俗化的家庭伦理规范，结果导致‘个人更加难以作为家庭成员生活下去’。”（首藤等编，2008：354）

近代可谓是个人的时代。不过，这一问题显然也都集中表现在了家庭方面。现在是到了重新思考伊凡·伊利奇（Illich，1984[1983]）所提出的“生存意义”的时候了。笔者认为，其中伊利奇有关性别互补性的内容对东亚来说具有特别重要的意义。顺便补充一下，性别中所见到的互补性并不一定是与通俗意义上男女的性别分工联系在一起的。正如伊利奇所发现的那样，有很多历史现象都具有多样性和变通性。拿日本来说，江户时期养育子女

和离婚的故事就格外令人印象深刻（中江，2003；高木，1999）。

另一方面，在审视现代日本的社会现实时，个人和家庭的割裂现象及其根深蒂固都让人忧心不已。例如，夫妻保持不同姓氏的主张让人感到像是一种向血缘的重新回归。在这一点上，笔者对加地伸行的看法颇为赞同（加地，1999：259）。可以说，家制度在某一方面就像是一个经营体，包含了众多脱离血缘原则的要素。姓氏之所以和配偶相同，也可以说是因为它在一定程度上实现了与血缘原理的脱离。而且，就日本而言，不光是女方因出嫁而改姓，就连男方因入赘而改姓的情况也很常见。不过，明治以前的日本民众究竟在多大程度上意识到了姓氏的变化，对这一点也确实仍存疑问。

以上情况使笔者产生了需要重新思考家庭的想法，并勾起了笔者以前就怀有的一些模糊而又质朴的疑问，如：一，家庭显示的是关系性吗？二，既然家庭包含了拟制血亲关系，那么从关系性上理解家庭不就行不通了吗？三，婚姻是家庭的基础，核心家庭是家庭的基本单位吗？等等。而这些疑问又引申出这样一个问题，亦即本文的观点。四，实际上把家庭当作一种“器皿”来理解是否更为合适呢？

事实上，笔者本来是以农村 = 家庭的研究为出发点的，后来把研究方向改到了社会变迁和历史社会方面。由于直接讨论家庭是时隔十多年的事情了，所以在研究的跟进和理解上不排除会产生误解的可能。不过，念在笔者是冒昧地闯入家庭问题领域，还请大家谅解。

另外，本文使用的是笔者将近 25 年前在日本进行调查时获得的资料。这些资料原已被束之高阁，而今笔者在此使用了其中的一部分。这些材料也是导致笔者的研究方向开始偏离农村 = 家庭的契机。资料是笔者在北陆地区、特别是福井县的农村进行调查时获得的。但由于笔者对于那里的一些明确的事实难以给予定位，导致调查本身遭遇挫折，留下了不少遗憾，这些事实包括：一，村和村之间联系的重要性；二，和城市之间联系的重要性；三，入会的复杂内容（译者注：入会是指一定地区的居民有权共同利用该地区特定范围的山林、原野、渔场的木材、绿肥、鱼类和贝类等）；四，行商人和游僧等漂泊者的意义；五，与藩政和市政的对立性要素；六，以“道场”为据点的净土真宗所设立的跨区域传教网络，等等。这些事情且不管调查结果本身如何，都可以从历史书上得到充分确认。随着时间的推移，笔者觉得终于可以重新着手研究了。

一、关于家庭的理解

一般来说，关于家庭的理解有：一，家庭是以婚姻或血缘关系结成的（包括拟制血亲关系在内）；二，具有人的生命和生活再生产的功能；三，是以爱情（性爱等）为基础的。不过，像日本的“家”那样，如果从历史和制度的深刻渊源上来思考的话，那么其特征就是具有宽泛的血缘关系，以感情融合为基础，侧重感情融合。

而另一方面，在那些潜在地认为近代家庭的存在方式具有普遍性的家庭理解中，他们是以婚姻和生育所形成的核心家庭为基础，并从某种关系性上去理解家庭的（Murdock，1978［1949］）。这里想注明的是，正如很多人所指出的那样，近代家庭的形态在欧洲并不是贯穿整个历史的一贯性形态（Gubrium and Holstein，1997［1990］；Shorter，1987：1975］）。

就前面所提到的质朴疑问而言，笔者认为，其中的关键首先在于人们是从以婚姻为重要轴心的关系性上来理解家庭的。到目前为止，日本和东亚的家庭研究大多都是从以核心家庭为基础的关系性上去理解家庭。但是，从很多实例来看，核心家庭是否真的就是“核心”呢？婚姻关系是否能成为其成立的基础？是否仅从关系性方面就能把家庭理解透彻呢？笔者认为，要理解家庭，这些问题不可或缺。同时，笔者还不得不认为，到目前为止的对家庭概念本身的一般性理解明显地受到了西欧近代模式的影响，并潜移默化地让家庭去符合近代产业的形态。

这里先就核心家庭观产生的疑问进行简单的说明。在西欧，婚姻被视为是与上帝的契约和作为市民的契约，由婚姻结成的夫妻关系本身是在这种背景下产生的。但是，在包括日本在内的东亚文化圈中，这种观念一直就非常淡薄。也就是说，东亚和西欧在婚姻的含义上是完全不同的。另外还有人指出，在东亚文化圈中，与婚姻观念密切相关的“公”和“私”界限并不分明，并在很大范围内相互混合。如果是这样的话，那么作为明确的私人领域的家庭也不可能在东亚文化圈中形成。

从家庭和孩子的关系来看，这一点就更加明确了。在祖先崇拜具有重要意义的东亚，婚姻是为了繁衍和养育后代，这一点对当事人来说意义非凡。而且，如果有了孩子，家庭的重心会理所当然地从夫妻关系转移到亲子关系上。与亲子关系的重要性相关联，家庭和姻亲的关系、家庭与地域集团的关系也具有相当的重要性。同时，在没有亲生子女的情况下，为了创造条件使祖先祭祀能够顺利进行而把拟制血亲实质性地列为家庭一员，也就不足为奇了。

那么，怎样理解家庭才妥当呢？笔者觉得这个问题的焦点与关系性相关。进一步说，“关系”和“器皿”给了我们一种新的突破口。“关系”作为一种表示血缘关系的概念，可以理解成亲属关系，这样比较贴切；而另一方面，家庭却与“关系”有着本质的不同。把家庭看作一种收纳错综复杂关系等的容器，则比较贴切。

资本主义和城市的关系、宗教和人类的关系，都可以与“关系”和“器皿”作类比（Weber,1987[1959]、1989[1920-1921]）。

二、从福井市农村地区的调查事例来看

以下的调查事例是笔者在1983年到1985年期间所收集到的资料的一部分。调查是在福井市内、福井市平原农村地区、胜山市内、胜山市周边的丘陵农村地区进行的。调查对象是W村具有重要地位的农民家庭，而W村位于B河沿岸的平原地区（现为福井市W町），离福井市中心有数公里远。

该村位于福井平原主要河流流域的扇形三角洲顶部，可以说是福井平原的典型水田地带。主要农作物是水稻，同时还种植大豆和蔬菜，以自给为主。因为几乎都是种植水稻，农民的入会地位于数公里以外的山地，而且互相交织，这让笔者印象深刻。该村在过去25年里发生了巨大变化，由于市区的扩大和主干道路的修建，村子正在向新兴住宅混合区转变。

W村是承载了越前福井历史的地区之一。以W村为中心，这一带土地在奈良和平安时代曾是颇有势力的神社寺院的庄园，而到了镰仓时代，这片土地已经被称为“W庄”了。W村在历史上有名的莫过于这里曾是净土真宗在越前的总寺所在地，而净土真宗以武装起义“一向一揆”（译者注：室町时代和战国时期的宗教起义）而闻名。总寺创建于1311年，是本愿寺在越前的第一个念佛道场。该寺在“一向一揆”中充当指挥，后与朝仓氏交战，结果迁到了加贺。因本愿寺和朝仓氏讲和，1567年，寺院在这片土地上重建，但从1573年开始又与织田信长军队交战。据历史记载，村落在这次战役中被烧毁，连很多分寺的僧人都逃到山里避

难。顺便提一下，根据天正年间的 1591 年资料记载，该寺有分寺 59 所，道场 57 个，除越前外，加贺、能登、越中、近江等地都是该寺的势力范围。[1] 进入江户时代以后，在幕府的命令下，迁到加贺的寺院于 1602 年独立，成为大谷派寺院，而重建的 W 村总寺则作为本愿寺派与之分立。而且，总寺在江户中期受藩主之令迁到市内，W 村的庙宇被毁坏。因此，现在 W 村里仅有“大门”等地名还在流传而已。

另外，该村的 W 八幡宫，据说是越前太守多田（源）满仲于 969 年（天德三年）因受仙梦之托而募集善款修建的岩清水八幡宫。其领地与刚才的本愿寺总寺相邻。八幡宫从朝仓氏那里接受了 200 町步的土地，神殿和整个神社得到重新整修，但后来神殿还是因为与织田信长的战乱而全部被烧毁。据说进入江户时期后，福井藩的第一代藩主结城秀康不忍看到祭祀源氏的大神殿这样荒芜，于是给了 10 石领地让其重建。[2]

口述人（现年 83 岁）是 T5。笔者询问的是以她父亲 S1 为中心的村落和家庭生活。这里摘录的是有关家庭的部分。

S1 生于 1888 年，卒于 1953 年。农户出身，高职毕业。15 岁时父亲去世，S1 继任户主。母亲其后虽然还在世，但具体死亡时间不详。S1 继承的土地有 6–7 町步。从明治到昭和期间，村长一直都是由 H 本家的户主担任，并且在整个江户时期历代大庄屋也都是由 H 本家接任。后来 H 本家家道没落，在笔者调查的时候，连屋宅遗留下来的痕迹都找不到了。

S1 的家庭是 H 家较大的分家之一，在享保年间分家，第一代

---

[1] 该数据为了使用最新版，参考了福井县史电子版。参照《福井县史》通史篇 3 近世一，第五章宗教和文化，第二节 越前的真宗，一 本愿寺的分立和越前的各分寺，分寺门徒的分裂。

[2] 这些内容是以神社的史书和访问调查结果为依据的。

户主于明和年间的 1773 年去世。S1 是分家后的第 6 代，因其本人有一定声望，所以从战前就一直担任民生委员。而且 S1 在战前就与福井的政治家有密切来往，所以即使本家不断走向没落，S1 的家庭仍然在村子的管理上具有很大影响力。

S1 结过两次婚。第一次是由亲戚做主决定的。妻子 M 所在的村落与 W 村相距数公里。两人婚后共育有 5 女，分别是 T1（1919–1989），T2（1920–1927），T3（1926–1940），T4（1927–1927），T5（1928–）。除了长女和第 5 个女儿以外，其他 3 个女儿都在 14 岁前就夭折了。

妻子 M 在 39 岁（1933）时病逝，S1 当时 45 岁。在 M 病故的同时，已离婚的姨母 R3 回到娘家。R3 那时 38 岁，据说是个沉着可靠的美人。R3 当初嫁到离村大概 4 公里远的 R 村，但与丈夫不合，结婚后第二天就回了娘家。还有一种说法是，男方在新婚头一天晚上想硬来，R3 觉得很厌恶，所以第二天就逃回娘家了。之后 R3 离了婚，在市内工作。因为妻子 M 早逝，亲戚就把 R3 叫回来，问她能不能照顾成了鳏夫的 S1 和他的 3 个女儿。之所以说是 3 个女儿，是因为和 M 虽然生了 5 个女儿，但其中两个当时已经病死了。

M 的娘家非常希望能把 R3 叫回来，想让她与失去妻子的 S1 "相亲（交往并结婚）"。但是，这个想法落了空。据说，S1 是因为两人血缘过近而不太愿意，而具有洁癖的 R3 也表示强烈反对。

因此，S1 后来娶了第二任妻子 K。K 出生于离 W 村大概 30 公里远的大野市，是一户有家产、声望和门第的人家之女，本人从旧制大野女子学校毕业嫁到夫家，但后来丈夫过世了。K 有一个在旧制福井中学念书的儿子，她想让儿子读完中学，将来有一番作为，所以才再嫁给了 S1。K 再婚后，其儿子以优异的成绩从福井中学毕业。

当时，前妻 M 的长女 T1 18 岁，而后妻 K 的儿子 16 岁。因此，就有人出主意说，既然这个孩子那么优秀，就让 T1 跟他结婚继承家业吧。但是，这个提议遭到 M 娘家的坚决反对。据说是担心家产被后妻和她儿子给霸占了。周围闲言碎语很多，而 K 的儿子业已中学毕业，所以 K 与 S1 离了婚，去东京投靠姐姐了。她的儿子后来成为药物研究员。

之后，S1 给 T1 招了一个上门女婿，但这个女婿不久就病死了。后来又招了一个，结果在战争中战死。T1 与后来招的第 3 个女婿 I 为 S1 生了长孙 U1，I 继承了 S1 的家业。于是，S1、T1、I、U1、R3 和未婚的 T5 在一起生活。但没过多久，I 因为在战争中负伤而过世。

H 家是 Y 寺的檀主（译者注：历代捐赠钱物给寺院的固定信徒），战后，Y 寺主持给 T1 和刚刚复员的 J 说媒。J 与 T1 成亲，成了 S1 第 4 个上门女婿。J 是第 1 次结婚。他家以前家底殷实，但因战乱而散尽家财。因为他是次子，另外还有 4 个兄弟姐妹，所以就到 S1 家来当上门女婿了。传言说，J 曾当着 H 家亲戚的面声称“自己是为了 S1 家的财产才入赘的”，因此遭到大家的反感。J 入赘两年后，T5 就出嫁了。

大概是 1948 年 6 月。R3 带着 T1 和 I 的孩子 U1 去附近邻居家玩。正在哄孩子的时候，不巧遇到福井大地震，那家的屋子全部倒塌了。H 家的房屋没有倒塌，家里所有人都出来找 R3 和孩子。R3 和 U1 被附近的人发现时，R3 被压在完全坍塌的房梁下，已经断了气。人们从 R3 遗体下传出的哭声中很快发现了 U1。U1 被 R3 抱在怀里，所以安然无恙。自此过了数年，S1 因患癌症死亡。

笔者将以上各种亲戚关系汇总成图，如图 1 所示。

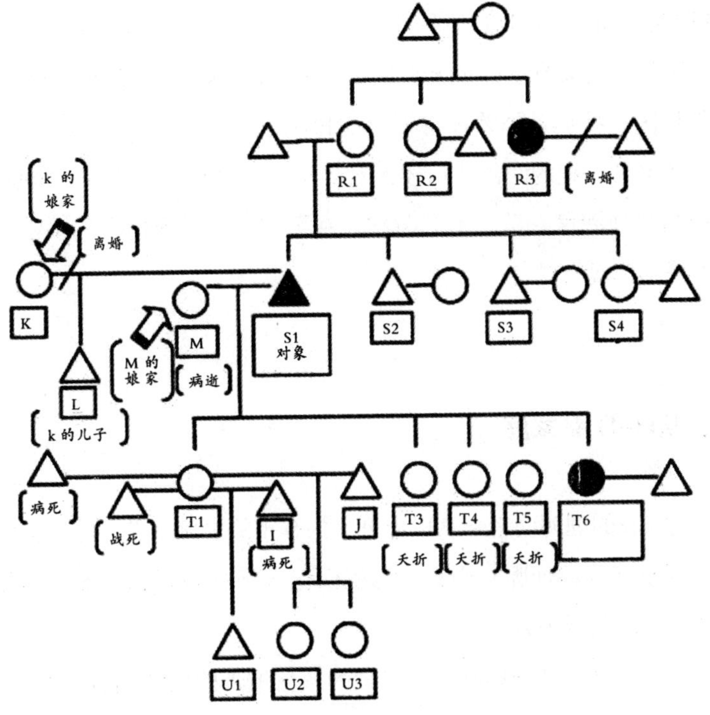

图1：以S1为中心来看H家的亲属关系

这里再谈一谈给 T1 和 J 做媒的那家寺院，S1 家是这家寺院的檀家。Y 寺位于距离 W 村大概 30 公里处的丘陵地区。最初，Y 寺也在 W 村，是之前提到的净土真宗在越前设立的总寺下的一个分寺。织田信长和净土真宗信徒交战时，庙宇被焚毁，寺院的僧人携带佛像和经书逃到山里，因此寺院才和 W 村分隔两地。Y 寺因为刚才提到的原因而被迫迁到了远方，所以就在原属于 W 乡范围的福井市内建立了传经堂，并从寺院派遣僧侣前去主持。W 村大约一半村民都是 Y 寺的檀家。另外三分之一是村里大谷派寺院的檀家，剩下的则是以前越前的本愿寺总寺和其他宗派的檀家。而且，即使是在笔者调查的时候，村民的骨灰安葬也都是投放到寺院小堂中一个像井一样的洞穴里，这是净土真宗过去只有合葬墓制才会有的一种制度残留。

从主持说媒很容易就能被双方接受一事可知，檀家寺院的僧侣对于村民，特别是作为该寺檀家的村民还是有一定影响力的。但是，在笔者调查的时候，口述人对寺院的评价却相当苛刻：“现在的和尚都是酒鬼，做法事的时候光在那喝酒，对自己做的事情一点责任感都没有。”

三、从H–S 看家庭

就家庭的理解而言，从以上列举的 S 家的事例来看，应该怎样去理解家庭的特征呢？当然，这里仅仅限于从东亚、日本、福井这样特定的范围来看。

第一，家庭可能具有一个可称为灰色地带的模糊领域。例如，R3 这个人，既可以说她是这个家庭的成员，又可以说她是寄居在这个家里。S1 和后妻 K 离婚后，R3 实际上扮演了 S1 女儿们母亲的角色。而且，R3 还挺身守护了 U1。即使 R3 的身份难以界定，但这些事情也都表明，实质上她承担起了夫妻生活中相当大的一部分作用。

同时，K 和 K 的儿子 L 以及檀家寺院的主持也都是属于灰色地带的人物。K 与 S1 在法律上形成了夫妻关系，但“因为周围的闲言碎语就离了婚”，从这一点来看，她和 H 家的关系对她来说有如浑然身外事一般。另一方面，Y 寺的主持就好像家的家人和亲属，甚至像是代替 S1 已故的父亲行使父职一样，十分深入地参与到 H 家的内部事务中来。

第二，夫妻关系不一定是以性爱和友爱为基础的。而且，即使可以认为夫妻关系具有满足人类生活和生产的功能，那也仅限于某种程度而已。从 S1 的再婚来看，这一点显而易见。K 和 S1 结婚，最主要是为了“前夫的孩子”升学，这是促使她再婚的一个决定性原因。而且，正如他们之后的生活表明的那样，两人之间即使有性爱和友爱，仔细分析的话，那也不过是次要、次次要的。另一方面，比起 K 来， H 家的生活和生产很明显要更依赖于一起生活的 R3。总之，从这些方面看，不得不认为夫妻关系也有一定程度的局限性。

第三就是在有孩子的情况下，孩子在家庭里所具有的重要意义。即便是夫妻关系，也可以看成是以孩子为轴心而展开的。对于 S1 来说，孩子是促使他再婚的决定性因素。就像刚刚提到的，对于 S1 的再婚对象 K 来说，和 S1 再婚也是为了孩子。另外，S1 和 K 的离婚以及之后和 R3 的关系，也都跟孩子相关。

第四是姻亲的重要性。例如，在 S1 再婚这件事情上，S1 第一任妻子的亲属具有决定性的影响力。这是因为与第一任妻子的孩子 T1 有关。在孩子的家产分配、继承家业方面，姻亲代替去世的 M 行使话语权。当然，在这种影响力的背后，和姻亲之间有日常往来是很重要的。

第五是村民等亲戚以外的关系的重要性。该事例中清楚地表明了这一点的，就是前面讲灰色身份时已经提到过的檀家寺院 Y 寺的主持。很明显，主持和檀家关系之深，与净土真宗过去在该地区的活动有着密切关系。比如，搬迁到远方的寺为了维持与檀家的关系，特意在村落附近设立了传经堂。不过，在当时，寺院的影响力在减弱是毋庸置疑的。口述人批评僧人“没有责任感”就很清楚地说明了这一点。如果反过来理解这一批评的话，那就可以认为 Y 寺历代的僧侣对村里的檀家都很负责。

第六是家庭的状况是因时制宜的，或者也可以说家庭状况具有实践性。这一点在 S1 第一任妻子 M 去世到他再婚、离婚的过程中已经鲜明地体现出来了。叫 R3 回家、决定再婚对象以及后来的离婚，都是随着本人、再婚对象、亲戚以及姻亲的各种意愿，根据具体情况而决定的。与其说家庭状况取决于原则，不如说它是由具体情况所决定的更为妥当。

以上就是从 S1 的家庭事例中所看到的家庭形态，如果从特定关系的角度来分析的话，无论如何都是无法理解的。因此，家庭一方面清楚地体现出夫妻关系在生活中所具有的局限性；另一方面也体现了亲子、姻亲的重要性。而且，尽管本文没有提及，S 家和没落的 H 本家、村民之间的关系也都具有重要意义，这些都可以包括灰色地带里。而且，这些与其说是结构性的，倒不如说带有因时制宜的性质。笔者认为，如果从各种关系错综复杂、具有灰色地带以及因时制宜性等特点来看的话，将家庭看作一种“器皿”更为妥当。

四、作为“器皿”的家庭

这个事例让笔者再次想到了近代家庭和历史现实之间的断层。前面也曾提到过，近代家庭被理所当然地认为是以婚姻关系为核心，但是这种婚姻是以与上帝的契约以及作为市民的契约为背景的。正因如此，婚姻才具有代表私人领域的基础的重要意义。而且，构成婚姻关系基础的性爱和友爱，也只不过与上帝之爱进行了调换而已。笔者认为，从根本上来说，在对上帝之爱毫无认识、契约观念淡薄、私人领域模糊不明的文化中，要将这种家庭概念现实化是很困难的。同时，由于以近代家庭形态为前提的法律和现实生活之间存在很大差异，与家庭相关的问题因而变得非常严重，我们也就不难理解了。

本文调查的是日本福井的一个家庭的事例。这个事例既表现了其特殊性的一面，也体现了日本家庭形态在历史上的多样性。从这次调查结果可以直接得出的主要结论就是，家庭具有广泛的“灰色地带”，并且多种关系错综复杂地交集在一起。另一方面，此前研究者们多次论述，日本的家是包括非血缘者在内的生活经营体，或者家是在家长权的统帅下形成的。但这次调查结果所得出的结论显示了与上述观点截然不同的一面。

灰色地带的广泛存在和多种关系的错综复杂性，与日本社会、尤其是与福井的地域特殊性紧密相关。关于日本社会的一般历史特殊性，首先想指出的一点就是，日本社会对近亲结婚没有太强烈的禁忌感[1]，实际的家庭形态中可以看到因时制宜的因素。至少，像中国那样的父系血缘集团原则没有在日本社会发挥作用。原则性不强且具有因时制宜性这一特征，显然是与多种因素错综复杂的特点相互融合的。顺便说一下，比起汉语和英语来，日语中的亲属称谓相对要少，日本社会中也没有复杂的亲属称谓，从这一点也能明显看出日本社会中血缘原则并不强的特点。

而且，这个调查事例的灰色地带所看到的各种关系也明确体现了福井的地域性。例如，檀家寺院的主持，村民的影响，等等。净土真宗自“一向一揆”以来的势力范围扩张在强化这些关系上发挥了很大作用。不过，在这种地域性方面，福井与加贺、越中应该具有很大的共同之处。另外，姻亲的影响力也十分显著，由于这一点具有普遍性，所以本文没有深入论述。

家庭的灰色地带应该普遍存在于现实生活中。因为从历史上来

[1] 近亲结婚禁忌比较弱这一点，已有很多研究者指出。请参照赤松启介（2004）、武田弥三郎（2003）。另外，福井各地的调查事例也清楚表明，历史上对近亲结婚的禁忌感较弱。

看，没有灰色地带的话，作为生活基础的家庭就不可能长久存在。即便在父系血缘原则十分明确的中国，我们也不应轻视拟制血亲家庭所具有的意义。姻亲影响力的大小、从同族村到杂姓村的变化、移居者的存在，等等，都是不容忽视的。

总之，从历史上来看，日本社会的确是很容易在家庭中大范围地形成灰色地带的。也就是说，这充分显示了历史上日本家庭作为“器皿”所具有的重要意义。

最后，笔者想再次强调的是，家庭就是一种包容了各种错综复杂的关系和灰色地带并具有因时制宜性的容器，我们可以把它看作是某种“器皿”。收纳在这个“器皿”当中的东西原本就具有多样性和变通性，日本福井的调查事例中所看到的则是其中的一个方面。不过，不可否认的是，在某些情况下，这个“器皿”所收纳的内容也可能全都是某些特定的关系。在这种情况下，它就变成了一种可以作为“关系”来理解的家庭形态。无论怎样，对立足于历史的家庭研究来说，将收纳于“器皿”中的各种关系形态进行解释是一件具有重要意义的事情。

这里要确认的一点的是，笔者认为，近代家庭在很大程度上是不同于这种历史性家庭的。近代家庭可以说是一种虚构的模型，它一方面强调了西欧文化的一个侧面，同时又将其封闭到以核心家庭为基础的关系性中去考虑。因此，人们才会看到围绕家庭产生的各种各样让人进退两难的问题。

研究家庭时，应该考虑到家庭是一种能够收纳复杂内容的容器。欧洲的历史性家庭研究也支持这种看法（Aries，1980[1960]）。进一步说，能够形成“器皿”框架的，除了直接乃至间接地、拟制地共同拥有从共同居住中派生出来的亲密感和感情融合之外，可能也就别无其他了。

结束语

如果像这样把家庭理解成“器皿”的话，在围绕家庭的生活理念上就可以创造出很多具有多样性和变通性的成果来。而且，在解决与家庭相关的形形色色的问题方面，也能制定出与现实相适应的政策来。

现代家庭正在迅速重建，其中还不断包含进了一些新的内容。与此同时，以核心家庭为中心的封闭性家庭观已经成为摸索家庭新形态、解决家庭所面临的问题的一个障碍。这样想来，可以说还原家庭所具有的“器皿”的含义已经成为当务之急。

最后，笔者想再补充几件事情。如果从直系亲属和姻亲之间的关系、家庭和村落之间的关系来看，它们之间似乎可以看到一种互补的特性（中村，2005）。这种互补性在东亚特别明显。而家庭作为一种“器皿”，具有极强的互补性容器的意味。以“器皿”论家庭，无论是在解决家庭问题的方向上，还是在社会变动和家庭的关系上，都极富启发性。

这里提出了把家庭作为“器皿”来理解，同时还有一些范畴也同样可以用“器皿”的思维方式来理解。村落就是一个例子。在考察什么是村落时，即使谈到村落的连带性和精神，还是难免会在某个方面感到陷入僵局。比如，将村落视为家联合的论述虽然很好理解，但难免让人产生些许不足感。并且，笔者认为这无法解释村落连带性的具有决定性意义的部分。如果在这一方面也能把村落理解为一种收纳地区居民连带意识的“器皿”的话，无论是在农村社会和历史社会的研究上，还是在全球性课题的解决方案的制定上，都能拓展出各种各样的可能性来。

参考书目（按照五十音图排序）

赤松啓介 2004『夜這いの民俗学』東京：筑摩書房

Aries, Philippe 1980［1960］『＜子供＞の誕生——アンシャン・レジーム期の子供と家族生活』杉山光信・杉山恵美子訳 東京：みすず書房

有賀喜左衛門 1966「日本家族制度と小作制度」(『著作集』Ⅰ・Ⅱ所収）東京：未来社

有元正雄 1997［1990］『家族とは何か―その言説と現実』中河伸俊・湯川純幸・鮎川潤訳 東京：新曜社

Illich, Ivan 1984［1983］『ジェンダー—男と女の世界』玉野井芳郎訳 東京：岩波書店

加地伸行 1997『沈黙の宗教—儒教』東京：筑摩書房

喜多野清一 1997『家と同族の基礎理論』東京：未来社

Gubrium, Jaber F. and James A. Holstein 1997『宗教社会史の構想—真宗門徒の信仰と生活—』東京：吉川弘文館

首藤明和・落合恵美子・小林一穂 編 2008『分岐する現代中国家族—個人と家族の再編成』東京：明石書店

Shorter, Edward 1987［1975］『近代家族の形成』田中俊宏・岩橋誠一・見崎恵子・作道潤訳 京都：昭和堂。

高木侃 1999『三くだり半—江戸時代の離婚と女性たち—』東京：平凡社

高田弥三郎 2003『性の民族誌』東京：講談社

鳥越皓之 1985『家と村の社会学』京都：世界思想社

中江和江 2003『江戸の子育て』東京：文芸春秋社

中村則弘 2005『脱オリエンタリズムと日本における内発的発展』東京：東京経済情報出版

中村則弘2009「グローバリズムのもとでの中国の底辺階級－生活をめぐる新たな価値の模索のために－」『21 世紀東アジア社会学』日中社会学会：21–38

Murdock, G.P. 1978［1949］『社会構造』内藤莞爾訳 東京：新泉社

森岡清美・山根常男 編 1979『家と現代家族』東京：培風館

Weber, Max 1987［1956］『都市の類型学』世良晃志郎訳 東京：創文社

Weber, Max 1989［1920–21］「宗教社会学論集 序言」『宗教社会学論選』大塚久松敬三訳 3–29 東京：みすず書房

名词索引

一画

二画

三画

四画

五画

六画

七画

八画

九画

十画

十一画

十二画

十三画

十四画

十五画

十七画